松江藩松平家藩主と家老

――家老仕置役30家と名家老65人――

ま え が き

　松江藩は、堀尾吉晴が月山富田城から松江に藩都を移し、慶長12（1607）年から足かけ５年の歳月をかけ松江城並びに城下町を建設した時に始まります。

　以後、堀尾氏が治世33年で嗣子なく断絶し、京極氏もまた嗣子なく４年で断絶しました。

　後を松平氏が、版籍奉還までの232年の長きにわたり出雲の国を治めました。

　本書では、先ず堀尾氏、京極氏の故事来歴や勲功を紹介し、松平氏については歴代藩主の故事来歴や治世並びに藩主を支えた名家老仕置役を中心に、その活躍ぶりを振り返ってみました。

　松江藩松平氏の歴代藩主の中で名君と言えば、松江藩の基礎を確立した初代藩主松平直政、藩政改革「延享の改革」を行った６代藩主松平宗衍、続く藩政改革「御立派改革」を成功させた７代藩主松平治郷、「軍政改革」を行い軍隊の近代化を図った10代藩主松平定安を挙げることができます。

　これらの名君には、名家老と言われたブレーンがついていました。と申しますのも３代将軍徳川家光は、寛永12（1635）年に寛永令を発布し、諸国大名に領国と江戸とを交替で住まわせる参勤交代制度を義務付けました。それ以来、歴代の藩主は、腰を据えて領国を治めることが難しくなり、藩政を任せる国家老の力量と器量が重要となったのです。

　歴代の藩主は、留守中の藩政を託すブレーンを選び、時代ごとに名家老が誕生しました。

　例えば初代藩主松平直政には、松江藩の政治の要職を勤めた猛将の元祖朝日丹波重政・元祖大橋茂右衛門政貞・譜代家臣の元祖乙部九郎兵衛可正・元祖村松将監直賢・元祖神谷兵庫富次・松平家と縁戚の元祖三谷権太夫長玄並びに元祖三谷半大夫長吉・元祖有澤織部直玄、６代藩主松平宗衍には、藩政改革「延享の改革」を補佐した３代小田切備中尚足・４代塩見小兵衛・４代斎藤丹下・３代高木佐五左衛門、７代藩主松平治郷には、藩政改革「御立派改革」を成功させた５代朝日丹波郷保と朝日丹波恒重親子・５代三谷権太夫長達、10代藩主松平定安には、軍政改革を補佐した８代大橋筑後安幾・９代朝日千助重厚・10代神谷兵庫富雄・６代大野虎之助基則・９代小田均一郎豊雅等の名家老がついていました。

　松江藩で活躍した家老家は、その大半が初代藩主松平直政時代に採用されたものです。また、組織の制度化も松平直政が出雲国松江に栄封された際に、国務の要領六箇条並びに職制と軍役を制定したものが基となっています。従って、松江藩の組織と家臣団は、初代藩主松平直政時代に基礎がほぼ確立したと言っても過言ではありません。

　松平直政は、出雲国松江藩に入国した頃までは、武功派の猛将朝日丹波重政等を重く用い、治世の後半は内政堪能な家老村松将監直賢や有澤織部直玄等を重用し脇を固めました。

　松江藩の組織の特徴は、代々家老の大橋茂右衛門と乙部九郎兵衛を総括者とし、藩政の

実行部隊として中枢に据えたのが、政治軍事を司る知恵者、家老仕置役です。

　歴代の藩主は、中老や家老の中から優秀な人材を選抜し、家老仕置役の任にあたらせました。その家老仕置役を勤めた家老家は30家、89人に及びました。

　本書では、先ず『松江藩列士録（島根県立図書館蔵）』を読み下して基礎資料とし、歴代藩主が重用した家老家30家の中から、名家老65名を選抜し、スポットをあて、その活躍ぶりを振り返ってみました。

　『松江藩列士録』候文の解読は、松江市歴史まちづくり部まちづくり文化財課史料編纂室主任編纂官内田文恵氏にご指導とご協力を頂きました。

　また、本書執筆にあたりましては、松江松平家15代松平直壽氏、代々家老家末裔乙部正人氏、朝日重保氏、三谷健司氏、神谷敏明氏、村田雅彦氏、浅野陽子氏並びに松江松平家歴代の墓所月照寺や各家老家の菩提寺ご住職には、種々ご協力を頂き厚くお礼を申し上げます。

目　次

まえがき..I

第1部　松江藩の誕生

第1章　松江藩の誕生..10
国宝松江城天守と城下町建設..11
廃藩置県後の国宝松江城天守..11
松江城天守の国宝指定への活動..12
文部科学省の松江天守の国宝告示、指定基準要旨...............13

第2章　松江藩歴代藩主　堀尾氏、京極氏、松平氏.........14
１．松江開府の祖、堀尾氏の活躍と断絶..............................14
２．京極氏、短期治世で断絶..19
３．松本藩主松平直政の栄転..21

第3章　松江藩の組織..23
１．松江藩の格式と職制..23
２．松江藩の主要職制..32
３．松江藩の家老並仕置役・家老仕置役を勤めた30家と名家老...36

第2部　松江藩松平氏　歴代藩主

第1章　初代藩主松平直政..42
１．松江藩の名君　松江藩の基礎を確立する.......................42
　　直政時代のトピックス..50
２．仕置役人事と重臣..54
３．初代松平直政時代の家老と仕置役人事..........................87

第2章　2代藩主松平綱隆..90
１．文人殿様..90
　　綱隆時代のトピックス..92
２．仕置役人事と重臣..92

第3章　3代藩主松平綱近..97
１．殖産興業に力を入れる..97
　　綱近時代のトピックス..99
２．仕置役人事と重臣..100

第4章　4代藩主松平吉透..105
１．短命治世..105
２．仕置役人事と重臣..106

第5章　5代藩主松平宣維..107
１．財政難と異国船に悩まされる.......................................107
　　宣維時代のトピックス..109
２．仕置役人事と重臣..110

第6章　6代藩主松平宗衍 ················· 115
1．松江藩の名君　藩政改革「延享の改革」を行った ········· 115
宗衍時代のトピックス ························· 120
2．仕置役人事と重臣 ························· 122

第7章　7代藩主松平治郷 ················· 130
1．松江藩の名君　藩政改革「御立派改革」を成功させる ······· 130
治郷時代のトピックス ························· 132
2．仕置役人事と重臣 ························· 136

第8章　8代藩主松平斉恒 ················· 142
1．瓢箪殿様　文武両道に優れる ··················· 142
斉恒時代のトピックス ························· 143
2．仕置役人事と重臣 ························· 144

第9章　9代藩主松平斉貴 ················· 147
1．鷹殿様 ······························· 147
斉貴時代のトピックス ························· 151
2．仕置役人事と重臣 ························· 152

第10章　10代藩主松平定安 ················ 155
1．軍政改革を行った名君 ······················· 155
2．仕置役人事と重臣 ························· 165

第3部　家老並仕置役・家老仕置役を勤めた30家と名家老

第1章　松江藩代々家老 ···················· 170
1．大橋家（筆頭家老） ························· 170
2．乙部家（次席家老） ························· 178
コラム　菩提寺・天倫寺東愚和尚の引導 ··············· 182
3．朝日家 ······························· 184
4．三谷権太夫家 ···························· 195
5．神谷家 ······························· 204
コラム　2代藩主綱隆の幼名久松丸の名付け親 ··········· 208
松平直政との友情 ··················· 208
6．柳多家 ······························· 214
コラム　8代柳多四郎兵一眞（弌善）の諫死 ············· 221

第2章　松江藩家老 ······················· 223
1．有澤家 ······························· 223
コラム　学者タイプの家老、経世家 ················· 224
公役、江州山門普請手伝の難工事 ··········· 225
松平治郷（不昧）ゆかりの茶室明々庵 ········· 227
松平治郷（不昧）ゆかりの茶室菅田庵 ········· 228
2．大野家 ······························· 229
3．塩見家 ······························· 233
4．高木家 ······························· 236
5．三谷半大夫家 ···························· 239

6. 脇坂家 241

7. 今村家 244

8. 小田家 247

9. 黒川家 249

　　コラム　2代黒川弥税の妻が幸千代（6代藩主松平宗衍）の乳母となる 250

10. 平賀家 251

11. 高田家 254

12. 團家 256

13. 小田切家 258

14. 仙石家 262

　　コラム　元祖仙石猪右衛門、遺恨討ち事件に加担、家老になれず 264

15. 村松家 264

　　コラム　村松将監直賢の栄光 266

　　　　　　3代村松将監静賢の失脚 266

16. 垂水家 267

17. 松原家 269

18. 石原家 271

19. 斎藤家 273

20. 太田家 275

21. 氏家家 276

22. 熊谷家 277

23. 分家・赤木家 279

24. 棚橋家 281

松江藩の玉手箱 283

あとがき 295

参考引用文献 296

付録　出雲国松江藩松平家並びに代々家老家系図

【表目次】

第1部　松江藩の誕生
　第3章　松江藩の組織
　　　表1–1　松平直政松江入国後、翌寛永16年の職名‥‥‥‥‥‥‥‥‥‥‥‥‥‥‥‥‥‥‥‥‥‥　23
　　　表1–2　松平直政没時、重臣格式・職名（5百石以上）‥‥‥‥‥‥‥‥‥‥‥‥‥‥‥‥　25
　　　表1–3　2代藩主松平綱隆　御代御給帳‥‥‥‥‥‥‥‥‥‥‥‥‥‥‥‥‥‥‥‥‥‥‥‥‥‥　26
　　　表1–4　3代藩主松平綱近　御代御給帳‥‥‥‥‥‥‥‥‥‥‥‥‥‥‥‥‥‥‥‥‥‥‥‥‥‥　27
　　　表1–5　9代藩主松平斉貴　御代御給帳‥‥‥‥‥‥‥‥‥‥‥‥‥‥‥‥‥‥‥‥‥‥‥‥‥‥　28
　　　表1–6　松江藩の格式と職掌（明治維新前）‥‥‥‥‥‥‥‥‥‥‥‥‥‥‥‥‥‥‥‥‥‥‥　29
　　　表1–7　松江藩の職制（明治維新前）‥‥‥‥‥‥‥‥‥‥‥‥‥‥‥‥‥‥‥‥‥‥‥‥‥‥‥‥　29
　　　表1–8　松江藩の格式と職制のまとめ（明治維新前）‥‥‥‥‥‥‥‥‥‥‥‥‥‥‥‥‥‥　30
　　　表1–9　松江藩の家老並・家老仕置役30家（採用地、本国、格式、職制、知行高一覧表）‥　37
　　　表1–10　松江藩　名家老並仕置役・家老仕置役一覧表‥‥‥‥‥‥‥‥‥‥‥‥‥‥‥‥‥　38
　　　表1–11　松江藩　歴代藩主のブレーン‥‥‥‥‥‥‥‥‥‥‥‥‥‥‥‥‥‥‥‥‥‥‥‥‥‥　39

第2部　松江藩松平氏　歴代藩主
　第1章　初代藩主松平直政
　　　表2–1　松平直政初陣　大坂両御陣御供出陣者名簿‥‥‥‥‥‥‥‥‥‥‥‥‥‥‥‥‥‥‥　48
　　　表2–2　初代藩主松平直政のブレーン、家老仕置役‥‥‥‥‥‥‥‥‥‥‥‥‥‥‥‥‥‥‥　54
　　　表2–3　松平直政が重用した重臣‥‥‥‥‥‥‥‥‥‥‥‥‥‥‥‥‥‥‥‥‥‥‥‥‥‥‥‥‥　54
　　　表2–4　越前福井時代の家老格（知行高順）‥‥‥‥‥‥‥‥‥‥‥‥‥‥‥‥‥‥‥‥‥‥‥　55
　　　表2–5　越前福井時代、藩士格式・勤方と推定知行高（元和5（1619）年時点、知行高順）‥　56
　　　表2–6　越前福井時代の家臣団推定知行高と人員構成‥‥‥‥‥‥‥‥‥‥‥‥‥‥‥‥‥‥　57
　　　表2–7　松平直政初陣・大坂両陣御供の主な出陣者の知行高一覧表
　　　　　　　（馬廻り以上の出陣者　寛永15（1638）年時点、知行高順）‥‥‥‥‥‥‥‥‥　58
　　　表2–8　姉崎時代の家臣団推定知行高と人員構成‥‥‥‥‥‥‥‥‥‥‥‥‥‥‥‥‥‥‥‥　59
　　　表2–9　姉崎時代の主な家臣団の格式と知行高（寛永元（1624）年時点、知行高順）‥‥‥‥‥‥　59
　　　表2–10　越前大野時代、新規採用推定知行高と人員構成‥‥‥‥‥‥‥‥‥‥‥‥‥‥‥‥　64
　　　表2–11　越前大野時代、家臣団推定知行高と人員構成‥‥‥‥‥‥‥‥‥‥‥‥‥‥‥‥‥　64
　　　表2–12　大野時代、家臣団の格式・勤方と知行高（寛永10（1633）年、知行高順）‥‥‥‥　64
　　　表2–13　松本時代、推定新規採用人数と知行高‥‥‥‥‥‥‥‥‥‥‥‥‥‥‥‥‥‥‥‥‥　70
　　　表2–14　松本時代、推定家臣団人数と知行高‥‥‥‥‥‥‥‥‥‥‥‥‥‥‥‥‥‥‥‥‥‥　70
　　　表2–15　松本時代、家臣団の格式・勤方と推定知行高（寛永15（1638）年、知行高順）‥‥‥‥　71
　　　表2–16　松江に入国した寛永15（1638）年12月末の推定新規採用者（百石以上）‥‥‥‥‥　77
　　　表2–17　寛永16（1639）年〜寛文6（1666）年間の推定新規採用者（百石以上）‥‥‥‥‥　77
　　　表2–18　初代松平直政の治世期間に新規採用した百石以上の家臣団の推定人数と知行高‥‥‥‥‥　77
　　　表2–19　松江入国、寛永15（1638）年12月末の家臣団の推定知行高と人数（百石以上）‥‥‥　77
　　　表2–20　出雲国松江入国時の重臣知行高・寛永15年12月末時点（5百石以上、知行高順）‥　78
　　　表2–21　松江入国時の家臣団・寛永15年12月末時点（5百石未満〜百石以上）‥‥‥‥‥‥‥　78
　　　表2–22　寛永16年〜寛文6年間の新規採用組、寛文6年時点推定知行高順（百石以上）‥　81
　　　表2–23　寛永15年12月末、出雲国松江入国時の5百石以上の新規採用‥‥‥‥‥‥‥‥‥‥‥　83
　　　表2–24　寛永16（1639）年の家老一覧表（知行高順）‥‥‥‥‥‥‥‥‥‥‥‥‥‥‥‥‥‥　83
　　　表2–25　寛永18（1641）年の家老一覧表（知行高順）‥‥‥‥‥‥‥‥‥‥‥‥‥‥‥‥‥‥　84
　　　表2–26　正保4（1647）年の家老一覧表（知行高順）‥‥‥‥‥‥‥‥‥‥‥‥‥‥‥‥‥‥‥　84
　　　表2–27　寛文6（1666）年の家老一覧表（知行高順）‥‥‥‥‥‥‥‥‥‥‥‥‥‥‥‥‥‥‥　84
　　　表2–28　初代藩主松平直政、家老仕置役の推移‥‥‥‥‥‥‥‥‥‥‥‥‥‥‥‥‥‥‥‥‥　85
　　　表2–29　初代藩主松平直政没時、寛文6（1666）年の重臣推定知行高順位表（5百石以上）‥‥　85
　第2章　2代藩主松平綱隆
　　　表3–1　2代藩主松平綱隆の家老‥‥‥‥‥‥‥‥‥‥‥‥‥‥‥‥‥‥‥‥‥‥‥‥‥‥‥‥　92
　　　表3–2　2代藩主松平綱隆時代の家老仕置役‥‥‥‥‥‥‥‥‥‥‥‥‥‥‥‥‥‥‥‥‥‥　93
　　　表3–3　2代藩主松平綱隆が知行高を加増した家老‥‥‥‥‥‥‥‥‥‥‥‥‥‥‥‥‥‥‥　94

第3章　3代藩主松平綱近
　　表4–1　　3代藩主松平綱近時代の水害 ……………………………………… 99
　　表4–2　　3代藩主松平綱近時代の家老仕置役 ……………………………… 100
　　表4–3　　3代藩主松平綱近時代の知行高千石以上の重臣 ………………… 101
　　表4–4　　3代藩主松平綱近、主な家老宅へのお成り …………………… 103
第4章　4代藩主松平吉透
　　表5–1　　4代藩主松平吉透時代の家老仕置役 ……………………………… 106
第5章　5代藩主松平宣維
　　表6–1　　5代藩主松平宣維時代の大水害・火災 ………………………… 108
　　表6–2　　5代藩主松平宣維時代の中老仕置添役と家老仕置役 ………… 110
　　表6–3　　5代藩主松平宣維の家老 …………………………………………… 111
　　表6–4　　5代藩主松平宣維が仕置役に抜擢し加増した家老 …………… 111
第6章　6代藩主松平宗衍
　　表7–1　　6代宗衍時代の天災地変と諸出費 ……………………………… 116
　　表7–2　　6代藩主松平宗衍時代の中老仕置添役と家老並仕置役・家老仕置役 … 122
　　表7–3　　6代藩主松平宗衍の重臣 …………………………………………… 124
　　表7–4　　6代藩主松平宗衍が仕置役に抜擢し加増した家老 …………… 124
　　表7–5　　松江藩の藩政改革「延享の改革」の要旨 …………………… 127
　　表7–6　　徳川幕府老中田沼意次の「経済政策」の要旨 ……………… 128
第7章　7代藩主松平治郷
　　表8–1　　7代藩主松平治郷時代の中老仕置添役と家老並仕置役・家老仕置役 … 136
　　表8–2　　7代藩主松平治郷が仕置役に抜擢し加増した家老 …………… 138
　　表8–3　　松江藩「御立派改革」の要旨 ………………………………… 140
　　表8–4　　徳川幕府老中松平定信の「寛政の改革」項目 ……………… 141
第8章　8代藩主松平斉恒
　　表9–1　　8代藩主松平斉恒時代の中老仕置添役と家老並仕置役・家老仕置役 … 144
　　表9–2　　8代藩主松平斉恒が仕置役に抜擢し加増した家老並・家老 … 145
第9章　9代藩主松平斉貴
　　表10–1　　「天保の大飢饉」被害石高 …………………………………… 150
　　表10–2　　9代藩主松平斉貴時代の中老仕置添役と家老並仕置役・家老仕置役 … 152
　　表10–3　　9代藩主松平斉貴が仕置役に抜擢し加増した家老 ………… 153
第10章　10代藩主松平定安
　　表11–1　　10代藩主松平定安時代の中老仕置添役と家老並仕置役・家老仕置役 … 165
　　表11–2　　松江藩、幕末最後の重臣の格式と知行高（明治2年改正前の旧知行高）…… 167

第3部　家老並仕置役・家老仕置役を勤めた30家と名家老
第1章　松江藩代々家老
　　表12–1　　慶応4（1868）年時の代々家老 …………………………… 175
　　表12–2　　朝日丹波郷保の年譜 …………………………………………… 187
　　表12–3　　藩政改革「御立派改革」26項目の改善 …………………… 188
　　表12–4　　讃岐時代の三谷氏（系図の符号番号1〜6の注釈）……… 199
　　表12–5　　三谷氏関連城一覧表 …………………………………………… 199

松江藩の玉手箱
　　表13–1　　歴代藩主の父母 ………………………………………………… 284
　　表13–2　　松江藩の猛将五選 ……………………………………………… 285
　　表13–3　　家老並・家老永年勤続年数 ………………………………… 287
　　表13–4　　家老並・家老仕置役家の歴代平均勤務年数 ……………… 288
　　表13–5　　家老並・家老仕置役の勤務年数 …………………………… 288
　　表13–6　　将軍から御字（諱）を賜った松江藩主 …………………… 294
　　表13–7　　歴代の松江藩主から御字（諱）を賜った重臣 …………… 294

【凡例】

○本文中における人名は、敬称を省略した。

○年号については、日本年号を用い、後に（　　）で西暦を付記した。

○本書の出版に際し、ご協力頂いた方々のご芳名、勤務先並びに役職名は、令和元（2019）年３月末時点とさせて頂いた。

○年数は、数え年数とした。

○諸表には、章ごとにそれぞれ一連の番号と表題を付した。詳細は目次の後半に記載したので参照されたい。

○松江藩松平氏の治世期間は、版籍奉還をもって終了とした。

○本書の文章及び諸表の内、作成の際に関係文献を使用した場合は、なるべく史料名等を注記した。詳細は、本書末尾の参考引用文献一覧を参照されたい。

○家老の在任期間は、元祖については採用から隠居又は死亡までを期間とし、２代以降については先代を遺跡相続した時を始まりとし、隠居又は死亡までを期間とした。

○家臣団に与えられる知行高の単位は、『松江藩列士録』より石高・俵・籾俵・扶持・扶持切米・合力米・黄金・両等をそのまま転載した。

〈知行の種類と支給方法〉

　知行には地方知行制と蔵米知行制とあり、松江藩は蔵米知行制で支払われた。蔵米知行の場合は、知行高に年貢率を乗じた蔵米が支給され、年貢率は45％であったから千石の藩士は４百５拾石の収入となった。切米の場合は支給額は俵で表示され、扶持米は人数で表示された。例えば、一人扶持は、１日５合の割合で１年間分の米が支給された。

○松江藩の玉手箱の表14-3 家老並・家老永年勤続年数、表14-4 家老並・家老仕置役家の歴代平均勤務年数は、松江藩以前の在任期間も加算して作成した。

○諸表の内、家臣団の『格式と知行高』並びに『中老仕置添役・家老並仕置役・家老仕置役』の基礎資料は、『松江藩列士録』、『松平家家譜并御給帳写』を参考引用文献として作成し、『松江藩列士録』に収録されていない新番組士の系譜をまとめた『新番組士列士録』及び断絶した家の家譜『(列士録) 断絶帳』は除外した。

○『中老仕置添役・家老並仕置役・家老仕置役』の各個人ごとの任命期間は『松江藩列士録』を抜粋して作成したが、①退任年号が未記録の場合は、隠居または死亡をもって退任年号とした。②中老仕置添役が家老並を拝命した場合には、仕置役・手前抱足軽５人が与えられたが、中には仕置役の辞令が無い者も散見された。本書では、職名仕置役の辞令が無い者については、仕置役から除外した。

○赤木文左衛門家は、家老並仕置役家であるが、歴代勤勉に励み幕末５代赤木文左衛門章時は、10代藩主松平定安の寵臣となり重用され版籍奉還に至るまで松江藩に尽くした功績に対し、あえて名家老の一人に加えた。

○家老の死亡年月日及び場所は、『松江藩列士録』から採用した。

○家老家の序列は、明治維新前の知行高を基準とし、他に役職等を参考に作成した。

○結城城（現在の茨城県結城市）は、安土桃山時代から江戸時代初期にかけて下野国と下総国の接点にあり、参考引用文献には「下野国」と呼称するものと「下総国」とするものに分かれる。本書では「下総国」を採用した。

○本書の文中、処罰（蟄居、籠居、乱心自滅、乱心自殺、死罪、斬罪等）は、歴史的事実をそのまま表記した。その旨を了解し、適切に活用して頂きたい。

○末巻に「松江藩松平家」並びに「代々家老六家」の系図を掲載した。

第1部

松江藩の誕生

第1章　松江藩の誕生

国宝松江城天守（島根県松江市）

　慶長5（1600）年9月15日、日本の戦国大名が東西に分かれ雌雄を決した関ヶ原の戦いは、世界戦争史上類を見ない7～8時間の短時間で決着し、東軍の総大将徳川家康の勝利に終わる。

　徳川家康は、戦後処理として西軍の総大将であった毛利輝元に周防・長門の二ヶ国を与え縮小安堵し、抑止として山陽筋の安芸・備後国広島に福島正則、山陰筋の出雲・隠岐国月山富田に堀尾吉晴・忠氏親子を布石した。堀尾忠氏は、論功行賞として遠江国浜松12万石より出雲・隠岐国24万石の太守となり、越前国府中の留守居役をしていた父吉晴と共に月山富田城（現在の安来市広瀬町）に入城した。

　しかし、月山富田城は、典型的な中世の山城で、槍や弓、刀の時代には防御性に優れ、難攻不落の名城と謳われたが、天文12（1543）年、種子島に鉄砲が伝来して以来、徐々に鉄砲が主力武器となり、天正3（1575）年、織田信長・徳川家康連合軍と武田勝頼が戦った長篠・設楽ヶ原の戦いで織田信長の鉄砲隊が武田軍団を殲滅し、改めて鉄砲の威力が証明された。その後、鉄砲や火薬類の飛躍的な進歩も相俟って、火力を大量使用した軍事の近代化が図られ、戦略戦術も様変わりした。

　こうした戦う武器の交代は、城造りや城下町の建設にも変化が見られ、防御性重視の山城から家臣団・商人等の居住性や交通並びに経済等を重視した平山城や平城への移行が進んだ。特に関ヶ原の戦いから大坂夏の陣の終結までの16年間は、山城を拝領した大名に於いては、機能性を重視した平山城や平城への移行が急務となり、月山富田城も例外ではなかったのである。

　月山富田城は、周りを高い山に囲まれ、大砲等により狙い撃ちされることや、城下が狭隘で

家臣団の武家屋敷や商人等の居住地が設営出来ないことから、堀尾吉晴・忠氏親子は領内を隈無く巡視し、藩都候補地を松江に決定した。

松江は日本海から中海を経由して大橋川から宍道湖に至る天然の要害に恵まれ、名港美保関を有し、海運並びに宍道湖・中海・日本海の制海権を得られることや、米・鉄・特産物等の集積・輸送にも適し、また伯耆、石見、備前、安芸への交通の便にも恵まれている。

堀尾吉晴・忠氏親子は、慶長8（1603）年に2代将軍徳川秀忠より築城の許可を得て、富田城より北西約14余kmの松江元山・床几山において城地を選定した。築城の候補地として父吉晴が選んだのが荒隅山（洗合山）、藩主忠氏が選んだのが亀田山で、親子の意見が分かれた。しかし、藩主堀尾忠氏は城地選定中に病死する。一説には、神魂神社（国宝）の禁足の地に足を踏み入れた祟り、また蝮に噛まれたとも伝えられている。

堀尾吉晴は、嗣子6歳の孫三之助（後の堀尾山城守忠晴）が幼少のため後見役として国政を執り、忠氏の遺志を継ぎ、城地を島根郡末次郷亀田山に決定した。築城の設計・施工・監督並びに城下建設の総責任者として小瀬甫庵を任じ、慶長12（1607）年から足かけ5ヶ年の歳月をかけ松江城並びに城下町を建設した。関ヶ原の戦いが終わり、江戸幕府が成立して間もない時期の築城であり、姫路城や彦根城のような派手さはないが、実戦的な質実剛健な造りとなっている。

国宝松江城天守と城下町建設

松江城天守と城下町の建設は、1年目に建設資材の運搬幹線道路の整備並びに大橋、天神橋の架け替えと、亀田山の北側宇賀山を切り崩し大堀を造り、出た大量の土砂で湿地帯を埋めたて武家屋敷や町人居住地、道路を造成した。2年目は本丸の石垣工事、内堀工事に取りかかり、3年目は天守閣や二の丸の石垣、三の丸御殿の建造にかかった。4年目には天守閣並びに内堀と三の丸御殿が完成し、5年目には寺院や侍屋敷・町人町併せて京橋・中橋・筋違橋等を完成させた。

松江城本丸は、東西約54m、南北約130mで天守を囲んで二階建ての祈祷櫓・武具櫓・弓櫓・坤櫓・鉄砲櫓・乾櫓の六つの櫓が築かれ多門櫓で結ばれた。天守閣は、高さ約30m、外観は四重、内部は五階、地下一階の構造で最上階の天狗の間が展望台となっている。我が国で現存する数少ない望楼式天守閣で、千鳥が羽根を広げたような千鳥破風を備え、その美しさから別名千鳥城と愛称されている。また全国には12の天守閣が現存するが、山陰では唯一の正統天守閣である。

平面規模では世界遺産の姫路城に次いで二番目、高さは三番目、古さでは六番目である。

廃藩置県後の国宝松江城天守

明治4年の廃藩置県後、多くの名城が廃城令や戦災により姿を消したが、松江城も同様の危機に晒され、明治8年に天守を除く全ての建物が払い下げられ破却された。続いて天守も売却され、廃棄寸前の所を出雲郡出東村坂田（現在の出雲市斐川町坂田）の豪農勝部本右衛門栄忠・景浜親子と旧藩士高木権八が協力して松江城を買戻し、辛うじて現地保存された。また明治22年に松江城天守閣景観維持会が設立され、同23年に松江松平氏が松江城内一円を国から買戻し、

善意で松江市に寄贈された。

　昔から「姿ある物は壊れる」との諺があるが、松江城は幾たびの荒廃や災害にもめげず修理で凌ぎ、先人の貴重な文化遺産を後世に残そうという熱い思いに支えられ今日に至っている。

　記録をひもとくと松江城は、堀尾氏により慶長16（1611）年に築城された後、松江藩松平氏歴代藩主により寛永・延宝・正徳・元文・寛保・文化に部分修理が行われ、丁重に保存管理された。版籍奉還後の明治３年に四重の屋根と小屋組の部分修理が行われたが、明治27年に荒廃が進み初代松江市長福岡世徳が発起人となり、二重軒廻り及び付け櫓の屋根の大修理が行われた。更に第二次世界大戦後の昭和25年６月から同30年３月にかけて、全解体による昭和の大修理が行われた。その後、昭和57年の豪雨による屋根部分の修理、平成３年と平成12年の災害復旧で、屋根部分の修理が行われ今日に至っている。

松江城天守の国宝指定への活動

　この桃山初期の形式を残す松江城天守は、昭和10年に国宝保存法により国宝に指定されたが、昭和25（1950）年の文化財保護法施行と共に松江城の築城年代を特定できる物的資料の不足から国宝に次ぐ国指定重要文化財に改称された。

　以後、松江市は、松江城天守を国宝に再指定するよう度々陳情してきたが実現に至らなかった。しかし、平成19（2007）年、松江開府四百年を契機に「松江城を国宝にする市民の会」が設立され、12万８千人の署名活動や市民運動が行われ国宝に向けた機運が盛り上がった。

　平行して、松江市は「国宝推進室」を設置し、国宝再指定に向けた活動を本格化させた。

　一方、『松江市史』編纂担当部署・松江史料編纂室では、別冊『松江城』を編集するため有識者による「松江城の研究部会」を立ち上げ、松江城の更なる調査研究を行った。

　松江史料編纂室が行った松江城史料調査の過程で、平成24（2012）年に偶然にも二の丸内の松江神社で祈祷札が再発見された。この祈祷札は、昭和12年に確認されて以来行方不明となり、松江市は懸賞金を付けて探索していたものであるが、この祈祷札の発見により松江城完成年代の「慶長十六歴正月吉祥日」や「慶長拾六年辛亥正月吉祥日」の確認が得られたことや松江城内の柱の釘穴と祈祷札の釘穴が一致したこと等が決め手となり、松江城天守が国宝の指定を受けることとなった。更に国宝指定の決め手となった二枚の祈祷札や四枚の鎮宅祈祷札、鎮物三点（祈祷札一、檜一、玉石一）の合計九点も国宝に含まれることとなった。

　平成27（2015）年５月15日に「文化審議会」が松江城天守を国宝に指定するよう文部科学省に答申し、同年７月８日に天守としては63年ぶりに国宝に認定された。これで松本城（松本市）、犬山城（犬山市）、彦根城（彦根市）、姫路城（姫路市）に次ぎ五番目の国宝に認定され、山陰両県の国宝は10件目（島根県７件、鳥取県３件）で、建造物では出雲大社本殿（出雲市）、神魂神社本殿（松江市）、三仏寺投入堂（鳥取県三朝町）に続き四番目の国宝となった。

　　　　　（参考引用文献『松江観光文化テキスト』『山陰中央新報』『文部科学省告示第百十八号』）

文部科学省の松江城天守の国宝告示、指定基準要旨

　平成27年7月8日、文部科学省は、文化財保護法（昭和25年法律第214号）第27条第2項の規定により、島根県松江市殿町一番地続き六、松江城天守一棟（四重五階、地下一階付、本瓦葺、南面附櫓一重、本瓦葺）及び附（つけたり）・祈祷札二枚（慶長16年正月吉祥日）・鎮宅祈祷札四枚・鎮物三点（祈祷札一、槍一、玉石一）を国宝に指定した。指定基準は、「重要文化財のうち極めて優秀で、かつ、文化史的意義の特に深いもの」による。

　説明の要旨を抜粋すると、「松江城天守は、中国地方に唯一残る荘重雄大な四重五階の天守で、近年に再発見された祈祷札から慶長16年の完成が明らかとなり、通し柱による構法や金物を多用した包板（つつみいた）の技法などに見られる特徴とともに、近世城郭最盛期を代表する遺構として極めて高い評価ができる。云々」である。

祈祷札二枚（松江市蔵）

第2章　松江藩歴代藩主　堀尾氏、京極氏、松平氏

　松江藩は、松江開府の祖堀尾吉晴が藩都を広瀬月山富田から松江に移した時に始まる。しかし、堀尾氏は城主堀尾忠氏が不慮の事故により急逝し、父堀尾吉晴も松江城の完成を目前にした慶長16（1611）年に69歳で没した。続く2代藩主堀尾忠晴は、寛永10（1633）年に35歳の若さで没し、嗣子無く堀尾氏は33年の治世で断絶した。後を京極忠高が出雲・隠岐国26万4千2百石の領主となるもこれも嗣子無く、寛永14（1637）年に治世4年で改易となり、続く松平氏が寛永15（1638）年〜明治2（1869）年の版籍奉還に至る232年の間、10代にわたり藩主の座についた。

1. 松江開府の祖、堀尾氏の活躍と断絶

松江城を望む堀尾吉晴銅像

堀尾吉晴肖像画（春光院蔵）

堀尾氏「抱き茗荷」家紋

法馬（分銅）紋

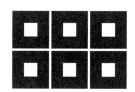

六目結紋

　堀尾氏は、飛鳥時代の天武天皇の皇子高市親王に遡る名門である。その後、高階泰経を経て、泰経の曾孫邦経の時代に尾張国丹羽郡御供所村（現在の愛知県丹羽郡大口町）に住し、代々尾張の豪族であった。

　吉晴は、父堀尾泰晴の三男三女の嫡男として、天文12（1543）年に生まれる。幼名を仁王丸といい、結髪して小太郎と改め、後に茂助、吉晴と改称する。

　結婚は、元亀2（1571）年に横山城で行われた。小太郎が29歳で妻が16歳の時であった。妻

は、生国尾張国愛知郡熱田郷で、織田信長の旗本馬廻衆津田四郎左衛門の縁戚の娘津田俊（大方・昌徳院）といわれている。俊の育ての親は、四郎左衛門である。一説には尾張国津田党織田の一族と言われている。仲人は、主君木下藤吉郎で、下仲人が軍師竹中半兵衛である。

　父堀尾泰晴及び吉晴は、岩倉城（現在の愛知県岩倉市）城主織田伊勢守信安・信賢に仕えていたが、永禄2（1559）年に織田信安・信賢が一族の織田信長に敗れ、岩倉城は落城する。

　堀尾泰晴並びに吉晴は、城を脱して浪々の身となり新しき主君を求めて流浪する。

　やがて吉晴にチャンスが訪れる。永禄7（1564）年、22歳の時に偶然にも稲葉山にて木下藤吉郎（後の羽柴秀吉・豊臣秀吉）と奇縁な出会いにより家臣となる。その後、秀吉に従い22度の戦に出陣し、獅子奮迅の活躍により戦功を挙げる。

　秀吉の立身出世と共に知行高は上昇し、羽柴秀吉が天下を統一するや徳川家康の居城遠江国浜松城を賜り、三中老の一人に任ぜられ立身出世する。

　吉晴は、普段はおとなしく「仏の茂助」と呼ばれたが、ひとたび戦場に赴くや猛将に変身し数々の武勲を立て、人々は「鬼の茂助」と呼んだと言う。

　吉晴は、秀吉の最も早い時期に仕えた側近家臣である。吉晴の数々の戦功を紹介しよう。

　先ずは、元亀元（1570）年に浅井長政が兵を起こすや、小太郎は藤吉郎の使いとして織田信長に注進する。帰途、浅井方の物見の髭武者と遭遇し一騎打ちの末に首を取る。藤吉郎は喜び小太郎を引き連れ岐阜城に参上し口上を述べると、信長は「小太郎の振る舞い、誠に一騎当千と言うべし、小太郎は我が者ぞ」と称賛し脇差を賜わる。

　天正元（1573）年、浅井長政の居城小谷城攻めで戦功を上げ、恩賞として羽柴秀吉より百5拾石を授かる。その後、長篠・石山・但馬・播磨・丹羽・但馬尾白等の戦いでも功を奏し、天正5（1577）年に恩賞として4百5拾石を授かる。更に一向宗徒を天王寺で討ち、同8（1580）年の播磨国三木城主別所長治との一戦で功を奏し、続く因幡国鳥取城主吉川経家との合戦では、兵糧攻めに加わり落城させ、検視役と城請取役を務める。同10（1582）年、備中国高松城主清水宗治との一戦では巣雲山砦を攻めて落とし、水攻めの築堤を行い、城主清水宗治を切腹に追い込み検視役を務める。

　天正10（1582）年、本能寺の変が起こり、織田信長が明智光秀に攻められ自刃して果てる。羽柴秀吉は、軍師黒田官兵衛の進言を入れ、毛利と和睦するや世に言う「中国大返し」を行い、備中高松から尼崎までわずか7日で走破し、虚を突いて謀反人明智光秀を山崎の合戦で討ち果たした。この戦で吉晴は、天下分け目の「天王山」の争奪戦で先手を取り戦を勝利に導き、恩賞として天正10（1582）年に丹波国氷上郡6千2百8拾4石を賜った。

　天正11（1583）年4月、越前北荘城主柴田勝家との賤ヶ岳の合戦では、先鋒を務め柴田軍を打ち破り、その恩賞として若狭国高浜城1万7千石の城主となる。続く、天正12（1584）年、羽柴秀吉と徳川家康が戦った小牧・長久手の一戦では、羽黒の故塁を守り、また湛水より竹鼻を攻めて南塞を落とした。

　天正13年に若狭国佐柿城2万石並びに従五位下・帯刀先生を叙任された。続いて佐和山城（現在の滋賀県彦根市佐和山町）4万石を授かる。佐和山城は、東山道と北国街道が合流する要衝の地点にあり、羽柴秀吉は心服のおける堀尾吉晴に佐和山城を授け、北国・京都・大坂の押さえとした。

天正15（1587）年、九州征伐に従軍し功を奏し、同18年、羽柴秀吉の傘下を拒んだ小田原城主北条氏政との戦いでは、初戦の山中城（現在の静岡県三島市）を一日で攻略し、秀吉より唐織の羽織を拝領する。が、続く小田原城攻めの最中、初陣 紛 金助が陣中で病死する。吉晴と奥方大方の心痛は深遠で、この時ばかりは「鬼の茂助」も落涙したと伝えられている。吉晴は、金助の菩提を弔うため、京都妙心寺域内に俊厳院（現在の春光院）を建立し弔った。

　関白豊臣秀吉は、小田原を平定し悲願の天下統一を果たす。論功行賞として徳川家康に関東2百5拾万石を授け、徳川家康の抑止として信頼のおける堀尾吉晴に遠江国浜松城（静岡県浜松市）12万石を、中村一氏に駿河国駿府城（静岡県静岡市）14万石を、山内一豊に遠江国掛川城（静岡県掛川市）5万石を、田中吉政に三河国岡崎城（愛知県岡崎市）5万石を与え布石した。

　吉晴は、豊臣政権の三中老（堀尾吉晴、中村一氏、生駒親正）の一人に任ぜられる。三中老の大きな任務は、五大老（徳川家康、前田利家、宇喜多秀家、毛利輝元、上杉景勝）と五奉行（石田三成、増田長盛、長束正家、前田玄以、浅野長政）の間で紛争が生じた場合、両者の仲を取り持ち仲裁して、起請文を預かる重要な職責である。その代表的な仲介起請文は、慶長4（1599）年2月5日、三中老堀尾吉晴・中村一氏・生駒親正の仲立ちにより大老徳川家康と前田利家が交わした和解の起請文である。

　また豊臣秀吉の養子関白秀次に付けられた三宿老（堀尾吉晴、中村一氏、山内一豊）の一人として、秀次を補佐した。が、秀吉の側室淀殿に嫡子秀頼が誕生するや関白秀次は、四ヶ条の罪状を咎められ、秀次並びに一類は全て処罰されたが、吉晴は御咎めなしの仕置を受け、ここでも吉晴の信頼の高さが窺える。

関ヶ原の合戦

　慶長3（1598）年に豊臣秀吉が逝去すると、秀吉の遺言により遺児豊臣秀頼を擁護する五大老、五奉行体制が継承された。吉晴は、翌4（1599）年に五大老の一人徳川家康の配慮により、越前府中5万石と与力を授かり留守居役を任せられ、遠江国浜松は忠氏に譲った。暫くは五大老、五奉行体制で政治が継続されたが、五大老の一人豊臣恩顧の長老前田利家が死去すると、徳川家康と石田三成の政権争いが顕著となり、再び天下騒乱の機運となった。

　この政権争いは、五大老の徳川家康に対して前田利長・宇喜多秀家・毛利輝元・上杉景勝の構図となり、更に五奉行石田三成・増田長盛・長束正家・前田玄以・浅野長政及び三中老の堀尾吉晴・中村一氏・生駒親正が加わり天下争奪合戦の様相を呈した。また豊臣秀吉が行った朝鮮侵攻「文禄の役」、「慶長の役」の朝鮮出兵武功派の不満と文官派石田三成等との抜き差しならぬ確執があり、東西の色分けは「豊臣方」か「徳川方」ではなくむしろ「石田派」か「反石田派」に分かれた。

　更に豊臣秀吉の正室北政所と側室淀殿との確執が絡み、どちらに味方するか益々混沌とした状況になった。この頃、多くの豊臣恩顧の武将が正室北政所を尋ね判断を仰いでいる。各大名は徳川家康率いる東軍につくか石田三成の西軍につくか結論が出ぬまま情報収集に追われている時、堀尾吉晴は豊臣恩顧の武将福島正則、加藤清正、黒田長政と共にいち早く東軍に名乗りを上げ、それに同調した大名も多くいた。浅野幸長、細川忠興、池田輝政、山内一豊、中村一氏等の諸将である。

　慶長5（1600）年に徳川家康は、上杉景勝を討伐すべく東軍の武将に参陣を促し、堀尾吉晴

もこれに呼応し浜松城に入城した。が、家康は吉晴を府中に帰し、息子の忠氏を従軍させた。

　吉晴は、府中に帰る途中、三河国池鯉鮒（現在の愛知県知立市）に立ち寄り、親友水野忠重と西軍の情報収集のため誘った石田三成方の加々井秀望と饗宴中、秀望が忠重を殺害する事件が発生した。驚いた吉晴は咄嗟に秀望を斬り伏せたが、駆け付けた忠重の家臣に主人殺害の犯人と間違えられ多勢で切りかかられた。吉晴は瀕死の重傷を負うも間一髪で脱出して浜松城に帰城し、一命を取り留めた。吉晴は治療に専念し、関ヶ原の戦いには参戦できなかった。

コラム　小山会議

　　上杉討伐のため行軍中の東軍徳川家康に、石田三成挙兵の一報が入り、小山にて軍評定（小山会議）が開かれ、東軍は即刻西上して、西軍石田三成と決戦することに決定した。

　　小山会議での掛川城主山内一豊の決意表明は、特に著名であるが、『戦国はるかなれど（下）中村彰彦著』を要約すると次のように記述されている。

　　東海道を下って浜松に近づいたとき山内一豊は、浜松城主堀尾忠氏に「此度の戦について如何心得るか、と尋ねた。これに対し忠氏は、「浜松に着きましたなら内府（家康）さまに城と兵糧とを献上致し、妻子を証人として差し出し、先陣を切って戦う所存に御座います。」と答えた。一豊は、青年武将の心意気に痛く感服した。

　　いよいよ小山会議の評定が熟すと一豊は、忠氏の発言を思い出し、「恐れながら申し上げます。大田原から小山間にひしめく兵は７万の大軍でございますので、これが順次西上致しますと城郭と大量の兵糧が必要となります。是非、某の掛川城と貯えし兵糧を献上致したく存じますので、どうかお受け取り下さい。」と言上した。

　　この小山会議での掛川城主山内一豊の発言は、軍評定に加わった諸将に感銘を与え、東軍総大将徳川家康を喜ばせ、東軍の士気高揚と結束に大きく貢献したと言われている。

　堀尾忠氏は、手柄を横取りされたが、忠氏は元来温厚且つ寛容な性格で、激怒することもなく、自らも率先して蔵を開き東軍武将へ食料を供与し、居城を差出した。

　関ヶ原の前哨戦岐阜城の戦いでは、池田輝政と行動を共にし東海道を西上して岐阜へ向かった。東軍は二手に分かれ、福島他１万６千の軍勢は木曽川の下流から侵入し岐阜城に進撃した。一方、池田輝政他１万８千の軍勢は上流から攻め入り、織田秀信の守る岐阜城を攻めて陥落させた。

　関ヶ原の合戦では、忠氏は敵の前線基地大垣城備えとなり、その後、美濃赤坂の本陣を守備し活躍する。関ヶ原の戦いは、東軍の大勝利に終わる。

　忠氏は、論功行賞として吉川広家に代わり、出雲・隠岐国24万石の太守に封ぜられ、父吉晴と共に広瀬月山富田城に入城し初代藩主となる。また、忠氏は慶長８（1603）年に正五位下から従四位下・出雲守に叙任される。翌慶長９年６月に吉晴も従四位下に昇叙した。

　吉晴・忠氏親子は、居城を広瀬月山富田から松江に移すことを決定したが、忠氏は慶長９（1604）年８月４日、城地選定中に28歳の若さで富田で急死した。墓所は忠光寺（廃絶）、京都府春光院、高野山、法名は忠光寺院殿前雲隠両州太守天岫世球大居士と称す。

第１部　松江藩の誕生 | 17

忠氏の遺子三之助（後の２代藩主堀尾忠晴）は僅かに６歳、吉晴は再び国政を執り、遺子三之助（忠晴）の藩主就任のための上洛を終え、いよいよ慶長12（1607）年に松江城並びに城下町の建設に着手した。安土城築城時の経験や、浜松城を大改修（織豊系城郭化）したこと等が生かされたことは言うまでもない。

　一方、２代堀尾忠晴は、慶長16（1611）年３月に江戸に於いて元服し、従五位下・山城守に叙任され、２代将軍徳川秀忠の偏諱を賜り「忠晴」と改める。同月、従四位下に昇叙した。この年、侍屋敷・町人町・寺社他もほぼ完成し、富田城下に残る一族郎党は、月山富田城より松江城に入城する。また、富田の町人や寺院の多くも逐次移転した。

　しかし、完成直前の慶長16（1611）年６月17日に堀尾吉晴は、69歳で没した。墓所は安来市広瀬町岩倉寺及び京都府春光院、高野山、法名は法雲院殿前佩帯松庭世栢大居士と称す。

　祖父吉晴が死した時、忠晴は僅かに13歳であった。家臣の結束により松江城並びに城下町を完成させた。

　慶長19（1614）年、大坂冬の陣が始まり鴫野口に出陣、上杉景勝軍の後方支援を命ぜられ、大坂冬の陣一番の激戦地「今福の一戦」では、上杉、佐竹軍を助け目覚ましい活躍をした。

　慶長20（1615）年の夏の陣では、国許からの出陣となり大坂に参陣し功を奏した。

　藩主堀尾忠晴の功績は、元和２（1616）年に神門郡小山村（現在の出雲市小山町）土豪三木与兵衛政則に命じ、出雲大社の東部に広がる湿地帯菱根が池の水抜きを行わせた。与兵衛政則は、艱難辛苦の末、鑓ヶ浜より西海へ悪水貫川を切り開き水抜きに成功し、広大な田畑を造成した。江田村・八島村・浜村・入南村・菱根村の五ヶ村が出来上がり、石高の増大に繋がった。この菱根新田の開発は、祖父三木源四郎政忠の事業を継承したものである。

　後年、大洪水により再び悪水が滞留し多大な減穀となったが、三木与兵衛政則は、松江藩主京極忠高より水抜きの令書を受け取り奔走したが、忠高の急逝により京極氏は改易となり水抜きは中断した。続いて松江藩松平氏が入国すると、与兵衛政則は松江藩の許可を得て、乙見山を切貫き水路を築き、努力を重ねて水抜きに成功し完成させた。

　（引用文献　『島根県史』、『新修島根県史　年表篇』、『出雲平野の開拓　三木与兵衛の偉業』）

　元和５（1619）年に安芸・備後国広島藩主福島正則が改易となり、幕命により西海・山陽の諸大名と共に広島城の受取り役を担う。また翌元和６年には、幕府の公役大坂城の修復を行い、工事を完成させた。

　寛永３（1626）年に侍従に任ぜられる。しかし、晩年は、腫物の癰に侵され体調を崩し、寛永10（1633）年９月20日に35歳の若さで没した。

　墓所は松江市円成寺、東京都文京区養源寺、高野山である。法名は、圓成寺院殿前雲隠両州太守拾遺高賢世肖大居士と称す。

　堀尾氏は、嗣子なく断絶した。

　堀尾氏の一番の功績は、①藩都を松江に移し開府したこと、城下町松江を建設し松江の基礎を確立したことである。他に②検地、③本百姓体制の確立、④収奪体制の強化、⑤出雲大社の造営、⑥大坂の陣での活躍等である。

2．京極氏、短期治世で断絶

京極高次供養塔（安国寺）

京極忠高肖像画（清滝寺蔵）

京極氏「平四つ目結」家紋

　京極氏は、宇多源氏・佐々木氏の分家で家紋は、本家と同じ「平四つ目結」である。鼻祖佐々木秀義に始まり、世々北近江を領し、秀義の孫氏信の時代に名字を佐々木氏から京極氏に改める。

　室町時代の明徳2（1391）年、山名氏清が足利幕府に背き謀反を起した「明徳の乱」が勃発する。将軍足利義満は、軍勢を差し向けこれを鎮圧した。京極高詮は、この鎮圧に加わり戦功を挙げ恩賞として、明徳3（1392）年に出雲・隠岐国の守護を任ぜられ、以後、京極氏が出雲・隠岐国を守護した。

　その後、分家尼子持久が京極氏に代わり出雲・隠岐国の守護代として月山富田城に入城する。

　守護代尼子氏は、応仁の乱（1467～1477年）以降徐々に勢力を拡大し、主家京極氏と対立するようになる。尼子経久の時代に一時幕府から守護代を追討されるも、失地を回復して逆に明応2（1493）年に京極政経を追放し月山富田城を手中に収めた。以後、尼子経久が主家京極氏に代わり出雲を支配し全盛期には、東は因幡・播磨、西は石見・備後迄の11州の大大名に成長した。

　その後、経久の孫晴久の時代に毛利元就が守る安芸郡山城（現在の安芸高田市吉田町）を攻めたが大敗する。これを好機とみた周防・長門国領主大内義隆及び毛利元就等の連合軍は一気に富田城を攻撃したが逆に尼子方が勝利した。尼子晴久は、将軍足利義輝より正式に8ヶ国の守護に任ぜられたが、晴久の子義久の代に毛利元就に敗れ月山富田城は、毛利氏の手に落ちた。

一方、出雲・隠岐国を失った京極氏は、祖父高吉の時代に北近江の領地を妻の実家浅井氏に奪われ、衰退する。父高次の代に織田信長の幕下となり、本能寺の変では明智光秀に味方し豊臣秀吉に追われる身となった。しかし、姉竜子（松ノ丸殿）が豊臣秀吉の側室であったことから、罪が許される。

　因みに京極高次の母は、浅井長政の姉マリアで、妻は浅井長政と織田信長の妹「お市の方」との間に生まれた三姉妹の次女初（常光院）である。ご存知の通り、初の姉は豊臣秀吉の側室茶々（淀殿）、妹は２代将軍徳川秀忠の妻小督（江）である。また秀忠と小督の四女初姫を養女に迎え、嫡子忠高の妻とした。これにより浅井家を通じて徳川、豊臣家と縁戚になった。

　豊臣秀吉は、高次の罪を許し徐々に知行を加増し、その後、大津城６万石を与える。

　更に、高次は少将に任ぜられ、慶長元（1596）年に従三位・参議に叙任された。

　しかし、秀吉が大往生の末に没するや天下騒乱となり、全国の諸大名が二分して戦った「関ヶ原の合戦」が始まる。

　高次は、戦前より徳川家康とは密接な関係を保ち、大津城の大修復の際には、家康より白銀30貫を賜る等、家康との信頼関係は揺るぎないものとなっていた。

　関ヶ原の戦いでは、高次は徳川家康の東軍に味方し、上杉景勝征伐では出陣を願い出るも、家康より西軍の抑えとして大津城に残るよう指示を受けた。

　いよいよ石田三成、挙兵の知らせを聞くや、下野国小山を行軍中の家康に注進し、自らは大津城にて西軍の情報収集並びに籠城を決意した。

　高次は、大津城に籠城するも東軍の援軍が来る前に西軍毛利元康、立花宗茂、筑紫広門等の約１万５千人の大軍に攻められる。落城寸前の処、淀殿の仲介により講和が成立し開城する。自らは高野山に上り法体となり謹慎した。関ヶ原の戦いは、東軍総大将徳川家康の大勝利に終わる。

　徳川家康は、西軍１万５千人の大軍を大津に釘付けにした高次の功労に対し、若狭小浜城（現在の福井県小浜市）９万２千百余石を授けた。高次の先見の明により京極家は残った。

　慶長14（1609）年５月３日に享年47歳で没した。墓所は江州（滋賀県米原市）清龍寺、法号は、泰雲院殿徹宗道閑大居士と称した。京極忠高は、出雲国松江に入国するや父高次の菩提を弔うため、松江竹矢村（松江市竹矢町）南禅寺派宝亀山安国寺を菩提寺とし供養塔を建立した。宝篋印塔は、越前産（福井県東部）の「笏谷石」を使い「越前荘厳式」である。基礎の中央に「泰雲院殿前三品相公」「徹宗道閑大居士神儀」、右に「慶長十四巳酉奉」、左に「五月初三日」と銘文が刻まれている。この宝篋印塔は、松江市指定文化財となっている。

　後継者京極忠高は、文禄２（1593）年、父は京極高次、母は側室山田氏で京都安久居で生まれる。幼名を熊麿、後に忠政と改める。妻は、２代将軍徳川秀忠の四女初姫（興安院）である。

　慶長10（1605）年、13歳で元服し２代将軍徳川秀忠より御字「忠」を頂き「忠高」と改める。翌11年に従五位下・侍従・若狭守に叙任され、のち従四位下に昇る。

　慶長14（1609）年に父高次が没し、若狭国小浜を家督相続する。同19年に大坂冬の陣が起こるや参戦、今里に陣し活躍する。冬の陣は、徳川家康の要請により常光院が仲裁役となり大坂方と和睦する。翌年再び大坂夏の陣が始まり、忠高は叔父高知と共に京橋口に着陣し、鴫野堤の戦いで360の首級を討ち取る大武勲を挙げる。大坂城は落城し、常光院の姉淀殿と秀頼は自刃して果てる。この年、忠高は小督の方（崇源院）に拝謁して金３千両を賜わる。

寛永元（1624）年、若狭国小浜と越前国敦賀郡の一部を合わせ11万3千5百石を授かる。

　寛永3（1626）年に少将にすすむ。

　寛永11（1634）年、堀尾氏が嗣子なく断絶すると、後を受けて出雲・隠岐国松江藩26万4千2百余石の藩主となり、同年8月に初入国する。翌12年、幕府より日御碕社の造営を命ぜられ完成させた。

　寛永12（1635）年、出雲地方は大洪水に見舞われ、一部東流していた大河斐伊川が複数に分かれて東流する。忠高は、大坂より水学者川口昌賢を招き、斐伊川の「大統合改修工事」に着手した。

　寛永13（1636）年、石見銀山並びに石見国邇摩郡と邑智郡の二郡4万石を預けられる。

　一方、大統合改修工事は、伯太川の大塚及び斐伊川の木次・武志等に堤防を築いたが、完成を見ることなく没した。嗣子なく改易となり堤防工事は、次期藩主松平直政に引き継がれた。この堤防は、今でも「若狭土手」の愛称で呼ばれている。

　忠高は、治世の終わりに斐伊川上流の鉄穴流しを許可して、鉄生産を復興させ殖産興業に力を入れた。

　忠高は、寛永14（1637）年6月12日、江戸に於いて45歳で没した。

　墓所は江州（滋賀県米原市）清滝寺、宝篋印塔は越前産「笏谷石」が使用され、基礎の中央には「玄要院殿前若州太守羽林忠高」「天慶道長大居士」と刻まれている。

　足かけ4年の短期治世で終焉となった。その後、京極家は高次の旧功等が認められ、忠高の弟高政の子・高和が家督を継ぎ、寛永14（1637）年12月に播磨国龍野6万石を授かり、万治元（1658）年2月に讃岐国丸亀に封を移して、子孫が代を継ぎ明治維新を迎えた。

3. 松本藩主松平直政の栄転

　寛永14〜15（1637〜1638）年に島原・天草一揆が勃発する。肥前国島原藩主松倉長門守勝家の度重なる年貢の取立てに島原・天草の切支丹と農民が一致団結し大規模な一揆を起こした。3代将軍徳川家光並びに老中は、40万両の戦費をかけ12万5千人の大軍でこれを鎮圧した。しかし、幕府は農民一揆や幕府への不満が連鎖的に広がることを恐れ、毛利をはじめ、中国一円の外様大名の抑止として心服のおける「譜代大名」松本藩主松平直政を出雲国松江に転封し布石した。

　3代将軍徳川家光は、何故譜代大名の中から松平直政に白羽の矢を当てたのか。

　その要因を（1）リーダー力、（2）戦力、（3）人事外交力、（4）領土統治能力、（5）縁戚関係に分けて考察してみたい。

（1）リーダー力

　松平直政は人を見る先見性に優れ欲しい人材は自ら招聘し集めた。百戦錬磨の朝日丹波重政、村松将監直賢、縁戚の棚橋勝助、他に父結城秀康並びに長兄忠直から付けられた乙部九郎兵衛可正、縁戚の香西茂左衛門守清、譜代家臣の神谷兵庫富次等の家臣が揃い、藩主を中心に結束している。

（2）戦力

　　大坂両陣で実証済みであるが、藩主直政の勇猛果敢な戦いぶりは、父結城秀康を彷彿とさせ、大将としての風格がある。家臣団も朝日、乙部、神谷、仙石、香西を中心に関ヶ原、大坂両陣の経験者も多い。

（3）人事外交力

　　藩主松平直政は、知略家ではないが判断力に優れ、持って生まれた人に好かれる人徳があり、敵をつくらない折衝能力がある。

（4）領土統治能力

　　松本城の天守や辰巳附櫓、月見櫓の改築を行い、大庄屋を新設し郡奉行を補佐させる等、地方行政や産業にも力を入れ、善政を敷いている。

（5）縁戚関係

　　慶長7（1602）年、直政の同母姉喜佐子（竜昌院）は、徳川秀忠の養女となり毛利輝元の嫡男萩藩主毛利秀就と婚約し、慶長15（1610）年に結婚した。越前北庄藩松平家と萩藩毛利本家は縁戚関係となる。直政が松江藩に栄封される大きな要因の一つである。

　　また、3代将軍徳川家光と松平直政は従兄弟に当たり、将軍家光は普段より直政に目をかけ側近譜代大名として信頼していた。一方、直政は江戸在府中、将軍家光と密接な関係を保ち、経綸の才に長け諸事積極的に行政の処理にあたり、将軍からの信任も厚かった。

　　以上、松平直政が何故松江藩に抜擢されたか、5項目に分けて考察してみたが、総合的に判断すれば、譜代大名中で一番の適任者は、やはり松平直政の他に見当たらない。

出雲国松江藩への入国

　　選抜された松平直政は、寛永15（1638）年3月3日に信濃松本を出発、3月21日或いは22日に家臣団を引き連れ出雲国松江に入国した。早速、手がけたのが守備体制の軍事編成である。

　　先ず、松江城の守りに叔父の三谷半大夫長吉を城代として置き、城下固めは記録にはないが、百戦錬磨の朝日丹波重政、大坂の陣で活躍した乙部九郎兵衛可正、縁戚の棚橋勝助及び香西茂左衛門守清、譜代家臣の村松将監直賢等を布石したと考えられる。また、松江城から延びる外堀の東南（現在の松江市南田町）に新規招聘した福島軍団の出身で山陰・山陽に明るい大橋茂右衛門政貞6千石を配備した。この地は東方沼沢並びに中海方面まで見通せることから、日本海から侵入した水軍を迎え撃つ出城として堀尾時代は、筆頭家老堀尾修理6千5百石が守り、京極時代はやはり筆頭家老の多賀越中守1万3千石が守備した場所である。

　　南北の京橋勢溜り並びに天神勢溜りを藩主直政の従兄弟にあたり心服のおける三谷権太夫長玄と越前以来の譜代家臣で大坂の陣で活躍した神谷兵庫富次を配置し、更に足軽雑賀鉄砲集団の強化を図り、南北の守りとした。また、入国した寛永15（1638）年12月末迄に、百石以上の家臣82人を新規採用し守備体制の強化を図ると共に軍役を定め、軍隊の組織化を行った。軍事編成は、大番、留守居番、江戸御供番を配置し、他に朝日丹波与力、乙部九郎兵衛与力、大橋茂右衛門与力を付け体制を強化した。

第3章　松江藩の組織

　出雲国松江に入国した松平直政は、翌寛永16（1639）年に大名衆（家老格）に対し御直書・国務の要領六箇条を発し、同年に軍役を定め、次いで正保3（1646）年に町奉行宛てに治世の根本を説き、松江藩政の基礎を確立する。

1．松江藩の格式と職制

　松江藩の格式とは、地位や身分及び家柄の決まりで、家臣である家老以下軽輩の小人下男に至るまでの身分の上下を定めたものである。この格式により待遇、挨拶、会釈も異なり、犯してはならない厳格な規定である。職制とは、職務の分担に関する制度である。

松江藩　格式と職制の変遷

表1-1　松平直政松江入国後、翌寛永16年の職名

職　名	人数	氏　名
御仕置	3名	乙部九郎兵衛（**組外衆**）、三谷権太夫（**組外衆**）、神谷内匠（**組外衆**）
御城代	1名	三谷半大夫（**組外衆**）
御供	1名	有澤織部（**組外衆**）
大目附	3名	野間久大夫（**江戸御供番三番**）、奥田新右衛門（**江戸御供番三番**）、鈴村庄右衛門（**江戸御供番三番**）
町奉行	3名	松林儀大夫（**組外衆**）、斎藤彦右衛門、松井七郎左衛門
郡奉行	5名	北村忠右衛門（**大番五番**）、杉間団右衛門（**大番二番**）、加藤十大夫（**大番四番**）、吉田五左衛門（**大番五番**）、加藤市左衛門（**大番四番**）
作事奉行	1名	林次郎右衛門（**大番一番**）
舟手頭	1名	高田兵太郎（**組外衆**）
大坂屋敷	1名	塩見小兵衛（**組外衆**）
京都屋敷	1名	川崎治右衛門（**組外衆**）
赤名御番所	2名	伊東源五右衛門（**組外衆**）、津川勘左衛門（**組外衆**）
隠岐	2名	酒井忠右衛門（**大番四番**）、日置治（次）大夫（**御留守居番一番**）
御使番	17名	矢嶋助三郎（**江戸御供番一番**）、志立太左衛門（**江戸御供番二番**）、武藤金兵衛（**江戸御供番二番**）、今井太郎左衛門（**江戸御供番三番**）、中野主馬（**江戸御供番一番**）、畑六右衛門（**江戸御供番一番**）、中村三左衛門（**江戸御供番三番**）、鈴木甚右衛門（**江戸御供番三番**）、吉原仁右衛門（**江戸御供番三番**）、猪子甚五衛（**江戸御供番一番**）、山瀬九郎右衛門（**江戸御供番二番**）、高橋源右衛門（**江戸御供番二番**）、蒲生権右衛門（**江戸御供番二番**）、皆川形部（**江戸御供番一番**）、瀬田与右衛門（**江戸御供番一番**）、内藤三郎右衛門（**江戸御供番二番**）、赤林儀左衛門（**江戸御供番二番**）
御右筆	4名	村松杢左衛門（**江戸御供番二番**）、佐々木五郎左衛門（**江戸御供番一番**）、太田八大夫（**江戸御供番一番**）、森本八左衛門（**江戸御供番一番**）

第1部　松江藩の誕生 | 23

職　名	人数	氏　名
御銀方	1名	藤田治兵衛（江戸御供番三番）
御金奉行	1名	渡部茂大夫（江戸御供番三番）
御銀奉行	3名	長崎九右衛門（江戸御供番二番）、武熊瀬左衛門（江戸御供番二番）、今井十兵衛（江戸御供番一番）
御小人頭	2名	木代猪左衛門（江戸御供番一番）、矢野久助（江戸御供番二番）
御細工奉行	1名	供兵右衛門（大番二番）
御作事奉行	1名	伴彦助（大番四番）
御鷹方	2名	加藤小平次（大番三番）、深津八大夫（大番五番）
御鷹師頭	1名	妹尾清左衛門（大番四番）
御鷹師衆	2名	長井勘左衛門（大番三番）、石田藤右衛門（大番六番）
御馬乗衆	3名	原田伝吾（大番一番）、下村四郎兵衛（大番二番）、秋元宗右衛門（大番三番）
奥御納戸	2名	伊藤笹兵衛（江戸御供番一番）、松田孫四郎（江戸御供番一番）
御納戸	2名	岡村半兵衛（江戸御供番三番）、川崎久兵衛（江戸御供番三番）
表納戸	2名	武池平左衛門（江戸御供番一番）、服部権四郎（江戸御供番一番）
買御納戸	2名	西郷権兵衛（江戸御供番二番）、岡本与兵衛（江戸御供番二番）
寄御納戸	4名	池田七之丞（江戸御供番二番）、松原治兵衛（江戸御供番二番）、由良兵右衛門（江戸御供番三番）、高松与次兵衛（江戸御供番三番）
絵書	1名	太田弥兵衛（御留守居番二番）

（参考引用文献　『松江市史　通史編3　近世Ⅰ』『松平家家譜并御給帳写・直政御代御給帳』）

　この表は、『松江市史　通史編3　近世Ⅰ』に記載されているものであるが、『松平家家譜并御給帳写・直政公御代御給帳』を基礎資料とし、給帳で一部の家臣について注記されている職名を抜粋して作成されたものである。当時の職名を知る上で貴重な史料となっている。先ず、基礎資料の直政公御代御給帳について触れてみたい。

　大きな特徴は軍事編成を基本とし、組編成で家臣の知行高並びに氏名が順次記録され、大番一番から六番、留守居番一番から三番、江戸御供番一番から三番、組外衆、江戸定詰、御台所衆、御馬医衆、御鷹匠衆、小算用、児小姓衆、朝日丹波与力、乙部九郎兵衛与力、大橋茂右衛門与力が記載されている。この組織は、寛永14〜15（1637〜1638）年の島原・天草一揆の影響や徳川幕府から課せられた中国一円の外様大名抑止の任が色濃く出た職制と言っても過言ではない。

　次に、職名（表1－1）について述べてみたい。松平直政は、軍事に明るい朝日丹波・大橋茂右衛門・堀尾但馬は、指導的相談役立場に置き、御仕置役に乙部九郎兵衛・三谷権太夫・神谷内匠を、御城代に三谷半大夫を配置した。家中統制の要職大目附には、寵臣の野間久太夫・奥田新右衛門・鈴村庄右衛門を任命している。

　このように家中や領国支配を統治する御仕置や家中統制する大目附には、松本時代までに採用した寵臣を起用したことが分かる。また、町方支配を担当する町奉行には、越前大野時代から町奉行を勤めた松林儀太夫と斎藤彦右衛門が任命され、もう一人の松井七郎左衛門は京極の旧臣で、京極時代に町奉行の経験があり、任命されたと考えられる。古参の町奉行二人に松江に詳し

い松井七郎左衛門を加えた人事配置となっている。その他、地方支配を担当する郡奉行は、京極旧臣等松江入国時に採用した5名を任命し、舟手頭は、堀尾家の旧臣で京極時代に船奉行を勤めた高田兵太郎を起用している。松江以外では大坂屋敷に塩見小兵衛、京都屋敷に川崎治右衛門、他に赤名番所に2名、幕府からの預かり領・隠岐国の支配に担当者2名を配置した体制となっている。

表1-2　松平直政没時、重臣格式・職名（5百石以上）

格式・職名	人数	格式・職名	人数
家老	9名	町奉行	1名
大名分	3名	者頭	3名
大番頭	8名	扈従支配	1名
扈従番頭	1名	広瀬藩附	1名
番頭	2名	附家老	1名
用人役	5名	使番	2名
勘定頭取	1名	隠居	1名
目附役	1名	聞番役	1名
組外	4名	不明	1名
留守居詰	1名		
寺社町奉行	1名	合　計	48名

格式・職名は、一部順不同（知行高参考）　　（参考引用文献『松江藩列士録』）

　この表は、寛文6（1666）年、初代藩主松平直政没時の5百石以上の重臣48名の格式・職名（表2-29）をまとめたものであるが、出雲国松江入国後の寛永16年の職名と比較すると、家老を含めた家臣団の世代交代期にあり、後継者である2代目の能力が大きく問われた時期でもあった。直政は人事能力に優れ、各家ごとの旧功を尊重しつつ能力主義を導入し人事を行っている。2代朝日丹波重賢、2代堀尾図書の知行高を大きく減じ村松将監直賢、有澤織部直玄を抜擢している。

　また、職名を重視した軍事編成から政治運営への移行が見られる。格式と職名においても徐々に分離が明確化され、少しずつ序列化が進んでいることが分かる。初めて家老に次ぐ大名分、大番頭、番頭と言った重職が設けられ、これらの重臣が藩主並びに家老を支え活躍したと考えられる。更に、用人役、者頭、勘定頭取、附家老、留守居詰、隠居といった格式・職名が新しく新設されている。

　また、寛永16（1639）年に見られる職名御城代が、寛文6（1666）年には、格式・職名の中には見当たらない。その要因は、御城代三谷半大夫が直政が死去する1ヶ月前に没し、御城代が空席になったことが考えられるが、その後、「松江藩列士録」を見ると御城代を拝命した家老は散見されたが、何故か歴代藩主の「給帳」からは格式・職名の中に御城代は見られない。一般的に城代家老の任務は、常に戦時を想定しいざ戦時となれば、命を投げ打って城並びに藩主やその一族を守る重要な役目であるが、世の中が平和となるや冠職となり、「松江藩列士録」を見ると仕置役を解かれた家老が、一時的に御城代を拝命している事例が多く見られた。

第1部　松江藩の誕生　25

表1-3　2代藩主松平綱隆（つなたか）　御代御給帳

格式・職名	人数	格式・職名	人数	格式・職名	人数
家老	12名	舟奉行	1名	絵師	1名
大名分	8名	普請奉行	5名	扈従	14名
番頭	18名	作事奉行	2名	慶泰院様方	8名
詰衆	8名	破損方	1名	江戸定詰	3名
大横目衆	2名	増田杢右衛門組	30名	御前様方	4名
用人	8名	石丸庄左衛門組	30名	御国姫	1名
町奉行	4名	山口七郎右衛門組	29名	甲斐守様方	23名
旗奉行	2名	堀尾図書組	31名	幸松様方	4名
鑓奉行	2名	原忠右衛門組	28名	右京様之御前様方	1名
持弓	2名	三田村孫左衛門組	27名	壽林様方	2名
持筒	3名	仙石猪右衛門組	27名	乙部九郎兵衛与力	8名
先筒	16名	星野弥次右衛門組	28名	村松将監与力	9名
横目歩行頭	10名	平野五郎左衛門組	19名	大橋茂右衛門与力	8名
鷹匠頭	2名	棚橋権之助組	22名	神谷兵庫与力	9名
使番	11名	今村六良兵衛組	31名	三谷権太夫与力	8名
組外詰衆	32名	神谷与左衛門組	28名	有澤八失与力	5名
隠居	4名	垂水十郎右衛門組	57名	御役之覚他	107名
勘定奉行	3名	伴助大夫組	53名	合　計	845名
隠州郡代	2名	儒者	1名		
郡奉行	6名	医者	25名		

（寛文9年～貞享2年作成）

（参考引用文献　『松江市史　通史編3　近世Ⅰ』『松平家家譜并御給帳写・綱隆御代御給帳』）

　初代藩主松平直政の藩政の晩年になると、世の中は平和となり、職名も戦時を想定した軍事編成から経済政策を重視した政治運営への移行がすでに始まっていた。

　家老朝日丹波は寛永18（1641）年に死去し、家老乙部九郎兵衛は慶安2（1649）年、家老大橋茂右衛門は承応3（1654）年、家老神谷兵庫は万治3（1660）年、家老三谷権太夫は寛文5（1665）年に、また、城代家老の三谷半大夫も寛文6（1666）年に没した。直政を補佐した重臣はほぼ姿を消し、それぞれの家老家に於いては2代目が家督相続した時期である。世の中は平和となり戦時体制が解かれ、軍事に強い家老から徐々に経済に強い経世家が重視された。直政が重用したのが村松将監、有澤織部である。松平直政は、自身も寛文6（1666）年に逝去した。

　このような時代の変遷期に松平綱隆は、2代藩主を踏襲する。早速、行ったのが家臣団編成の変更であった。先ず組士より前に家老以下24の格式・職名が並び、その後に組士他が記載されている。直政時代の寛永給帳・明暦給帳では組外と一括されていた重臣達が、家老、大名分、番頭、詰衆、大横目衆等に細かく分離され、家臣団の序列化が見られる。従って、寛永給帳・明暦給帳では組外或いは組士と記載されていた藩政機構を担う役職者が独立した序列を形成して記載されている。列挙すると大横目衆、用人、町奉行、勘定奉行、隠岐国郡代、郡奉行等である。軍事から政治への比重移動が読み取れる。こうしてみると、松江藩の藩政機構は、2代藩主綱隆時代に確立されたと言える。

（参考引用文献『松江市史　通史編3　近世Ⅰ』）

表1−4　3代藩主松平綱近（つなちか）　御代御給帳

格式・職名	人数	格式・職名	人数	格式・職名	人数
大老	1名	組外隠居	6名	大扈従	10名
家老	8名	役組外	6名	医師	21名
大名分	11名	郡奉行	27名	儒者	1名
家老嫡子	4名	香西太郎右衛門組	18名	絵師	3名
大番頭	6名	小田切半三郎組	19名	伊藤兵右衛門組	24名
扈従番頭	7名	上川権左衛門組	16名	医師	15名
留守番頭	4名	神谷武左衛門組	18名	天称院様方	6名
番頭免許	5名	斎藤彦右衛門組	15名	御前様方	7名
番頭隠居	5名	赤木文左衛門組	17名	頼母様方	35名
御天守鍵預	1名	平野五郎左衛門組	33名	表方扶持方之衆	6名
旗奉行	2名	黒澤三右衛門組	31名	御馬方袴代銀三枚宛	4名
用人	6名	高木小左衛門組	34名	大橋茂右衛門与力	8名
寺社奉行	2名	石原外記組	29名	柳多主計与力	4名
御姫様附家老	1名	瀬田與右衛門組	31名	乙部勘解由与力	9名
者頭足軽20人宛	22名	星野小右衛門組	32名	神谷兵庫与力	10名
目附歩行頭	7名	高木佐治兵衛組	35名	三谷権太夫与力	8名
奥取次	6名	太田伴右衛門組	34名	有澤隼人与力	5名
盗賊奉行	2名	安藤十郎兵衛組	38名	朝日但見与力	4名
使番	12名	増田伴助組	39名	合　計	804名
組外	26名	小扈従	8名		

（参考引用文献　『松江市史　通史編3　近世Ⅰ』『松平家家譜并御給帳写・綱近御代御給帳』）

　3代藩主松平綱近の格式・職名の特徴は、基本的には2代藩主綱隆を踏襲しているが、大きな違いは、初めて大老職を設けている。徳川幕府で大老と言えば、幕府の最高機関で、将軍に直属する老中の上位にあり、老中が将軍に上申する事項を最終チェックする重職である。

　綱近は、幕府の制度を援用し、名誉職として大老職を選任したと考えられる。列挙してみると、延宝4（1676）年に元祖小田伊織、天和2（1682）年に3代乙部九郎兵衛可明、貞享3（1686）年に2代三谷権太夫長元、元禄元（1688）年に2代大橋茂右衛門貞高の以上4人である。

　この大老職は、歴代藩主の中で綱近のみが用いている。

　他に綱近期の御代給帳の特徴を列挙すると①番頭を大番頭・扈従番頭・留守居番頭・番頭免許・番頭隠居に細分化し、大番頭・扈従番頭・留守居番頭をそれぞれの組の頭として強化している。②新規に奥取次、盗賊奉行を設けている。松江藩で初めて盗賊改役が登場するのは、元禄元（1688）年に2代瀬田與右衛門が拝命、翌元禄2年に3代栂源太左衛門、同3年に3代川崎六郎左衛門、同6年に2代土屋儀太夫、同7年に3代増田杢右衛門、他に辞令年月日が不明であるが2代乙部藤馬が任命され、元禄11年で終了している。③御姫様付家老の追記に「以上、奥御礼」と記され、既に奥列という階層があり藩主と対面ができる特権階級の存在が確認できる。④「役

組外」という区分の成立である。これは、組士が特定の役職に就任した際に組から外れて所属する格式である。

　以上、初代から３代藩主の格式・職名を『松江市史　通史編３　近世Ⅰ』、『御代御給帳』、『松江藩列士録』を参照し抜粋して記載したが、松江藩の家臣団の格式秩序は、遅くとも17世紀末には確立していたと考えられる。

表1-5　9代藩主松平斉貴（なりたけ）　御代御給帳

格式・職名	番組	人数	格式・職名	番組	人数
大老		－	村松内膳組	大番	56名
家老		10名	太田半兵衛組	大番	61名
家老並		2名	熊谷主殿組	大番	64名
中老		16名	乙部次郎兵衛組	大番	68名
家老嫡子		2名	栂式膳組	大番	61名
家老並嫡子		2名	棚橋源兵衛組	留守居番	45名
番頭		26名	奥田官右衛門組	留守居番	46名
番頭免許		2名	神谷内匠組	留守居番	54名
新番組支配		1名	山口七郎右衛門組	留守居番	50名
旗奉行		2名	新番組		48名
槍奉行		2名	扈従		13名
用人		4名	中奥扈従		8名
寺社奉行		10名	集張		82名
者頭		37名	側医		8名
目附歩行頭		8名	側医格		7名
使番		10名	医師		30名
側役		5名	町医		11名
組外		65名	望月兎毛組		36名
役組外		42名	定江戸新番組		1名
赤木内蔵組	扈従番	27名	江戸常詰医師		6名
小田切内記組	扈従番	21名	隠居		55名
氏家外衛組	扈従番	19名	江戸隠居		1名
香西太郎右衛門組	扈従番	16名	合　計		1193名
有馬藤助組	大番	59名			

（参考引用文献　『松江市史　通史編３　近世Ⅰ』『松平家家譜并御給帳写・斉貴御代御給帳』）

　この表は、嘉永６（1853）年に記載されたものであるが、「新番組支配」から「寺社奉行」に至るまで、より具体的に職名が記載されている。

　戦時体制を想定した組支配は、初代藩主直政時代には、大番、留守居番、江戸御供番であったものが、２代藩主綱隆時代に江戸御供番が小姓番と編成替えされ、更に扈従番となり幕末まで継承される。基本的には、扈従番四組、大番六組、留守居番四組で編成された。これらの番頭の傘

下には組士が配置され、様々な願いごとの上申や法度、命令、指示の伝達等は番頭を通して行い、藩は番頭を通して藩士を支配していた。

　平時には、戦時に準じた体制が継続され、戦時には、大番が主力部隊、扈従番が藩主の親衛隊となり留守居番が城の守衛を担当した。これらの組織が威力を発揮したのが幕末の長州征伐である。

　士分以上の人数を考察すると初代藩主直政時代に約500名であったものが、2代藩主綱隆845名、3代藩主綱近804名となり、江戸時代後半の9代藩主斉貴時代には1193名と増加している。これは歴代ごとの藩財政や藩政改革の成功が大きく影響しているもの考えられる。

　以上、前章で述べたように、松江藩の格式並びに職名は、初代藩主松平直政の時代に骨格が出来上がり、2代藩主綱隆から3代藩主綱近時代にほぼ完成したと考えられる。

　10代藩主定安時代の格式と職制を『雲藩職制』『松江市誌』から抜粋すると次のようになる。

表1-6　松江藩の格式と職掌（明治維新前）

```
士分の格式
1．上士　　家老、家老並、中老、番頭
2．並士　　奥列、者頭、使番、組外、役組外、組士、新番組

3．卒
　①御徒、②御徒並、③御目見、④小算用、⑤萬役人、⑥御譜代組、⑦浮役、⑧新組、⑨城代組、
　⑩御旗組、⑪同心組、⑫先手組、⑬水主
4．軽輩
　①百人者（御七里）、②御手廻り、③御小人
御次勤之部
　①御近習頭、②御側役、③御納戸役、④御側扈従、⑤中奥扈従、⑥御手廻、⑦御側医、
　⑧御茶道
```

（参考引用文献　『雲藩職制』『松江市誌』）

表1-7　松江藩の職制（明治維新前）

大別	部	職制・役所
甲	中央部	①御仕置所、②御用所、③寺社町奉行所、④御目付所、⑤御軍用方、⑥御武具方、⑦宗門方、⑧郡方、⑨地方、⑩御勝手方、⑪御勘定所、⑫蔵、⑬札座と御懸屋、⑭登米方・廻米方、⑮常平方、⑯人参方、⑰木実方、⑱木苗方、⑲山方、⑳材木方、㉑紙方、㉒御作事所、㉓破損方、㉔寺社修理方、㉕鉄方、㉖釜甑方、㉗御細工所、㉘御普請方、㉙御厩、㉚御小人方、㉛堀方・屋敷方、㉜御船屋
	地方部	①町役所、②郡家、③代官所、④隠州元方
	国外部	①江戸役所、②大坂御留守居役所、③京都御留守居役所
乙	藩侯直属	①表御殿、②奥御殿、③御台所、④御花畑、⑤殺生方

（参考引用文献　『雲藩職制』『松江市誌』）

第1部　松江藩の誕生 | 29

表1−8　松江藩の格式と職制のまとめ（明治維新前）

士分		格式	人数	役職
上士		家老	13	仕置役（当職）、軍事方、城代等
		家老並	3	仕置役（当職）
		中老	18	仕置添役、地方勝手方、近習頭等
		家老嫡子	1	中老に同じ。
		番頭	28	大番頭、扈従番頭、江戸扈従番頭、留守居番頭等（番頭格・番頭免許も含む）
並士		奥列	26	新番組士支配、旗奉行、槍奉行、用人役、寺社町奉行、天守鍵預り等
		者頭	43	者頭役、奥家老、軍用方奉行、目附歩行頭、御附頭取等
		使番	18	使番役、側役、勝手方奉行、江戸留守居等
		組外	66	郡奉行、宗門奉行、軍用方奉行、納戸役、人参方奉行、小人奉行等
		役組外	78	隠州郡代、札座奉行、勘定奉行、勝手方、作事奉行、木実方奉行、舟奉行、厩別当、花畑奉行、普請奉行、破損方奉行、献立指南、台所奉行、地方頭取、小人方奉行等
		組士	153	隠州代官、木実方添奉行、作事添奉行、供方、塩梅料理方、右筆、日記役等
		新番組	17	勘定所押合、勝手方押合、札座添奉行、作事破損方等
卒	士格	徒・徒並		目付所に属し、三の丸玄関番、使者役城下巡視、諸役所残物改等
		御目見		諸役所に属し元〆・計吏・計算を勤む。藩主に御目見会釈が許される。
		小算用		諸役所に属し元〆・計吏・計算を勤む。勘定奉行の支配下。
		萬役人		諸役所に属し元〆・計吏・計算を勤む。勘定奉行の支配下。一代限り。
	足軽	譜代組	1700〜2000	用人の支配に属し、諸番所詰、往来者改、米留、他国米方等
		浮役		用人の支配に属し、寄合番方、郡下代、押足軽等
		新組		役職は譜代組、浮役に同じ。無役の者は門番、番所詰、郷中出役等
		城代組		城代の部下で城内の樹木手入や掃除を行い小人を使役す。
		旗組		旗奉行に属し、戦時に旗持を行う。平時は米留、出役、心掛等
		同心組		寺社町奉行に属し、市中取り締まりを行う。
		先手組		者頭役に属し、所々の番所に勤む。戦時には先手を勤める。
		水主		御船屋に属す。
軽輩		取立者	200〜300	中間以下の頭役、小頭、杖突等
		その他		中間・厩、手廻、御駕籠之者、百人者、25人者、毛坊主等

（参考引用文献　『雲藩職制』『松江市誌』『松江藩格式と職制』『松江藩家臣団の崩壊』）

藩士の地位や身分及び家柄の決まりを一般に格式と称せられた。格式は初代藩主松平直政時代は単純であったが、代を重ね職制の発展と共に複雑となり、階級の区分も厳重となった。格式は職制と混ずるところあり、例えば番頭・者頭・使番・側役等である。松江藩では、士分（上士・並士）と卒（士格・足軽）及び軽輩以下で大きな階級差があったことが確認できる。上士63人、並士401人と他に軍役を果たすための組士を入れると士分の総数は約1000人と記録されている。卒（士格・足軽）の総人数は約1700人～2000人、軽輩の総人数は不明であるが約200人～300人と考えられる。幕末総勢約3152人と記録されている。

松江藩の主な家老職制三役（仕置役・軍事方・城代）

　松江藩の家老職は、大きく分けて仕置役、軍事方、城代の三つに分けることが出来る。

　この中で一番重要な職制は、政治を司る仕置役である。と言うのも江戸時代中期、世の中が平和となると、軍事方はその機能を弱め仕置役が兼務することが多かった。

　軍事方が力を発揮するのは、異国船の出没や幕末の長州征伐への出兵並びに松江城下固め、京都御所等の警護の時である。城代も城の警護はするものの戦もなく、城や武具、城鍵の管理程度で冠職に過ぎなかった。従って、5代藩主宣維時代と6代藩主宗衍時代に、この全権を任せられた家老が現れたとしても決して不思議なことではなかった。

　上記、異国船の出没につては、享保3（1718）年、5代藩主松平宣維は、幕府の許可を得て家老並軍事方頭取・大奉行4代有澤土佐に命じ異国船を砲撃、帆柱を貫通させ撃退したと記されている。また、長州征伐については、10代藩主松平定安は、軍事方を強化するため軍隊を西洋化し、一之先、二之見、遊軍、旗本の四隊と小荷駄隊を設け、それぞれに大将を置いた。

　慶応2（1866）年、第二次長州征伐では、一之先備士大将大野舎人、二之見備士大将神谷兵庫富雄、遊軍備士大将平賀縫殿、小荷駄備士大将朝日千助重厚、旗本隊は藩主自ら率いて出陣した。従って、軍事方を一人に任せず軍隊を組織化して強化している。

　上記、三役以外に無役家老（表家老）がいた。戦時には隊長或いは士大将となり出陣し、平時には仕置役への提言や緊急時の会議に参加し発言した。

仕置役とは

　仕置とは『音訓引き古文書辞典・林英夫著』によれば、1.支配・統治、2.処理すること、3.取締り、4.処罰・刑罰・処分・成敗とある。

　江戸幕府の組織をみると将軍⇒側用人⇒大老・老中・若年寄が政治を司り、その下に寺社奉行・江戸町奉行・勘定奉行・大目付・大番頭等がいた。この中に仕置役は見当たらない。

　一般的に「仕置」とは、3と4でお馴染みの、南町奉行所大岡越前守忠相、北町奉行所遠山金四郎の白洲のお裁きや「火付け盗賊改め」鬼平こと長谷川平蔵の捕り物が有名である。

　松江藩では、家老仕置役の大きな職務は1と2である。3と4に付いては総括者となり、百姓一揆並びに重大事件や寺社町奉行で処理できない提訴は直接行い、役所の監督は御用所、藩士の監督は目付所、国内の司法や監獄・寺社並びに松江の民政は奥列格の寺社町奉行所が行った。

松江藩の仕置役の位置づけ

　松江藩の仕置役は、藩の政治軍事を司る最高機関である。三の丸御殿の藩邸内 表 書院の隣に仕置所があり、家老仕置役並びに家老並仕置役、中老仕置添役等が勤めた。

　現在の政府の内閣に当たる。藩政を総括し家老及び家老並数名が仕置役に当たり、これを当職とも言った。

　松江藩では、家老仕置役を拝命すると通常、手前抱足軽５人、中老仕置添役は手前抱足軽２人が与えられた。代々家老、家老、家老並から選ばれるが、時には家老嫡子や中老の中から選抜された。いずれも家老並を経て藩主より仕置役を拝命した。松江藩で初めて家老並仕置役が登場するのは、６代藩主松平宗衍時代の４代塩見小兵衛である。仕置役を仰せ付けられた時に知行高千石未満の者は、家老並に置かれ、その勤め振りにより千石に至れば家老に進んだ。これを昇進家老という。仕置役は定員が６名である。

　『松江藩列士録』によれば江戸藩邸と国許の松江藩邸に交替で勤めた。江戸藩邸の仕置役は「江戸当職」と呼ばれ、藩主の知恵袋となり藩主より指示命令された格式、職制、養子縁組、賞罰等を書状にして江戸から送達した。

　仕置役の補助役として仕置添役がある。中老より数名が任命され、その中から能力や家柄により仕置役に昇格する者もいた。この仕置添役は、５代藩主松平宣維時代から新規に職制が追加された。藩主より国政を託された藩政の総括者であり職制の範囲も広く責任も重かった。山積する難問をことごとく解決する判断能力が求められた。

2．松江藩の主要職制

　松江藩の格式や職制は、夫々の家の代替わり時に藩主より辞令が交付されたが、その後の勤め振りにより格式や職制が変動した。松江藩の人事は一般的には能力主義が導入されていた。特に松江藩の政治、軍事の中枢を担う仕置所は、夫々の時代の頭脳明晰な知恵者が選抜され、難問を同時に解決した。一般の諸問題は、仕置所が行ったが、最終的な裁決は、上席家老並びに次席家老が総括した。また、大きな難題事件は、家老一同が集まり合議し決定したが、時には藩主が別途責任者を決定し処理させた。列挙すると杵築大社（出雲大社）の八雲山裁決や幕府の公役江州比叡山山門普請の難題、幕末の山陰道鎮撫使四ヶ条演達状の難問等である。

（1）仕置所（16人、内仕置役は6人）（現在の内閣に該当する）

　前述の通り、松江城三の丸御殿の藩邸内、表書院の隣の間にあり、藩の政治軍事を司る最高機関である。藩内から選抜された16人の優秀な人材が政務を執った。松江藩の政治の心臓部である。

　内訳は、家老仕置役・並軍用方５人、並城代（城代組足軽付）１人、家老並仕置役・並軍用方１人、中老仕置添役・近習頭・地方勝手方請口１人、中老仕置添役・地方勝手請口４人、家老嫡子仕置添役１人の小計13人。内用方（仕置所付属の役所）組外内用方頭取日記役（百４拾石勤）１人、組士頭取日記役１人、内用方１人の小計３人。

(2) 御用所（5人～6人）

仕置所の直属で松江以外の各役所を監督する。番頭、奥列格の者があたる。

(3) 寺社町奉行所（13人×2組）（現在の司法、裁判所・警察署・刑務所に該当する）

国中の司法、監獄を司り、また寺社及び松江の民政を司る。奥列・組士格があたる。

(4) 目付所（30人）

家臣団の監視を行い、お触れを出したり召喚状（しょうかんじょう）を発したりする。また火事場へ出て警視する。

(5) 軍用方（50人）

役所は二の丸にあり、陸海軍を指揮し国内外の防衛を行う。

（参考引用文献『雲藩職制』『松江市誌』『松江藩格式と職制』）

松江藩の政治軍事を司る仕置所があった三の丸御殿（松江市蔵）

松江藩の家老の条件

　松江藩の格式家老は、既に越前福井時代に確認されている。しかし、家老と言われる家がらの特権が形成されたのは、6代藩主松平宗衍時代の宝暦期（1751〜1764）であったことが判明している。家老とは家臣の中で最も重職を任せられたもので、武士を統率する者を言う。越前福井時代から信濃国松本時代までの家老は、藩主直政により決定されたが、松江藩時代になると格式と職制が規定化され、歴代藩主により徐々に家老についての定義が確立されたものと考えられる。特に職制の中で政治、軍事の中枢である仕置役が置かれた事により家老の選定基準が大きく様代わりした。

家老の選定基準

　松江藩で家老仕置役・家老並仕置役に選抜された家老家は、その大半が初代藩主松平直政時代に採用された家である。5代藩主松平宣維の時代から職制の中に仕置添役が加えられた。中老が仕置添役に推挙されその勤めぶりが認められると、格式家老並に置かれ知行高千石以上になれば家老に昇進した。松江藩は、藩主10代、230余年続くが仕置役に選抜された家老並・家老家は30家あった。

　仕置役に選抜されると手前抱足軽5人が与えられた。仕置役が何代か続くと、先代を家督相続する時に千石以上が与えられたが、逆に代々優秀な人材が続かない場合は、格式家老から中老、更に番頭に降格し、知行高も千石から3百石までに減禄された。

　こうしてみると松江藩の格式と知行高は、夫々の家ごとに出自や戦歴、先代の旧功等を基本とし、本人の能力を加味した能力主義の知行高体系と言える。

　しかし、例外の家老家が六家あった。この家老家を「代々家老」と言う。

松江藩の代々家老

　松江藩には、代々家老と言われる家老家が六家あった。代々家老とは、世襲制であり、代々格式と知行高が基本的にそのまま受け継がれた家柄である。

　「旧藩事蹟」には、代々家老と称する世襲の家老の家柄があり、大橋茂右衛門・乙部九郎兵衛・三谷権太夫・神谷源五郎・柳多四郎兵衛の五家であったが、後年朝日千助が加えられ六家となった。「雲藩職制」には、代々家老として、大橋茂右衛門・乙部九郎兵衛・三谷権太夫・柳多四郎兵衛・神谷源五郎・朝日丹波（千助）・有澤能登の七人が記載されている。そもそも代々家老の根源となったのは、松平直政が大橋茂右衛門を懇願し招聘した時に遡る。

　『松江藩祖直政公事蹟』を抜粋し要約すると次の通りである。

　「大橋茂右衛門は、福島家滅亡後、牢人となり近江国大津にいた。直政は懇望し平野甚兵衛を使者として遣わせ交渉させたが、1万石でなければ主取はしないとの返答があった。しかし、既に親子の契りを交わした朝日丹波重政の知行高が7千石であり、釣合もあり6千石で条件提示したが交渉は難航した。そこで直政は、最後の殺し文句として末代まで家督を減じない条件を提示し獲得に成功したのである。」

　しかし、約束を交わしたものの、こうなると今まで自分に尽くした寵臣との釣り合いが大きな問題となり、乙部・三谷・神谷を加え四家としたことは、想像に難くない。

では代々家老家が特権を与えられ認知されたのは、何時ごろからであろうか。

　松江藩における家老と言われる家からの特権が形成されたのは、前述したように6代藩主松平宗衍時代の宝暦期（1751～1764年）であると言われている。また同様に、代々家老の特権が認められたのは、朝日家を除く大橋・乙部・三谷・神谷・柳多の五家に付いては、宝暦8（1758）年の宗衍時代に正式に定められ、有澤家に付いても「御隠居様御代・宗衍」時代と記録されている。

　しかし、『松江藩列士録』を読み下すと既に初代藩主直政の時代に大橋家老、乙部家老、三谷家老、神谷家老の四家の嫡子が、先代を家督相続する時に知行高が暗黙の内に継承され、格式に於いても経験を積むと家老となっている。3代藩主綱近の時代に柳多家老が加わり五家となり、更に7代藩主治郷の時代に藩政改革「御立派改革」の成功の恩賞として朝日家老が加わり六家となった。もう一家、有澤家老が代々家老に続く家柄と言われた。

　この代々家老は、戦時には隊長あるいは土大将（さむらいだいしょう）として出陣し、城代家老も勤めた。平時は、国老として松江藩の重職を任せられ、国政を司った。

　松江藩の決まりでは、一般の家老或いは昇進家老は、先代を世襲する時に一つ格下げされ知行高も減らされる場合が多くみられた。つまり本人の能力を見極めて昇格並びに知行を上げたのである。しかし、代々家老は、先代を世襲する時に、先代の知行高が暗黙のうちに了承され継承された。ただ格式は、時に一つ下級の家老並、中老となることもあったが経験を積むと家柄により家老となり、実質的に保障された。従って、家老の中でも代々家老は特別な待遇を受け、歴代藩主の家督御礼の節に将軍へ拝謁し、太刀、銀、馬代を献上する家柄であった。

代々家老の条件と選抜

　では代々家老は、どのようにして選抜されたのであろうか。代々家老の共通点を抜粋し、そのハードルを検証すると次のようである。

　①出自、過去の戦功並びに功績等藩への貢献度が高く、②格式が家老、③知行高2千石以上で与力が与えられた家柄、④歴代藩主の家督御礼の節、藩主に随行し将軍に拝謁（はいえつ）した家柄、⑤代々格式、知行高が継承された家柄等が考えられる。

　代々家老候補者、2千石以上の該当者は11名いたが、この内6名が選抜された。

　松江藩は、初代藩主松平直政が没すると、2代藩主松平綱隆から3代藩主松平綱近時代にかけて家老の熾烈な権力闘争があり、戦国の世に大切とされた「義」とは何か、「武士道」とは何かが失われ、我欲に走った家老がたとえ松江藩松平家の親類であっても処断一掃された。3代村将監静賢（しずかた）や松江藩松平家縁戚の2代棚橋玄蕃近正・2代香西茂左衛門隆清・2代平賀縫殿隆顕が処罰の対象となり失脚し、代々家老候補から脱落した。特に村松家は、詳しい出自は分からないが譜代の家臣であり、元祖村松将監直賢の藩への貢献度は高く、一番の知行高からすれば当然代々家老の条件を満たしており、3代村松将監静賢の失脚は惜しまれた。

３．松江藩の家老並仕置役・家老仕置役を勤めた30家と名家老

　松江藩の経営スタッフは、藩主を頂点とし筆頭家老と次席家老が家臣団を総括し、次いで家老仕置役並びに家老並仕置役や中老仕置添役が実行部隊となり政治軍事を司った。

　仕置役は、歴代藩主の時代ごとに頭脳明晰な知恵者が、代々家老、家老、家老並や時には家老嫡子や中老の中から選抜され任命された。松江藩の諸問題を同時に解決する判断能力が求められ、その力量と器量が重要とされた。歴代藩主の信頼がもっとも厚い重臣から選抜されたのである。

　寛永12（1635）年、３代将軍徳川家光は、武家諸法度を改定し、参勤交代制度を定めた。以後、歴代藩主は１年ほど国許にいて、次の１年は参勤交代で江戸住まいを義務付けられた。従って、落ち着いて藩政を司ることが出来なくなり、藩政を代々家老を始め家老仕置役に委ねることが多くなった。その結果、藩主は「よきに計らえ」、「そうせい」「其方に任せる」と家老に任せた方がうまく行ったようだ。萩藩主毛利侯は「そうせい公」と言われたという。

　藩主は国許を離れ江戸へ参勤する前に国政の安穏を祈って出雲大社や日御碕神社、松江の神社仏閣に参拝した。領国の治世を疎かにしたり、家督相続争いや家老同士の権力闘争、幕府への不満や反抗、内紛、城の無断改築、隣国の謀反の未届け出、法度に背く者を隠匿する等は、武家諸法度により徳川幕府から隠密裏に常時監視され、これらが原因で江戸時代に改易された大名は200家を超えた。徳川・松平家縁戚大名や譜代大名、国持大名であっても例外ではなかったのである。

　藩主にとって国政を任せる代々家老や家老仕置役の器量、力量に負うところが大きく、国を任せる家臣団が重要となった。従って歴代藩主は、参勤交代が終わると国許へ帰り、代々家老や家老仕置役宅を訪問し国政の労いを行い、家老のみならず家族へも手土産を持参し気配りをした。

　松江藩初代藩主松平直政から10代藩主松平定安に至る230余年で家老並仕置役、家老仕置役を勤めた家老家は30家あった。家老仕置役を一代のみ勤めた家や三谷家のように歴代全員が仕置役を勤めた優秀な家老家もあった。

　本書では、家老並・家老仕置役30家を紹介し、仕置役総勢89人の中から、歴代藩主が特に重用した名家老65名を選りすぐり、その活躍ぶりを振り返ってみた。

　先ず歴代藩主を紹介し、その時々の時代背景や藩主が重用した名家老を『松江市誌』や『松江藩列士録』等を駆使して紹介したい。但し、此の度、参考引用文献の中枢に据えた『松江藩列士録』は、徳川幕府による系図伝収録編纂の関連で享保の頃から記録され、代々引き継がれた系譜書、伝記類が整理編纂されたもので、松江藩士の足軽、徒を除く約千家分について、家ごとに元祖から幕末までの歴代の功績を記述したものである。しかし、享保以前に付いては各家の伝承や記憶により記録されており、年号や知行高不明がみられる。特に出雲国松江入国以前の計数に付いては、あくまでも参考資料として掲載させて頂いた。

表1－9　松江藩の家老並・家老仕置役30家（採用地、本国、格式、職制、知行高一覧表）

採用年号	採用地	家老家元祖名	本国	格式	職制	元祖最終知行高	備考
慶長7（1602）	福井	柳多四郎兵衛長弘	下総	家老	仕置役	5百石	代々家老、側近家老
慶長7（1602）	福井	仙石猪右衛門政吉	伊勢	－	大番頭支配	千石	大坂両陣で活躍
慶長9（1604）	福井	神谷兵庫冨次	甲斐	家老	仕置役	3千7百7拾石	代々家老、側近家老
慶長年間	福井	氏家五右衛門政次	讃岐	家老	－	4百石	大坂両陣で活躍
慶長19（1614）	福井	石原九左衛門	下野	番頭	留守居番頭	5百石	大坂両陣で活躍
元和2（1616）	福井	村松将監直賢	駿河	家老	仕置役	6千石	直政のブレーン
元和5（1619）	姉崎	乙部九郎兵衛可正	伊勢	家老	仕置役	5千石	代々家老、次席家老
元和6（1620）	姉崎	斎藤彦右衛門	上総	番頭	留守居番頭	6百石	寺社奉行で活躍
寛永元（1624）	大野	朝日丹波重政	遠江	家老	－	7千石	直政と親子の契り
寛永元（1624）	大野	團弥一右衛門	武蔵	番頭	－	千石	3代目が中興の祖
寛永2（1625）	大野	三谷権太夫長玄	阿波	家老	仕置役	3千7百7拾石	松平直政の従弟
寛永年間	大野	棚橋勝助	美濃	家老	－	2千石	松江藩松平氏の親類
慶長年間	大野	高田次郎右衛門	摂津	－	－	3百石	父は増田右衛門家老
寛永5（1628）	大野	今村六左衛門	参河	－	－	2百石	2代目以降活躍
寛永11（1634）	松本	塩見小兵衛	丹後	大名分	表御用取次	千石	塩見縄手ゆかり
寛永11（1634）	松本	有澤織部直玄	尾張	家老	－	3千石	代々家老に続く格式
寛永11（1634）	松本	三谷半大夫長吉	阿波	家老	城代	2千5百石	松平直政の叔父
1633〜1638	松本	松原五郎大夫	不明	－	－	2百5拾石	3代目が中興の祖
寛永15（1638）	松江	大橋茂右衛門政貞	信濃	家老	家老総括者	5千石	代々家老・筆頭家老
寛永15（1638）	松江	平賀半助	上野	組士	右筆	百俵拾人扶持	娘が4代藩主吉透の母
寛永20（1643）	松江	垂水十郎右衛門	摂津	番頭	留守居番頭	6百石	寺社町奉行で活躍
正保2（1645）	松江	小田伊織	常陸	大老	仕置役	千5百石	直政の従弟
慶安元（1648）	松江	黒川又左衛門	肥前	大名分	扈従番頭	千石	3代藩主綱近の寵臣

採用年号	採用地	家老家元祖名	本国	格式	職制	元祖最終知行高	備考
慶安2 (1649)	松江	太田伴右衛門	下野	－	大目附役	7百石	2代藩主綱隆に仕える
明暦2 (1656)	松江	脇坂丹下	近江	番頭	留守居番頭	5百石	3代目藩政改革で活躍
万治2 (1659)	松江	高木佐五左衛門	参河	番頭	留守居番頭	3百石	2代目以降家老〜中老
寛文2 (1662)	松江	榊原（小田切）極	信濃	大名分	－	千石	小田切備中尚足祖父
寛文4 (1664)	松江	大野舎人	不明	家老	城代	千石	5代藩主宣維の寵臣
寛文5 (1665)	松江	熊谷主殿近知	上野	家老	仕置役	千石	3代藩主綱近の寵臣
元禄13 (1700)	松江	赤木文左衛門	石見	中老	扈従番頭	5百石	5代文左衛門活躍
		合計30家					

(参考引用文献 「松江藩列士録」)

(注) この表は、松江藩の家老並・家老仕置役30家を採用年代順に「松江藩列士録」より抜粋したものである。
元祖の採用年号、採用地、家老家元祖名、本国、格式、職制、元祖最終知行高、備考を記した。
＊採用は、越前時代6家、姉崎時代2家、大野時代6家、松本時代4家、松江時代12家合計30家である。
＊本国（伊勢・近江・摂津・丹後）6家、（信濃・尾張・美濃・甲斐）5家、（讃岐・阿波）3家、（三河・駿河・遠江）4家、関東（武蔵・上野・下野・下総・上総・常陸）8家、九州（肥前）1家、（石見）1家、（不明）2家、合計30家である。

表1－10　松江藩　名家老並仕置役・家老仕置役一覧表

家老名	仕置役数	名家老数	名家老
大橋	2	4	元祖茂右衛門政貞、2代茂右衛門貞高、7代豊後基孚、8代筑後安幾
乙部	4	3	元祖九郎兵衛可正、3代九郎兵衛可明、5代九郎兵衛可豊
朝日	6	5	元祖丹波重政、5代丹波郷保、6代丹波恒重、7代丹波貴邦、9代千助重厚
三谷権太夫	8	5	元祖権太夫長玄、2代権太夫長元、3代権太夫長暢、5代権太夫長遶、6代権太夫長熙
神谷	3	3	元祖兵庫富次、4代備後維寿、10代兵庫富雄
柳多	6	5	2代四郎兵衛一道、3代主計近一、4代四郎兵衛近章、5代四郎兵衛一斉、8代四郎兵衛一眞
有澤	4	3	元祖織部直玄、5代能登、6代織部
大野	5	4	元祖舎人、3代舎人、5代舎人、6代虎之助基則
塩見	3	2	4代小兵衛、5代小兵衛
高木	3	3	2代佐五左衛門、3代佐五左衛門、5代佐五左衛門
三谷半大夫	1	2	元祖半大夫、4代半大夫
脇坂	2	1	6代十郎兵衛
今村	4	3	2代左大夫、4代美濃、8代修禮

家老名	仕置役数	名家老数	名家老
小田	4	3	元祖伊織、7代要人、9代均一郎豊雅
黒川	2	1	3代監物
平賀	5	2	4代筑後、5代縫殿
高田	4	2	3代宮内近仲、4代極人
團	3	2	3代丹下近均、5代仲
小田切	1	1	3代備中尚足
仙石	3	1	2代猪右衛門
村松	4	2	元祖将監直賢、4代伊賀
垂水	1	1	8代伊織
松原	1	1	3代定右衛門
石原	3	1	2代九左衛門
斎藤	2	1	4代丹下
太田	1	1	2代勘解由
氏家	1	1	3代一学
熊谷	1	1	元祖主殿近知
赤木	1	1	5代文左衛門（家老並）・赤木内蔵家の分家
棚橋	1	－	2代棚橋玄蕃（死罪により名家老から除外する）
合計30家	89人	65人	

表1-11　松江藩　歴代藩主のブレーン

歴代藩主	藩主のブレーン
初代藩主　松平直政	元祖朝日丹波重政、元祖大橋茂右衛門政貞、元祖乙部九郎兵衛可正、元祖村松将監直賢、元祖三谷権太夫長玄、元祖神谷兵庫富次、元祖三谷半大夫、元祖有澤織部直玄
2代藩主　松平綱隆	2代大橋茂右衛門貞高、3代乙部九郎兵衛可明、元祖村松将監直賢、2代三谷権太夫長元、2代今村左大夫、元祖小田伊織、2代石原九左衛門
3代藩主　松平綱近	2代大橋茂右衛門貞高（大老）、3代乙部九郎兵衛可明（大老）、2代三谷権太夫長元（大老）、元祖小田伊織（大老）、2代柳多四郎兵衛一道（諫言役）、3代柳多主計近一、4代柳多四郎兵衛近章、2代仙石猪右衛門、3代氏家一学、元祖熊谷主殿近知
4代藩主　松平吉透	元祖大野舎人、4代柳多四郎兵衛近章、3代氏家一学
5代藩主　松平宣維	4代神谷備後維寿、3代高田宮内近仲、元祖大野舎人、3代三谷権太夫長暢（三権の長）、2代高木佐五左衛門、4代今村美濃、3代團丹下（三権の長）、3代高田近仲、2代太田勘解由、3代氏家一学（三権の長）、3代松原定右衛門
6代藩主　松平宗衍	5代乙部九郎兵衛可豊（後見役同然）、4代高田極人（後見役同然）、4代三谷半大夫（後見役同然）、4代村松伊賀（後見役同然）、3代黒川監物（後見役同然）、5代朝日丹波、3代小田切備中尚足、4代塩見小兵衛、4代斎藤丹下、2代高木佐五左衛門、3代高木佐五左衛門、5代柳多四郎兵衛一斉（三権の長）、5代有澤能登、5代團仲、4代平賀筑後

歴代藩主	藩主のブレーン
7代藩主　松平治郷	5代朝日丹波郷保（後見役）、3代小田切備中尚足（後見役）、5代三谷権太夫長達、5代平賀縫殿、6代有澤織部、3代大野舎人、5代塩見小兵衛宅共、6代朝日丹波恒重
8代藩主　松平斉恒	6代朝日丹波恒重（後見役）、6代三谷権太夫長熙、8代柳多四郎兵衛一眞、5代塩見小兵衛宅共、5代高木佐五左衛門、5代大野舎人、8代今村修禮
9代藩主　松平斉貴	7代朝日丹波貴邦（後見役）、5代塩見小兵衛宅共（後見役）、7代大橋豊後基孚、8代今村修禮、5代大野舎人、7代小田要人
10代藩主　松平定安	8代大橋筑後安幾、9代朝日千助重厚、10代神谷兵庫富雄、6代大野虎之助基則、9代小田均一郎豊雅、6代脇坂十郎兵衛、8代垂水伊織、5代赤木文左衛門

（『松江藩列士録』より明治2年、禄制改正前に至るまでの歴代藩主のブレーンを抜粋）

（注）　元祖棚橋勝助は、越前大野時代に初代藩主松平直政の縁戚の一人として採用され重職を勤めるも松江入国後に死去し、後継者の時代に断絶したので藩主ブレーンから除外した。

　　　　また、元祖堀尾但馬は、松平直政が松江入国後に堀尾時代の経験を買われて採用され、出雲国松江の熟知者として重用されたが、採用7年後に死去し、後継者の時代に嗣子が無く断絶したので、棚橋勝助同様に藩主ブレーンから除外した。

　　　　堀尾家は、本家は断絶したが、堀尾但馬の三男平左衛門が父分知3百石を授かり、その後、代を継ぎ8代堀尾茂次が格式番頭格百5拾石で明治維新を迎えた。

名家老抽出基準

　『松江藩列士録』から松江藩の政治、軍事の中枢を担った家老並仕置役・家老仕置役を抽出し、読み下して名家老の基礎資料とした。

　歴代藩主が重用した家老の中から、①藩主の後見役並びに後見役同然を勤めた家老、②大老職を勤めた家老、③仕置役・軍事方・城代の三権を任せられた家老、④藩政改革、軍政改革に貢献した家老、⑤仕置役を長年勤め藩に尽くした家老、⑥家老家の中興の祖で藩に貢献した家老等を基に、家老並仕置役・家老仕置役を勤めた30家の中から名家老65名を抽出した。

第2部

松江藩松平氏
歴代藩主

第1章　初代藩主松平直政

1．松江藩の名君　松江藩の基礎を確立する

- 生没：慶長6（1601）年～寛文6（1666）年〈66歳〉
- 松江藩・治世期間：寛永15（1638）年～寛文6（1666）年〈29年間〉

初代藩主松平直政像（月照寺蔵）

松平直政公廟所（月照寺）

松江藩松平家「三葉葵」家紋

「五三桐」家紋

（宗家越前松平家と同じ「三葉葵」、「五三桐」を家紋とした）

　松平直政は、慶長6（1601）年8月5日、近江国伊香郡中河内で父越前中納言秀康（越前北庄藩主）、母側室駒（三谷氏・月照院）の間に誕生する。秀康の三男、徳川家康の孫に当たる。幼名を河内麻呂（丸）で、後に国麻呂（丸）と改名した。慶長10（1605）年、父秀康の家臣朝日丹波重政の養子となったが、丹波重政が越前から退去したため、秀康のもとに戻った。同12（1607）年に父秀康が死去した後は、藩を継承した長兄忠直の元で成長する。

　同16（1611）年に京都二条城で徳川家康・秀忠に初めて謁見し、同18（1613）年に元服して出羽介直政と名乗った。

　直政の兄弟は、長女松樹院（早世）、長兄忠直（越前北庄藩2代藩主）、次兄忠昌（福井藩祖）、同母姉・喜佐子（毛利秀就の室・龍昌院）、三男直政（松江藩主）、四男吉松丸（早世）、五男直基（結城氏を相続、のち松平姓に復帰、姫路藩主〔前橋藩松平氏家祖〕）、六男直良（大野藩主〔明石藩松平氏家祖〕）である。

　奥方は、美濃国大垣藩主松平甲斐守忠良（本姓久松）の女国姫（慶泰院）である。子供は、四

男五女の子宝に恵まれたが、内女子四人は早世であった。側室は、長谷川氏（養源院）、篠塚氏（和光院）、加藤氏（寿林）である。

　元和2（1616）年、大坂陣の恩賞として、兄忠直より領国越前大野郡木本1万石を分与され領主となる。同4年に初めて江戸に参勤し、そのまま江戸に在府した。この時から実質的に越前家から独立した大名として徳川将軍家から認められ処遇された。

　元和5（1619）年、2代将軍徳川秀忠に随行し上洛して従五位下・出羽守に叙任される。

　同年、所領を越前から関東上総国海北郡姉崎（現在の千葉県市原市）1万石を賜り、江戸で将軍秀忠に仕えた。同9（1623）年8月、3代将軍徳川家光の襲名に伴い再び上洛し従四位下に昇叙された。若くして将軍家に認められ、特に将軍家光に嘱望された。

　この頃、長兄本家越前北庄藩主松平忠直が幕府への反抗を理由に改易となり隠居させられる。長兄忠直の改易に伴い、次兄忠昌が旧領のうち50万石を拝領し、北庄藩を福井藩に改め藩祖となる。また、忠直の嫡子光長が越後国高田藩25万石を授かり、直政が越前国大野藩5万石を拝領する。寛永3（1626）年、将軍家光に供奉して、侍従に任ぜられた。

　直政は、続く寛永10（1633）年、信濃国安曇・筑摩両郡松本7万石に栄封され2万石の加増となった。記録によれば譜代大名の一員として登場する程の抜擢であった。

　3代将軍徳川家光の信任は厚く、寛永13（1636）年に将軍家光が日光山へ参詣した際には、幕府の重臣井伊掃部頭直孝と共に先導役を勤めた。

　更に、直政にチャンスが訪れる。島原・天草一揆が勃発し江戸幕府は、全国への連鎖を恐れた。特に対西国外様大名抑止政策の一環として、譜代大名の中で特に徳川家光の信任が厚く、且つ、萩藩主毛利秀就の室・喜佐子（龍昌院）が直政の同母姉で毛利家と縁戚関係であること等が大きな決め手となり直政が抜擢され、寛永15（1638）年、出雲国松江藩18万6千石（隠岐国1万8千石は預かり領）実高約25万石に栄封される。実に11万6千石以上の加増となった。

　この頃、多くの大名の改易が行われた時代、毛利家にとっては最も頼りになる親類が隣国の領主となり大歓迎をしたと記録されている。毛利家は、藩主秀就と喜佐子の嫡子や孫たちが何代か藩主を勤め、その後、養子等で継承されたことをみれば、幕府の読みがズバリと当たり、幕藩体制の安定に繋がったものと考えられる。こうしてみると直政の適応能力は、素晴らしいものがあり、兄忠直の改易後、幕府に恭順を示して時勢を的確に見極め、幕政の基礎を築いたと言える。

　さて、松江に入国した直政は、松本時代にうやむやになっていた「国務の要領六箇条」や「格式並びに職制」と「軍役」他に政教・尊皇・敬神・崇仏・博愛と寛容・文武の奨励・治水・産業の8項目を定め、松江藩政の基礎を確立した。

　他に文教政策にも力を入れ、林羅山の推薦で黒澤三右衛門弘忠（石斉）を儒官に登用し、世子綱隆に付け師とした。また、直政は篤信家でも知られ日御碕神社造営、隠岐国後鳥羽上皇山稜の修復及び社殿新造、出雲大社の造営を行った。

松江藩松平氏の格式

　松平直政は、信濃国松本時代に3代将軍徳川家光から信任を得て、寛永11（1634）年に「譜代」と呼ばれる27名の中に名を連ね、出雲国松江へ栄封される前年の寛永14（1637）年には、御譜代の面々34名の1番目に記載されている。

さて、当時の大名の格式では国持大名（国主）と言う存在があり、一国以上をまとめて領有し、他の大名と分離した特権階級的地位を与えられていた。松平直政は、出雲国松江を拝領したことにより、この国持大名の地位を獲得したわけである。江戸城へ登城した際の控えの部屋（殿席）は、国持大名の控えの間「大広間」であり格が上がった。

正保４（1647）年には、３代将軍徳川家光の遺命により次期将軍候補世子家綱の委託を受け加賀中納言前田利常、越後中将高田藩主松平光長と松平直政の３名が指名されている。

その恩賞として直政は、同年12月１日に上総国姉崎の放鷹地を与えられている。

寛文３（1663）年に従四位上・左近衛権少将に昇叙した。

このように将軍家に認められた松江藩松平氏の格式は高く、家門（親藩）であり譜代大名且つ国持大名で出羽守と称し、宮中にて大儀挙行の節、徳川将軍の名代となり奉賀使を務める家柄である。

家紋は、宗家越前松平家と同じ三葉葵と五三桐を用いた。また大名行列の挟箱の金葵紋は、見物人が少ない時は「なめしの油箪」で被って隠し、見物人が多い時は外して見えるようにした。これを人々は「越前の皮被り」と言った。（初代松平直政は４代将軍徳川家綱の名代で霊元天皇の即位式、５代藩主松平宣維は８代将軍徳川吉宗の名代で中御門天皇の大婚式、６代藩主松平宗衍は９代将軍徳川家重の名代で桃園天皇の大婚式、９代藩主松平斉貴は12代将軍徳川家慶の名代で孝明天皇の即位の大礼に参列した。）

松平直政、幼少期を越前北庄で過ごす

松平直政は、関ヶ原の合戦後の、翌慶長６（1601）年に近江国伊香郡中河内に於いて、父越前中納言秀康、母側室駒（三谷氏・月照院）の間に誕生する。秀康の三男、徳川家康の孫に当たる。幼少期を越前北庄藩で、父秀康、長兄忠直、次兄忠昌と共に過ごす。

戦国時代から江戸時代にかけて大名に男子が誕生すると、慣例により「乳初」の儀式を行い、側近の妻の中から母乳の出る乳人を選び乳を与えた。

直政の乳人は、山口七郎右衛門の母佐原木氏が選ばれ乳母となる。また、局にも選ばれ母乳を差し上げている。その後、父越前中納言秀康の命により神谷兵庫富次の母が乳母に選ばれ東局を、西局を秀康の乳母を勤めた桂田治大夫の妻が授かり、月照院並びに松平直政と苦楽を供にする。この時、奥錠前番に選ばれたのが桜井金太夫である。奥御殿は厳重な警戒が行われたようだ。その他、秀康より直政に付けられたのが医師岡本瑞庵、勘定方に伊東長右衛門、台所人に鷲見理右衛門、他に山口七郎右衛門である。七郎右衛門は、母佐原木氏が直政の乳母並びに局に選ばれ、一緒に採用されたものであが、直政とは母の乳房を吸った乳兄弟である。

養育係は、柳多四郎兵衛長弘の父柳多縫殿之助が勤めた。翌７年、直政が２歳になると秀康から人始めとして付けられたのが仙石猪右衛門政吉と結城氏の支族柳多四郎兵衛長弘である。４歳の時に側近として神谷源五郎富次、御抱守に田川仁左衛門、高橋三右衛門、岡村半兵衛が付けられ、６歳で松原三左衛門、７歳で伊藤長大夫、早苗長左衛門、山田善左衛門、児扈従として栂半左衛門、９歳の時に扈従として三上七郎兵衛が付けられた。

特に柳多・神谷の二人は、生まれが同年で、直政より８歳年上の12歳、大坂の陣では家老として直政の楯となり馬前において甲首を二つ取る等の活躍をした。後に二家は代々家老となる。

また慶長年間に祖母方の縁戚氏家五右衛門政次、香西茂左衛門守清が将来の重臣を見据えて採用され、他に天野傳左衛門正長、南保源兵衛可勝、石原九左衛門重友、石川半右衛門正吉等が採用され大坂両陣で活躍した。

従って大坂陣までの直政の家臣団は、父越前中納言秀康並びに越前北庄藩を襲封した長兄松平忠直より付けられた家臣が中心である。

慶長12（1607）年、父秀康死後は、越前松平家を襲封した兄忠直の元で幼年期を過ごす。

同14年、9歳の時に霊泉寺の河南宗徹和尚を師とし書物並びに手習いの手ほどきを受ける。

同16年4月17日に京都二条城に於いて11歳にして初めて祖父徳川家康並びに秀忠に拝謁する。同17年、12歳の時に河村松聲入道につき馬術を習った。13歳の時に元服し、兄忠直から御字「直」を授かり「出羽介直政」と名乗り、併せて甲冑を賜る。14歳で大坂冬の陣に参陣、初陣を飾った。

松平直政の母月照院と乳母東局

松平直政の生母駒（月照院）の実家三谷家は、系図をひもとくと景行天皇に遡り、讃岐氏・植田氏の流れをくむ名門である。三谷家は、嘉永6（1853）年に著された『古今讃岐名勝図絵、梶原藍水著、歴史図書社』の王佐山城の条に、『三谷対馬守光広これに居し、出雲国松江老臣三谷権太夫はその末裔なり』とあり、讃岐王佐山城主（現在の高松市）三谷対馬守光広が祖であることが確認できる。

駒（月照院）は、父三谷出雲守長基、母香西備前守清長の娘志摩（松光院）である。元は結城秀康の生母長松（勝）院の侍女であったが、後に結城秀康の側室となり松平直政を出生する。しかし、直政は、兄たちに比して祖父将軍徳川家康との対面が遅れていた。月照院は、自らの不徳を恥じて、我が子を何とか立派な武将に育てるべく、訓育に努めた。夫秀康亡きあとも直政の教育に心血を注ぎ、大坂の陣では、叱咤激励して送り出した。

直政は、戦陣で武功をあげ家康、秀忠に認められ陣羽織を賜る。後に姉崎を授かり、更に大野、松本、松江と立身出世する。月照院の喜びようは一入であった。

直政は、終生母月照院を敬慕し、母が慶安元（1648）年11月27日に江戸で72歳で逝去すると、江戸芝（東京都港区）天徳寺で盛大に葬儀を行い、長く荒廃していた松江の禅寺洞雲寺を寛文4（1664）年に浄土宗長誉上人を開基とし、蒙光山月照寺と改称して菩提を弔った。法名は月照院殿浄誉蒙光大姉と称す。

もう一人の乳母、家老神谷源五郎（兵庫）富次の母東局は、直政の幼少期に苦楽を共にした一人である。織田信長の姪に当たり才知に優れ気性が激しく女丈夫な女性であったようだ。

3代将軍徳川家光の乳母春日局と類似点も多い。列挙してみると共に①武将の娘、②乳母、③主君を守り名君に育てた、④子供を主君の側近に付け大成させた、⑤共に気性が激しく屋敷に侵入した盗賊を手討ちにした。以上のように東局は、春日局の松江藩版と言っても過言ではない。

大坂の陣では、軍資金を信仰帰依していた本願寺より2千両を調達し、直政を陰から支えた。因みに西局を勤めたのが桂田治大夫の妻で結城秀康の乳母を勤めた桂田氏である。

このように直政は、強い母と乳母の愛情を一身に受け、家臣・領民に慕われる名君と成長するのである。

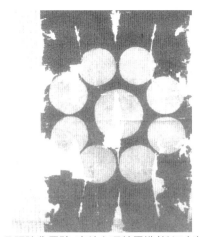 

月照院作馬験・麻地九曜紋馬幟（松江市蔵）　　月照院墓塔（月照寺）

松平直政、初陣の経緯

『慶長19（1614）年、大坂冬の陣が起こる。家康は諸大名に大坂城討伐の命を下し、直政の長兄越前北庄藩主松平忠直は、越前より出陣する。直政は、時に14歳。是非とも兄忠直の出陣に加わり戦陣で武勲をあげたいと願った。しかし、到底兄と母月照院の許しは得られないと思い、側近の重臣に相談すると、母君にお話なされては如何かと勧めてくれた。

直政の出陣の決意を聞いた母月照院は、殊の外の喜びようで、「汝は、名将越前中納言秀康様の御子にして、大御所様の御孫なり、諺に栴檀は二葉より芳しと、戦陣に臨み勇なきは孝にあらず、名を後世に揚げよ」と励ました。直政は、母の許しと励ましを得て大いに勇気をもらい出陣を心に決めた。出陣の軍資金は、家老神谷兵庫富次の母東局が信仰帰依していた本願寺の法主より２千両を調達してくれ出陣の準備が整った。

出陣に当たり直政の母月照院は、自ら甲冑下の召し物を縫い、馬験も縫って、その布の上に盥を伏せ墨で丸を描き、急場の験として持たせた。更に、慣例では武将又は軍師が勤める出陣の儀式を自ら手伝い、供の面々に金子と酒を注ぎ、肴を勧めて門出を祝った。

初陣直政の軍勢は、従士57人、歩卒を加えて総勢５百余人の小隊であったが、若き主人の初陣を飾ろうと否が応でも士気は上がった。しかし、勇んで出陣した直政は、将軍家康からの出陣の命も、兄忠直の許可も得ていなかった。

北庄から10里ばかり来た今ノ荘の地で留められ、引き返す様にと兄忠直の怒りを受けた直政は、自害もいとわぬ勢いで抵抗した。側近の家長仙石猪右衛門政吉も、後陣の列にお加え下されと涙ながらに一心に忠直へ言上した。熱意に打たれた忠直は、直政の出陣を認め、仙石猪右衛門政吉を伴って、将軍徳川家康に願い出て許可を得てくれた。この時、仙石猪右衛門政吉は、将軍徳川家康より陣羽織を賜った。晴れて陣に加えられた直政は、勇んで出陣した。

大坂両陣に参戦した直政は、戦陣において将軍徳川家康、秀忠に対面する。家康喜び打飼袋に熨斗鮑と勝栗を入れ、着用の緋羅紗陣羽織を授けた。また、矢玉を恐れず馬を勇め、その力戦奮闘ぶりに豊臣方の武将真田幸村が逸話として軍扇を投じて褒め称えたと伝えられている。』

（参考引用文献『松江藩の時代』の文中『直政の母月照院・内田文恵氏著』）

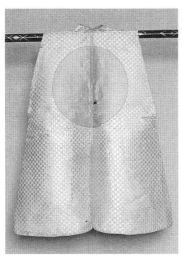
緋羅紗陣羽織（月照寺蔵）

打ち飼袋（月照寺蔵）

大坂冬の陣

　慶長19（1614）年12月4日、松平直政は、兄松平忠直軍の後陣に加わり谷町口に着陣した。徳川軍は、真田丸の正面左翼の松屋町口に伊達政宗・伊達秀宗親子を筆頭に右一列に藤堂泉守高虎、松平忠直、八町目口に井伊掃部頭直孝、寺沢広高、脇坂安元、古田重治、桑山一直、榊原康勝、松倉重政が配置、正面に前田利常が陣を構え、更に右手に南部利直が着陣した。その後方、岡山に徳川秀忠、茶臼山に徳川家康が本陣を構え、大坂城及び真田幸村が守る真田丸に対峙した。

　大坂方で一番警戒すべきは、知将真田幸村の守る玉造門の出城・真田丸である。徳川家康は、真田幸村の謀略を恐れ、軍議で策略を警戒するよう下知していたが、加賀国金澤藩主前田筑前守利常の家老本多政重（徳川家康の軍師本多佐渡守正信の倅）及び越前国北庄藩主松平忠直の兵が真田幸村の挑発に乗り、先陣を争い真田丸に突撃した。

　待ち受けた真田軍の策略と鉄砲隊の猛攻撃にあい、幾千の屍を積み上げ後退した。

　この時、紫縅の鎧・兜に金留めの伊多羅貝の前建てに身を包み、颯爽と黒馬に鞭打ち進み出た少年がいた。初陣松平直政である。真田丸の堀に乗り込み底を下りて木戸際に攻め入らんとしたその時、兄忠直から付けられた士分・天方山城通總は驚き馬を走らせ矢面にならんと馬前を塞ぎ、「大将は後方にて全軍を指揮するもの、直ぐにお下がりくだされ。」と大声を発し制したが、直政曰く「汝こそ後陣にあって士卒を指揮せよ、我は進んで軍勢を引き立てん。」と矢玉を恐れず前に前に進んだ。天方は、直政を守らんと幾度となく馬を進め矢面に立った。

　真田丸からこの様子を見ていた真田幸村は、矢玉を恐れぬ少年武将の勇敢さと忠義を尽くす家臣に感服し、鉄砲の打ち方を止め、逸話として「松に日の丸の軍扇」を投じて褒め称えたと言われている。

大坂夏の陣

　慶長20（1615）年、大坂夏の陣が起こり松平直政は、再び越前より出陣し大津駅に差し掛かった時、兄忠直より父秀康が豊臣秀吉より賜った鹿角冑を授かり奮闘するように励まされた。徳川家康は自ら右軍の大将となり、左軍を三隊に分け先鋒を越前国北庄藩主松平忠直に命じた。

直政は、次兄忠昌と共に第三隊備に就いた。

　敵将真田幸村は、茶臼山に着陣したが左軍の先鋒はこれを破り、遂に幸村を討ち取り、大坂冬の陣の雪辱(せつじょく)を果たした。大坂方は敗走し、直政は馬を勇め士卒を励まし高麗橋(こうらいばし)から一気に京口門を破り一番乗りを果たした。自身も騎馬武者の首級を二つを取った。

紫繊の鎧・兜（松江神社蔵）

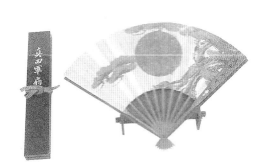
真田幸村軍扇（松江神社蔵）

表2－1　松平直政初陣　大坂両御陣御供出陣者名簿

家長たる者
　柳多四郎兵衛長弘（兜首2討ち取り　22歳）
　神谷源五郎富次（兜首2討ち取り　22歳）
　仙石猪右衛門政吉（兜首2討ち取り）
　氏家五右衛門政次（首級の功あり）

忠直公の命により調護(ちょうご)の臣ある者
　山口七郎右衛門宗張（首級の功あり　17歳）、鈴木市右衛門知重

忠直公より付けられた士分(しぶん)
　小山主計政伯(まさのり)、天方山城通總(あまかたみちふさ)（首級の功あり）、佐乙女久左衛門勝正(さおとめ)（首級の功あり）
　同子、三郎右衛門勝利（一番首級の功あり）、香西太郎右衛門正安（首級の功あり）
　同子、加兵衛正之（首級の功あり、槍首雄の号を公より賜る）

御馬廻り
　香西茂左衛門守清(こうざい)(もりきよ)（首級の功あり）　　　櫻井源治郎元重（首級の功あり）
　皆川荘兵衛重之（首級の功あり　19歳）　　　南保源兵衛可勝(なんぶ)(よしかつ)（首級の功あり）
　栂半左衛門将供(まさとも)（首級の功あり　20歳）　　　松浦佐左衛門正重（首級の功あり）
　信太治部右衛門正矩（首級の功あり）　　　石川半右衛門正吉（首級の功あり）
　三上七郎兵衛吉次（首級の功　20歳）　　　早川仁兵衛吉安（首級の功あり）
　佐藤平兵衛正春（首級の功あり）　　　益戸弥兵衛宗重
　天野傳左衛門正長（首級2討ち取り）　　　武智加兵衛友正（夏御陣で討死）
　天野久兵正純(まさずみ)（首級の功あり夏御陣討死）　　　牧野長三郎助重
　石原九左衛門重友（首級の功あり）　　　矢島長七郎安通

侍医　岡本瑞庵　　　　　　　　　　　茶道　松田休可

黒脛巾の頭

定方九郎右衛門義勝（首級の功あり）　　岡村半兵衛定次（首級の功あり）
渡部荘右衛門安綱

黒脛巾（50人）

舟越太郎兵衛宗俊（夏御陣、討死）　　　松原三左衛門正行（首級の功あり）
高橋三右衛門則能（首級の功あり）　　　他

御歩行衆

岡谷太左衛門宗正　　　　　　　　　　　金子八左衛門吉安（首級の功、夏御陣討死）
田川仁左衛門国泰（首級の功あり）　　　渡部五兵衛勝安
伊東次大夫　　　　　　　　　　　　　　伊藤長大夫友次（首級の功）
高間角左衛門正澄（首級の功あり）　　　安井所左衛門守安
小島七九郎国友（夏陣、討死）

足軽

三橋茂兵衛安信（夏御陣で討死）　　　　冨谷弥右衛門
坂田喜兵衛　　　　　　　　　　　　　　羽山仁右衛門治従
細井宗左衛門宗行（首級の功、夏御陣討死）　宮川勘左衛門
柳内茂右衛門（首級の功）

包丁人　岩崎市兵衛茂祖　　　　　　　　御圓居持　服部宇右衛門吉次

旗組小頭　平井彦左衛門

御馬驗持　武藤太兵衛　　　　　　　　　草履取　熊野虎蔵

　　　（参考引用文献『松江藩祖事蹟』、『松江藩列士録』、『柳多家史料・村田雅彦氏蔵』）

　この大坂両御陣御供出陣者名簿を見ると、兜首、首級の多さから如何に勝ち戦であったかが分かる。また、討死の人数が御馬廻り2人、黒脛巾1人、御歩行衆2人、足軽2人の計7人である。

直政時代のトピックス

■松平直政の人物像

　松平直政の人柄は、後年美化され全てを信用することは出来ないが、古文書等から推察すると、父結城秀康のよき性格を受け継ぎ勇気があり、時勢を的確に見極める判断能力に優れ、人には気配りを怠らず、家臣や民衆からも大いに慕われた人物であったようだ。藩政は、決して「よきにはからえ」ではなく、自ら細かい指示を書状にして送っている。江戸で人質証人に差し出された家老嫡子の面倒をよくみ、国許の家老には度々手紙を送り、人情豊かな一面が窺える。

　家老元祖大橋茂右衛門政貞への証人虎次郎、慰問の手紙を読み下して紹介しよう。

　『態飛札を以て申し候、其地別条これなき候哉、御当地御静謐に両上様（家光・家綱）御機嫌能、近日日光へ御参宮あそばされるべき上意にて、我々事も御供に仰せ付けられ忝仕合に候、然者今度とら次郎疱瘡煩、いかにもかるくまじないほど出来、酒湯も両度懸り候、心安べき候、余り軽く候故、酒ゆかけ申すまでは、飛脚も遣わさざる候、早御暇下さる候時分に成る候間、頓て其元へ遣わし対面あるべき候、養生の儀能申し付け候間、少しも気遣い有る間敷候、恐々謹言。』（当時、疱瘡の特効薬はあまりなく、酒湯に浸り治療したようだ。）

（参考引用文献『松江市史 史料編7 近世Ⅲ』）

　また、家老への指示命令や近況報告、慰問、名物等を手紙に記して送っている。一方、弁舌も滑らかで、軽口或いは油口とも言われた。

　直政は、長兄忠直及び次兄忠昌にも可愛がられ、特に長兄からは、大坂陣の際に直政を守護する士分を送られ、戦後、武功の恩賞として領国の一部、越前木本1万石を割いて分与された。

　御字「直」を頂き「直政」と称し、幕府から姉崎藩を拝領した際は、初めての藩主を祝して、家老乙部九郎兵衛可正を授かった。また、次兄忠昌からは元祖朝日丹波重政を懇望して譲り受けている。このように直政は、生まれ持った人徳があり、異母兄からも可愛がられたと考えられる。

■大河斐伊川が大洪水により流路を変える

　出雲国を南北に流れる大河斐伊川は、神代の時代から暴れ川として知られている。風土記には、『出雲大川、源は伯耆と出雲の境にある鳥神山（船通山）を発し、仁多郡の四つの郷、大原郡の四つの郷、出雲郡の河内、出雲の二郷を経て北に流れ、更に西に流れ伊努郷、杵築郷を経て神門水海（神西湖）に入る。』と記述されている。

　今でも八岐大蛇を成敗した素戔鳴尊の伝説があちこちに残り、斐伊川本流と七本の支流がひとたび大洪水が起こるや大暴れをし、それが八岐大蛇であると伝えられている。古来より北進した斐伊川は、杵築郷より西進して日本海に流れていたが、京極時代の寛永12（1635）年に大洪水が発生し、複数に分かれて東流した。京極若狭守忠高は、大坂より水学者川口昌賢を招き、斐伊川、伯太川の改修工事に着手し堤防を築いたが、完成を見ずに没した。嗣子なく改易となり堤防工事は、次期城主松平直政に引き継がれた。この堤防は、今でも「若狭土手」の愛

称で呼ばれている。

　松平直政が出雲国松江に入国した翌寛永16（1639）年５月に再び大洪水が発生する。直政は、直ちに斐伊川の川違え工事に着手し、支流を一本に統合、４～５年で完成させたと言われている。

　しかし、斐伊川から流出した大量の水は、宍道湖から狭い大橋川を流れ、更に中海を経由して日本海に流れた。この流路は、高低差が少なく緩やかな流れとなり、平時は穀物地帯の水を潤し、魚介類の恵みの水となったが、ひとたび洪水になるや大量の水が溢れ大洪水となり多大な被害を出すに至った。このように斐伊川の流路変更により、後年肥沃な大地・出雲平野を得ることになるが、一方、洪水が起こるたびに米穀の大幅減収や斐伊川の流域地帯並びに低地に造られた松江城下町は、水浸しとなり、治水対策が大きな課題となった。以後、大洪水が度々発生するようになり、松江藩は、治水対策費用や米穀の大幅減収により藩財政は、徐々に蝕まれるようになった。その端緒は、２代藩主松平綱隆の時代に始まる。延宝の大水害が発生し、多くの罹災者を出した。松江藩最初の藩札を発行して救済資金に充て、藩士の知行を減じ補った。その後、藩財政は悪化の一途をたどり６代藩主松平宗衍の時代に財政は破綻状態に至る。松江藩の財政破綻は、斐伊川の流路変更が要因の一つと考えられている。

■寛永の飢饉

　上述したように、松平直政が出雲国松江に入国した翌寛永16（1639）年５月20日から21日にかけ大洪水が発生した。更に、翌年にかけて西日本一帯で牛疫が流行し、耕作に用いる牛が大量に死んだ。続く同18年に干ばつ、台風による被害も生じた。翌19年から20年にかけて大飢饉となった。

■幕府の公役、江戸城西御丸普請手伝

　松江藩松平氏の幕府からの最初の公役は、慶安２（1649）年の江戸城西御丸普請である。普請大奉行に元祖村松将監直賢が任命され、翌年８月28日に全て完了し拝領物を賜る。

■霊元天皇即位の奉賀使

　寛文３（1663）年、松平直政は、霊元天皇の即位に４代将軍徳川家綱の名代として奉賀使を務める。総勢3500余人の大行列にて上京し、宮中にて即位の奉上を述べ、無事参内を終える。江戸城にて４代将軍徳川家綱に言上し、従四位上・左近衛権少将に叙せられた。

■松江検地、岸崎左久次の検地法

　松江藩の年貢の見直し検地は、松平直政の晩年に行われた。その中心的な役割を果たしたのが地方役岸崎左久次時照である。検地の内容については、岸崎が著した寛文２（1662）年の「免法記」、天和２（1682）年の「田法記」に詳しく記載されているが、その要旨は「水田の面積を測る竿高を２割増にし、更に水田の良し悪しを上々、上、中、下、下々の５ランクに分けて査定し、税として差し出す米の量を、ランクごとに反当り分米高（上納米）を決めて納めさせる」と言う厳しい検地法を実施した。これにより松江藩は、増税を行い財政の健全化を

図ったのである。松江藩の本格的な検地は、主に寛文期（1661～1673年）に行われ、その後は、時代と共に修正を加え「順帳」や「擦合帳」により継承された。

■周藤弥兵衛、意宇川の川違えと切通し治水工事の大偉業

　意宇郡日吉村（現在の松江市八雲町日吉）の意宇川は、江戸時代初期には大きく蛇行し、急屈折を繰り返す暴れ川で知られ、洪水のたびに堤防が決壊し大きな被害を出していた。

　その惨状を憂い、慶安3（1650）年、意宇郡日吉村の下郡役元祖周藤弥兵衛家正は、松江藩の許可を得て、劔山の一角を3年を掛けて、新たに直進する川違えと切通しの工事に取り組んだ。その祖父の遺志を継いだ3代弥兵衛良利は、宝永3（1706）年56歳の時に、再度、意宇川の川違えと切通しの開削願いを松江藩に届け出許可を得て、巨額の私財を投じ、自ら槌や鑿を振るい、実に苦節42年の歳月を費やし孤軍奮闘により延享4（1747）年に貫通させた。時に弥兵衛良利は、97歳になっていた。

　松江藩は、弥兵衛良利の善行に対し、お目見え、名字御免の特典を与え称美した。

　その後、明和3（1766）年に6代兵蔵により追加工事が行われ、水害は激減し新しく田畑も造成された。3代にして地域の繁栄と人々の生命と財産を守った。その偉大な善行は、今日に至るまで語り継がれている。

　現在、松江市八雲町並びに日吉自治会により周藤弥兵衛良利を顕彰する頌功碑が建立されている。

　また、その右手に切通しに向かい槌や鑿を振るう周藤弥兵衛良利翁の力強い巨大彫刻のモニュメントが、周藤弥兵衛顕彰会により建立され、地元のシンボルとなっている。この作品は小松昭夫氏により寄贈され、意匠は高田勲氏、制作は劉成啓氏の大作である。

■松江藩松平氏初代藩主松平直政66歳で逝去

　寛文6（1666）年2月3日、直政は、江戸赤坂館客殿にて享年66歳で逝去した。

　直政の霊柩は、遺言により出雲国に奉送の上、松江月照寺に葬られることになった。元祖有澤織部直玄以下の家臣が2月7日に江戸を出発し、3月1日に松江に到着した。3月3日に葬儀が挙行され、霊柩の前轅は、家老を代表して3代乙部九郎兵衛可明が持ち、後轅は、世主の2代藩主松平綱隆が持った。

　位牌は、2代香西茂左衛門隆嘉、太刀を有澤織部直玄、刀剣を元祖小田伊織時成、短刀を元祖棚橋主税正房が持ち、お供の者は行列をなした。宝域には石碑、華表、周垣等整備、老臣以下石灯籠を献し、また月照寺も後に上席家老乙部九郎兵衛可明が造立大奉行となり、大修造して松江松平家代々の菩提寺と定まった。2代藩主綱隆は、山号蒙光山を歓喜山と改め、自筆の額を奉納した。墓所は、月照寺の山門を潜ると左手一番目にある。法名は、高眞院殿前羽林次将歓譽一空道喜大居士と称した。

　4代将軍徳川家綱は、松平直政の死を悼み、久世大和守廣之を使者として香典千両を贈った。

■父結城秀康（越前中納言秀康）

結城秀康肖像画（松江市天倫寺蔵）

　結城秀康は、天正2（1574）年2月8日、徳川家康の第二子として遠江国敷智郡宇布見村（現在の静岡県浜松市西区雄踏町宇布見）の庄屋の家で密かに生まれる。父は徳川家康、母は側室萬（永見氏・長松院）である。

　乳母に選ばれたのが徳川家康の家臣桂田治大夫の妻である。幼名を於義丸といい、一時名を秀朝と改める。養父は、豊臣秀吉、結城晴朝、妻は結城晴朝の養女鶴姫である。子供は、六男二女。側室は、岡山（中川氏）、駒（三谷氏、月照院）、奈和（津田氏）である。参議から正三位を経て権中納言となる。（古来中国では、中納言のことを黄門と言った。）

　母萬が家康の正室築山殿から疎まれたことから、徳川の譜代家臣で参河三奉行の一人本多作左衛門重次（鬼作左）に預けられ、不遇な幼少期を過ごす。羽柴秀吉と徳川家康が戦った小牧・長久手の合戦後、講和が成立し、天正12（1584）年11月12日、11歳の時に人質同然の身で羽柴秀吉の養子となる。この時、付けられたのが本多作左衛門重次の甥本多伊豆守富正等である。

　翌年元服して両将の一字を頂き羽柴三河守秀康と名乗り、河内国1万石を領有する。

　同15年、14歳の時に島津征伐に加わり初陣を飾り豊前岩石城を攻め、翌16年、左近衛中将に昇進した。

　小田原攻めでは勲功をあげ武名を高めた。天正18（1590）年の家康の関東入国の後、関東下総国の名族結城晴朝は、嗣子が無く豊臣氏の一族を養子にせんと望んだため、秀吉は秀康を遣わした。結城晴朝は、結城家の所領10万千石を秀康に譲って隠退し、結城三河守秀康ここに始まる。

　文禄の役では名護屋に在陣、終戦後は一時結城に帰るも伏見・大坂に舘を構え居住する。

　結城秀康は、慶長2（1597）年に参議に任ぜられ、同5年、徳川家康の上杉討伐に加わり下野国小山（現在の栃木県小山市）に布陣した。家康は、秀康に命じこの地に留まり会津の上杉景勝を牽制させたが、景勝は陣を払って去った。これにより東軍は、西軍の挟み撃ちの心配がなくなり関ヶ原の戦いを有利に進め、東軍勝利に大きく貢献した。

　その功績により関ヶ原の戦い後、西上して伏見に赴き、家康に拝謁して越前北庄藩67万石に封ぜられ、本姓の松平に服して越前松平家北庄藩初代藩主となる。後に従三位に昇叙し、権

中納言に叙任された。

　徳川家康は、次期将軍の候補者を二男秀康、三男秀忠、四男忠吉に絞った。秀康を推したのが軍師本多正信、秀忠を推したのが徳川四天王の一人大久保忠隣、忠吉を推したのが四天王の一人井伊直政である。徳川家康は、大久保忠隣の進言「平和な時代を治めるには学問を積んだ秀忠君が適任」を受け入れ秀忠を選択した。

　徳川家康は、秀忠を手元に置き、訓育にこれ勤め、心ひそかに次期将軍に決めていたが、関ヶ原合戦の前哨戦「上田城攻」で手こずり、関ヶ原の戦いに遅参するという大失態を犯した。家康は、東軍参戦の諸将にも面目がたたず、次期将軍の決定に大きな迷いが生じた。

　三者三様に長短があり、寵臣の意見具申を取り入れ秀忠に決定した。秀康が将軍になれなかった要因は、二度の養子縁組と豊臣家との繋がり等が考えられる。

　徳川家康は、寵臣の意見を入れ秀忠を2代将軍としたが、秀康にすまないことをしたと思っていた。そのため別格の処遇を以って臨み、御三家に準ずる特別な待遇をもって処したと言われている。

　秀康は、慶長12（1607）年閏4月8日、体調を崩し34歳の若さで没した。

　墓所は福井市孝顕寺、法名は孝顕院殿三品黄門吹毛月珊大居士と称す。後に墓所は、越後国浄光院に改葬され、法名を浄光院殿森岩道誉大居士と改める。また、明治10（1877）年に東京都品川区海安晏寺墓域に神式で改葬された。

2．仕置役人事と重臣

表2-2　初代藩主松平直政のブレーン、家老仕置役

治世期間	中老仕置添役	家老仕置役
寛永15(1638)年 2月11日～ 寛文6（1666）年 2月3日没	なし	元祖乙部九郎兵衛・寛永15（1638）～慶安2（1649） 元祖三谷権太夫・寛永15（1638）～明暦2（1656） 元祖神谷兵庫富次・寛永15（1638）～万治3（1660） 元祖村松将監・正保4（1647）～寛文9（1669）

表2-3　松平直政が重用した重臣

時代	家老名
越前時代	氏家五右衛門、仙石猪右衛門政吉、神谷兵庫富次、柳多四郎兵衛長弘
姉崎時代	乙部九郎兵衛可正、氏家五右衛門、仙石猪右衛門政吉、神谷兵庫富次、柳多四郎兵衛長弘
大野時代	朝日丹波重政、乙部九郎兵衛可正、棚橋勝助、神谷兵庫富次、柳多四郎兵衛長弘
松本時代	朝日丹波重政、乙部九郎兵衛可正、棚橋勝助、香西茂左衛門守清、神谷兵庫富次
松江時代	朝日丹波重政、大橋茂右衛門政貞、乙部九郎兵衛可正、村松将監直賢、三谷権太夫長玄、神谷兵庫富次、三谷半大夫、有澤織部直玄

越前福井時代 ―― 慶長6（1601）年〜元和5（1619）年〈19年間〉

　松平直政の越前福井時代は、誕生から姉崎へ移封までの19年間である。

　この間、直政は部屋住みの身分で父越前中納言秀康及び越前北庄藩を継承した長兄松平忠直の保護下にあり、直政の家臣はその大半が父秀康や兄忠直により人選され、付けられた家臣たちである。『松江藩列士録』に記録が残る家臣は、推定で総勢45人、知行高にして２千６百２拾３石、２拾７俵、拾７人扶持、合力米である。

　慶長7（1602）年、直政が２歳になると父結城秀康から人始めとして付けられたのが、仙石猪右衛門政吉と結城氏の支族柳多四郎兵衛長弘である。４歳の時に側近として神谷源五郎富次が付けられ、共に文武両道に励む。

　慶長年間に縁戚の氏家五右衛門政次が将来の重臣を見据えて採用され、他に天野傳左衛門、南保源兵衛、栂半左衛門、石原九左衛門、石川半右衛門等が加わり大坂両陣で活躍する。

　直政は、14歳で大坂冬の陣に参戦、初陣を飾り夏の陣でも活躍し、恩賞として元和２（1616）年に兄松平忠直より領国越前木本１万石を分与され、付家老として波々伯部九兵衛家繁を相談役に授かる。

　直政は、今まで父や兄から付けられた家老以下家臣と他に早苗長左衛門、福岡五左衛門、村松将監直賢、松嶋又左衛門、鷲見理右衛門、広瀬茂大夫、岩佐九郎左衛門、高木文左衛門の８人及び山田善左衛門、伊東長右衛門、桜井金太夫、斉藤奎、２代天野惣大夫等を新規採用した。新規採用組で後年、松平直政の寵臣となったのが村松将監直賢である。

表2-4　越前福井時代の家老（知行高順）

氏名	格式	知行高	氏名	格式	知行高
氏家五右衛門政次	家老	４百石	神谷源五郎富次	家老	２百５拾石
仙石猪右衛門政吉	家老格	２百５拾石	柳多四郎兵衛長弘	家老	２百石

（注）　仙石猪右衛門政吉は、越前福井時代は格式家老と考えられるが、『松江藩列士録』によれば、大野時代の寛永２（1625）年、妻の兄都築宗九郎の家来と伊達政宗の家来が喧嘩となり、意趣討に発展する。後日、仙石猪右衛門が意趣討に荷担した事が分かり、直政は公儀を憚り家老には出来ない旨を懇ろに告げる。従って、仙石家が家老になるのは、天和元（1681）年、２代仙石猪右衛門の時代である。ここでは、家老格として記載した。

表2−5　越前福井時代、藩士格式・勤方と推定知行高（元和5（1619）年時点、知行高順）

家臣名	採用年・家督相続年	格式、勤方	知行高	採用地・加増・相続
氏家五右衛門政次	越前福井（1601〜1614）	家老	4百石	大坂陣、首級
仙石猪右衛門政吉	慶長7（1602）年	家老格※1	2百5拾石	大坂陣、首級
神谷源五郎富次	慶長9（1604）年	家老	2百5拾石	大坂陣、兜首2
柳多四郎兵衛長弘	慶長7（1602）年	家老	2百石※2	大坂陣、兜首2
山口七郎右衛門宗張	慶長6（1601）年	不明	2百石	大坂陣、首級
南保源兵衛可勝	越前福井（1601〜1614）	不明	2百石	大坂陣、首級
天野傳左衛門正長	慶長9（1604）年	不明	2百石	大坂陣、首級2
香西茂左衛門守清	越前福井（1601〜1614）	不明	百5拾石※3	大坂陣、首級
石川半右衛門正吉	越前福井（1601〜1614）	不明	百3拾石	大坂陣、首級
栂半左衛門将供	慶長12（1607）年	不明	百3拾石	大坂陣、首級
石原九左衛門重友	慶長19（1614）年	不明	百3拾石	大坂陣、首級
三上七郎兵衛吉次	慶長14（1609）年	扈従	百石	大坂陣、首級
信太吉兵衛正矩	慶長19（1614）年	不明	百石	大坂陣、首級
伊藤長大夫友次	慶長12（1607）年	不明	8拾石	大坂陣、首級
早苗長左衛門	慶長12（1607）年	不明	拾8石	新規採用
福岡五左衛門	越前福井（1601〜1619）	足軽	拾5俵3人	新規採用
松嶋又左衛門	慶長17（1612）年	餌差	拾3石3人	新規採用
松田休可	越前福井（1601〜1614）	茶道	拾3石	大坂陣
村松将監直賢	元和2（1616）年	扈従	拾3石	新規採用
鷲見理右衛門	慶長6（1601）年	台所	拾2俵2人	新規採用
廣瀬茂大夫	越前福井（1601〜1619）	足軽	拾2石2人	新規採用
岩佐九郎左衛門	越前福井（1601〜1614）	足軽	拾2石2人	大坂陣
熊野虎蔵	慶長12（1607）年	草履取	拾2石2人	大坂陣
高木文左衛門	越前福井（1601〜1619）	不明	拾石3人	新規採用
羽山仁右衛門治従	越前福井（1601〜1614）	浪人分	合力米	大坂陣
岡本瑞庵	慶長6（1601）年	医師	不明	大坂陣、軍医
桜井金太夫	慶長6（1601）年	錠前番	不明	新規採用
伊東長右衛門	越前福井（1601〜1607）	勘定方	不明	新規採用
岡村半兵衛定次	越前福井（1601〜1614）	不明	不明	大坂陣、首級
定方九郎右衛門義勝	越前福井（1601〜1614）	不明	不明	大坂陣、首級
服部清兵衛	越前福井（1601〜1614）	抱守	不明	大坂陣
高橋三右衛門則能	越前福井（1601〜1614）	抱守	不明	大坂陣
岡谷太左衛門宗正	越前福井（1601〜1614）	鷹匠	不明	大坂陣
安井所左衛門守安	越前福井（1601〜1614）	徒	不明	大坂陣
冨谷弥右衛門	越前福井（1601〜1614）	足軽	不明	大坂陣
坂田喜兵衛	越前福井（1601〜1614）	黒脛巾	不明	大坂陣
平井彦左衛門	越前福井（1601〜1614）	旗小頭	不明	大坂陣
田川仁左衛門国泰	慶長9（1604）年	抱守	不明	大坂陣、首級
松原三左衛門正行	慶長11（1606）年	月照院附	不明	大坂陣
山田善左衛門	慶長12（1607）年	月照院附	不明	新規採用
2代喜多川佐五右衛門	慶長19（1614）年	扈従	不明	新規採用
斉藤杢	元和2（1616）年	扈従	不明	新規採用
2代天野惣大夫	元和4（1618）年	扈従	不明	新規採用
2代定方勘右衛門	元和4（1618）年	不明	不明	新規採用
神谷与一左衛門	元和4（1618）年	不明	不明	新規採用

（注）　仙石猪右衛門の格式が不明であるが、家老に次ぐ格式であったと考えられ、**家老格※1**と記載した。家老柳多四郎兵衛長弘の知行高が、元和2年9月29日に上総姉崎にて2百石を拝領と記されているが、元和2年は越前福井時代であり誤記入と考えられ、**2百石※2**と記載した。祖母方の縁戚で大坂の陣にも出陣した香西茂左衛門守清の知行高と知行高年号が未記録のため推定知行高**百5拾石※3**として記載した。

越前福井時代、家臣団の格式と勤方

直政は、兄忠直より大野郡木本１万石の分与と家老波々伯部九兵衛家繁を付けられ、領国経営の種々の指導を受けたと考えられる。

知行高を見ると、家老氏家五右衛門政次の４百石が最高額で、家老格の仙石猪右衛門と家老神谷源五郎富次が２百５拾石、家老柳多四郎兵衛長弘が２百石と少禄である。従って出世払いの低禄な知行高体系で、家臣たちは主人の将来性にかけ、大坂両陣では命を懸けて戦った。家臣団の知行高が加増されるのは、出雲国松江に入国した後のことである。この知行高が基となり、松江藩家臣団の知行高は、大藩に比べれば非常に低禄な知行高で推移したと言える。特に江戸時代中期、藩政改革「御立派改革」が成功するまでは、松江藩の財政は破綻状態で、京・大坂での借金や藩士の知行を半知にして凌ぎ、更に能力給の導入により能力のない者は知行高が大きく減じられた。

一方格式や職制（勤方）の規定は、この時点では定まっておらず知行高の評価基準も一律となっている。従って家臣団の統率は、家老氏家五右衛門政次、家老格仙石猪右衛門政吉、家老神谷源五郎富次、家老柳多四郎兵衛長弘がブレーンとなり、脇を固めたと考えられる。他に越前時代に採用された村松将監直賢が後年、家老仕置役に抜擢され直政の寵臣となり大活躍をする。

『松江藩祖直政公事蹟』に載る大坂両陣で活躍した皆川荘兵衛重之、佐藤平兵衛正春、松浦佐左衛門正重、早川仁兵衛吉安、益戸弥兵衛宗重、牧野長三郎助重、矢島長七郎安通、櫻井源治郎元重、渡部荘右衛門定綱、高間角左衛門正澄、渡部五兵衛勝安の内二家は出奔、一家は断絶、その他の藩士は、『松江藩列士録』に記載が無いので他藩への仕官が考えられる。記録が残る大坂両陣の出陣者は57人で、その内元和５（1619）年時点で『松江藩列士録』に記録されている者は30人である。

表２－６　越前福井時代の家臣団推定知行高と人員構成

４百～２百石	２百未満～百石	百石未満	知行高不明	合計
７人、千７百石	６人、７百４拾石	12人、百８拾３石、２拾７俵、拾７人扶持、合力米	20人知行高不明	45人、２千６百２拾３石、27俵、17人扶持、合力米

表2－7　松平直政初陣・大坂両陣御供の主な出陣者の知行高一覧表

（馬廻り以上の出陣者　寛永15（1638）年時点、知行高順）

大坂両陣出陣者名	元祖採用年	元和5（1619）年 大坂陣後・知行高	寛永15（1638）年 松江入国時知行高	明治2（1869）年 版籍奉還時知行高
香西茂左衛門守清	越前福井 （1601～1614）	格式知行高不明	家老　2千5百石	2代茂左衛門隆清、隠 居後、嗣子なく断絶
神谷源五郎富次	慶長9（1604）年	家老　2百5拾石	家老仕置役　2千石	10代兵庫　3千9拾石
仙石猪右衛門政吉	慶長7（1602）年	家老格　2百5拾石	家老格　千石	9代城之助　千石
山口七郎右衛門	慶長6（1601）年	2百石	番頭　8百石	8代七郎右衛門　6百石
栂半左衛門	慶長12（1607）年	百3拾石	裏判役　8百石	9代式膳　5百石
柳多四郎兵衛長弘	慶長7（1602）年	2百石	2代一道　5百石	10代滋美　2千3百石
氏家五右衛門政次	越前福井 （1601～1614）	家老　4百石	2代頼母　5百石	11代保　8拾人扶持
天野傳左衛門正長	慶長9（1604）年	2百石	5百石	12代惣大夫 2拾石5人扶持
石原九左衛門重友	慶長19（1614）年	百3拾石	留守居番頭　5百石	10代主馬　7百石
信太治部右衛門	慶長19（1614）年	百石	5百石	10代力之助　百石
岡本瑞庵	慶長6（1601）年	医師・知行高不明	3百5拾石	8代瑞仙　拾人扶持
南保源兵衛可勝	越前福井 （1601～1614）	2百石	2代七郎左衛門 3百石	9代林蔵　拾5人扶持
香西太郎右衛門	寛永11（1634）年	忠直の士分	3百石	7代太郎右衛門　4百石
三上七郎兵衛	慶長14（1609）年	扈従　百石	3百石	8代七郎兵衛　百石
石川半右衛門正吉	越前福井 （1601～1614）	百3拾石	2代源助　2百石	8代半右衛門　百石

大坂両陣出陣者の栄衰

　松平直政初陣のお供をした出陣者は、幼少期に父結城秀康から付けられた譜代家臣や、長兄2代越前北庄藩主松平忠直の命により直政の守護役として付けられた家臣並びに急遽募集して集められた牢人等の編制部隊である。隊の指揮を執ったのが家長氏家五右衛門政次、家長仙石猪右衛門政吉、家老神谷源五郎富次、家老柳多四郎兵衛長弘である。大坂両陣後、四家の内、神谷と柳多両家は、後の時代に代々家老となり仙石と氏家は家老となる。

　四家以外では、香西茂左衛門家と石原家が家老、山口家が中老となり、他に松江松平家の祖母方の縁戚にあたる香西太郎衛門家は、幕末中老仕置添役で明治維新を迎えた。

　以上のように出陣者は、全体的に見れば譜代家臣として優遇を受けたと言える。

　長兄越前北庄藩主松平忠直から付けられた守護役鈴木市右衛門知重、士分小山主計政伯、天方山城通総、早乙女久左衛門勝正・三郎右衛門勝利親子、香西太郎右衛門正安・加兵衛正之親子は、大坂両陣後に越前北庄藩に帰藩したと考えられる。しかし、香西加兵衛正之の嫡子太郎右衛門は、祖母方の縁戚として寛永11（1634）年に信濃国松本で松平直政に3百石で召し抱えられている。

姉崎時代 —— 元和 5 （1619）年～寛永元（1624）年〈6年間〉

姉崎時代の領国経営は、元和 5 年から越前大野移封までの 6 年間である。

松平直政は、大坂両陣の活躍により恩賞として元和 2 （1616）年、長兄松平忠直より越前大野郡木本 1 万石の分与を受けた。元和 5 （1619）年には 2 代将軍徳川秀忠に従って上洛し、従五位下・出羽守に叙任された。同年、1 万石を授かり上総国海北郡（現在の千葉県市原市）姉崎藩を賜る。江戸で将軍秀忠に仕える立場が明確化された。松平直政19歳の時である。直政は、長兄松平忠直から初めての藩主を祝して付家老波々伯部九兵衛家繁に代えて、乙部九郎兵衛可正を貰い受け、早速、姉崎陣屋の請け取り役に任じた。直政は、正式に藩主となったが、何故か家臣団の加増は三上七郎兵衛の百石のみである。新規採用は乙部九郎兵衛可正や斎藤彦右衛門、相川喜左衛門、妹尾清左衛門、他に 7 名と少ない。岡本瑞庵の知行高が不明であるが、主な家臣団の推定人件費は55人で知行高約 3 千 7 百 8 拾 6 石、2 拾 7 俵、2 両、2 拾 2 人扶持、合力米、切米である。姉崎時代のブレーンは、家老乙部九郎兵衛可正、家老氏家五右衛門政次、家老格仙石猪右衛門政吉、家老神谷源五郎富次、家老柳多四郎兵衛長弘である。

また、元和 9 （1623）年には、徳川家光の将軍襲名に伴い再び上洛し、従四位下に叙せられ、石高は少ないながらも諸大名の中でも高い格式を与えられ処遇された。

表2-8　姉崎時代の家臣団推定知行高と人員構成

4百～8百石	3百未満～百石	百石未満	知行高不明	合計
2人、千2百石	13人、2千3百9拾石	15人、百9拾6石、2拾7俵、2両、2拾2人扶持、合力米、切米	25人	55人、3千7百8拾6石、2拾7俵、2両、2拾2人扶持、合力米、切米

表2-9　姉崎時代の主な家臣団の格式と知行高 （寛永元（1624）年時点、知行高順）

家臣名	採用年・家督相続年	格式、勤方	知行高	採用地・加増・相続
乙部九郎兵衛可正	元和 5 （1619）年	家老	8百石	新規、忠直から附家老
氏家五右衛門政次	越前福井（1601～1614）	家老	4百石	福井、祖母方縁戚
仙石猪右衛門政吉	慶長 7 （1602）年	家老格※1	2百5拾石	福井、家臣団の長老
神谷源五郎富次	慶長 9 （1604）年	家老	2百5拾石	福井、側近家老
柳多四郎兵衛長弘	慶長 7 （1602）年	家老	2百石	福井、結城氏の支族
山口七郎右衛門	慶長 6 （1601）年	不明	2百石	福井、直政と乳兄弟
香西茂左衛門守清	越前福井（1601～1614）	不明	2百石※2	福井、祖母方縁戚
南保源兵衛可勝	越前福井（1601～1614）	不明	2百石	越前福井
天野傳左衛門正長	慶長19（1614）年	不明	2百石	越前福井
三上七郎兵衛吉次	慶長14（1609）年	不明	2百石	越前福井、加増百石
斎藤彦右衛門	元和 6 （1620）年	郡代	2百石※3	新規、松江藩で家老
石川半右衛門正吉	越前福井（1601～1614）	不明	百3拾石	越前福井
栂半左衛門将供	慶長12（1607）年	不明	百3拾石	福井、松江藩で中老
石原九左衛門重友	慶長19（1614）年	不明	百3拾石	福井、松江藩で中老
信太治部右衛門正矩	慶長19（1614）年	不明	百石	越前福井
伊藤長大夫友次	慶長12（1607）年	不明	8拾石	越前福井
早苗長左衛門	慶長12（1607）年	不明	拾8石	越前福井

家臣名	採用年・家督相続年	格式、勤方	知行高	採用地・加増・相続
福岡五左衛門	越前福井（1601〜1619）	足軽	拾5俵3人	越前福井
松島又左衛門	慶長17（1612）年	不明	拾3石3人	越前福井
相川喜左衛門	元和5（1619）年	扈従並	拾3石3人	新規採用
松田休可	越前福井（1601〜1614）	茶道	拾3石	越前福井
村松将監直賢	元和2（1616）年	不明	拾3石	福井、松江藩で家老
鷲見理右衛門	慶長6（1601）年	料理人	拾2俵2人	越前福井
廣瀬茂大夫	越前福井（1601〜1619）	足軽	拾2石2人	越前福井
岩佐九郎左衛門	越前福井（1601〜1614）	細工方	拾2石2人	越前福井
熊野虎蔵	慶長12（1607）年	足軽	拾2石2人	越前福井
高木文左衛門	越前福井（1601〜1619）	不明	拾石3人	越前福井
妹尾清左衛門	元和6（1620）年	不明	2両2人扶持	新規採用
羽山仁右衛門治従	越前福井（1601〜1614）	不明	合力米	越前福井
上田作大夫	姉崎（1619〜1624）	足軽	切米	新規採用
岡本瑞庵	慶長6（1601）年	医師	不明	福井、側医・軍医
桜井金太夫	慶長6（1601）年	錠前番	不明	越前福井
伊東長右衛門	越前福井（1601〜1607）	勘定方	不明	越前福井
岡村半兵衛	越前福井（1601〜1614）	不明	不明	越前福井
岡谷太左衛門宗正	越前福井（1601〜1614）	鷹匠	不明	越前福井
服部清兵衛	越前福井（1601〜1614）	不明	不明	越前福井
高橋三右衛門則能	越前福井（1601〜1614）	抱守	不明	越前福井
定方九郎右衛門	越前福井（1601〜1614）	不明	不明	越前福井
安井所左衛門守安	越前福井（1601〜1614）	徒	不明	越前福井
坂田喜兵衛	越前福井（1601〜1614）	不明	不明	越前福井
平井彦左衛門	越前福井（1601〜1614）	不明	不明	越前福井
田川仁左衛門国泰	慶長9（1604）年	抱守	不明	越前福井
松原三左衛門正行	慶長11（1606）年	月照院附	不明	越前福井
山田善左衛門	慶長12（1607）年	月照院附	不明	越前福井
2代喜多川佐五右衛門	慶長19（1614）年	不明	不明	越前福井
斉藤杢	元和2（1616）年	扈従	不明	越前福井
神谷与一左衛門	元和4（1618）年	不明	不明	越前福井
2代天野惣大夫	元和4（1618）年	扈従	不明	越前福井
2代定方勘右衛門	元和4（1618）年	不明	不明	越前福井
近藤刑部左衛門	元和5（1619）年	不明	不明	新規採用
堀長助	姉崎（1619〜1624）	小人役	不明	新規採用
高橋八兵衛	姉崎（1619〜1624）	徒	不明	新規採用
2代乙部勘解由	元和7（1621）年	児扈従	不明	新規採用
本郷与左衛門	元和8（1622）年	不明	不明	新規採用
2代氏家頼母	元和9（1623）年	不明	不明	新規採用

（注）　仙石猪右衛門の格式は、越前福井時代同様**家老格**[1]と記載した。香西茂左衛門守清の格式と知行高の年号が『松江藩列士録』に記載が無く、茂左衛門の藩での位置づけや知行高が不明である。家老柳多四郎兵衛長弘と同禄の推定知行高**2百石**[2]として記載した。斎藤彦右衛門の新知2百石は、寛永元年と記載され月日が未記録のため姉崎か大野なのか判断に迷うところであるが、姉崎時代と判定し推定知行高**2百石**[3]とした。

姉崎時代の家臣団の格式と知行高の特徴

姉崎時代の家臣団の特徴は、長兄松平忠直から貰い受けた家老乙部九郎兵衛可正と新規採用で獲得した斎藤彦右衛門を加え、体制もかなり強化された。中堅の村松将監直賢、石原九左衛門、栂半左衛門の成長も著しく、組織の強化が図られた。

特に乙部九郎兵衛可正は、父勝政共々結城秀康に仕え、結城家の家紋三 頭 左 巴を拝領する程の寵愛を受け、慶長13（1608）年に父没後は家督8百石を遺跡相続し、慶長19（1614）年に越前北庄藩を襲封した松平忠直の寵臣となり、大坂両陣では討ち取り人数59人と大武勲を挙げ一躍その名を天下に轟かせた。知力、胆力に優れ度胸もあり、リーダーとして申し分のない逸材であった。以後、上総姉崎陣屋、越前大野、信濃松本、出雲国松江の城の請け取り役を勤め、藩主直政の右腕として家臣団を纏めた。松平直政は、兄松平忠直から強力な助っ人を得たわけである。

姉崎時代の重臣の知行高を見ると、家老乙部九郎兵衛可正8百石、家老氏家五右衛門4百石、家老格仙石猪右衛門政吉2百5拾石、家老神谷源五郎富次2百5拾石、家老柳多四郎兵衛長弘2百石、香西茂左衛門守清推定知行高2百石、山口七郎右衛門2百石、天野傳左衛門正長2百石、南保源兵衛可勝2百石、三上七郎兵衛2百石、斎藤彦右衛門2百石等である。越前福井時代と同様低禄な知行高体系となっている。

越前福井時代と比較すると家臣団は、10人増の55人、推定知行高は千百6拾3石増の3千7百8拾6石、2拾7俵、2両、2拾2人扶持、合力米、切米である。新規採用は、11人と少なく小藩の石高では仕方がないところだろう。

こうしてみると姉崎時代は、家臣の積極的な募集は行わず、むしろ内政に力を入れ、心身ともに鋭気を養った時期と言える。家臣団は家老乙部九郎兵衛可正を中心に家老氏家五右衛門、家老格仙石猪右衛門政吉、家老神谷源五郎富次、家老柳多四郎兵衛長弘並びに大坂両陣の出陣者が行動部隊となり、徐々に体制が整ったと考えられる。

この時期は、国政、職制、軍役等の制度は定まっておらず、大きい指示は藩主直政が自ら行い、細かい指示は乙部九郎兵衛可正が行ったと考えられる。

姉崎時代の松平直政は、藩主として外交、内政の領国経営を経験し、大きく成長して行く。

大野時代 ── 寛永元（1624）年〜寛永10（1633）年〈10年間〉

福井県大野市は、豊富な湧き水に恵まれ、北陸の小京都と呼ばれる文化の薫る素敵な町である。秋から春にかけて雲海が大野城を包み込み、幻の「天空の城」が見られると言う。薄紫の山並みに囲まれ、水清く清酒や醤油、蕎麦が名産で米も美味しい。足を延ばせば永平寺に至る。古来より越前北庄に隠れた小京都である。

越前大野は、天正3（1575）年8月に越前の一向一揆を平定した織田信長が大野郡の内、3万石を金森長近に与え守備させた。長近は、翌天正4年に亀山に大野城を築き、その東側に城下町を建設した。その後、長近は飛騨高山（岐阜県高山市）に移封され、越前大野は青木一矩、織田秀雄を経て、慶長6（1601）年に関ヶ原の戦いの恩賞として結城秀康が越前北庄に入国すると、大野は重臣土屋正明が3万8千石を授かり領主となり大野城に入城した。

寛永元（1624）年に越前北庄藩主松平忠直が幕府への反抗を理由に改易となり、松平忠直の弟忠昌が福井藩5拾万石、忠直の嫡子仙千代（松平光長）が越後国高田藩25万石、直政が大野

藩5万石を拝領した。その後、天和2（1682）年に土井利房が大野藩主となり、亀山から柳町、水落にかけて武家屋敷、町屋、寺町を築き城下町を完成させた。

　松平直政の越前大野時代の治世は、寛永元（1624）年より松本城へ転封される10年間である。

　直政は、24歳の青年期に達していた。姉崎から引き連れて来た家臣と共に大野に入国した。同年11月、領内の寺社に対し地子や諸役免除の安堵状を朝日丹波重政、神谷源五郎富次、團弥一右衛門、石川半右衛門、松浦佐左衛門、斎藤彦右衛門の連署で授けている。更に翌年篠座神社に拾石を寄進し、同3年に中野村の松田氏へは前藩主と同様3百5拾石の諸役免除を行い、金塚村へは鵜漁や鴨、雁狩り等を許した。（参考文献『三百藩藩主人名事典』）

　生まれ育った越前への帰国で、次兄忠昌たちとの再会を果たした直政は、やる気十分であった。姉崎で領国経営の知識と経験を積んだ直政は、行動も早かった。敬愛していた長兄忠直の改易の悲しみを乗り越え、藩内を巡視した後、幕府からの軍役を果たすべく、家臣の加増と新規採用に着手した。

　また、入国5年後の寛永5（1628）年7月23日、直政28歳の時、美濃国大垣藩主松平甲斐守忠良（本姓久松）の女国姫（慶泰院）と結婚した。

大野城（福井県大野市）

長兄越前北庄藩主松平忠直の改易と松平直政の大野城への転封

　徳川家康は、慶長5（1600）年の関ヶ原合戦後、東軍勝利に大きく貢献した大名に、恩賞とし所領石高の大幅な加増と国替えを行った。一方、慶長20（1615）年に大名を統制する基本法「武家諸法度」13条を発布し、徳川家康並びに2代将軍秀忠は幕府に背く大名を厳しく処断した。

　慶長5（1600）年から寛永元（1624）年に至る25年間に改易された主な大名は、浜松藩主松平康弘、岡山藩主小早川秀秋、高田藩主松平忠輝、広島藩主福島正則、山形藩主最上義俊、越前北庄藩主松平忠直の6人である。徳川・松平家縁戚大名と雖も容赦なく処断したのである。

　松平直政の長兄松平忠直の改易理由は、幕府への不満及び反抗である。何故、松平忠直は改易されたのか。『徳川諸家系譜第四』等歴史資料をひもとくと、次のように記されている。一つは、忠直が2代藩主を襲封した4年後、城下を震撼させた大事件「久世騒動」が勃発する。騒動の起因は、家老本多富正と同今村盛次の家来同士、久世対岡部の紛争が発端となり、両家老の権力闘争に発展し藩を二分する抗争となった。この事は大御所徳川家康と2代将軍秀忠の御聴に達する

処となり、両家老裁断の結果、本多富正の勝訴となり決着した。この騒動は「武家諸法度」に触れたが、ことは憐憫な仕置となり終息した。が、徳川幕府の忠直への信頼は揺らいだ。

　二つ目は、幕府への反抗の引き金となったのが大坂両陣の出来事である。大坂冬の陣で一番に警戒すべきは、知将真田幸村が守る要塞「真田丸」である。徳川家康は、幸村の謀略を恐れ、軍議で警戒するよう下知していたが、加賀国金澤藩主前田利常、越前国北庄藩主松平忠直の軍勢が幸村の挑発に乗り、先陣を競って真田丸に突撃した。待ち構えた千挺に及ぶ真田鉄砲隊の一斉射撃に屍の山を築き、数千の将兵を失った。この惨状を茶臼山の山上で見ていた徳川家康は激怒し、引き揚げ命令を下した。越前国松平勢は、４百８拾騎、雑兵数千を失う大損害となり「真田丸」の戦いは惨敗となった。大坂夏の陣では、忠直は先鋒を命ぜられ、冬の陣の失態を挽回すべく、茶臼山に陣を構えた真田幸村と対峙し、夜明けとともに自ら愛馬に鞭打ち、奇襲をかけて３千７百余りの首級を上げ、遂に真田幸村を安居天神に追い詰め、鉄砲頭西尾仁左衛門宗次が槍で討ち取り、大坂冬の陣の雪辱を果たした。徳川家康は、二条城に於いて参集した諸侯に対し、此の度の戦で大勲功を挙げたのは松平忠直及び越前松平勢であると褒め称えた。徳川家康大いに喜び、恩賞は後日沙汰と致し、先ずは、天下一番の印として「初花の茶入と貞宗作の佩刀」を授け称美した。

　また、忠直は従三位、参議兼左近衛権中将に任じられ、将軍より黄金２百枚を賜ったが、何故か田禄（知行）の恩賞はなかった。期待が外れた忠直は憤懣やるせなく、元和７（1621）年頃から酒に溺れ乱行を繰り返し、更に躁狂となった。参勤交代も途中で引き返す状態となり、翌８年に至り病状が更に悪化し、室勝子並びに長姫を殺さんとした。二人を守ろうとした局二人を斬り殺し、また、重臣永見右衛門尉貞澄及び一族も殺して滅ぼした。遂に２代将軍徳川秀忠の逆鱗に触れ、豊後の国に配流されたのである。忠直29歳の時であった。因みに忠直の室勝子は、２代将軍徳川秀忠の娘で、将軍秀忠にとって忠直は甥であり、娘婿である。忠直にとって越前松平家への処遇の不満は、我慢できないものがあったと推察される。

大野時代の家臣団

　松平直政は寛永元（1624）年、敬愛していた長兄忠直の改易により、越前北庄藩の一部越前大野５万石を拝領したが、手放しで喜べなかった。父越前中納言秀康の死後、２代将軍徳川秀忠の越前松平家に対する厳しい処断をみて、今後の領国経営の厳しさを予感した。

　越前大野に入国した直政は、石高に見合う軍役を果たすべく、早速、家臣の確保に邁進した。猛将朝日丹波重政並びに柘植小平次を次兄福井藩主松平忠昌に所望して貰い受け、縁戚で母月照院の姉與女の夫棚橋勝助を２千石、従弟の三谷権太夫長玄を２百５拾石で新規採用し脇を固めた。

　越前大野時代の推定新規採用人数は、５百石～２千石が２人、２百石～４百石が14人、百石～百５拾石が９人、百石未満が21人、知行高不明者が42人で合計88人となった。

　人件費を概算すると推定新規採用人数と知行高は、88人の７千５百２拾２石、百俵、８両、黄金２枚、５拾７人扶持、扶持切米、切米となった。

　大野時代の家臣団推定人数と知行高は、137人の１万５千７百６拾１石と米２百拾５俵、８両、黄金２枚、７拾７人扶持、合力米、扶持切米、切米となった。

大野時代の新人採用知行高の特徴は、初任知行を上げて優秀な人材を求め、２代目の家督相続の際に知行減禄する手法がとられた。大藩に比して知行高は低禄で、採用者は若き藩主の将来を見込んでの志願であったと考えられる。

　大野時代の松平直政のブレーンは、朝日丹波重政、乙部九郎兵衛可正、棚橋勝助、神谷源五郎富次、柳多四郎兵衛長弘である。大野時代に採用された家臣で家老で活躍したのが、朝日丹波重政、棚橋勝助、三谷権太夫長玄等である。

（知行高不明者があるため、概数はあくまでも参考資料とする。）

表２−１０　越前大野時代、新規採用推定知行高と人員構成

５百石〜２千石	２百石〜４百石	百石〜百５拾石	百石未満	知行高不明	合計
２人、２千５百石	14人、３千５百５拾石	９人、千８拾石、百俵	21人、３百９拾２石、８両、黄金２枚、５拾７人扶持、扶持切米、切米	42人	88人、７千５百２拾２石、百俵、８両、黄金２枚、５拾７人扶持、扶持切米、切米

表２−１１　越前大野時代、家臣団推定知行高と人員構成

５百石〜２千石	２百石〜４百石	百石〜百５拾石	百石未満	知行高不明	合計
６人、６千石	27人、７千１百６拾石	18人、千９百８拾石２百俵	32人、６百２拾１石、拾５俵、８両、黄金２枚、７拾７扶持、合力米、扶持切米、切米	56人	139人、１万５千７百６拾１石、２百拾５俵、８両、黄金２枚、７拾７扶持、合力米、扶持切米、切米

表２−１２　大野時代、家臣団の格式・勤方と知行高（寛永10（1633）年、知行高順）

家臣名	採用年・家督相続年	格式、勤方	知行高	採用地・加増・相続
朝日丹波重政	寛永元（1624）年	不明※1	不明※1	新規採用、元秀康の家臣
乙部九郎兵衛可正	元和5（1619）年	家老	２千石	姉崎、加増千２百石
棚橋勝助	越前大野（1624〜1633）	家老	２千石	新規採用、母駒の姉の夫
神谷源五郎(兵庫)富次	慶長9（1604）年	家老	５百石	越前福井、加増２百５拾石
柳多四郎兵衛長弘	慶長7（1602）年	家老	５百石	越前福井、加増３百石
仙石猪右衛門政吉	慶長7（1602）年	長老※2	５百石	越前福井、加増２百５拾石
柘植小平次	越前大野（1624〜1633）	不明	５百石	新規採用・元忠直家臣
氏家五右衛門政次	越前福井（1601〜1614）	不明	４百石	越前福井
山口七郎右衛門	慶長6（1601）年	不明	４百石	越前福井、加増２百石
香西茂左衛門守清	越前福井（1601〜1614）	不明	４百石※3	越前福井
村松将監直賢	元和2（1616）年	不明	４百石	越前福井、加増3百8拾7石
田中勘助	越前大野（1624〜1633）	者頭	４百石※4	新規採用
天野傳左衛門正長	慶長19（1614）年	下町奉行	３百石	越前福井、加増百石
高田次郎右衛門	越前大野（1624〜1633）	不明	３百石※5	新規採用
棚橋主税	越前大野（1624〜1633）	扈従	３百石※6	新規採用
小倉十左衛門	越前大野（1624〜1633）	不明	３百石	新規採用

家臣名	採用年・家督相続年	格式、勤方	知行高	採用地・加増・相続
増田杢右衛門	越前大野（1624〜1633）	不明	3百石	新規採用
松林儀太夫	越前大野（1624〜1633）	寺社町奉行	3百石	新規採用
栂半左衛門将供	慶長12（1607）年	裏判役	2百5拾石	越前福井、加増百2拾石
石原九左衛門重友	慶長19（1614）年	不明	2百5拾石	越前福井、加増百2拾石
三谷権太夫長玄	寛永2（1625）年	不明	2百5拾石	新規採用・直政の従弟
石川半右衛門正吉	越前福井（1601〜1614）	不明	2百拾石	越前福井・加増百2拾石
岡本瑞庵	慶長6（1601）年	医師	2百石	越前福井、新知2百石
三上七郎兵衛吉次	慶長14（1609）年	不明	2百石	越前福井
信太治部右衛門正矩	慶長19（1614）年	不明	2百石	越前福井、加増百石
近藤刑部左衛門	元和5（1619）年	不明	2百石	姉崎、新知2百石
斎藤彦右衛門	元和6（1620）年	町奉行	2百石	姉崎
團弥一右衛門	寛永元（1624）年	不明	2百石	新規採用
栖崎作右衛門	越前大野（1624〜1633）	不明	2百石	新規採用
放士権之丞	寛永2（1625）年	者頭	2百石	新規採用
今村六左衛門	寛永5（1628）年	不明	2百石	新規採用
鈴木九左衛門	寛永5（1628）年	不明	2百石	新規採用
2代佐川弥平次	寛永6（1629）年	不明	2百石	新規、元祖四郎右衛門、遺跡
三田村孫左衛門	寛永7（1630）年	扈従	2百石	新規採用
斉藤杢	元和2（1616）年	近習	百5拾石	越前福井、新知百5拾石
神谷与一左衛門	元和4（1618）年	不明	百5拾石	越前福井、新知百5拾石
大塚清兵衛	寛永元（1624）年	不明	百5拾石	新規採用
石田喜大夫	越前大野（1624〜1633）	不明	百5拾石	新規採用
2代西郷権兵衛	寛永2（1625）年	不明	百5拾石	新規採用、後に家督相続
吉城十右衛門	寛永5（1628）年	不明	百5拾石	新規採用
松下作左衛門	寛永6（1629）年	不明	百5拾石	新規採用
瀧波庄左衛門	越前大野（1624〜1633）	不明	百3拾石	新規採用
松田休可	越前福井（1601〜1614）	茶道	百石	越前福井、新知百石
安井所左衛門守安	越前福井（1601〜1614）	不明	百石	越前福井、新知百石
2代定方勘右衛門	元和4（1618）年	不明	百石	父九郎右衛門を家督相続
相川喜左衛門	元和5（1619）年	不明	百石	姉崎、新知百石
妹尾清左衛門	元和6（1620）年	鷹匠頭	百石	姉崎、新知百石
2代南保七郎左衛門	寛永元（1624）年	扈従	米百俵	元祖源兵衛を相続、減禄百石
松山長左衛門	寛永元（1624）年	勘定奉行	百石	新規採用
2代田川虎之助	越前大野（1624〜1633）	不明	百石	元祖仁左衛門を家督相続
野間久大夫	越前大野（1624〜1633）	不明	米百俵	新規採用
大河原五郎右衛門	寛永2（1625）年	不明	百石	新規採用
伊藤長大夫友次	慶長12（1607）年	不明	8拾石	越前福井
2代岡村半兵衛	寛永4（1627）年	不明	8拾石	新規採用、後に家督相続
小川又右衛門	寛永5（1628）年	鉄細工	8拾石	新規採用
坂田喜兵衛	越前福井（1601〜1614）	月照院附	7拾石	越前福井、新知7拾石
河野宗久	越前大野（1624〜1633）	茶道	2拾石5人	新規採用
糟谷加右衛門	越前大野（1624〜1633）	児扈従	2拾石5人	新規採用
2代河野清庵	寛永4（1627）年	不明	2拾石5人	新規採用
園山源六	寛永5（1628）年	小性番	2拾石5人	新規採用
田中半兵衛	寛永10（1633）年	不明	2拾石5人	新規採用

家臣名	採用年・家督相続年	格式、勤方	知行高	採用地・加増・相続
福田治左衛門	寛永2（1625）年	徒	拾9石4人	新規採用
山岡安右衛門	寛永11（1634）年	不明	拾8石3人	新規採用
福岡五左衛門	越前福井（1601〜1619）	足軽	拾5俵3人	越前福井
松嶋杢兵衛	寛永4（1627）年	餌差	拾5石3人	新規採用
平井清右衛門	寛永7（1630）年	小頭	拾5石3人	新規採用
鷲見理右衛門	慶長6（1601）年	料理人	拾3石3人	越前福井
松嶋又左衛門	慶長17（1612）年	不明	拾3石3人	越前福井
林甚右衛門	寛永元（1624）年	料理人	拾3石3人	新規採用
清水加左衛門	寛永5（1628）年	料理人	拾3石3人	新規採用
羽生庄大夫	越前大野（1624〜1633）	不明	拾2石3人	新規採用
廣瀬茂大夫	越前福井（1601〜1619）	足軽	拾2石2人	越前福井
岩佐九郎左衛門	越前福井（1601〜1614）	細工方	拾2石2人	越前福井
熊野虎蔵	慶長12（1607）	不明	拾2石2人	越前福井
中山庄左衛門	寛永元（1624）年	不明	拾2石2人	新規採用
高木文左衛門	越前福井（1601〜1619）	不明	拾石3人	越前福井
岩崎与四右衛門	越前大野（1624〜1633）	不明	9石2人扶持	新規採用
高橋喜兵衛	寛永5（1628）年	台所奉行	8両4人扶持	新規採用
上田作大夫	姉崎（1619〜1624）	大工	7石2人扶持	姉崎
吉岡嘉右衛門	寛永10（1633）年	月照院附	6石2人扶持	新規採用
太田弥兵衛	越前大野（1624〜1633）	畫工	毎年黄金2枚	新規採用
羽山仁右衛門治従	越前福井（1601〜1614）	不明	合力米	越前福井
河島十大夫	寛永4（1627）年	料理人	扶持切米	新規採用
根岸佐次右衛門	越前大野（1624〜1633）	代官	切米	新規採用
香西主馬	越前大野（1624〜1633）	不明	不明	新規採用
桜井金太夫	慶長6（1601）年	不明	不明	越前福井
服部清兵衛	越前福井（1601〜1614）	不明	不明	越前福井
岡谷太左衛門	越前福井（1601〜1614）	不明	不明	越前福井
平井彦左衛門	越前福井（1601〜1614）	不明	不明	越前福井
高橋三右衛門則能	越前福井（1601〜1614）	不明	不明	越前福井
松原三左衛門正行	慶長11（1606）年	不明	不明	越前福井
山田善左衛門	慶長12（1607）年	月照院附	不明	越前福井
2代喜多村佐五右衛門	慶長19（1614）年	目附役	不明	越前福井
2代天野惣大夫	元和4（1618）年	不明	不明	越前福井
堀十右衛門	元和5（1619）年	不明	不明	祖父長助、姉崎
2代乙部勘解由直令	元和7（1621）年	不明	不明	姉崎
本郷与左衛門	元和8（1622）年	不明	不明	姉崎
2代氏家頼母	元和9（1623）年	不明	不明	姉崎
佐野仁左衛門	寛永元（1624）年	勘定方	不明	新規採用
長崎九右衛門	寛永元（1624）年	不明	不明	新規採用
杉本喜兵衛	寛永元（1624）年	足軽	不明	新規採用
小出甚左衛門	寛永元（1624）年	足軽	不明	新規採用
片山治部右衛門	寛永元（1624）年	不明	不明	新規採用
中山庄左衛門	寛永元（1624）年	不明	不明	新規採用
水谷五郎兵衛	寛永元（1624）年	不明	不明	新規採用
2代伊東長右衛門	越前大野（1624〜1633）	勘定方	不明	越前福井・元祖長右衛門遺跡

家臣名	採用年・家督相続年	格式、勤方	知行高	採用地・加増・相続
奥田与兵衛	越前大野（1624〜1633）	不明	不明	新規採用
小木小左衛門	越前大野（1624〜1633）	不明	不明	新規採用
松井市右衛門	越前大野（1624〜1633）	不明	不明	新規採用
荒木佐次兵衛	越前大野（1624〜1633）	不明	不明	新規採用
毛利弥右衛門	越前大野（1624〜1633）	不明	不明	新規採用
木代猪左衛門	越前大野（1624〜1633）	不明	不明	新規採用
篠原新右衛門	越前大野（1624〜1633）	不明	不明	新規採用
本多六兵衛	越前大野（1624〜1633）	不明	不明	新規採用
喜多川次郎左衛門	越前大野（1624〜1633）	足軽	不明	新規採用
石黒茂兵衛	越前大野（1624〜1633）	足軽	不明	新規採用
横山久右衛門	越前大野（1624〜1633）	郷方	不明	新規採用
河野宗久	越前大野（1624〜1633）	茶道	不明	新規採用
武藤権左衛門	越前大野（1624〜1633）	不明	不明	新規採用
山岡角兵衛	越前大野（1624〜1633）	不明	不明	新規採用
飯土井久兵衛	越前大野（1624〜1633）	不明	不明	新規採用
松田七左衛門	越前大野（1624〜1633）	不明	不明	新規採用
左藤佐次右衛門	越前大野（1624〜1633）	足軽	不明	新規採用
2代田中小右衛門	寛永2（1625）年	不明	不明	新規採用
早田八右衛門	寛永2（1625）年	不明	不明	新規採用
工藤久左衛門	寛永2（1625）年	不明	不明	新規採用
2代楢崎七兵衛	寛永4（1627）年	鷹方	不明	新規採用
日野善右衛門	寛永4（1627）年	料理人	不明	新規採用
篠原小兵衛	寛永5（1628）年	代官	不明	新規採用
野間八郎兵衛	寛永5（1628）年	不明	不明	新規採用
荒木長兵衛	寛永5（1628）年	不明	不明	新規採用
2代今村左大夫	寛永6（1629）年	無足	不明	新規採用
武藤平大夫	寛永8（1631）年	鷹方	不明	新規採用
村田傳右衛門	寛永8（1631）年	不明	不明	新規採用
2代柘植八兵衛	寛永8（1631）年	不明	不明	新規採用
桜井祖兵衛	寛永8（1631）年	不明	不明	新規採用
武藤平大夫	寛永8（1631）年	鷹方	不明	新規採用
太田傳兵衛	寛永9（1632）年	不明	不明	新規採用
三浦新五右衛門	寛永10（1633）年	徒	不明	新規採用

（注）　朝日丹波重政は、採用知行高が未記録で**不明**[1]とした。仙石猪右衛門政吉は、遺恨討ち事件の加担が発覚、家老格を**長老**[2]とした。香西茂左衛門守清の知行高は、推定知行高**4百石**[3]として記載した。田中勘助の加増百石の年号月日が未記録であるが、大野時代の可能性が高いため推定知行高**4百石**[4]とした。高田次郎右衛門の採用年月日が未記録であるが、父小左衛門の死去年月日及び採用知行高を参考とし、大野時代の採用と推定して推定知行高**3百石**[5]とした。棚橋主税は、寛永年中・大野時代に採用されているが、新知3百石の年号月日が未記録であるが、大野時代と推定し推定知行高**3百石**[6]とした。

信濃国松本の来歴

　長野県と言えば、千曲川が流れ国宝松本城天守や信仰のシンボル善光寺、真田幸村の故郷上田城跡や乗鞍岳に志賀高原、野沢温泉や信州戸隠そばが有名である。観光スポットには事欠かない。

　国宝松本城天守は、長野県松本市のシンボルである。北アルプスの山並みを借景とし、白と黒を基調とした美しき天守を堀に写し、そのコントラストは人々を魅了してやまない。

　信濃国松本の歴史は古く、8世紀末頃には国府がおかれたとも言われ、中世には守護小笠原氏が井川城を拠点に勢力を伸ばし、一族の島立右近に命じ深志城を築かせたとも伝えられている。

　天文19（1550）年に武田信玄が侵攻し、信濃の拠点とした。天正10（1582）年に武田勝頼が織田信長に敗れると小笠原貞慶が居城とし、深志城を松本城に改称した。堀や土塁で城を強化し、町人を移住させる等の街づくりを行い、城下を整備した。その後、豊臣秀吉が天下統一を果たすと、小笠原秀政は関東に移封され、代わって天正18（1590）年に石川数正（いはう）が入城した。石川数正・康長親子は、五層六階の大天守、渡櫓（わたりやぐら）、乾小天守（いぬいこてんしゅ）等の主要建造物の造営を行った。松本城は、本丸を中心とした平城で、天守は連結複合式の構造となっている。三重の水堀を備え、松江城と同様、狭間（さま）を多く設け、侵入した敵を迎え撃つ実戦向きの城である。

　歴代の松本藩主は、石川氏の後、小笠原秀政・忠真、松平（戸田）康長・康直、松平直政、堀田正盛、水野忠清・忠職ほか四代と続き、享保11（1726）年に松平（戸田）光慈が藩主となり、その後、代々松平（戸田）氏が襲封して明治維新を迎えた。

　この間、松平直政が増築した辰巳附櫓と月見櫓もあわせた5棟が国宝に指定されている。

　因みに松平直政は篤信家で知られ、多くの神社仏閣の造営や大改修を行っているが、その一つ出雲大社の本殿が国宝となり、この度は松江城天守が国宝に指定される等松平直政は、国宝に関わる人徳のある幸せな殿様である。

　松本城の天守は、廃藩置県後の明治5（1872）年に競売されたが、その後、解体を憂いた市川量造が一度は買い戻すも荒廃が激しく、明治34（1901）年に松本中学校長小林有也らが天守閣保存会を設立し、明治の大改修を行い、大正2（1913）年に完成させた。以後、昭和の解体修理や二の丸跡の発掘調査、黒門や太鼓門の復元を経て現在に至っている。

国宝松本城（長野県松本市）

松本時代　松平直政の治世 ── 寛永10（1633）年～寛永15（1638）年〈6年間〉

　越前福井時代までの松平直政の幕府からの位置づけは、徳川一門で国持大名の越前松平家の分家としての扱いを受けていたが、3代将軍徳川家光の信任を得て、寛永10（1633）年、信濃国松本7万石に抜擢され栄転する。翌年の同11年に将軍家光から鷹狩で獲った鶴の料理を振る舞われた「譜代」と呼ばれる27名に列挙されている。

　その名簿の中に井伊直孝（近江彦根藩30万石）、松平忠明（大和郡山藩12万石）に次き3番目に記録され、同13年の将軍家光の日光山参詣の際には、井伊直孝と共に先導役を務めている。更に、同14年「御譜代の面々」34名の中では井伊直孝、松平忠明を越して1番目に記録されている。如何に3代将軍家光から信任を得て寵愛されたかが窺える。

　このように直政は、越前松平家の分家から、一躍「譜代大名」のトップクラスの仲間入りを果たしたのである。

松本時代の家臣大募集

　松平直政は、33歳の青年期に達していた。城の請け取り役に家老の乙部九郎兵衛可正を任じ、城の継承を終えると江戸より名工竹内有兵衛を呼び寄せ、城郭の修繕と天守の辰巳附櫓、月見櫓の増築を行った。この櫓も含めて国宝に指定されている。

　月見櫓は、将軍家光を迎えて月見の宴を催すために造られたとも言われている。

　更に領内を巡視した直政は、家臣の知行高見直しと新規の家臣を広く求めた。この時点では、格式や職制、軍制の組織化は未完成で、人材確保に重点を置いたと考えられる。

　次兄越前福井藩主松平忠昌から貰い受けた朝日丹波重政に4千石を授け、増田杢右衛門に加増3百石、三谷権太夫長玄に加増2百5拾石、神谷内匠（兵庫）富次に加増2百石、栂半左衛門に加増百5拾石、石原九郎左衛門と信太治部右衛門に加増百石を授け、2代目となった氏家頼母は2百石の知行減禄、2代目今村左大夫には百石の減禄を行った。代替わり時に知行高の減禄を提示し藩内に知らしめた。2代目に奮起を促しチャンスを与えた。

　これが慣例となり、遺跡相続時の知行減禄や藩への貢献度が少ない場合は、用捨なく減禄を行った。また新規採用は、橋本傳右衛門籾6百俵、由良勘兵衛籾5百俵、母月照院の異母弟三谷半大夫に4百石、鈴村庄右衛門4百石、奥田新右衛門4百石、山瀬九郎右衛門4百石、肥前国島原藩主松倉長門守勝家の家臣有澤織部直玄を所望して3百石でスカウトし、山岡主計頭の肝煎りで塩見小兵衛を2百5拾石で新規採用した。他に松原五郎大夫を2百石で獲得し家臣団の強化を図った。

　松本時代の主な推定新規採用知行高と人数は、百石～5百石が38人の8千8百拾石、籾千百俵（概算8百2拾5俵）、百石未満が12人の百4拾7石・米百9俵・3拾6人扶持、知行高不明者15人の合計65人の8千9百5拾7石・米百9俵・籾千百俵（概算8百2拾5俵）・3拾6人扶持である。また、松本時代の推定家臣団合計は、197人の3万2千2百4拾6石、米2百2拾4俵、籾千百俵（概算8百2拾5俵）・8両・黄金2枚・9拾8人扶持、合力米、扶持切米、切米2と知行高不明者54人であった。

松本時代の重臣

柳多四郎兵衛長弘は松本入国前に死去し、朝日丹波重政、乙部九郎兵衛可正、棚橋勝助、香西茂左衛門守清、神谷内匠（兵庫）富次の5家老が藩主直政を支えた。

寛永12（1635）年に3代将軍徳川家光は、武家諸法度を改定し参勤交代制度を定め、1年交代で江戸勤めを義務付けた。従って、江戸藩邸の事務が繁忙となり、家老乙部九郎兵衛可正が江戸詰めとなり若き藩主を支えた。松本時代の新規採用組で後年活躍したのが、塩見小兵衛、有澤織部直玄、三谷半大夫等である。若手の成長が著しく、家臣団の強化が図られた。

表2-13　松本時代、推定新規採用人数と知行高

百石～5百石	百石未満	知行高不明	合計
38人、8千8百拾石、籾千百俵（概算8百2拾5俵）	12人、百4拾7石、百9俵、3拾6人扶持	15人	65人、8千9百5拾7石、米百9俵、籾千百俵（概算米8百2拾5俵）、3拾6人扶持

表2-14　松本時代、推定家臣団人数と知行高

5百石～4千石	百石～4百5拾石	百石未満	知行高不明	合計
10人、1万2千3百石	93人、1万9千3百9拾石、百俵、籾千百俵（概算8百2拾5俵）	40人、5百5拾6石、百2拾4俵、8両、黄金2枚、9拾8人扶持、合力米、扶持切米、切米2	54人	197人、3万2千2百4拾6石、2百2拾4俵、籾千百俵（概算8百2拾5俵）、8両、黄金2枚、9拾8人扶持、合力米、扶持切米、切米2

表2－15　松本時代、家臣団の格式・勤方と推定知行高（寛永15（1638）年、知行高順）

家臣名	採用年・家督相続年	格式・勤方	知行高	採用地・加増・相続
朝日丹波重政	寛永元（1624）年	不明※1	4千石	越前大野
乙部九郎兵衛可正	元和5（1619）年	家老	2千石	姉崎、元忠直の家臣
棚橋勝助	大野越前（1624～1633）	家老	2千石	越前大野
香西茂左衛門守清	越前福井（1601～1614）	家老※2	1千石※2	越前福井
神谷内匠(兵庫)富次	慶長9（1604）年	家老	7百石	越前福井、加増2百石
増田杢右衛門	越前大野（1624～1633）	不明	6百石	越前大野、加増3百石
仙石猪右衛門政吉	慶長7（1602）年	長老※3	5百石	越前福井
柘植小平次	越前大野（1624～1633）	不明	5百石	越前大野、元忠直家臣
三谷権太夫長玄	寛永2（1625）年	不明	5百石	越前大野、加増2百5拾石
2代柳多四郎兵衛一道	寛永10（1633）年	不明※4	5百石	元祖四郎兵衛を家督相続
橋本傳右衛門	信濃松本（1633～1638）	乗方役	籾6百俵※5	新規採用（概算4百5拾俵）
山口七郎右衛門	慶長6（1601）年	不明	4百石	越前福井
栂半左衛門	慶長12（1607）年	裏判役	4百石	越前福井、加増百5拾石
村松将監直賢	元和2（1616）年	不明	4百石	越前福井
2代乙部勘解由	元和7（1621）年	不明	4百石	姉崎、新知4百石
奥田新右衛門	信濃松本（1633～1638）	者頭	4百石	新規採用
山瀬九郎右衛門	信濃松本（1633～1638）	使番	4百石	新規採用
三谷半大夫	寛永11（1634）年	不明	4百石	新規採用
鈴村庄右衛門	寛永11（1634）年	不明	4百石	新規採用、足軽30人預
由良勘兵衛	寛永10（1633）年	不明	籾5百俵※6	新規採用（概算3百7拾5俵）
石原九左衛門	慶長19（1614）年	不明	3百5拾石	越前福井・加増百石
天野傳左衛門正長	慶長19（1614）年	下町奉行	3百石	越前福井、足軽30人
信太治部右衛門正矩	慶長19（1614）年	目附役	3百石	越前福井、加増百石
團弥一右衛門	寛永元（1624）年	不明	3百石※7	越前大野
棚橋主税	越前大野（1624～1633）	扈従	3百石	越前大野
高田次郎右衛門	越前大野（1624～1633）	不明	3百石	越前大野
松林儀大夫	越前大野（1624～1633）	寺社町奉行	3百石	越前大野
2代田中小右衛門	寛永2（1625）年	不明	3百石	元祖勘助を家督相続
杉原五兵衛	寛永10（1633）年	不明	3百石	新規採用
畑六右衛門	信濃松本（1633～1638）	不明	3百石	新規採用
樋置治大夫	信濃松本（1633～1638）	不明	3百石	新規採用
中野傳左衛門	信濃松本（1633～1638）	不明	3百石	新規採用
土屋左京	信濃松本（1633～1638）	扈従	3百石	新規採用
鈴木勘右衛門	信濃松本（1633～1638）	不明	3百石	新規採用
香西太郎右衛門	寛永11（1634）年	不明	3百石	新規採用、祖母方の縁戚
有澤織部直玄	寛永11（1634）年	不明	3百石	新規採用
2代小倉十左衛門	寛永11（1634）年	不明	3百石	元祖十左衛門を家督相続
中村三左衛門	寛永11（1634）年	不明	3百石	新規採用
安部権左衛門	寛永11（1634）年	不明	3百石	新規採用、足軽20人預る
塩見小兵衛	寛永11（1634）年	使番	2百5拾石	新規採用
佐原善太夫	寛永11（1634）年	者頭	2百5拾石	新規採用
安食藤兵衛	寛永12（1635）年	鑓奉行	2百5拾石	新規採用
松原半右衛門	寛永13（1636）年	不明	2百5拾石	新規採用
岡本瑞庵	慶長6（1601）年	医師	2百石※8	越前福井
三上七郎兵衛吉次	慶長14（1609）年	不明	2百石	越前福井

家臣名	採用年・家督相続年	格式・勤方	知行高	採用地・加増・相続
斉藤杢	元和2（1616）	近習	2百石	越前福井、加増5拾石
神谷与一左衛門	元和4（1618）年	不明	2百石	越前福井、加増5拾石
近藤刑部左衛門	元和5（1619）年	不明	2百石	姉崎
斎藤彦右衛門	元和6（1620）年	町奉行	2百石	姉崎
妹尾清左衛門	元和6（1620）年	不明	2百石	姉崎、加増百石
2代氏家頼母	元和9（1623）年	不明	2百石	元祖家督相続、減禄2百石
楢崎作右衛門	越前大野（1624〜1633）	不明	2百石	越前大野
放士権之丞	寛永2（1625）年	不明	2百石	越前大野
鈴木九左衛門	寛永5（1628）年	不明	2百石	越前大野
2代今村左大夫	寛永6（1629）年	不明	2百石	元祖六左衛門を家督相続
2代佐川弥平次	寛永6（1629）年	不明	2百石	元祖を家督相続、減禄百石
三田村孫左衛門	寛永7（1630）年	腰物役	2百石	越前大野
太田傳兵衛	寛永9（1632）年	天守鍵預	2百石	越前大野
小川忠兵衛	寛永10（1633）年	奉行	2百石	新規採用
上川権左衛門	寛永10（1633）年	扈従	2百石	新規採用
寺田助兵衛	寛永10（1633）年	不明	2百石	新規採用
田中半兵衛	寛永10（1633）年	不明	2百石	越前大野、新知2百石
近藤三郎兵衛	寛永10（1633）年	不明	2百石	新規採用
松原五郎大夫	信濃松本（1633〜1638）	不明	2百石	新規採用
今井十兵衛	信濃松本（1633〜1638）	不明	2百石	新規採用
大野角之助	信濃松本（1633〜1638）	供廻	2百石	新規採用
加藤小平次	信濃松本（1633〜1638）	鷹方	2百石	新規採用
2代石丸庄左衛門	信濃松本（1633〜1638）	不明	2百石	新規採用
小倉源左衛門	寛永11（1634）年	不明	2百石	新規採用
村田又右衛門	寛永12（1635）年	不明	2百石	新規採用
伊東長左衛門	寛永12（1635）年	作事奉行	2百石	新規採用
松本新兵衛	寛永14（1637）年	不明	2百石	新規採用
後藤角兵衛	信濃松本（1633〜1638）	不明	百6拾石	新規採用
2代天野惣大夫	元和4（1618）年	不明	百5拾石	越前福井、新知百5拾石
大塚清兵衛	寛永元（1624）年	不明	百5拾石	越前大野
河野宗久	越前大野（1624〜1633）	茶道	百5拾石	越前大野、新知百5拾石
野間久大夫	越前大野（1624〜1633）	不明	百5拾石	越前大野、新知百5拾石
2代西郷権兵衛	寛永2（1625）年	不明	**百5拾石**※9	元祖家督相続
吉城十右衛門	寛永5（1628）年	不明	百5拾石	越前大野
荒木長兵衛	寛永5（1628）年	不明	百5拾石	越前大野、新知百5拾石
松下作左衛門	寛永6（1629）年	不明	**百5拾石**※10	越前大野
池田孫之進	信濃松本（1633〜1638）	普請奉行	百5拾石	新規採用
2代石川源助	寛永12（1635）年	不明	百5拾石	元祖家督相続、減禄6拾石
2代石田喜大夫	寛永14（1637）年	不明	百5拾石	元祖喜大夫を家督相続
瀧波庄左衛門	越前大野（1624〜1633）	不明	百3拾石	越前大野
安井所左衛門守安	越前福井（1601〜1614）	郡奉行	百石	越前福井
松田休可	越前福井（1601〜1614）	茶道	百石	越前福井
高橋三右衛門則能	越前福井（1601〜1614）	不明	百石	越前福井、新知百石
伊藤長大夫友次	慶長12（1607）年	不明	百石	越前福井、加増2拾石
2代定方勘右衛門	元和4（1618）年	不明	百石	元祖九郎右衛門を家督相続
相川喜左衛門	元和5（1619）年	不明	百石	姉崎、新知百石

家臣名	採用年・家督相続年	格式・勤方	知行高	採用地・加増・相続
本郷与左衛門	元和8（1622）年	不明	百石	姉崎、新知百石
2代南保七郎左衛門	寛永元（1624）年	扈従	米百俵	元祖家督相続
片山治部左衛門	寛永元（1624）年	不明	百石	越前大野
松山長左衛門	寛永元（1624）年	勘定奉行	百石	越前大野
本多六兵衛	越前大野（1624～1633）	月照院附	百石	越前大野、新知百石
大河原五郎右衛門	寛永2（1625）年	月照院附	百石	越前大野
2代岡村半兵衛	寛永4（1627）年	不明	百石	元祖家督相続、加増2拾石
村田傳右衛門	寛永8（1631）年	不明	百石	越前大野、新知百石
武藤平大夫	寛永8（1631）年	鷹方	百石	越前大野、新知百石
高木三益	信濃松本（1633～1638）	医師	百石	新規採用
伴彦助	寛永11（1634）年	作事奉行	百石	新規採用
丹羽無理兵衛	寛永11（1634）年	不明	百石	新規採用
小川又右衛門	寛永5（1628）	鉄細工	8拾石	越前大野
坂田喜兵衛	越前福井（1601～1614）	不明	7拾石	越前福井
永井勘左衛門	寛永12（1635）年	鷹匠	米7拾俵	新規採用
米村次郎右衛門	寛永10（1633）年	小頭	2拾4俵2人	新規採用
青柳与左衛門	寛永10（1633）年	徒	2拾2石5人	新規採用
糟谷加右衛門	越前大野（1624～1633）	児扈従	2拾石5人	越前大野
園山源六	寛永5（1628）年	小性番	2拾石5人	越前大野
矢島久三郎	信濃松本（1633～1638）	不明	2拾石5人	新規採用
溝江太兵衛	寛永11（1634）年	納戸役	2拾石5人	新規採用
酒井与五右衛門	寛永7（1630）年	鷹方	2拾石4人	新規採用
福田治左衛門	寛永2（1625）年	徒	拾9石4人	越前大野
岩佐儀左衛門	寛永13（1636）年	徒	拾9石4人	新規採用
林甚右衛門	寛永元（1624）年	料理人	拾8石3人	越前大野、加増5石
山岡安右衛門	寛永11（1634）年	代官	拾8石3人	越前大野
福岡五左衛門	越前福井（1601～1619）	足軽	拾5俵3人	越前福井
松嶋杢兵衛	寛永4（1627）年	餌差	拾5石3人	越前大野
平井清右衛門	寛永7（1630）年	小人小頭	拾5石3人	越前大野
伊藤甚大夫	寛永10（1633）年	鉄砲	拾5石3人	新規採用
綿貫忠左衛門	寛永15（1638）年	足軽	拾5俵2人	新規採用
鷲見理右衛門	慶長6（1601）年	料理人	拾3石3人	越前福井
松嶋又左衛門	慶長17（1612）年	不明	拾3石3人	越前福井
清水加左衛門	寛永5（1628）年	料理人	拾3石3人	越前大野
羽生庄大夫	越前大野（1624～1633）	普請方	拾2石3人	越前大野
平沢長兵衛	寛永10（1633）年	鉄砲方	拾2石3人	新規採用
廣瀬茂大夫	越前福井（1601～1619）	足軽	拾2石2人	越前福井
岩佐九郎左衛門	越前福井（1602～1614）	細工方	拾2石2人	越前福井
熊野虎蔵	慶長12（1607）年	不明	拾2石2人	越前福井
中山庄左衛門	寛永元（1624）年	不明	拾2石2人	越前大野
高木文左衛門	越前福井（1602～1619）	不明	拾石3人	越前福井
上田作大夫	姉崎（1619～1624）	大工	拾石2人	姉崎、加増3石
武藤雲晴	寛永13（1636）年	坊主	拾石1人	新規採用
岩崎与四右衛門	越前大野（1624～1633）	不明	9石2人	越前大野
田辺仁右衛門	信濃松本（1633～1638）	不明	9石2人	新規採用
吉岡嘉右衛門	寛永10（1633）年	不明	6石2人	越前大野

家臣名	採用年・家督相続年	格式・勤方	知行高	採用地・加増・相続
高橋喜兵衛	寛永5（1628）年	台所奉行	8両4人	越前大野
太田弥兵衛	越前大野（1624〜1633）	畫工	毎年黄金2枚	越前大野
羽山仁右衛門	越前福井（1601〜1614）	不明	合力米	越前福井
河島十大夫	寛永4（1627）年	料理人	扶持切米	越前大野
根岸佐次右衛門	越前大野（1624〜1633）	不明	切米	越前大野
桜井祖兵衛	寛永8（1631）年	不明	切米	越前大野
服部清兵衛	越前福井（1601〜1614）	不明	不明	越前福井
岡谷太左衛門	越前福井（1601〜1614）	不明	不明	越前福井
平井彦左衛門	越前福井（1601〜1614）	不明	不明	越前福井
松原三左衛門正行	慶長11（1606）年	不明	不明	越前福井
山田善左衛門	慶長12（1607）年	不明	不明	越前福井
2代喜多川佐五右衛門	慶長19（1614）年	目附役	不明	越前福井
堀十右衛門	寛永元（1624）年	不明	不明	姉崎で養祖父を家督相続
佐野仁左衛門	寛永元（1624）年	勘定方	不明	越前大野
水谷五郎兵衛	寛永元（1624）年	不明	不明	越前大野
杉本喜兵衛	寛永元（1624）年	足軽	不明	越前大野
小出甚左衛門	寛永元（1624）年	足軽	不明	越前大野
長崎九右衛門	寛永元（1624）年	代官	不明	越前大野
中山庄左衛門	寛永元（1624）年	不明	不明	越前大野
2代伊東長右衛門	越前大野（1624〜1633）	勘定方	不明	越前大野にて元祖家督相続
2代青木清大夫	越前大野（1624〜1633）	不明	不明	元祖毛利弥右衛門家督相続
木代猪左衛門	越前大野（1624〜1633）	不明	不明	越前大野
篠原新右衛門	越前大野（1624〜1633）	不明	不明	越前大野
小木小左衛門	越前大野（1624〜1633）	不明	不明	越前大野
喜多川次郎左衛門	越前大野（1624〜1633）	足軽	不明	越前大野
石黒茂兵衛	越前大野（1624〜1633）	足軽	不明	越前大野
松井市右衛門	越前大野（1624〜1633）	代官	不明	越前大野
荒木佐次兵衛	越前大野（1624〜1633）	小頭	不明	越前大野
横山久右衛門	越前大野（1624〜1633）	郷方	不明	越前大野
武藤権左衛門	越前大野（1624〜1633）	抱守	不明	越前大野
山岡角兵衛	越前大野（1624〜1633）	不明	不明	越前大野
毛利弥右衛門	越前大野（1624〜1633）	不明	不明	越前大野
飯土井久兵衛	越前大野（1624〜1633）	不明	不明	越前大野
奥田与兵衛	越前大野（1624〜1633）	不明	不明	越前大野
左藤佐次右衛門	越前大野（1624〜1633）	足軽	不明	越前大野
松田七左衛門	越前大野（1624〜1633）	不明	不明	越前大野
香西主馬	越前大野（1624〜1633）	不明	不明	越前大野
早田八右衛門	寛永2（1625）年	不明	不明	越前大野
工藤久左衛門	寛永2（1625）年	不明	不明	越前大野
日野善衛門	寛永4（1627）年	代官	不明	越前大野
2代楢崎七兵衛	寛永4（1627）年	鷹方	不明	越前大野
篠原小兵衛	寛永5（1628）年	不明	不明	越前大野
野間八郎兵衛	寛永5（1628）年	不明	不明	越前大野
2代柘植八兵衛	寛永8（1631）年	不明	不明	越前大野
三浦新五右衛門	寛永10（1633）年	徒	不明	越前大野
楠田兵右衛門	寛永10（1633）年	不明	不明	新規採用

家臣名	採用年・家督相続年	格式・勤方	知行高	採用地・加増・相続
高木武兵衛	信濃松本（1633～1638）	不明	不明	新規採用
神村藤左衛門	信濃松本（1633～1638）	徒	不明	新規採用
奥村源右衛門	信濃松本（1633～1638）	徒	不明	新規採用
中村三郎左衛門	信濃松本（1633～1638）	徒	不明	新規採用
渡部次郎右衛門	信濃松本（1633～1638）	納戸役	不明	新規採用
大島八右衛門	信濃松本（1633～1638）	鷹匠	不明	新規採用
有澤三郎兵衛	信濃松本（1633～1638）	扈従	不明	新規採用
青沼能可	信濃松本（1633～1638）	小坊主	不明	新規採用
松田徳左衛門	信濃松本（1633～1638）	徒	不明	新規採用
玉木六右衛門	信濃松本（1633～1638）	不明	不明	新規採用
２代瀧波与一右衛門	信濃松本（1633～1638）	算用方	不明	新規採用
高橋惣右衛門	寛永11（1634）年	不明	不明	新規採用
２代楠田喜右衛門	寛永13（1636）年	勘定	不明	新規採用
小倉一学	寛永14（1637）年	扈従	不明	新規採用

（２代目の採用年は、家督相続年）

(注)　この表は、『松江藩列士録』から抜粋したものであるが、幕末の版籍奉還までに退藩した者や断絶した者は削除されているので、実際の総人数はもっと多かったと思われる。

　　　松本時代は、格式や職制（勤方）は決まっておらず勤方の不明者も多い。重臣では朝日丹波重政、香西茂左衛門守清、２代柳多四郎兵衛一道、仙石猪右衛門政吉の記載が無い。

　　　『松江藩列士録』では、この時期、職制とは言わず勤方と記録されている。

　　　朝日丹波重政は、出雲国入国時に正式に家老を拝命しているが、ここでは**不明**※1とした。香西茂左衛門守清は、慶長年中、召し出され（御擬作知れず）大坂両陣の御供相勤め、その後、新知加増合計２千５百石下され家老仰せ付けられると記録されているが、知行高の拝領年号月日が不明である。推定で家老**千石**※2とした。仙石猪右衛門政吉は、家老に準ずる格式と考えられるが、松本時代は家老に準ずる格式が決まっておらず、止むを得ず**長老**※3とした。２代柳多四郎兵衛一道は、寛永10（1633）年に養父遺跡５百石を相続しているが、格式・勤方の記載がなく**不明**※4とした。橋本傳右衛門は**籾６百俵**※5、同様に由良勘兵衛は**籾５百俵**※6で新規採用されているが、米に換算、７割５分と計算して４百５拾俵と３百７拾５俵とした。團弥一右衛門は、寛永元（1624）年に越前大野で採用され、翌年新知２百石を拝領後、追々加増千石と記録されているが同僚等の知行高を参考に加増百石、推定知行高**３百石**※7とした。岡本瑞庵は寛永年（1624～1633）に越前大野で新知百石を拝領後、加増百５拾石を得ているが、加増年号月日が不明であるため、加増百石とし推定知行高**２百石**※8とした。２代西郷権兵衛は、寛永年中越前大野時代に召し出された後、養父遺跡百石を相続した後に加増５拾石を得ているが、加増年号月日が未記録である。養父喜左衛門が寛永４（1627）年に死去していることから松本時代に加増された可能性が高いため、推定知行高**百５拾石**※9とした。松下作左衛門は、寛永６（1629）年越前大野時代に採用され知行百５拾石、以後、加増５拾石と記録されているが加増年号月日が不明であるため推定知行高**百５拾石**※10とした。

出雲国松江藩の松平直政の治世 ── 寛永15（1638）年～寛文6（1666）年〈通算29年間〉

　寛永14（1637）年12月22日、徳川幕府は京極家から出雲・隠岐国を没収し、翌年2月中に退去するよう命じ、同25日に出雲・隠岐両国を京極家から収公するための上使として堀市正利重、目付として多賀左近常長・大河内善兵衛正勝、領地受け取り実務の担当者として杉田九郎兵衛忠次を任命した。松江城の在番を小出吉英（但馬出石藩主）・吉田重恒（石見浜田藩主）・亀井茲政（石見津和野藩主）の近隣の大名が動員され、うち小出・亀井の二人の藩主は出雲国松江城に入城し、松江城を一時的に支配し守衛した。

　松平直政は寛永15（1638）年2月11日に江戸城に登城し将軍家光から出雲国一国並びに隠岐国の代官に任命された。直政は、出雲国松江18万6千石（実高約25万石）に栄封される。石高にして約3倍の大栄転となった。更に、出雲国一国を拝領した事により国持大名の地位と名誉も併せて獲得した。

　『松江藩列士録』によれば、先発として城の請け取り役に乙部九郎兵衛可正を任命、塩見小兵宅成、安井所左衛門守安、岩崎市兵衛茂祖等を派遣して3月22日に出雲国松江城を請け取り、團弥一右衛門等は隠岐に渡り京極家坂井庄左衛門より隠岐国を引き継いだ。

　自らは3月3日に信濃松本を出発し3月21日或いは22日に出雲国松江に到着したものと考えられる。

　信濃松本から引き連れた推定家臣団は、『松江藩列士録』に記録されている者を抜粋すると約197人、3万2千2百4拾6石、2百2拾4俵、籾千百俵、8両、黄金2枚、9拾8人扶持、合力米、扶持切米、切米2である。

松江藩の家臣団大募集

　松平直政は、領内を一巡すると、早速、幕府からの軍役義務を果たすべく、石高に見合う家臣の大募集と家臣団の知行高の見直しに着手した。

　松本時代の石高7万石の推定家臣団を197名とすると、出雲国松江18万6千石（実高約25万石）の石高から換算すると松本時代の2.66倍の524名の家臣団が必要となる。直政は、新たな石高に見合う家臣団を募集することが急務となった。

　一番の難問は、幕府から要請された中国一円の外様大名抑止の任である。これを果たすべく、山陽・山陰の地理や政治情勢に明るく、且つ松江藩を束ねる人材が必要となり、逸材を求めていたところ、丁度タイミングよく、賤ヶ岳合戦の七本槍の一人平野長泰が牢人中の大橋茂右衛門貞政を松江藩に推挙して来た。経歴を見ると、福島軍団の出身で京極家家老の経験があり、更に出自、戦功、一族の軍団と条件にピタリの人材であった。直政は、懇望し大橋茂右衛門貞政を招聘した。他に京極旧臣で仕官した者が69名と記録されている。主な仕官者を抜粋すると平野甚兵衛千3百石、川崎内蔵助千石、岡田半右衛門7百石、河崎六郎左衛門6百石、内藤三郎右衛門6百石、山岡久左衛門6百石、瀬田与右衛門5百5拾石等である。それぞれ旧藩時代の高禄で迎えられ厚遇を受けたと言える。一方、堀尾旧臣で仕官した者は54名で、堀尾但馬が家老3千石で起用されている。この他、スカウトされたのが石丸治右衛門、生田十兵衛、梅原弥左衛門等である。

　松江入国後の新規採用組で後年、家老家として活躍したのは、平賀半助、垂水十郎右衛門、小

田伊織、黒川又左衛門、太田伴右衛門、脇坂丹下、高木佐五左衛門、榊原極（小田切）、大野舎人<ruby>舎人<rt>とねり</rt></ruby>等の家々である。

　松江に入国した寛永15（1638）年12月末までに新規採用した百石以上の推定家臣は、82人の３万３千５百７拾石、米５百俵、３拾３人扶持である。松江に入国後、約９カ月の短期間で82名の家臣を募集したことになる。「直政公御代給帳」によれば家臣数は531人、「松平家家譜并御給帳写」472人、「陶澤家旧蔵給帳」496人で何れも異なるが、家臣数は約500人前後だったことが窺える。

　なお、史料（史・近世Ⅱ国令四）によれば、寛永16（1639）年時点の家臣団総数は、侍496名、御徒82名、小算用11名、鷹師19名、馬医４名、御台所14名、中間・小人624名とあり、武士と武家奉公人まで含めた総数は、2000人に近かったようである。

表2−16　松江に入国した寛永15（1638）年12月末の推定新規採用者（百石以上）

2千石〜7千石	千石〜千5百石	7百石〜9百石	6百石	5百石〜5百5拾石	4百石	3百石〜3百5拾石	2百石〜2百5拾石	百石〜百7拾石	合計
2人、9千石	5人、5千8百石	2人、千4百石	2人、千2百石	6人、3千5拾石	1人、4百石	18人、5千6百2拾人扶持	19人、3千8百7拾石、2百俵	27人、3千2百5拾石、3百俵、拾3人扶持	82人、3万3千5百7拾石、5百俵、3拾3人扶持

表2−17　寛永16（1639）年〜寛文6（1666）年間の推定新規採用者（百石以上）

5百石〜千2百石	4百石〜4百5拾石	3百石〜3百5拾石	2百石〜2百5拾石	百石〜百5拾石	合計
10人、6千7百石	4人、千6百5拾石	22人、6千7百2拾石、3百俵	33人、6千5百石、2百人扶持	45人、4千9百3拾石、3百俵、拾人扶持	114人、2万6千5百石、3百俵、2百拾人扶持

表2−18　初代松平直政の治世期間に新規採用した百石以上の家臣団の推定人数と知行高

2千石〜7千石	千石〜千5百石	7百石〜9百石	6百石	5百石〜5百5拾石	4百石〜4百5拾石	3百石〜3百5拾石	2百石〜2百5拾石	百石〜百7拾石	合計
2人、9千石	8人、9千石	2人、千4百石	2人、千2百石	13人、6千5百5拾石	5人、2千5百石	40人、1万2千3百2拾石、2拾人扶持	52人、1万3百7拾石、2百俵、2百人扶持	72人、8千1百8拾石、6百俵、2拾3人扶持	196人、6万7拾石、8百俵、2百4拾3人扶持

表2−19　松江入国、寛永15（1638）年12月末の家臣団の推定知行高と人数（百石以上）

2千石〜7千石	千石〜千5百石	7百石〜8百石	6百石	5百石〜5百5拾石	4百石〜4百5拾石	3百石〜3百5拾石	2百石〜2百5拾石	百石〜百7拾石	合計
8人、2万9千石	10人、1万8百石	10人、7千5百石	2人、千2百石	16人、8千8百石	12人、5千5拾石	39人、1万2千2百石、2拾人扶持	52人、1万2千2百7拾石、2百俵	53人、6千6百8拾石、3百俵、拾3人扶持	202人、9万1千8百石、5百俵、3拾3人扶持

表2−20　出雲国松江入国時の重臣知行高・寛永15年12月末時点（５百石以上、知行高順）

重臣名	知行高	格式・職名	新規・加増	重臣名	知行高	格式・職名	新規・加増
朝日丹波重政	７千石	家老	加増３千石	野間久大夫	７百石※	大目附	加増５百５拾石
大橋茂右衛門	６千石	家老※	新規採用	鈴村庄右衛門	７百石	大目附	加増３百石
乙部九郎兵衛	５千石	家老	加増３千石	岡田半右衛門	７百石	不明	新規採用
堀尾但馬	３千石	家老※	新規採用	水谷源左衛門	７百石	鑓奉行	新規採用
三谷権太夫長玄	２千石	家老	加増２千石	内藤三郎右衛門	６百石	不明	新規採用
棚橋勝助	２千石	家老	－	山岡久左衛門	６百石	者頭	新規採用
神谷兵庫富次	２千石	家老	加増千３百石	山瀬九郎右衛門	５百５拾石	者頭	加増百５拾石
村松内膳直賢	２千石	家老※	加増千６百石	瀬田与右衛門	５百５拾石	使番	新規採用
石丸治右衛門	千５百石	不明	新規採用	松林儀大夫	５百石	不明	加増２百石
平野甚兵衛	千３百石	不明	新規採用	２代柳多四郎兵衛	５百石	不明	－
仙石猪右衛門	千石	不明※	加増５百石	２代氏家頼母	５百石	不明	加増３百石
香西茂左衛門	千石※	不明	－	天野傳左衛門	５百石	不明	加増２百石
三谷半大夫	千石	不明	加増６百石	石原九左衛門	５百石	番頭	加増百５拾石
２代乙部勘解由	千石	不明	加増６百石	安部権左衛門	５百石	不明	加増２百石
有澤織部	千石	不明	加増７百石	信太治部右衛門	５百石	不明	加増２百石
川崎内蔵助	千石	組外	新規採用	斎藤彦右衛門	５百石	番頭	加増３百石
梅原弥左衛門	千石	番頭	新規採用	由良勘兵衛	５百石	番頭	松本、新知
生田十兵衛	千石※	組外	新規採用	蒲生権右衛門	５百石	供廻	新規採用
山口七郎衛門	８百石	番頭	加増４百石	平野十郎兵衛	５百石	者頭	新規採用
栂半左衛門	８百石	不明	加増４百石	松井七郎左衛門	５百石	寺社町	新規採用
増田杢右衛門	８百石	不明	加増２百石	比良太郎兵衛	５百石	大番組	新規採用
柘植小平次	８百石	大番頭	加増３百石	河合与三右衛門	５百石	者頭	新規採用
團弥一右衛門	８百石※	番頭	加増６百石	小計46人	５万６千６百石		
奥田新右衛門	７百石※	大目附	加増３百石				

表2−21　松江入国時の家臣団・寛永15年12月末時点（５百石未満〜百石以上）

重臣名	知行高	職名	新知・加増	重臣名	知行高	職名	新知・加増
畑六右衛門	４百５拾石	者頭	加増百５拾石	松田休可	３百５拾石※	茶道	加増２百５拾石
橋本傳右衛門	４百５拾石	乗方役	松本、新知	伴六左衛門	３百５拾石	不明	新規採用
中村三左衛門	４百５拾石	使番	加増百５拾石	松本利左衛門	３百５拾石	大番組	新規採用
中野傳左衛門	４百５拾石	使番	加増百５拾石	近藤才兵衛	３百５拾石	大番組	新規採用
鈴木甚右衛門	４百５拾石	使番	加増百５拾石	志立太左衛門	３百５拾石	不明	新規採用
小計５人	２千２百５拾石			久城宗立	３百石20人	医師	新規採用
２代田中小右衛門	４百石※	不明	加増百石	小計11人	３千８百石２拾人扶持		
有澤三郎兵衛	４百石	扈従	新知４百石	岡田清太夫	３百石	不明	新規採用
樋置治大夫	４百石※	天守鍵	加増百石	吉田佐五左衛門	３百石	不明	新規採用
栖崎作右衛門	４百石※	番頭	加増２百石	横田仙右衛門	３百石	不明	新規採用
塩見小兵衛	４百石※	町奉行	松本、新知	並河藤大夫	３百石	不明	新規採用
棚橋主税	４百石※	不明	加増百石	赤城甚左衛門	３百石	使番	新規採用
高田兵太郎	４百石	御手船	新規採用	秋庭作大夫	３百石	不明	新規採用
小計７人	２千８百石			明石九郎三郎	３百石	使番	新規採用
鈴木九左衛門	３百５拾石	不明	加増百５拾	森本八左衛門	３百石	右筆	新規採用
岡本瑞庵	３百５拾石	医師	加増百５拾石	仙田五郎左衛門	３百石	大番組	新規採用
松原半右衛門	３百５拾石	進物番	加増百石	奈倉甚之丞	３百石	旗奉行	新規採用
杉原五兵衛	３百５拾石	郡奉行	加増５拾石	２代南保七郎左衛門	３百石	不明	加増２百石
安食藤兵衛	３百５拾石	鑓奉行	加増百石	放士権之丞	３百石	不明	加増百石

重臣名	知行高	職名	新知・加増
近藤刑部左衛門	3百石	目附役	加増百石
斉藤杢	3百石	不明	加増百石
三上七郎兵衛	3百石	不明	加増百石
2代今村左大夫	3百石	徒頭	加増百石
2代小倉十左衛門	3百石	不明	－
小倉源左衛門	3百石	不明	加増百石
神谷与一左衛門	3百石	不明	加増百石
土屋左京	3百石	不明	－
2代佐川弥平次	3百石	不明	加増百石
佐原善太夫	3百石	天守鍵	加増5拾石
三田村孫左衛門	3百石	不明	加増百石
香西太郎右衛門	3百石	不明	－
高田次郎右衛門	3百石	不明	－
市原次郎左衛門	3百石	大番組	新規採用
徳永源兵衛	3百石	不明	新規採用
野村与左衛門	3百石	不明	新規採用
小計28人	8千4百石		
近藤三郎兵衛	2百5拾石	不明	
寺田助兵衛	2百5拾石	在番	
荒木長兵衛	2百5拾石	不明	加増百石
伊東長左衛門	2百5拾石	厩別当	加増5拾石
大野角之助	2百5拾石	大番組	加増5拾石
池田孫之進	2百5拾石	奉行	加増百石
松原五郎大夫	**2百5拾石※**	不明	加増5拾石
2代天野惣大夫	2百5拾石	不明	加増百石
小川忠兵衛	2百5拾石	勘定所	加増5拾石
田中半兵衛	2百5拾石	不明	加増5拾石
村田又右衛門	2百5拾石	不明	加増5拾石
太田傳兵衛	2百5拾石	不明	加増5拾石
片山治部左衛門	2百5拾石	徒頭	加増百5拾石
松本新兵衛	2百5拾石	郡奉行	加増5拾石
大塚瀬兵衛	2百5拾石	目附役	加増百石
香西主馬	2百5拾石	歩行頭	新知2百5拾石
小倉八郎左衛門	2百5拾石	不明	新規採用
石川新左衛門	2百5拾石	筆頭	新規採用
小泉助之進	2百5拾石	大番組	新規採用
小泉太右衛門	2百5拾石	不明	新規採用
佐々勘左衛門	2百5拾石	大番組	新規採用
萓部市郎兵衛	2百2拾石	代官	新規採用
小計22人	5千4百7拾石		
加藤小平次	2百石	鷹方	－
上川権左衛門	2百石	不明	－
高橋三右衛門	2百石	不明	加増百石
野間八郎兵衛	2百石	不明	大野、新知
高木三益	2百石	医師	加増百石
安井所左衛門	2百石	郡奉行	加増百石
松山長左衛門	2百石	算用	加増百石
松下作左衛門	2百石	不明	加増5拾石

重臣名	知行高	職名	新知・加増
後藤角兵衛	2百石	不明	加増4拾石
丹羽無理兵衛	2百石	不明	加増百石
本多六兵衛	2百石	不明	加増百石
今井十兵衛	2百石	不明	－
2代石丸庄左衛門	2百石	不明	松本、新知
大河原五郎右衛門	2百石	不明	加増百石
吉城十右衛門	2百石	不明	加増5拾石
妹尾清左衛門	2百石	不明	加増百石
2代石川源助	2百石	不明	加増5拾石
杉間團右衛門	2百俵	浪人分	新規採用
桂田孫兵衛	2百石	不明	新規採用
堀市郎右衛門	2百石	不明	新規採用
瀧杢之丞	2百石	郷方	新規採用
一条七郎兵衛	2百石	扈従	新規採用
橋本元登	2百石	医師	新規採用
大塚吉兵衛	2百石	不明	新規採用
熊谷玄三	2百石	医師	新規採用
布施源左衛門	2百石	代官	新規採用
荒木作左衛門	2百石	不明	新規採用
雨森甚大夫	2百石	扈従番	新規採用
坂根八右衛門	2百石	大番組	新規採用
雪吹善太夫	2百石	不明	新規採用
小計30人	5千8百石2百俵		
小嶋弥太夫	百7拾石	不明	新規採用
志谷祖右衛門	百6拾石	不明	新規採用
落合彦左衛門	百6拾石	代官	新規採用
山田源次郎	百6拾石	大番組	新規採用
小計4人	6百5拾石		
桜井祖兵衛	百5拾石	不明	大野、新知
2代定方勘右衛門	百5拾石	金役	加増5拾石
2代西郷権兵衛	百5拾石	不明	加増5拾石
伊藤長大夫	百5拾石	不明	加増5拾石
吉城十右衛門	百5拾石	不明	加増5拾石
溝江太兵衛	百5拾石	不明	松本、新知
河野宗久	百5拾石	茶道	－
伴彦助	百5拾石	奉行	加増5拾石
本郷与左衛門	百5拾石	不明	加増5拾石
2代岡村半兵衛	百5拾石	奥納戸	加増5拾石
太田弥兵衛	百5拾石	絵師	大野、新知
村田傳右衛門	百5拾石	不明	加増5拾石
2代石田喜大夫	百5拾石	御次番	遺跡、－
永井勘左衛門	百5拾石	鷹匠	松本、新知
神村藤左衛門	百5拾石	供番	松本、新知
相川喜左衛門	百5拾石	扈従番	加増5拾石
高畑郷右衛門	百5拾石	扈従番	新規採用
高橋弥五兵衛	百5拾石	宇龍番	新規採用
武熊瀬左衛門	百5拾石	不明	新規採用
野村吉大夫	百5拾石	不明	新規採用

重臣名	知行高	職名	新知・加増	重臣名	知行高	職名	新知・加増
松本久右衛門	百5拾石	不明	新規採用	喜多川佐五右衛門	百石	徒頭	福井、新知
小池次郎右衛門	百5拾石	不明	新規採用	2代柘植八兵衛	百石	御内用	大野、新知
佐々五郎右衛門	百5拾石	右筆	新規採用	2代楢崎七兵衛	百石	鷹方	大野、新知
三浦新五右衛門	百5拾石	不明	新規採用	河島十大夫	百石	料理人	大野、新知
2代内藤忠左衛門	百5拾石	不明	新規採用	武藤平大夫	百石	鷹方	大野、新知
小計25人	3千7百5拾石			松田七左衛門	百石	不明	大野、新知
酒井与次右衛門	百4拾石	不明	新規採用	木代猪左衛門	百石	不明	松本、新知
瀧波庄左衛門	百3拾石	代官	－	玉木六右衛門	百石	不明	松本、新知
山崎藤右衛門	百3拾石	不明	新規採用	岡谷太左衛門	百石	不明	福井、新知
細江弥次兵衛	百2拾石	郡代	新規採用	松田孫九郎	百石	不明	新規採用
村田理右衛門	百2拾石	代官	新規採用	鮫嶋仁右衛門	百俵	不明	新規採用
黒田喜八郎	百2拾石	代官	新規採用	皆美久右衛門	百石	不明	新規採用
福見弥次兵衛	百2拾石	不明	新規採用	小川杢大夫	百石	鉄砲師	新規採用
平賀半助	百俵10人	右筆	新規採用	和多田小右衛門	百石	不明	新規採用
谷平大夫	百俵3人	不明	新規採用	高木甚五左衛門	百石	留守居	新規採用
小計9人	8百8拾石2百俵拾3人扶持			小計15人	千4百石百俵		

(参考引用文献　『松江藩列士録』、『直政公御代御給帳』、松江市誌編纂『史料編Ⅲ』)

(注)　本書では松江入国年度の寛永15年12月末時点の百石以上の藩士名・知行高・新知並びに加増を『松江藩列士録』から抜粋して記録した。しかし、『松江藩列士録』は幕末まで継承された家が記録されており、その後、退藩や断絶した家等は削除され、符合しない藩士や後に氏名や通称名を替えた藩士もみられ、符合に多くの時間を費やした。尚、寛永16年『直政公御代御給帳』に記録されている棚橋将監千6百石は、寛永18年に父勝助の遺跡を相続したもので該当しないことから除外した。『直政公御代御給帳』に載る香西左門千石は、故あり断絶し『松江藩列士録』から抹消されているので削除した。

　　　また、大橋茂右衛門、堀尾但馬、村松内膳直賢は、『松江藩列士録』には、家老の格式が未記録であるが、『直政公御代御給帳』並びに『松江市史 通史編3 近世Ⅰ』を参考とし**推定家老**※として記載した。仙石猪右衛門の格式が不明である。『松江藩列士録』によると刃傷沙汰への荷担により家老にはなれなかった理由が述べられている。家老に準ずる家老格と考えられるが、ここでは不明とした。

(参考引用文献　『松江藩列士録』、『直政公御代御給帳』、『松江市史 通史編3 近世Ⅰ』)

表2-22　寛永16年～寛文6年間の新規採用組、寛文6年時点推定知行高順（百石以上）

重臣名	知行高	職名	新規・加増	重臣名	知行高	職名	新規・加増
2代高木小左衛門	千2百石	組外	新規、慶安2	鵜飼兵左衛門	2百石	奉行	新規、慶安元
小田伊織	千石	大番頭	新規、慶安元	桜井小兵衛	2百石	大番組	新規、慶安3
榊原極	千石	大名分	新規、寛文4	石川与八郎	2百石※	筆頭	新規採用
木造場左衛門	5百石	大番組	新規、寛永16	中嶋四郎左衛門	2百石	扈従番	新規、慶安4
2代榊平兵衛	5百石	使番	新規、寛永19	笹岡久兵衛	2百石	筆頭	新規、慶安4
垂水十郎右衛門	5百石	奉行	新規、寛永20	香西八郎大夫	2百石	扈従番	新規、慶安4
星野弥次右衛門	5百石	奏者役	新規、慶安2	宮崎八郎左衛門	2百石※	留守居役	新規、承応2
2代川崎六郎左衛門	5百石※	不明	新規採用	速水次郎右衛門	2百石	不明	新規、承応3
脇坂丹下	5百石	附家老	新規、寛文4	池田瀬兵衛	2百石	寄合番	新規、承応3
三谷主殿	5百石	奥組外	新規、寛文5	平岡彦兵衛	2百石	不明	新規、明暦元
小計10人	6千7百石			熊谷作左衛門	2百石	右筆	新規、明暦2
小泉弥右衛門	4百5拾石	使番	新規、万治元	山内彦兵衛	2百石	算用方	新規、明暦3
永田源五兵衛	4百石	者頭	新規、万治2	園山理兵衛	2百石	大番組	新規、明暦3
黒澤三右衛門	4百石	儒者	新規、寛文2	高橋甚右衛門	2百石	代官	新規、明暦3
篠塚丹右衛門	4百石	組外	新規、寛文5	高橋儀太夫	2百石	不明	新規、万治元
小計4人	千6百5拾石			戸田市左衛門	2百石	供廻	新規、万治3
津川六郎右衛門	3百5拾石	寄合番	新規、寛永16	加藤又右衛門	2百石	無役	新規、万治3
2代星野小右衛門	3百5拾石	徒頭	新規、寛文5	高木佐五右衛門	2百石	不明	新規、万治3
高木佐次兵衛	3百2拾石	不明	新規、承応元	小助川又右衛門	2百石	鷹方	新規、寛文元
小計3人	千2拾石			高岡加左衛門	2百石	不明	新規、寛文元
大塚弥三兵衛	3百石	使番	新規、寛永16	朝比奈武助	2百石	奉行	新規、寛文3
川瀬角兵衛	3百石	留守居	新規、寛永16	柘植傳左衛門	2百石	大番組	新規、寛文4
祝善左衛門	3百石	者頭	新規、寛永17	2代奥田仁右衛門	2百石	不明	新規、寛文4
田代更幽	3百石	医師	新規、寛永18	真柄助左衛門	2百石	扈従番	新規、寛文5
西野三郎左衛門	3百石	筆頭	新規、寛永19	岡野市右衛門	2百石	不明	新規、寛文5
堀江傳右衛門	3百石	筆頭	新規、慶安2	重村与一兵衛	2百石	蔵元〆	新規、寛文5
3代高木小左衛門	3百石	組外	新規、承応2	伊藤長大夫	2百石	納戸役	新規、寛文5
瀬田権之丞	3百石	使番	新規、承応3	小計30人	6千石		
伊藤治右衛門	3百石	扈従番	新規、明暦2	2代椎野惣右衛門	百5拾石	代官	新規、正保4
梶川惣左衛門	3百石	使番	新規、明暦2	内村予兵衛	百5拾石	留守番	新規、慶安4
冨永郷左衛門	3百石	使番役	新規、寛文2	上井又市	百5拾石	大番組	新規、承応元
冨永治部右衛門	3百石	聞番役	新規、寛文2	祝助大夫	百5拾石	腰物預	新規、承応3
高浜八郎右衛門	3百石	寄合組	新規、寛文2	志立弥次兵衛	百5拾石	大番組	新規、明暦3
中川半兵衛	3百石	寄合組	新規、寛文4	太田伴右衛門	百5拾石	裏判役	新規、明暦3
小泉五郎兵衛	3百石	不明	新規、寛文4	奥山鹿之助	百5拾石	代官	新規、明暦3
森平六	3百石	徒頭	新規、寛文4	嶋田所左衛門	百5拾石	大番組	新規、万治元
山田次郎兵衛	3百石	組外	新規、寛文4	2代小川杢左衛門	百5拾石	奉行	新規、万治3
近藤理兵衛	3百石	内々役	新規、寛文5	大木長大夫	百5拾石	不明	新規、万治3
岡山九郎右衛門	3百石	扈従番	新規、寛文5	栗田八郎右衛門	百5拾石	不明	新規、寛文元
小計19人	5千7百石			横田猪左衛門	百5拾石	巡検衆	新規、寛文元
津田惣兵衛	2百5拾石	大番組	新規、寛永16	渡部治大夫	百5拾石	不明	新規、寛文5
今村佐右衛門	2百5拾石	奉行	新規、万治3	和多田四郎大夫	百5拾石	御次番	新規採用
高力喜兵衛	2百人扶持	大名分	新規、寛文5	小計14人	2千石		
小計3人	5百石2百人扶持			2代宮能吉之丞	百3拾石	代官	新規、寛文3
岡田善兵衛	2百石	奉行	新規、寛永16	加藤善右衛門	百俵10人	不明	新規、寛文5
長谷川四郎右衛門	2百石	不明	新規、寛永20	小計2人	百3拾石百俵拾人扶持		
勝又兵衛	2百石	不明	新規、正保3				

重臣名	知行高	職名	新規・加増	重臣名	知行高	職名	新規・加増
間宮三大夫	百石	大番組	新規、寛永16	黒川又左衛門	百石	奉行	新規、寛文2
2代尾崎半平	百石	奉行	新規、寛永18	木村作左衛門	百石	塩梅役	新規、寛文2
橋本次郎兵衛	百石	乗方	新規、寛永19	2代堀田猪左衛門	百石	銀奉行	新規、寛文2
村嶋喜左衛門	百石	扈従番	新規、慶安3	雨森茂大夫	百石	納戸役	新規、寛文2
堀彦右衛門	百石	大番組	新規、慶安4	廣澤忠兵衛	百石	大番組	新規、寛文3
2代斎藤七右衛門	百石	蔵奉行	新規、明暦元	橋本三蔵	百石	不明	新規、寛文4
鵜飼喜左衛門	百石	不明	新規、明暦2	玉井五兵衛	百石	不明	新規、寛文4
天野与三兵衛	百石	不明	新規、明暦2	2代住江郡大夫	百石	留守居	新規、寛文4
樋口七兵衛	百石	留守居	新規、万治元	2代八木源左衛門	百石	不明	新規、寛文4
服部清兵衛	百俵	大番組	新規、万治2	石黒八兵衛	百石	不明	新知、寛文5
2代笹原所左衛門	百石	大番組	新規、万治2	2代秋元惣右衛門	百石	留守居	新規、寛文5
2代楢崎勘之丞	百石	留守居	新規、寛文2	岸崎左久次	百石	留守居	新規、寛文5
伊東与平次	百石	大番組	新規、万治3	羽山仁兵衛	百石	貸方役	新知、寛文5
山田五郎兵衛	百俵	奉行	新規、万治3	2代左藤佐次右衛門	百石	不明	新規、寛文5
望月角右衛門	百石	不明	新規、寛文2	小計29人	2千7百石2百俵		

(注) この表は、出雲国入国後の寛永16年から寛文6年までに新規採用された藩士の氏名と新規後に加増された知行高と年号を『松江藩列士録』から抜粋して記載した。一部知行高及び加増年月日が未記録の藩士に付いては、**推定知知行高**※を記載した。記録に残る『直政公御代御給帳』は、入国後の寛永15年から明暦元年までの18年間に記録されたもので、その後、退藩や断絶した家も多くあり『松江藩列士録』と『直政公御代御給帳』とが符合しない藩士も散見された。また、氏名や通称名を替えた藩士もみられ符合しない藩士もあった。分知は除外した。(従って、概数はあくまでも参考資料とする。)

出雲国松江藩の施政の基本方針

　直政は寛永16（1639）年に「国務の要領六箇条」を大名衆宛に御直書を発した。第一条は国を治むる本は富民淳俗を旨とす、第二条は奢侈の源を塞ぐこと、第三条は利欲の心を制すること、第四条は入るを量りて出づるを制し財用を節すること、第五条は良史を選挙し賢否を審かにすること、第六条は法を立つることは疎にし躬行を先とすること。以上領国経営の基礎を示し、更に軍役を定め職制を整備した。正保3（1646）年に町奉行に対し心得方を示した。他に政教・尊皇・敬神・崇仏・博愛と寛容・文武の奨励・治水・産業の8項目を定め松江藩政の基礎を確立した。

　軍役とは、江戸幕府から発布された軍役令にもとづき知行高に応じた軍事上の諸負担義務のことを言う。いざ戦時には出陣の義務を負う。直政は軍役を定め人馬や武器の配備並びに軍隊の組織化を行った。他に証人制や殉死の禁止を行っている。

（参考引用文献　『松江市誌』、『島根県史』）

参勤交代と松江藩の家老

　3代将軍徳川家光は、寛永12（1635）年武家諸法度を改定し参勤交代制度を定める。

　松平直政は、寛永15（1638）年に松江に入国後、寛文6（1666）年に死去するまでの間、ほぼ1年ごとに松江と江戸を参勤交代で移動した。この主君不在期間の国政を任せる国家老が重要となった。

　松平直政は、家老の職制を仕置役、軍事役、城代、無役の四役に分けた。

　藩邸内に政治の最高機関である仕置所を設け、政治を行わせた。この中で一番重要視したのが

家老仕置役である。直政直轄の部署で直政の指示・命令や領国統治の統括事務を担当させた。

　寛永15（1638）年4月13日付で初代仕置役に乙部九郎兵衛可正、三谷権太夫長玄、神谷兵庫富次の3名を任命し、寛永20（1643）年3月20日、城代に三谷半大夫を任じた。

　しかし、「松江藩列士録」をみると、直政から軍事役を命ぜられた家老はいないので、仕置役が領国統治の一部として軍事役を兼務したと考えられる。

表2-23　寛永15年12月末、出雲国松江入国時の5百石以上の新規採用

氏名	知行高	職名、出身	氏名	知行高	職名、出身
大橋茂右衛門	6千石	家老、京極	内藤三郎右衛門	6百石	不明、京極
堀尾但馬高成	3千石	家老、堀尾	山岡久左衛門	6百石	者頭、京極
石丸治右衛門	千5百石	組外	瀬田与右衛門	5百5拾石	使番、京極
平野甚兵衛	千3百石	不明、京極	蒲生権右衛門	5百石	供廻
川崎内蔵助	千石	組外、京極	平野十郎兵衛	5百石	者頭、京極
梅原弥左衛門	千石	番頭	松井七郎左衛門	5百石	寺社町、京極
生田十兵衛	千石	組外	比良太郎兵衛	5百石	大番組、京極
岡田半右衛門	7百石	不明、京極	河合与三右衛門	5百石	者頭
水谷源左衛門	7百石	鍵奉行			

　『松江藩列士録』を抜粋すると5百石以上で新規採用者は17名である。

　旧堀尾時代並びに旧京極時代の牢人や縁故者等の紹介で採用された者が多く見られ、多くが旧藩時代の知行高で採用され厚遇を受けている。堀尾旧臣が全部で54名、京極旧臣は69名と記録されている。堀尾旧臣で5百石以上が少ないのは、寛永10（1633）年に断絶してから、足かけ6年が経過しており他藩への仕官者も多く、牢人中の者が少なかった事が考えられる。

表2-24　寛永16（1639）年の家老一覧表（知行高順）

氏名	知行高	備考
朝日丹波重政	7千石	内与力2千石
大橋茂右衛門政貞	6千石	内与力千石、足軽30人
乙部九郎兵衛可正	5千石	内与力千石、仕置役
堀尾但馬高成	3千石	
棚橋勝助	2千石	
三谷権太夫長玄	2千石	仕置役
神谷内匠(兵庫)富次	2千石	仕置役
村松内膳直賢	2千石	

（参考引用文献　『松江市史　通史編3　近世Ⅲ』、『松江藩列士録』）

表2−25　寛永18（1641）年の家老一覧表（知行高順）

氏名	知行高	備考
大橋茂右衛門政貞	6千石	内与力千石、足軽30人
乙部九郎兵衛可正	5千石	内与力千石、仕置役
堀尾但馬高成	3千石	
三谷権太夫長玄	2千石	仕置役
神谷内匠(兵庫)富次	2千石	仕置役
村松内膳直賢	2千石	

（参考引用文献　『松江市史　通史編3　近世Ⅲ』、『松江藩列士録』）

棚橋勝助が寛永18年5月、朝日丹波重政が同年7月に死去し、家老数は6名となっている。

表2−26　正保4（1647）年の家老一覧表（知行高順）

氏名	知行高	備考
大橋茂右衛門政貞	6千石	内与力千石、外足軽30人
乙部九郎兵衛可正	5千石	内与力千石、仕置役
三谷権太夫長玄	3千2百7拾石	内与力7百7拾石、仕置役
神谷兵庫富次	3千2百7拾石	内与力7百7拾石、仕置役
村松将監直賢	3千2百6拾石	内与力千石、仕置役
三谷半大夫長吉	2千石	城代、内5百石・足軽20人

（参考引用文献　『松江市史　通史編3　近世Ⅲ』、『松江藩列士録』）

仕置役は、村松将監直賢が抜擢され、四名体制となる。

表2−27　寛文6（1666）年の家老一覧表（知行高順）

氏名	知行高	備考
村松将監直賢	6千石	内与力千石、仕置役
2代大橋茂右衛門貞高	5千石	内与力千石、足軽30人
3代乙部九郎兵衛可明	4千石	内与力千石（兄へ分知千石）
2代三谷権太夫長元	3千7百7拾石	内与力7百7拾石
有澤織部直玄	3千石	内与力5百石
2代神谷兵庫富保	2千9百7拾石	内与力9百7拾石
2代三谷半大夫正長	2千石	
2代香西茂左衛門	2千石	
2代村松民部隆次	千5百石	

（参考引用文献　『松江藩列士録』）

家老数の推移をみると寛永16年が8名（内仕置役3名・与力が与えられた者が3名）、寛永18年が6名（内仕置役3名・与力が与えられた者が2名）、正保4年が6名（内仕置役4名・与力が与えられた者が5名）、寛文6年が9名（内仕置役1名・与力が与えられた者が6名）である。

表2-28　初代藩主松平直政、家老仕置役の推移

治世期間	中老仕置添役	家老仕置役
寛永15(1638)年 2月11日～ 寛文6(1666)年 2月3日没	なし	元祖乙部九郎兵衛・寛永15（1638）～ 慶安2（1649） 元祖三谷権太夫・寛永15（1638）～ 明暦2（1656） 元祖神谷兵庫富次・寛永15（1638）～ 万治3（1660） 元祖村松将監・正保4（1647）～ 寛文9（1669）

(参考引用文献　『松江藩列士録』)

　松平直政は入国後、寛永15（1638）年4月15日、乙部九郎兵衛可正、三谷権太夫長玄、神谷内匠富次の3名に仕置役を任命し藩政を司るよう指示している。その後、正保元（1644）年に乙部九郎兵衛可正の家来鷹飼遠山市郎左衛門が乙部上屋敷に於いて公儀預かり人生駒帯刀正種を敵討ちした「三巴敵討ち事件」が発生する。乙部九郎兵衛は、幕命により山城国梅津に隠棲させられ、同3年に帰参が許されるも、直政は同4年に仕置役の補強として、村松将監直賢を抜擢する。その後、仕置役は乙部九郎兵衛可正が慶安2（1649）年に没し、同様に神谷兵庫富次が万治3（1660）年に、三谷権太夫長玄も寛文5（1665）年に没した。この時点で仕置役は村松将監直賢一人が残った。

　松平直政が出雲国松江へ入国した寛永15（1638）年と没した寛文6（1666）年の家老の知行高を比較してみると、大きく加増されたのが村松将監直賢の4千石と有澤織部直玄の2千石で、大きく知行減禄されたのが2代を継承した朝日丹波重賢の5千5百石と2代堀尾図書の千5百石である。

表2-29　初代藩主松平直政没時、寛文6（1666）年の重臣推定知行高順位表（5百石以上）

家老名	寛文6年 格式・職種	寛永15 (1638)年 の知行高	寛文6 (1666)年 時点の知行高	うち(与力)	寛永15年対 寛文6年比較
元祖村松将監直賢	家老	2千石	6千石	千石	加増4千石
2代大橋茂右衛門貞高	家老	6千石	5千石	千石	茂兵衛へ千石分知
3代乙部九郎兵衛可明	家老	5千石	4千石	千石	兄外記へ千石分知
2代三谷権太夫長元	家老	2千石	3千7百7拾石	7百7拾石	加増千7百7拾石
元祖有澤織部直玄	家老	千石	3千石	5百石	加増2千石
2代神谷兵庫富保	家老	2千石	2千9百7拾石	9百7拾石	加増9百7拾石、弟分知
2代香西茂左衛門	家老	千石	2千石	–	加増千石
2代三谷半大夫	家老	千石	2千石	–	加増千石
2代村松将監隆次	家老	–	千5百石		新規採用
2代朝日丹波重賢	大番頭	7千石	千5百石		減禄5千5百石
2代高木小左衛門	大番頭	–	千2百石		新規採用
元祖棚橋主税	大名分	千石※1	千石※1		–
元祖榊原極（小田切）	大名分	–	千石		新規採用
2代柳多四郎兵衛一道	大名分※2	5百石	千石		加増5百石
2代堀尾図書	大番頭	3千石	千石		減禄千5百、分知5百石

第2部　松江藩松平氏 歴代藩主　85

家老名	寛文6年 格式・職種	寛永15 (1638)年 の知行高	寛文6 (1666)年 時点の知行高	うち(与力)	寛永15年対 寛文6年比較
元祖小田伊織	大番頭	－	千石	－	新規採用
元祖土屋左京	大番頭	3百石	千石	－	加増7百石
元祖川崎内蔵助	大番組	千石	千石	－	新規採用
2代仙石猪右衛門	扈従番頭	千石	千石	－	父猪右衛門遺跡
元祖團弥一右衛門	番頭	千石※1	千石※1	－	－
元祖塩見小兵衛	用人役	2百5拾石	千石	－	加増7百5拾石
2代石原九左衛門	用人役	5百石	千石	－	加増5百石
元祖岡田半右衛門	用人役	7百石	千石	－	加増3百石
元祖野間八郎兵衛	勘定頭取	2百石	千石	－	加増8百石
大橋茂兵衛	不明	－	千石	－	父閑斉遺跡
2代増田杢右衛門	組外	8百石	千石	－	加増2百石
元祖乙部外記	組外	－	千石	－	本家分知
2代石丸庄左衛門	大番頭	千5百石	8百石	－	家督相続、減禄7百石
2代今村左大夫	目附役	3百石	8百石	－	加増5百石
2代氏家頼母	番頭	5百石	8百石	－	加増3百石
元祖瀬田与右衛門	留守詰	5百5拾石	8百石	－	加増2百5拾石
元祖蒲生権右衛門	大番頭	5百石	6百石	－	加増百石
元祖上川権左衛門	者頭	2百石	6百石	－	加増4百石
2代山口七郎右衛門	組外	8百石	6百石	－	二男平大夫分知2百石
元祖平野甚兵衛	隠居	千3百石	6百石	－	減禄7百石
元祖脇坂丹下	附家老	－	5百石	－	新規採用
元祖片山治部左衛門	広瀬藩附	2百5拾石	5百石	－	加増2百5拾石
2代山瀬助右衛門	用人役	5百5拾石	5百石	－	減禄5拾石
元祖香西太郎右衛門	用人役	3百石	5百石	－	加増2百石
元祖垂水十郎右衛門	寺社町奉行	－	5百石	－	新規採用
2代梅原弥左衛門	町奉行	千石	5百石	－	減禄5百石
2代鈴村庄右衛門	者頭	7百石	5百石	－	減禄2百石
2代奥田新右衛門	者頭	8百石	5百石	－	減禄3百石、父遺跡
2代安部治部左衛門	使番	5百石	5百石	－	－
2代生田十兵衛	使番	千石	5百石	－	減禄5百石
元祖小倉一学	組外	不明	5百石	－	加増5百石
2代川崎六郎左衛門	扈従支配	－	5百石※3	－	新規採用
2代榊平兵衛	聞番役	－	5百石	－	父清三郎遺跡

(参考引用文献 『松江藩列士録』)

(注) 『松江藩列士録』には棚橋主税並びに元祖團弥一右衛門は、加増年号月日が不明である。直政時代に加増されたと見做し推定知行高千石※1と記した。2代柳多四郎兵衛一道は格式が不明であるが大名分※2とした。元祖片山治部左衛門は、広瀬藩へ出向となる。2代川崎六郎左衛門は、万治3（1660）年に新知2百石を拝領後、追々加増5百石と記され加増年号月日が未記録である。直政時代に加増されたと見做し推定知行高5百石※3とした。

時代は移り、松江藩の家臣団も2代目に移行した時期でもあった。直政は、能力主義を導入し重臣の知行高や格式・職制に変化がみられる。寛永15（1638）年、出雲国松江入国時と比較すると元祖村松将監直賢、元祖有澤織部直玄、2代高木小左衛門、2代柳多四郎兵衛一道、元祖塩見小兵衛等が抜擢され重用されたことが窺える。

また、家臣に於いては嗣子なくお家断絶を避けるため、兄弟への分知（分家）を藩主の許しを得て盛んに行われている。例を上げると2代大橋茂右衛門貞高が茂兵衛へ千石分知、3代乙部九郎兵衛可明が兄外記へ千石分知、2代神谷兵庫富保が三人の弟へ分知等を行っている。

3. 初代松平直政時代の家老と仕置役人事

　松平直政は出雲国松江に入国後、家老を８人選出し知行高は、朝日丹波７千石、大橋茂右衛門６千石、乙部九郎兵衛５千石、堀尾但馬３千石、棚橋勝助２千石、三谷権太夫２千石、神谷内匠２千石、村松内膳２千石を与えた。この内、政治の実行部隊として乙部九郎兵衛、三谷権太夫、神谷内匠の３名を選び仕置役とし、家老仕置役のご意見番として朝日丹波、棚橋勝助を付けた。寛永18（1641）年、この年に朝日、棚橋の両名が相次いで死去すると、家老仕置役のご意見番に大橋茂右衛門と堀尾但馬を指名し書状を認めている。（松江市史 通史編３ 近世Ⅰ）

　松平直政が初めて家老仕置役を置いたのが、大野時代の柳多四郎兵衛長弘が初めてであるが、当初の仕置役の役割は、寺社町奉行も兼ねたものであり、政治全般は朝日丹波重政や乙部九郎兵衛可正、神谷源五郎（兵庫）富次等が勤めたと考えられる。政治軍事を司る家老仕置役が初めて登場するのは、出雲国松江入国後のことである。

　松江藩の政治は、ご意見番を２名置き、家老仕置役乙部、三谷、神谷が中心となり行われた。しかし、前述したように正保元（1644）年に寵臣乙部九郎兵衛の上屋敷に於いて、「三巴敵討ち事件」が発生、乙部九郎兵衛は幕命により山城国梅津に隠棲させられ、同３年に帰参が許されるも、直政は、同４（1647）年に仕置役を補強するため、内政堪能な村松将監直賢を登用し、寛文２（1662）年には、有澤織部直玄を家老に抜擢し重用した。

　直政は、朝日・棚橋の老臣を失ったが、代わりに村松・有澤両家老を重用し、朝日家の知行高７千石を千５百石に減じ、与力２千石も召し上げ、村松将監直賢並びに有澤織部直玄等に分け与えた。世の中は平和となり、正に武功派から内政堪能な経世家へ移行した時代である。また、宗教家天倫寺東愚和尚や儒学者黒澤石斎を加え強固な家臣団を形成したと考えられる。

初代藩主松平直政の先見の明

　松平直政は、藩主となった姉崎以降、積極的に優秀な人材を広く求めたが、直政は人を見る先見性に優れ、欲しい人材は自ら出向き招聘した。その代表的な家臣は、朝日丹波重政、大橋茂右衛門政貞、村松将監直賢、有澤織部直玄、高木佐五左衛門、榊原極（小田切）等である。これらの優秀な人材が松江藩の屋台骨となり、後年、代を引き継いだ５代朝日丹波郷保や３代小田切備中尚足が活躍した。

松平直政と側近家老神谷兵庫富次との友情

　戦国時代、主君への忠節を尽くし誇り高き志をもって戦場を駆け抜けた参謀は多いが、有名なのが今川義元の外交官太原雪斎、豊臣秀吉の軍師竹中半兵衛と黒田官兵衛、武田信玄の軍師山本勘介、徳川家康の軍師本多忠勝と本多正信、上杉景勝の側近直江兼続、伊達政宗の側近片倉小十郎景綱、尼子義久及び勝久の側近山中鹿之助幸盛等である。

　松江藩では、神谷源五郎（兵庫）富次を挙げる事が出来る。12歳の時に結城秀康より４歳の松平直政に付けられ、共に文武両道に励み、兄弟のように育ち、強いきずなで結ばれた。

　慶長17（1612）年、20歳の時に直政の家老となり、大坂冬の陣では14歳の初陣松平直政の馬前に於いて盾となり主君を守った。その後、何時も主君直政の側にあり、直政が出雲国松江に入

国後は、初代仕置役に任ぜられ23年の長きを勤めあげた。

　藩主入国御礼の謝恩使として江戸城に登城し、3代将軍徳川家光に拝謁した。また江戸城本丸炎上の際には、松江藩の家老を代表して見舞いに参上した。世子（後の2代藩主綱隆）が誕生した際は、幼名の名付け親に指名され久松丸と命名した。直政との固いきずなは終生続き、老齢となり仕置役を辞退するも決して許されなかった。

　『松江藩列士録』を読み下すと次のように記されている。

　「老衰に及び仕置役を度々辞し奉ると雖も、出雲一州これを預け、国を掌り、就中諸士より押されて信任を得ており、汝を辞めさせる訳にはいかぬ。と親しく御懇意を蒙り奉る。仍てその後は、辞し奉らず。」とあり藩主直政との信頼関係が窺える。

松平直政の懐刀、名家老乙部九郎兵衛可正

　松平直政の出世街道の原動力となったのが、乙部九郎兵衛可正と神谷兵庫富次である。

　元和5（1619）年に直政は、上総国姉崎1万石を授かり正式に藩主となる。長兄越前北庄藩主松平忠直は、直政の初めての藩主を祝して、乙部九郎兵衛可正を家老として付けた。

　直政は、早速、姉崎陣屋の請け取り役に九郎兵衛可正を任じた。これが二人の出会いであり九郎兵衛可正の初仕事であった。寛永元（1624）年に直政は、越前大野5万石に転封され、城の請け取り役に知力と胆力に優れた九郎兵衛可正を派遣した。大野で加増千2百石、合計2千石を授け、更に寛永10（1633）年に信濃国松本7万石に転封されると、城の請け取り役に九郎兵衛可正を派遣し、松本移封後は江戸定詰とし、江戸藩邸の責任者とした。

　寛永15（1638）年、直政は出雲国松江18万6千石の太守となる。城の請け取り役に九郎兵衛可正を任じ、初代家老仕置役、加増3千石（内与力千石）合計5千石を授け、朝日丹波重政、大橋茂右衛門貞政に次いで3番目の知行高とした。翌16年には、鷹二羽と出雲郡平田大川筋の鷹場を与え鷹狩を許した。九郎兵衛可正は、直政の出世街道を陰から支え、後の時代に末代まで家禄を減じない代々家老となる。乙部家には、直政から九郎兵衛可正に宛てた古文書が多く残されており、直政との信頼関係が窺える。

松平直政の知恵袋、名家老村松将監直賢と有澤織部直玄

　村松将監直賢は、本国は駿河国で生国は武蔵国である。初名を内記のちに内膳と称した。元関東の戦国大名皆川山城守広照の家臣で、元和2（1616）年、14歳の時に松平直政に小姓13石で召し抱えられ家臣となる。寛永2（1625）年に越前大野で新知2百石、同5年に加増され2百石を授かり合計4百石となった。

　寛永13（1636）年の松本時代、3代将軍徳川家光が日光山へ参詣した折、直政は幕府の重臣井伊掃部頭直孝と共に先導役を勤めた。この道中こともあろうに「輪淵」という馬が暴れ出し、大騒動となったが内膳が尾を取り押さえ何事もなく済、直政は大いに喜び褒美に父結城秀康が豊臣秀吉より賜った唐冠の兜と直政が大坂の陣で着用した母月照院手縫いの具足下の肌着を授けた。

　将軍の参詣行列で馬の取り放し、喧嘩或いは自火の発生は、その主人は取り潰しとされていたので、成り行き次第ではお家断絶も考えられた。直政は大いに胸を撫で下ろし大切にしていた家

宝を与えたのである。

　その後、直政の覚えもめでたく、知恵袋となり大抜擢される。直政の御字「直」を頂き内膳を「将監直賢」と改めた。

　寛永15（1638）年、千6百石の加増を得て、同18年、朝日丹波重政が没すると丹波重政の与力10騎と山屋敷及び田地千石を拝領する。正保4（1647）年に家老仕置役に抜擢され松江藩の政治・軍事の中枢を司る。更に出雲郡大川筋の鷹場を拝領し鷹狩が許された。

　慶安2（1649）年、幕府からの公役江戸城西御丸普請では、普請大奉行を勤めた。

　明暦3（1657）年に加増千石、万治3（1660）年、手前抱足軽30人を授かる。

　寛文4（1664）年、2千石の加増を得て合計6千石となった。

　松江藩で一番の知行高となる。家老大橋茂右衛門及び家老乙部九郎兵衛を凌ぐ勢いとなり、西尾村（現在の松江市西尾町）に別荘と寺院を建立し権勢を振るった。

　一方、有澤織部直玄は、本国尾張国で生国は備前国である。元は島原藩主松倉長門守勝家の家臣で、寛永11（1634）年、信濃国松本の藩主であった松平直政は島原藩主松倉勝家に懇願し貰い受けて召し抱えた。

　故有り藩主直政の命により名字木俣を有澤に号を織部に改める。翌寛永12年に新知3百石を得て、続く寛永15年に出雲国松江で鞍置・馬・馬具及び加増7百石を賜る。直政から馬を拝領したのは、大橋茂右衛門貞政と有澤織部直玄の二人である。藩主直政が如何に織部直玄を嘱望したかが窺える。その後、老臣朝日丹波重政が没すると、直政は織部直玄を重用する。朝日家の知行高を大きく減じ、寛永20（1643）年に加増5百石、明暦3（1657）年に加増5百石を授けた。そして、寛文2（1662）年に格式家老、加増5百石、更に寛文5（1665）年に加増5百石、内与力5百石を授け、合計3千石となり代々家老に匹敵する知行高となった。正しくホップ・ステップ・ジャンプの大出世となった。

　家老として常に直政の側にあり、知恵袋として重用された。

　晩年、直政が一番信頼したのが村松将監直賢と有澤織部直玄である。直政は二人に御字「直」を授け、知恵袋とした。

　有澤織部直玄は、寛文6（1666）年、初代藩主松平直政が逝去すると霊柩を出雲国まで奉送し、葬儀には江戸家老を代表して太刀を持ち参列した。松平直政の臨終を江戸藩邸赤坂館で見届けたのは、この有澤織部直玄である。

第2章　2代藩主松平綱隆

1．文人殿様

> 生没：寛永8（1631）年〜延宝3（1675）年〈45歳〉
> 治世期間：寛文6（1666）年〜延宝3（1675）年〈10年間〉

2代藩主松平綱隆肖像（月照寺蔵）

2代藩主松平綱隆公廟所（月照寺）

　2代藩主松平綱隆は、寛永8（1631）年2月23日、父は初代藩主松平直政、母は松平忠良の女慶泰院の嫡子として江戸山手館で誕生する。幼名を久松丸と言う。名付け親は、側近家老元祖神谷兵庫富次である。20歳の時に4代将軍徳川家綱より偏諱の「綱」を賜り「綱隆」と改め、従四位下・信濃守に叙任された。

　奥方は、直政の次兄越前国福井藩主松平伊予守忠昌の娘万姫（天称院）でいとこ同士の結婚であった。子供は、五男三女の子宝に恵まれる。側室は、美貌で才知に優れ御国御前と呼ばれた元祖平賀半助の女養法院である。後に4代藩主松平吉透の母となる。

　寛文6（1666）年に父初代藩主松平直政が逝去すると36歳で2代藩主を襲封し、侍従兼出羽守に叙任された。

　遺言により松江松平家の菩提寺を月照寺と定め、月照寺に3百石を授け歴代の墓所とした。上席家老3代乙部九郎兵衛可明に大改修を命じ、豪光山を歓喜山に改め自筆の額を奉納した。

　同年、松平綱隆は、幕府の許可を得て私墾田4万石を弟近栄に広瀬3万石、異母弟隆政に母里1万石を分与し、それぞれ広瀬藩、母里藩を立藩させた。弟四男直丘は隆政に嗣子が無く母里藩2代藩主を踏封させた。延宝3（1675）年4月1日、松江城の正殿で45歳で逝去した。墓所は月照寺、法名は寶山院殿前拾遺高譽元眞道徹大居士と称す。

寛文6年の法令

　先代直政を継承した同年9月、五か条からなる「条々」を家中に対して発布した。
　第1条は、忠孝を励まし、礼法を正し、公儀より仰せ出さる御法度の趣および先規の諸条目、固くあい守るべき事。

第2条は、軍役に対応できる武具などを準備しておく事や、収支を考えて生活すべき事。

第3条は、文武に励み、博打などを禁じる。

第4条は、屋敷を分相応にして美麗にしないことを命じ、新築・改築する際には番頭・目付と相談する事。

第5条は、家臣間での諍い、讒言を禁じ、互いに意見しあう事を求め、番頭・目付の監督責任も指摘する。

この条々の末尾には「右の条々、先年よりの条目今度潤色せしめこれを定めおわんぬ。堅く此の旨をあい守るべきもの也」とあり、先年の条目とは前藩主直政の御直書「国務の要領六箇条」と思われる。以後、この法度は松江藩の基本法令となる。

寛文年間（1666～1673）、楽山に別荘を建て楽山茶屋、臨水茶屋、夏忘茶屋の茶室を造り、庭園の中央には弁財天を祀った池を設け、その周辺に弓場、鷹場、馬場、薬草園、花畑を配置した。この別荘は、残念ながら現存しない。

松平綱隆は、文人として傑出した才能を持ち、幼少より絵画や和歌、書に親しんだ。特に絵画は、松江藩の絵師狩野永雲に学び、傑作「日丸草図」等の作品が月照寺宝物殿に残されている。また側室養法院と共に和歌に親しみ多くの遺作が現存する。

一方、山城山（茶臼山）で大がかりな追鳥狩をする等の勇ましい一面もあり、『雲陽秘事記』では、この追鳥狩が幕府から軍事演習の嫌疑をかけられ、2代三谷権太夫長元は幕府に出頭し、弁明にこれ努めたと記録されている。また、日御碕検校小野尊俊を隠岐国へ流した話や、延宝の大水害で松江城が浸水するや城を茶臼山に移すと言って家老を困らせた逸話等、我儘な一面もあったようだ。

 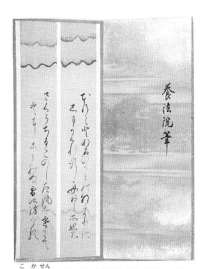

日丸草図・2代藩主松平綱隆作（月照寺蔵）　　古哥仙短冊・養法院作（佐太神社蔵）

延宝の大飢饉

延宝2（1674）年、「延宝の大飢饉」が発生する。出雲地方は、大水害に見舞われ、藩主綱隆自ら舟に乗り城郭外を巡視した。罹災者9600余人、溺死者229人、漂流家屋1450戸、害穀7万4千2百3拾石等の大災害となった。

藩収入は大きく減じ、米価が高騰した。その上江戸藩邸の費用の増大や参勤交代等により藩財

政は逼迫し、遂に藩士の知行を3歩減じた。更に藩主綱隆は、仕置役2代三谷権太夫長元、2代石原九左衛門、2代村松民部隆次、元祖小田伊織等と合議、松江藩最初の藩札の発行を決定し、幕府に願い出て米を越前、越後、周防、長門、播磨、伯耆、摂津の諸国から求めて避難民を救済した。

綱隆時代のトピックス

■2代藩主松平綱隆、日御碕検校尊俊を隠岐に流す

　2代藩主松平綱隆は、江戸藩邸に於いて女児を拾い上げ養女として育てた。年頃となり日御碕検校小野尊俊の妻とした。ところが尊俊は、松江藩主の女婿を笠に着て驕り高ぶり無道な振る舞いが多いと、日御碕の上官が松江藩に訴え出た。藩主綱隆は怒り、寛文12（1672）年に養女を離縁させ尊俊を流刑に処するよう命じ、延宝元（1673）年3月に杵築大社（出雲大社）の鷺浦に流した。尊俊は、同年6月に家老仕置役元祖村松将監直賢・元祖小田伊織・村松民部（元祖村松将監直賢の嫡子）に書を送り、荒木に移すよう願い出たが聞き入れられなかった。

　藩主綱隆は、妻女を家老3代神谷兵庫富明に再嫁させ、翌延宝2年に改めて尊俊を隠岐国海士村（現在の隠岐郡海士町）に流した。帯刀、外出、通信を禁じ、拾人扶持を与え給仕二人を付けた。

　延宝3（1675）年4月1日、2代藩主松平綱隆は、何故か頓死した。それ以後、松江松平家は不祥事が続き、これは日御碕検校尊俊の祟りと恐れられた。

　享保18（1733）年、6代藩主松平宗衍の時に、宗衍の母天岳院の発意により、松江川津市成に推恵神社を建立し尊俊の霊を慰めた。社格も霊社、明神から大明神に昇格させた。この逸話は諸説あり、家老神谷家で詳しく述べたい。

2．仕置役人事と重臣

表3-1　2代藩主松平綱隆の家老

家老名	知行高	家老名	知行高
元祖村松将監直賢	6千石	元祖小田伊織時成	千5百石
2代大橋茂右衛門貞高	5千石	2代三谷監物（半大夫）正長	千5百石
3代乙部九郎兵衛可明	4千石	2代村松民部隆次	千5百石
2代三谷権太夫長元	3千7百7拾石	2代朝日千助（丹波）重賢	千5百石
2代神谷兵庫富保	2千9百7拾石	2代石原九左衛門定張	千5百石
2代平賀縫殿隆顕	2千石	2代柳多半左衛門（四郎兵衛）一道	千3百石

（参考引用文献　『松平家家譜并御給帳写・綱隆御代給帳』、『松江藩列士録』、知行高順）

寛文9年から貞享2年までの御給帳写しと思われる。

表3−2　2代藩主松平綱隆時代の家老仕置役

治世期間	中老仕置添役	家老仕置役
寛文6 (1666)年 4月10日〜 延宝3 (1675)年 4月1日没	なし	元祖村松将監・〜寛文9 （1669） 2代今村左大夫・寛文6 （1666）〜寛文10 （1670） 村松民部（元祖村松将監嫡子）・寛文9 （1669）〜 　貞享2 （1685） 元祖小田伊織・寛文10 （1670）〜延宝4 （1676） 2代石原九左衛門・寛文12 （1672）〜延宝6 （1678） 2代三谷権太夫・寛文12 （1672）〜貞享3 （1686）

　寛文6 （1666）年4月10日、2代藩主松平綱隆は、家督相続御礼の儀に4代将軍徳川家綱に拝謁し太刀、銀、馬代を献上した。随行した家老は、3代乙部九郎兵衛可明、元祖村松将監直賢、2代大橋茂右衛門貞高、2代神谷兵庫富保、2代香西茂左衛門隆清、2代朝日千助重賢の6人。

　翌年2代三谷半大夫は、藩主綱隆の入国御礼の使者として4代将軍徳川家綱に拝謁している。

　初代藩主直政時代に活躍した初代仕置役3人は既に亡く、老臣は村松将監直賢が一人残った。寛文6 （1666）年、家督相続した2代藩主綱隆は、継承事項を家老仕置役元祖村松将監直賢に委ね、2代今村佐大夫を家老仕置役に抜擢し7百石を加増して補強した。

　綱隆は、寛文9 （1669）年、元祖村松将監直賢の仕置役辞退を受け入れ、嫡子2代村松民部隆次を登用した。更に翌年、2代今村佐大夫が没すると、元祖小田伊織を仕置役に登用し加増5百石、寛文12 （1672）年に2代石原九左衛門を家老仕置役に抜擢し加増5百石、また2代三谷権太夫長元を仕置役に起用し補強した。

　これらの補強組仕置役が、延宝2 （1674）年に発生した「延宝の大飢饉」で活躍する。延宝の大飢饉は、老臣2代大橋茂右衛門貞高と3代乙部九郎兵衛可明が総括者となり、2代村松民部隆次並びに補充した2代三谷権太夫長元、2代石原九左衛門、元祖小田伊織等を中心に行われ、松江藩最初の藩札の発行を行い、幕府に願い出て、諸国に米を求めて避難民を救済した。

　2代藩主綱隆を支えたブレーンは、2代大橋茂右衛門貞高、3代乙部九郎兵衛可明、元祖村松将監直賢の寵臣と2代今村左大夫、2代村松民部隆次、元祖小田伊織、2代石原九左衛門、2代三谷権太夫長元である。2代藩主綱隆より御字を賜ったのが2代村松将監隆次と2代平賀縫殿隆顕である。

　幕府は、4代将軍徳川家綱の時代に移り、各大名家に於いても2代、3代と代が引き継がれた時代である。この頃、徐々に世の中は平和となり戦国時代に大切とされた、「義とは何か」「武士道とは何か」が失われ綱紀が乱れた。藩主綱隆は、晩年に縁戚2代香西茂左衛門隆清を贅沢、放蕩の理由で隠居させている。

表3−3　2代藩主松平綱隆が知行高を加増した家老

氏名	格式	元祖知行高	延宝3年知行高	うち与力	加増
2代今村左大夫	家老	2百石	千5百石	−	仕置役、加増7百石
2代平賀縫殿隆顕	家老	拾人扶持	2千石	−	加増千6百石
元祖小田伊織	家老	千5百石	千5百石	−	城代⇒仕置役 加増5百石
2代石原九左衛門	家老	5百石	千5百石	−	仕置役、加増5百石
2代柳多四郎兵衛一道	家老	5百石	千3百石	−	加増3百石

(松平綱隆の治世期間・寛文6（1666）年〜延宝3（1675）年に加増された家老)

　2代平賀縫殿隆顕の抜擢は、伯娣の養法院が2代藩主綱隆の側室となり、特別待遇を受けて加増され2千石となる。また同様に縁戚元祖小田伊織も加増を得て千5百石の厚遇を受けた。

　2代香西茂左衛門隆清の失脚により、入れ替わるように重用されたのが2代柳多四郎兵衛一道である。2代藩主松平綱隆より万助（後の3代藩主松平綱近）の諫言役（かんげんやく）として付けられ加増3百石を得て合計千3百石となった。

　この頃、松江藩の家臣団も2代・3代と移り、賄賂（わいろ）政治や家老同士の権力闘争が顕著となり、メスを入れる時期に来ていたと考えられる。藩主綱隆は、縁戚の2代香西茂左衛門隆清を隠居追放することにより、家臣団に綱紀粛正を促した。法令五か条「条々」が発動された最初の粛正である。

2代藩主松平綱隆に重用された名家老2代今村左大夫と2代石原九左衛門

　元祖今村六左衛門は、本国参河国（みかわのくに）で生国は近江国（おうみのくに）である。寛永5（1628）年に越前大野に於いて2百石で採用される。2代今村左大夫は、幼少より藩主松平直政の寵愛を受け、無足で仕えた後、寛永11（1634）年、信濃国松本で父とは別に百石を授かり一人前として認められる。

　同14年に父が没すると遺跡2百石を相続した。同15年に出雲国松江で加増百石、目付役徒頭（かちがしら）を拝命する。慶安2（1649）年、若殿久松丸（後の2代藩主綱隆）の側近として付けられ、加増3百石を授かり左大夫にチャンスが訪れる。寛文4（1664）年に加増2百石を得て合計8百石となる。寛文6（1666）年、初代藩主松平直政の逝去に伴い松平綱隆が2代藩主を襲封する。

　左大夫は、家老仕置役に抜擢され加増2百石、合計千石とトントン拍子で出世する。同8年に加増5百石を得て千5百石となり、2代藩主松平綱隆の寵臣となった。

　一方、元祖石原九左衛門は、本国並びに生国共に下野国（しもつけのくに）（現在の栃木県）である。慶長19（1614）年、越前福井にて採用され、大坂の陣では馬廻りで出陣し、首級を討ち取り度々称美を蒙る。寛永15（1638）年に出雲国松江で留守居番頭役、5百石を拝命する。このように石原家は、越前以来の譜代家臣である。

　2代石原九左衛門は、寛永17（1640）年に父遺跡3百石を相続する。幼名を千松と称した。承応元（1652）年、者頭役を拝命し、同3年に加増3百石、合計6百石となる。明暦元（1655）年に裏判役、書方御用兼勤となり、寛文2（1662）年に加増2百石、合計8百石となった。2代石原九左衛門は、藩主松平直政の寵愛を受け、度々上京の御供併せ鷹場御用や紀伊大納言、酒井雅楽頭、酒井河内守への使者を勤める。その精勤ぶりが評価され、寛文5（1665）年に2百石の加増を得て千石となり、表方用人役・御次御用兼勤を拝命した。

翌寛文6（1666）年2月3日、主君松平直政が江戸赤坂館客殿で逝去し、直政の御尊體の霊柩は遺言により出雲国に奉送の上、月照寺に葬られる事になった。九左衛門は、霊柩に随行するよう命ぜられるも、願い出て江戸に残り卒去後の御用を滞りなく済ませ、剃髪して喪に服した。

　2代藩主松平綱隆は、痛く感服し御前に召して、先代「格別お馴染みのもの」、生前の忠節を謝し、引き続き尽くすよう申し付けた。その後、藩主綱隆にも寵愛され、同10年に大目付役となり仕置所併せ御次勤・軍用方御書所兼勤を拝命する。寛文12（1672）年に格式家老仕置役、加増5百石を得て千5百石となった。

　石原家悲願の家老となり、2代藩主松平綱隆の寵臣となった。

松江藩香西茂左衛門家の隆盛と失脚

　香西家は、松平直政の祖母志摩（松光院）の実家である。讃岐を本国とし景行天皇、日本武尊に遡る名門である。志摩の父香西備前守清長には二男二女がいた。

　父備前守清長並びに長男六郎太夫清政は、長宗我部元親との阿波重清城の合戦で戦死する。長女志摩は三谷出雲守長基の妻となり、次女は香西縫殿と結婚する。次男太郎右衛門正安は結城秀康並びに2代越前北庄藩主松平忠直に仕え、大坂陣では藩主忠直の命により松平直政の士分として付けられ、息子加兵衛正之と共に出陣し手柄を立てた。

　長女志摩と三谷出雲守長基の間には、二男四女がいた。長男二郎三郎と長女夜刃は早世し、次男半助は三谷家を継ぎ、次女與女は棚橋勝助と結婚する。三女駒（月照院）は、結城秀康の側室となり、その子供が松江藩主松平直政である。四女千代は、結城秀康の命により小田彦太郎と結婚した。

　次男香西太郎右衛門正安は、結城秀康並びに藩主忠直に仕え、長男正之は父遺跡相続後、引き続き藩主忠直及び福井藩主松平忠昌に仕えた。三男左門直張は、松平直政が松江藩に移封の際に千石で召抱えられるも故あり断絶する。他に五男主馬景頼は、越前国大野にて松平直政に召し出され、松江藩移封時に新知2百5拾石を授かり、のちに4百5拾石となった。また、長男正之の子太郎右衛門成正は、信濃国松本で召し出され新知3百石を賜り、出雲国松江藩で5百石となった。

　次女と香西縫殿との間には、嫡子守清が誕生する。後に茂左衛門守清と称した。妻は柳多四郎兵衛光定の次女が嫁いだ。

　香西茂左衛門守清は、幼少より直政に仕え大坂の陣で活躍し、直政の御意見番として家老2千5百石を賜り活躍する。茂左衛門守清には、長男一道と次男隆清がいた。長男一道は、母の実家柳多家に後継者が無く養子として出され2代柳多四郎兵衛一道と称し、養父の遺跡5百石を継いだ。

　香西家は、次男隆清が継承し茂左衛門隆清と称し、部屋住みの後に家老となり、2代藩主松平綱隆より御字を賜り、寛文5（1665）年に父の家督2千石を相続した。直政の葬儀には親類として位牌を持ち参列した。2代藩主松平綱隆の家督御礼の儀に随行し、将軍徳川家綱に拝謁した。

　このように長男一道が養子に出され5百石、次男隆清が香西家を継ぎ2千石となり、弟の方が格式、知行高ともに上となった。この時点で仲の良い兄弟にも微妙なすれ違いと亀裂が生じた。その後、兄弟の仲は険悪となり、松原基の『香西頼山子行状傳聞略、島根県立図書館蔵』によれ

ば、兄弟で骨肉の争いがあり次第に公となって、これが国害にあたると記している。

　栄華を謳歌した隆清だが、延宝2（1674）年に家老列座の席上呼び出され、楯縫郡（現在の出雲市）鰐淵寺へ追放、隠居させられた。隆清は浮水または頼山と号し、楯縫郡篠崎の霊山寺薬師堂の住持となった。追放理由は、隆清が2代藩主松平綱隆の側にあって贅沢を身につけて放蕩、豪放磊落な性格が国害にあたるとして、隠居失脚した。隆清が隠居後に頼山名で記した『七種宝納紀、島根県立図書館蔵』では「不忠不孝者成」と自己反省している。隆清に心の緩みがあったことは否めない。

　この『七種宝納紀』は娘へ贈った人生の道しるべを示した愛情の書であるが、読むほどに当時の時代背景や武士のたしなみ等、頼山の知識の深さに触れることができる。一方、財政の傾きや士風の退廃、藩士の不正の横行等痛烈に述べている。

　香西茂左衛門隆清家は、子供の代に嗣子なく断絶した。

　弟隆清の失脚により、頭角を現したのが兄の2代柳多四郎兵衛一道である。

第3章　3代藩主松平綱近

1．殖産興業に力を入れる

■ 生没：万治2（1659）年～宝永6（1709）年〈51歳〉
■ 治世期間：延宝3（1675）年～宝永元（1704）年〈30年間〉

3代藩主松平綱近公廟所（月照寺）

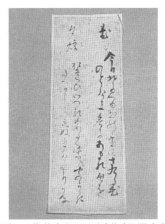
和歌・3代藩主松平綱近作（月照寺蔵）

　3代藩主松平綱近は、万治2（1659）年9月29日、父は2代藩主松平綱隆、母は松平忠昌の女天称院である。四男として江戸山手館で誕生する。幼名を万、後に綱周と改める。延宝元（1673）年に元服し従五位下・甲斐守に叙任された。延宝3（1675）年5月、父松平綱隆の急逝により17歳で家督を襲封し、4代将軍徳川家綱より偏諱の「綱」を賜り「綱近」と改め、従四位下・出羽守、のち侍従に叙任された。奥方は、伊勢国長嶋藩主松平佐渡守良尚（久松家女）国姫（泰雍院）である。二男三女をもうけたが何れも早世した。側室は、本間氏（慶成院）、他一名。

　元禄14（1701）年に異母弟近憲（後に吉透）に松江新田藩1万石を分封した。しかし、綱近には嗣子が無く、また晩年は眼病を煩い吉透を養子に迎え4代藩主とし、自らは宝永元（1704）年に隠居した。隠居号外記と称す。

　延宝3（1675）年、幕府からの預かり地上総国姉崎の放鷹地を返上し、貞享4（1687）年に隠岐国の預かり領を辞退した。この時点で隠岐国は、完全に天領（幕府領）となった。

　宝永6（1709）年11月15日、松江城御殿に於いて享年51歳で逝去する。

　墓所は月照寺、法名は隆元院殿前拾遺光譽圓眞道祐大居士と称す。

貞享3年の法令

　貞享3（1686）年6月、綱近は家中に対して11条からなる「条々」を発布した。これは、先代綱隆期の寛文6（1666）年に発布された「条々」を踏襲しつつ、新たに条文を加えて藩士に強く綱紀粛正を促した。

　3代藩主松平綱近の治世は、赤字財政を打開すべく、農政に依存しない殖産興業を興した。田

畑の開墾や植林、奥出雲の製鉄等殖産興業に力を入れ併せて河川の開削を行い、水害の防止や船運の便を図った。萩から倉崎権兵衛を招き、楽山窯を創設した。

　人事面では、この時期、戦国の世に大切とされた「義」や「武士道」が失われ、我欲に走った家老同士の権力闘争があり、藩内の規範が乱れた。綱近は、大ナタを振るい3代村松将監静賢及び縁戚の2代平賀縫殿隆顕と2代棚橋玄蕃近正を処断一掃した。縁戚でも容赦はしなかった。貞享3（1686）年に発布した「条々」を実行に移し、法の緩みを糺し藩士に綱紀粛正を促した。

　治世期間中の藩政は、一定の成果はあったが、度々大水害に見舞われ、貞享4（1687）年から5ヶ年限りで家臣の給禄を半知にした。総被害石高は、約21万9百余石にも及んだ。

殖産興業の奨励を行う

1．田畑の開墾
　大梶七兵衛による神門郡荒木浜の開拓や松江城外浜佐陀の新田開発、後年薬用人参の栽培地となった古志原の開墾を行った。

2．植林と漆・桑・綿花・楮の栽培の奨励
　宍道湖南北沿岸灘地や中海沿岸の山々に松・杉・檜を造林し、漆・桑・綿花や紙漉きの原料となる楮等の栽培を奨励した。

3．奥出雲の鉄生産の奨励
　奥出雲の鉄生産は、貞享4（1687）年に「買鉄制」を廃止して「運上銀制」を開始する。その後、元禄4（1691）年に革命的な天秤鞴の発明により炉の大型化と大量生産が可能となり、鉄生産の奨励を行った。また鉄の輸送を駄馬から川舟に替え川方役所を強化し、仁多郡三成から出雲郡庄原間の便を図り輸送費のコスト削減を図った。

4．河川の開削工事
　度重なる水害対策として松江天神川の川違えの開削を行い水害防止を図った。土木・水利に才のあった大梶七兵衛は、差海川を掘って神西湖の水を海に流し溜水を排除して墾田を造成した。更に松江藩は、七兵衛に命じ高瀬川を開削し斐伊川の水を石塚より引いて今市を経て中荒木まで流し田に注がせた。また馬木川渠を築き神門川の水を十間川に導き神西湖に入れて数ヶ村に良田を造った。この差海川・高瀬川開削の指揮を執ったのが検地法『免法記』、『田法記』で著名な岸崎左久次時照と言われている。

5．文化の育成
　長州萩より陶工倉崎権兵衛を招き楽山焼を始め、文化の育成にも力を入れた。

表4-1　3代藩主松平綱近時代の水害

発生年号	被害穀高	被害状況
延宝8（1680）年	不明	凶作、餓者38590余人を救済する。藩銭10万緡を出して賑恤す
貞享3（1686）年	2万余石	大風雨、餓者救済。藩士の給禄を5ヶ年限り半減して賄う
元禄元（1688）年	4万2千余石	大洪水、民家、堤防の倒壊破損等甚大な被害
元禄2（1689）年	2万千5百2拾余石	大洪水、天神川の川違え工事を行う
元禄4（1691）年	1万2千2百4拾余石	大洪水、城下浸水2尺余
元禄15（1702）年	8万4千2百9拾4石	松江城浸水、武志堤防決壊、溺死者50人、漂流家屋4157戸、宍道湖水増水1丈2尺、平地5〜6尺、松江城石垣崩壊
元禄16（1703）年	3万8百5拾4石	出雲地方大風雨洪水、漂家203軒、湖水増水5〜6尺

（引用文献　『新修島根県史 年表篇』、『松江市誌』）

綱近時代のトピックス

■5代将軍徳川綱吉の大名改易の影響

　延宝8（1680）年、徳川幕府は5代将軍徳川綱吉が踏襲する。この頃、徳川幕府が成立してから78年が経過し、幕政も過渡期に差し掛かっていたと考えられる。幕閣内の権力闘争があり、賄賂政治により私利私欲に走った旗本や代官が横行した。

　綱吉は、早速、強権大老職の酒井忠清を罷免し、幕政の全権を掌握した。老中堀田正俊を重用し幕領支配の刷新を図った。また、側近の牧野成貞と柳沢吉保を起用して側用人の政治を展開し、今までの大老・老中・若年寄の政治権力を将軍の手中に収めた。幕政の実権を握った将軍綱吉は、手始めに私利私欲に走った悪名高き大名、旗本、代官を相次いで改易や減封に処罰した。将軍綱吉が改易した大名家は、松江藩の血筋に当たる越後高田藩主松平光長を始め45家にも及び、全国の大名を震撼させた。

　特に越後国高田藩のお家騒動は、家老荻田主馬対小栗美作の騒動となり、幕府は家老荻田主馬及びその子民部、粂之助を出雲に流し、松江藩の預かりとした。松江藩は、公辺ご用を2代柳多四郎兵衛一道に命じ、二の丸内に荻田屋敷を設け厳重に監視した。

　3代藩主松平綱近は、この事件を対岸の火事とはせず、松江藩に於いても改易の未然防止策として普段より家老の動向をチェックし、悪評の高い家老3代村松将監静賢、2代平賀縫殿隆顕、2代棚橋玄蕃近正等を処断一掃したのである。時代は、平和となり戦国の世に大切とされた「義」や「武士道」が失われ、我欲に走った家老が例え藩主の親類であっても処罰されたのである。綱近は、法令「条々」を実行することにより藩士に綱紀粛正を促し、且つ幕府の改易未然防止も併せて行ったものと考えられる。

　これら一連の処罰の要因は定かではないが、松江市誌には一様に権力をかさに着た専横の振る舞いが多く、その弊害が表れたためと記されている。

■格式大老職の採用

　大老職は、幕府に見られる職制で老中の上にあり、老中が将軍へ上申する政務の全てに関与した重職である。松江藩は幕府の職制を援用し大老職を設けた。松江藩の場合は、功労者に与える名誉職的色彩が強かったが、従来の家老よりも高位の格式を設け、更なる権威化を図ったものと思われる。歴代藩主の中で３代藩主綱近のみが大老職を設け、大橋、乙部、三谷、小田の４人が選任されている。

■幕府の公役、江戸城北御丸普請手伝

　元禄10（1697）年11月、大奉行３代有澤土佐、副奉行３代團丹下近均と元祖黒川又左衛門が勤め、３代垂水十郎右衛門と２代高木佐五左衛門が補佐し完成させた。江戸城本丸檜の間に於いて、小笠原佐渡守より大奉行は白銀３拾枚、副奉行は白銀２拾枚、時服三、羽織一を拝戴する。

■雲陽誌の編纂

　３代藩主松平綱近は、隠退した宝永２（1705）年に藩儒２代黒澤三右衛門長顕及び大番頭役３代斉藤彦右衛門豊仙に命じ国中の寺社古跡を調べさせたが、綱近逝去に伴い一時中断する。享保２（1717）年、５代藩主宣維の時代に黒澤三右衛門長顕の弟長尚により完成する。

２．仕置役人事と重臣

表4-2　3代藩主松平綱近時代の家老仕置役

治世期間	中老仕置添役	家老仕置役
延宝３（1675）年 ５月31日～ 宝永元(1704)年 ５月31日隠居	なし	元祖小田伊織・～延宝４（1676） 村松民部（元祖村松将監嫡子）・～貞享２（1685） ２代石原九左衛門・～延宝６（1678） ２代三谷権太夫・～貞享３（1686） ２代朝日丹波・延宝３（1675）～貞享元（1684） ２代仙石猪右衛門・貞享２（1685）～元禄元（1688） ２代平賀縫殿・貞享３（1686）～元禄２（1689） ２代石原九左衛門・元禄元（1688）～元禄３（1690）帰役 ２代棚橋玄蕃・元禄２（1689）～元禄９（1696） ３代柳多主計・元禄３（1690）～元禄５（1692） ４代柳多四郎兵衛・元禄７（1694）～宝永元（1704） 元祖熊谷主殿近知・元禄９（1696）～宝永元（1704） ３代氏家一学・元禄９（1696）～正徳２（1712） ３代有澤土佐・元禄15（1702）～宝永４（1707）

（引用文献　『松江藩列士録』）

　延宝３（1675）年６月４日、３代藩主松平綱近の家督相続御礼の儀に随行した家老は、３代乙部九郎兵衛可明、２代朝日千助重賢、２代三谷権太夫長元、２代柳多四郎兵衛一道、２代平賀縫殿隆顕、村松民部隆次（元祖村松将監直賢の嫡子）の６人である。４代将軍徳川家綱に拝謁し

て太刀、銀、馬代を献上した。更に翌延宝４年６月に藩主松平綱近は、出雲国松江へ入国し、御礼使者として２代神谷兵庫富保を遣わし、４代将軍徳川家綱に太刀、銀、馬代を献上した。

　２代藩主松平綱隆から引き継いだ家老仕置役は、元祖小田伊織、２代石原九左衛門、２代三谷権太夫長元、２代村松将監隆次の４人である。後任は、２代朝日丹波重賢、２代仙石猪右衛門、２代平賀縫殿隆顕、帰役２代石原九左衛門、２代棚橋玄蕃近正、３代柳多主計近一、４代柳多四郎兵衛近章、３代有澤土佐、元祖熊谷主殿近知、３代氏家一学の10人である。この内、３代藩主松平綱近から御字を賜ったのが２代棚橋玄蕃近正、３代柳多主計近一、４代柳多四郎兵衛近章、元祖熊谷主殿近知の４人である。

　３代藩主綱近を支えたブレーンは、大老２代大橋茂右衛門貞高、大老３代乙部九郎兵衛可明、大老２代三谷権太夫長元、大老元祖小田伊織、諌言役２代柳多四郎兵衛一道、他に３代柳多主計近一、４代柳多四郎兵衛近章、２代仙石猪右衛門の計８人である。

　この内活躍したのが柳多四郎兵衛一道、柳多四郎兵衛近一、柳多四郎兵衛近章の３人である。柳多近一が加増千５百石及び与力５百石を賜り、２千８百石となる。柳多家は、四郎兵衛近章の時代に最も輝き地位と名誉を築いた。また元祖熊谷主殿近知は、母が松平綱近の乳母となり局を授かり出世する。

表4-3　３代藩主松平綱近時代の知行高千石以上の重臣

氏名	格式	元祖の禄高	宝永元(1704)年時点、知行高	うち(与力)	分知外
２代大橋茂右衛門貞高	大老	６千石	５千石	千石(足軽30人)	千石分知
４代乙部九郎兵衛可寛	家老	５千石	４千石	千石	千石分知
３代三谷権太夫長暢	家老	３千７百７拾石	３千７百７拾石	７百７拾石	
４代神谷備後維寿	家老	３千７百７拾石	２千９百７拾石	９百７拾石	８百石分知 与力２人増２百石
４代柳多四郎兵衛近章	家老	５百石	２千８百石	５百石	２代〜４代大活躍
３代有澤織部土佐	家老	３千石	２千５百石	５百石	減禄５百石
４代朝日但見重春	大名分	７千石	千５百石	５百石	２代以降大幅減禄
３代小田修禮	中老	千５百石	千５百石	−	
３代團弥一右衛門	家老並	千石	千３百石	−	仕置役に抜擢加増
４代三谷半大夫	大名分	２千５百石	千石	−	２代以降減禄
２代仙石猪右衛門	家老	千石	千石	−	
３代氏家一学	家老	４百石	千石	−	仕置役、加増２百石
元祖熊谷主殿近知	家老	千石	千石	−	仕置役、母が乳母
２代小田切左富	中老	千石	千石	−	
２代黒川弥税	番頭	千石	千石	−	

（３代藩主松平綱近隠退時、宝永元（1704）年時点の知行高　参考引用文献　『松江藩列士録』）

(注)　分知とは、分家を目的とし藩主の許可を得て知行高の一部を弟又は子供に分けること。与力とは、藩主から家老に与えられた家臣のことで、家老を助ける者のことを言う。

　３代藩主松平綱近は、５代将軍徳川綱吉が綱紀粛正政策の一環として行った大名の改易の影響もあり、藩内の家老同士の権力闘争や私利私欲に走った３代村松将監静賢６千石、２代香西茂左

衛門隆清２千石、２代棚橋玄蕃近正２千石、２代平賀縫殿隆顕２千石を処断一掃し、人心一新の大処断を行ったと思われる。例え縁戚である棚橋、平賀でも容赦はしなかったのである。

　この厳罰主義的施策は、結果的に合計１万石の人件費の削減となり、この内から柳多四郎兵衛へ加増千５百石を授けたが、藩財政の改善に繋がった。

　３代村松将監静賢の失脚により、名実ともに２代大橋茂右衛門貞高が知行高筆頭となり、４代乙部九郎兵衛可寛が二番目となった。以下３代三谷権太夫長暢、４代神谷備後維寿、４代柳多四郎兵衛近章、３代有澤織部土佐が続いた。

３代村松将監静賢の失脚

　３代村松将監静賢は、幼名を久弥、後に民部と称した。兄２代村松将監隆次に嗣子が無く養子となり３代目を襲名する。貞享２（1685）年に養父遺跡６千石、内与力千石、手前抱足軽30人を相続する。しかし、権力を笠に横暴な振る舞いや贅沢が多く、向かいに住む大番頭 兼代官役の佐藤平兵衛と犬や庭木の事で喧嘩となり平兵衛を死罪に追い込み、家老大橋茂右衛門とも意見が合わず、また洪水の放水路として天神川の川違いを行うにあたり、２代平賀縫殿隆顕と論争に及んだ。公儀にも聞こえが悪く３代藩主松平綱近は、喧嘩両成敗で３代村松将監静賢には暇を、２代平賀縫殿隆顕には蟄居を命じた。

　『松江市誌』によると、元禄２（1689）年に大老３代乙部九郎兵衛可明並びに家老仕置役２代棚橋玄蕃近正は、上使・藩命により目付役２代大石十大夫を同道の上、３代村松将監静賢の邸に臨み、床の間を背にして罪状を述べる。上意「其方儀、不行き届きと思召されるる事更に更にこれ無く候得共、旧悪の儀に仍て、只今殿様御難儀に及ばれ候 事是あるに付いて、拠無く御暇下され候、別して不便千万に思し召し候へども、是非なく右の通り仰せ付けられ候。住居何方に罷り在り候とても、其の御構え少しもこれ無く候。尤も段々仕舞候て、勝手次第に立ち退き申すべき旨、仰せ渡さる。」以上の如く、上意を高く掲げ申し渡した。

家老仕置役、棚橋玄蕃の失脚

　元祖棚橋勝助は、松平直政の母駒（月照院）の姉與女の夫で松江松平家とは縁戚関係である。越前大野時代に直政に召し出され、家老２千石を拝領した。２代棚橋将監は、父の遺跡千５百石を相続、分知５百石を二人の弟猪兵衛に３百石、玄蕃に２百石を賜る。玄蕃は、努力が認められ加増を得て千３百石となり、その嫡子は父遺跡千石を継ぎ、分知３百石を弟相馬に授かる。玄蕃は、３代藩主松平綱近の御字を頂き玄蕃近正と改めた。元禄２（1689）年に家老仕置役となり、元禄５年には加増千石を得て合計２千石となった。しかし、元禄９（1696）年に罪を犯し、仁多郡岩屋寺に蟄居を命ぜられた。

　３代藩主松平綱近は、断絶させるのは忍び難く、玄蕃の次男相馬の倅権之助に家を継がせ千石を与えた。その後、蟄居を命ぜられた玄蕃近正は、京都に逐電したが捕えられ、死罪となる。

　死罪により、次男相馬並びに倅権之助も暇を出され、格式・知行高とも没収された。

３代藩主松平綱近が寵愛した家老柳多家

　柳多家は、下総国の名族結城氏の支族である。系図をひもとくと大織冠鎌足（藤原鎌足）に遡

る名門である。元祖柳多四郎兵長弘は、慶長7（1602）年、10歳の時に結城秀康より結城氏の支族として2歳の松平直政に人始めとして付けられる。大坂の陣では家老として出陣し、初陣松平直政の盾となり馬前に於いて兜首を二つ討ち取り、功績により直政から関物の脇差を賜る。

　姉崎で2百石、大野で仕置役を拝命し加増3百石併せて足軽20人を預かり活躍する。しかし、残念ながら松本の入国を目前に没した。

　2代柳多四郎兵衛一道は、家老元祖香西茂左衛門守清の嫡男として誕生する。しかし、母の実家柳多家に嗣子が無く養子として迎えられる。寛永10（1633）年に養父の遺跡5百石を相続する。同16年加増3百石を得て、寛文3（1663）年に加増2百石、合計千石となる。同12年に2代藩主松平綱隆より万助（後の3代藩主松平綱近）の諫言役として付けられ、延宝元（1673）年、家老となり加増3百石、合計千3百石となった。

　3代柳多主計近一は、父は2代柳多四郎兵衛一道、母は元祖柳多四郎兵衛長弘の娘である。天和3（1683）年に父遺跡千3百石、手前抱足軽20人扶持を相続する。更に自分が拝領していた2百人扶持を加え合計2千8百石、内与力5百石、手前抱足軽5人を賜り家老を拝命する。柳多家で初めて与力が与えられる。元禄3（1690）年に仕置役となり、ここに柳多家の揺るぎない基盤を確立した。3代藩主松平綱近の時代は、新田開発や奥出雲の製鉄の奨励、漆・楮・桑等の有用樹木の増殖を行い殖産興業に力を入れた。主計近一は、改革に心血を注ぎ、藩主松平綱近の御字「近」を頂き「近一」と改める。村松将監静賢失脚後の中屋敷を拝領した。しかし、改革半ばにして病に倒れ、京都で養生するも、元禄5（1692）年に没した。

　4代柳多四郎兵衛近章は、2代松原定右衛門の三男として生まれる。幼少より3代藩主松平綱近の児扈従として仕え寵愛を受ける。元禄元（1688）年に新知3百石、同3年に扈従番頭、加増2百石を賜り合計5百石となる。藩主の覚えもめでたく、柳多家に嗣子無く藩主の命により養子となり、養父遺跡2千8百石、内与力5百石を相続する。藩主松平綱近の御字「近」を頂き近章と改める。元禄7（1694）年に家老仕置役を拝命し、脇差（信国）を授かる。四郎兵衛近章は、高い志と理念を持ち、改革半ばにして倒れた養父主計近一の志を引き継ぎ、殖産興業に力を注いだ。また元禄15（1702）年〜16年にかけて出雲地方は、大水害に見舞われる。四郎兵衛近章は、家老仕置役として対応に追われる。

　藩主松平綱近は、殊の外四郎兵衛近章を寵愛した。参勤が終わり国許に帰ると、手土産を持参し、柳多家を訪れた。お成りの回数が22回、隠居後2回と他の重臣家老に比して圧倒的に多かった。目を悪くした藩主松平綱近にとって柳多家は、心休まる処ではなかったか。

　柳多家は、後の時代に末代まで格式、知行高が保障される代々家老の家柄となるが、この四郎兵衛近章までの活躍が大きく認められたものと考えられる。

表4－4　3代藩主松平綱近、主な家老宅へのお成り

大橋家老	乙部家老	朝日家老	三谷家老	神谷家老	柳多家老	合計
なし	なし	10回	3回	なし	32回	45回
－	－	－	－	隠居後1回	隠居後3回	隠居後4回

　柳多家は、3代藩主松平綱近から寵愛を受け「藩主お馴染みのもの」として、お成り回数が

35回にも及んだ。拝領物も小袖、水指堆朱、香箱、永信筆懸絵三幅対、小遣い千疋、藩主お召の小袖や懐から黄金を頂戴する等、他の家老に見られない特別な待遇を受けた。

３代藩主松平綱近の乳母、元祖熊谷主殿近知の母

　３代藩主松平綱近は、万治２（1659）年９月29日、２代藩主松平綱隆の四男として誕生する。幼名を万助と称した。乳母として元祖熊谷主殿近知の母が金10両３人扶持で採用される。

　嫡子主殿近知は、寛文5（1665）年、14歳の時に扈従として金４両仕着銀３百目５人扶持で召し出される。寛文11（1671）年、新知百石、延宝２（1674）年に加増百石を賜り合計２百石となり、藩主松平綱隆より万助の片腕になるよう申し渡される。延宝３（1675）年に松平綱近が３代藩主を踏襲するや、母は局となり合力金50両併せ百石分の雑用銀を拝領する。これを機会に熊谷家の出世街道が始まり、主殿近知は御字を頂き家老仕置役千石までに上り詰めた。

　宝永元（1704）年、４代藩主松平吉透の家督御礼の節に随行し、５代将軍徳川綱吉並びに大納言家宣に拝謁した。

第4章　4代藩主松平吉透

1．短命治世

> 生没：寛文8（1668）年～宝永2（1705）年〈38歳〉
> 治世期間：宝永元（1704）年～宝永2（1705）年〈2年間〉

4代藩主松平吉透公廟所（月照寺）

　4代藩主松平吉透は、寛文8（1668）年7月16日、父は2代藩主松平綱隆、母は平賀半助の女側室養法院である。2代藩主綱隆の五男として誕生する。幼名を幸松丸、頼母、近憲と改める。

　元禄14（1701）年、松江新田藩1万石を分封され初代藩主となり、従五位下・民部少輔に叙任された。しかし、宝永元（1704）年に異母兄3代藩主松平綱近の嫡子が早世したため、綱近の隠退に伴い松江新田藩を返還し、綱近の養子となり4代藩主を襲封する。5代将軍徳川綱吉の偏諱・御字「吉」を賜り「吉透」と改め、従四位下・侍従兼出羽守を叙任された。奥方は、越前国松岡藩主松平中務大輔昌勝の女菅姫（清寿院）である。側室は日円（内田氏）。子供は六男二女をもうけたが、次男荘五郎以外は全て早世した。

　宝永2（1705）年9月6日に38歳の若さで逝去した。在任期間は2年弱と短かったが、4代藩主松平吉透の果たした最も大きな功績は、5代藩主松平宣維を誕生させ、松江藩を絶やすことなく継承した事である。墓所は江戸芝（東京都港区）天徳寺、改葬は松江市月照寺、法名は源林院殿前拾遺眞譽覺道俊嚴大居士と称す。

2．仕置役人事と重臣

表5－1　4代藩主松平吉透時代の家老仕置役

治世期間	中老仕置添役	家老仕置役
宝永元(1704)年 5月31日〜 宝永2（1705)年 9月6日没	なし	元祖熊谷主殿近知・〜宝永元（1704） 3代有澤土佐・〜宝永4（1707） 3代氏家一学・〜正徳2（1712） 4代柳多四郎兵衛・〜宝永元（1704）〜宝永4（1707）

　宝永元（1704）年6月28日、4代藩主松平吉透の家督相続御礼の儀に随行した家老は、4代乙部九郎兵衛可寛、3代三谷権太夫長暢、4代神谷備後維寿、2代仙石猪右衛門、3代氏家一学、元祖熊谷主殿近知の6人である。5代将軍徳川綱吉に拝謁して太刀、銀、馬代を献上した。同年11月22日、元祖大野舎人は、藩主吉透の口宣頂戴の使者として京都へ遣わされる。3代藩主松平綱近時代から引き継いだ家老仕置役は、4代柳多四郎兵衛近章と3代有澤土佐、3代氏家一学、元祖熊谷主殿近知の4人である。元祖熊谷主殿近知は、藩主の引継ぎが済むと仕置役を辞し前藩主松平綱近に仕えた。短期間のため藩主並びに家老仕置役の活躍の場は無かった。

第5章　5代藩主松平宣維

1．財政難と異国船に悩まされる

> 生没：元禄11（1698）年〜享保16（1731）年〈34歳〉
> 治世期間：宝永2（1705）年〜享保16（1731）年〈27年間〉

5代藩主松平宣維公廟所（月照寺）

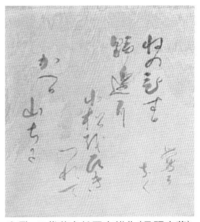

和歌・5代藩主松平宣維作（月照寺蔵）

　5代藩主松平宣維は、元禄11（1698）年5月18日、父は4代藩主松平吉透、母は松平昌勝の女清寿院である。次男として江戸青山今井館で誕生する。兄（林泉院）が早世し嫡子として育てられる。幼名を承祐郎、次に荘五郎、直郷、宣澄と改める。宝永2（1705）年10月26日に父松平吉透の急逝により8歳で5代藩主を襲封する。

　幕府は、国持大名等の大身大名家で幼少の藩主が家督相続した場合、藩政を観察して幕府に報告させるため、国目付使番鳥居権之助成豊と小姓番阿部四郎兵衛次紀を遣わし、諸郡を巡検させた。荘五郎は、正徳元（1711）年14歳の時に6代将軍徳川家宣の偏諱・御字「宣」を賜り「宣維」と改める。翌2年に元服し、従四位下・侍従兼出羽守に叙され、のち左近衛権少将に昇叙した。

　正徳4（1714）年5月24日、17歳で初入国し名実ともに藩主となる。

　奥方は、初代藩主松平直政の外孫出羽国秋田藩3代藩主佐竹右京大夫義処の四女順姫（幻体院）を娶ったが、翌年没した。継室は8代将軍徳川吉宗の勧めで伏見宮邦永親王の女岩宮（岩姫・天岳院）と再婚する。子供は男子一人、養子庄次郎（広瀬藩松平近朝二男）。

　5代藩主松平宣維の治世は、大災害や異国船の出没、財政難に悩まされる。列挙すると、宝永に二度の台風と地震に見舞われ、減穀や家屋倒壊の大被害を受ける。更に江戸時代三大飢饉の一つ「享保の大飢饉」により大打撃を受け、財政難に拍車がかかった。

　また藩主を悩ませたのが異国船の出没である。防衛体制の強化を図り唐船番隊を設け、美保関や楯縫郡河下浦十六島等の防衛にあたり砲撃して撃退する。効果が現れると幕府は、享保5（1720）年に隠岐国を再び併管させ防衛にあたらせた。

　難問が続出し、家老仕置役のみでは対応しきれなくなり、中老仕置添役を新設し、対応にあ

たった。一方、森林保護や伊豆屋新田・矢野原新田・卜蔵新田の開拓を行い石高の改善を図ったが、焼け石に水であった。5代藩主松平宣維のストレスはピークに達し、享保16（1731）年8月27日に34歳の若さで没した。

　墓所は江戸芝（東京都港区）天徳寺、改葬は松江市月照寺、法名は善隆院殿前羽林次將大譽寛海澄心大居士と称す。

表6-1　5代藩主松平宣維時代の大水害・火災

発生年号	被害穀高	被害状況
宝永3（1706）年6月	2万4千4百3拾石	洪水、平地出水2尺余
8月	3万余石	大風雨、倒屋4290余
8月	5千7百余石	平地出水4尺余、溺死2人、倒屋62
9月	1万7千8拾石	大風雨、倒屋69戸、平地出水3尺
10月	被害不明	大地震、潰れ屋130戸
正徳4（1714）年8月	2万千5百8拾余石	大風雨、平地出水1尺〜3尺、倒屋227戸
享保元（1716）年8月	－	外中原町より失火、月照寺が類焼し国屋村まで延焼
享保6（1721）年4月		普門院より出火、北田町武家屋敷178軒類焼
7月	4万7千百3拾余石	大風雨、城下浸水4尺、溺死4人、倒屋144戸
享保7（1722）年6月	2万9千2百7拾余石	大風雨、城下浸水1尺、倒屋72戸
7月	4万百6拾9余石	大洪水、城下浸水4尺余、溺死54人、牛馬20疋死
9月	－	横浜町より出火、延焼家屋30軒
享保13（1728）年12月	－	横浜町より出火、類焼家屋167軒
享保14（1729）年8・9月	1万8千7百3拾2石	8月大風、9月大洪水、漂流家屋及び橋梁流失被害

（引用文献　『新修島根県史 年表篇』、『松江市誌』）

　この頃、地球規模の小寒冷期に入り江戸時代三代飢饉の一つ「享保の大飢饉」が全国規模で発生する。大飢饉は長期間続き、6代藩主松平宗衍時代の享保17（1732）年が一番ひどかった。5代藩主松平宣維時代の大水害による被害石高は、概算23万4千石余にも上り、松江藩の財政は破綻状態となる。藩主宣維並びに家老仕置役は、享保15（1730）年に幕府へ銀札発行の請願書を提出し許可を得て15ヶ年を限りとした。しかし、翌16年8月に藩主宣維は疲労困憊して江戸で没した。

森林保護と田地の開拓

　5代藩主松平宣維は、森林保護に務め、享保4（1719）年に国内の樹木を調査記録し、伐採を禁じた。一方、新田開発にも力を注ぎ、享保5年より島根郡西川津村（現在の松江市西川津町）の水湾干拓工事を伊豆屋と矢野原屋平兵衛に行わせ伊豆屋新田、矢野原新田が出来上がった。また荒島村（現在の安来市荒島町）にある稲作用日白池は、夏に至ると海水が入り稲作の害となったが、仁多郡竹崎村鉄師卜蔵孫三郎に命じ、渠を3千7百間（約6.7km）、及び数か所に筧（地上に敷設した溝）を敷設して放水の利便を図り、日白池を埋め立て田畑とした。地元ではこれを卜蔵新田と言う。

宣維時代のトピックス

■雲陽誌の完成

3代藩主松平綱近は、隠退した翌宝永2（1705）年10月19日に藩儒元祖黒澤三右衛門弘忠の長子2代黒澤三右衛門長顕及び大番頭役3代斎藤彦右衛門豊仙の二人に命じ国中の寺社ならびに古跡を調べさせたが、同5（1708）年に黒澤三右衛門長顕が江戸勤番を命ぜられ、斎藤彦右衛門豊仙一人で任に当たった。然るに同6（1709）年、綱近が逝去し中断する。その後、5代藩主松平宣維は、2代黒澤三右衛門長顕の弟長尚に命じ、先々代より継承した雲陽誌の編纂を再開する。

享保2（1717）年に至り編纂を完了し、序文を元祖原田元珉に挿入させ完成させた。

■伏見宮邦永親王の女岩宮の降嫁

享保5（1720）年9月、5代藩主松平宣維の最初の奥方佐竹義処の女幻体院は、1年で死去する。8代将軍徳川吉宗は、後添えを伏見宮の外叔父である越前侯松平昌興を遣わし、伏見宮邦永親王の女岩宮を勧めた。しかし、宣維はこれを丁重に陳謝し現在国内は恐慌相次ぎ暫く婚期を延期させてほしい旨を懇願した。それだけ松江藩の財政は逼迫していたのである。同9年11月に至り遂に岩宮の降嫁御輿入れが挙行された。この岩宮の妹比宮が9代将軍徳川家重の妻となる。

輿入れで岩宮が持参した唐金擬宝珠18箇が当時の大橋と京橋に使用された。奉祝行事として城下の若者が締太鼓を叩いて祝ったのが、現在の鼕行列の始まりと言われている。

■異国船の出没

一方、松江藩の財政は、藩主宣維の時代に更に悪化し、度重なる災害や結婚費用、天皇大婚式の将軍名代参列費用、異国船の出没による軍備費用の増大等財政は深刻な状態になっていた。特に藩主宣維を悩ませたのが、美保関、楯縫郡河下浦十六島等への異国船の出没である。享保3（1718）年、幕府の「享保撃攘の令」を受け者頭一同に唐船番を命じ、6ヶ条の唐船漂流打払い通達を発した。また、幕府の許可を得て家老並軍事方頭取・大奉行4代有澤土佐に命じ、砲撃して帆柱を貫通させ撃退した。享保5年に幕命により隠岐国を再び併管し防衛にあたった。

■8代将軍吉宗の名代で中御門天皇大婚式の奉賀使を勤める

5代藩主宣維は、8代将軍徳川吉宗の寵愛を受け、享保元（1716）年に将軍徳川吉宗の名代で中御門天皇の大婚式に奉賀使として、幕府から贈られた馬に騎って上洛する。従士50騎、弓30張、儀弓3張、鳥銃40挺、長槍30本の華やかな行列となった。幕府よりの献上物を天皇、法主、女御、女院に進め使命を陳べ、天盃を賜った。

12月に江戸に還り幕府に復命し、左近衛権少将に任ぜられる。この時、随行したのが寵臣4代神谷備後維寿と嫡子刑部である。

■財政難による献上米・先納米と銀札の発行

　5代藩主宣維は、財政難の打開策として定免制を敷き、また寸志米と称する米穀献上の制を設け1万5千俵を集めた。更に御用銀、先納米、先納銀を新しく案出したが、これらの増収は一時凌（しの）ぎにはなったが、長続きはしなかった。享保14（1729）年の大水害により財政はさらに悪化し、翌享保15年に幕府へ銀札許可願いを提出、15ヶ年限りの許可を得て発行したが、引き替えが終わらずして藩主宣維が没し、次期藩主松平宗衍に引き継がれた。

2．仕置役人事と重臣

表6−2　5代藩主松平宣維時代の中老仕置添役と家老仕置役

治世期間	中老仕置添役	家老仕置役
宝永2（1705）年 10月26日〜 享保16（1731）年 8月27日没	3代山口七郎右得衛門 　宝永7（1710）〜享保12（1727） 4代高田極人 　正徳5（1715）〜享保4（1719）◎ 2代小田切左富 　享保3（1718）〜享保8（1723） 4代團弥一右衛門 　享保5（1720）〜享保12（1727） 元祖黒澤図書 　享保8（1723）〜享保8（1723） 4代平賀筑後 　享保9（1724）〜享保11（1726） 4代村松伊賀 　享保11（1726）〜享保13（1728）◎ 3代松原定右衛門 　享保11（1726）〜享保16（1731）◎ 4代栂式膳 　享保13（1728）〜延享4（1747）○ 元祖三谷清見 　享保16（1731）〜享保18（1733） 3代黒川監物 　享保16（1731）〜享保21（1736）◎ 4代斎藤丹下 　享保16（1731）〜寛延4（1751）○	4代柳多四郎兵衛・〜宝永4（1707） 3代有澤土佐・〜宝永4（1707） 3代氏家一学・〜正徳2（1712） 3代團丹下近均 　宝永3（1706）〜正徳3（1713） 3代三谷権太夫 　宝永3（1706）〜享保4（1719） 3代高田宮内 　宝永4（1707）〜宝永5（1708） 4代神谷備後 　宝永7（1710）〜享保8（1723） 4代今村美濃 　正徳2（1712）〜享保8（1723） 2代太田勘解由 　正徳3（1713）〜享保10（1725） 元祖熊谷主殿 　正徳5（1715）〜享保2（1717）帰役 4代高田極人 　享保4（1719）〜享保12（1727） 4代有澤土佐 　享保7（1722）〜享保12（1727） 4代三谷半大夫 　享保9（1724）〜享保12（1727） 元祖大野舎人 　享保10（1725）〜享保11（1726） 3代三谷権太夫 　享保12（1727）〜享保16（1731）帰役 2代高木佐五左衛門 　享保12（1727）〜延享元（1744） 4代村松伊賀 　享保13（1728）〜享保16（1731） 3代松原定右衛門 　享保16（1731）〜享保18（1733）

（○は家老並に昇格、◎は家老に昇格）

宝永2（1705）年11月1日、5代藩主松平宣維の家督相続御礼の儀に随行した家老は、大橋宮内（2代大橋茂右衛門貞高の二男）、4代乙部九郎兵衛可寛、3代三谷権太夫長暢、4代神谷備後維寿、3代今村平馬、3代有澤土佐の6人である。5代将軍徳川綱吉並びに大納言家宣に拝謁して太刀、銀、馬代を献上した。重臣家老以外では、寵臣の3代今村平馬並びに3代有澤土佐を同行した。

　松江藩10代230余年の歴史の中で藩財政が一番苦しかったのが5代藩主松平宣維と6代藩主松平宗衍の時代である。従って、財政の資金繰りや異国船の対応等難問が山積し、藩政の中枢を担う仕置役の仕事が繁忙となった。仕置役のみでは対応しきれなくなり、補佐役の中老仕置添役が職制に付け加えられた。藩主宣維の時から初めて中老仕置添役が始まり、初代に3代山口七郎右衛門が任命されている。この中老仕置添役は、仕置役の試金石として、経験を積み認められると家老並仕置役（かろうなみ）を経て家老仕置役千石に昇進した。

表6-3　5代藩主松平宣維の家老

家老名	知行高	家老名	知行高
3代大橋茂右衛門正備	4千5百石	5代柳多四郎兵衛一斎	2千8百石
4代乙部九郎兵衛可寛	4千石	3代今村平馬	千5百石
3代三谷権太夫長暢	3千2百7拾石	元祖熊谷主殿近知	千石
4代神谷備後維寿	2千9百7拾石	2代太田伴右衛門	千石

（参考引用文献　『松平家家譜并御給帳写・宣維御代給帳』『松江藩列士録』、知行高順）

　作成年代は不明。

表6-4　5代藩主松平宣維が仕置役に抜擢し加増した家老

氏名	格式	元祖・知行高	享保16年・知行高	うち（与力）	加増額（与力）
元祖大野舎人	家老	千石	千石	−	仕置役、加増4百石
2代高木佐五左衛門	家老	3百石	千石	−	仕置役、加増5百石
3代高田宮内近仲	家老	3百石	千石	−	仕置役、加増3百石
2代太田勘解由	家老	7百石	千石	−	仕置役、加増2百石
3代松原定右衛門	家老	2百5拾石	千石	−	仕置役、加増7百石
4代村松伊賀	家老	6千石	千石	−	仕置役、加増5百石

（藩主治世期間　宝永2（1705）年〜享保16（1731）年、27年間に仕置役に抜擢された家老）

　若手で家老仕置役に大抜擢され寵臣となったのが、元祖大野舎人、2代高木佐五左衛門、3代高田宮内近仲、2代太田勘解由、3代松原定右衛門、4代村松伊賀である。村松伊賀は家老仕置役に起用され、5百石を加増される等の大抜擢となった。

　特筆すべきは元祖大野舎人である。妻良久が庄五郎（5代藩主宣維）の「乳初」の儀式に任命され乳人となる。大野舎人は、妻の貢献もあり家老仕置役に抜擢され城代も勤めた。

　以上のように5代藩主松平宣維の家老人事の特徴は、若手6人の抜擢と村松家、平賀家を再興させたことである。この頃、藩財政は行き詰まり、借財の返済や異国船の出没に悩まされ、藩主のストレスは最高潮に達し、直面する難問の打開を若手新人に求めたと考えられる。

松江藩の三権（仕置役、軍事方、城代）を任せられた家老

　松江藩家老の職制は、藩政を司る仕置役・軍事の最高責任者である軍事方・藩主に代わって城を守る城代の三つに分けることが出来る。この全権を任せられたのが、3代氏家一学、3代團丹下近均と3代三谷権太夫長暢である。

　氏家一学は、宝永7（1710）年〜正徳2（1712）年の3ヶ年、團丹下近均は、正徳2（1712）年〜正徳3（1713）年の2ヶ年。三谷権太夫長暢は、正徳3（1713）年〜享保2（1717）年までの5ヶ年と享保12（1727）年12月〜享保13（1728）年正月の2ヶ月を任せられた。

　團丹下近均は、義に厚く大きな志と理念を持ち藩政に勤め、歴代藩主の信頼が厚かった。他に藩主宣維が重用したのが、4代神谷備後維寿、3代高田宮内近仲、4代今村美濃である。この中で「藩の親しき家柄、藩主お馴染みのもの」として御字を賜ったのが、4代神谷備後維寿である。4代今村美濃は、初めて与力知5百石が与えられ、今村家の全盛期を迎える。藩主松平宣維の御字「澄」、「維」を賜るも恐れ多くて別に「美濃」を頂戴した。

　藩主宣維は、将軍徳川吉宗の名代で中御門天皇大婚式の奉賀使を務め、「藩主お馴染みのもの」として4代神谷備後維寿と嫡子刑部を同行している。

　3代團丹下近均と3代高田宮内近仲は、隠居様（前3代藩主松平綱近）より御字を賜る。この時代は、松江藩の諸問題が噴出した時代であり、藩主宣維の苛立ち（いらだ）は想像を絶するものであった。側近の寵臣家老仕置役3代三谷権太夫長暢、4代神谷備後維寿や4代有澤土佐がお叱りを蒙り（こうむ）更迭された。また、4代村松伊賀、4代三谷半大夫、4代高田極人は、仕置役が勤まらず解任されている。正しく（まさ）仕置役受難の時代であった。

5代藩主松平宣維の寵臣となった名家老、4代神谷備後維寿と4代今村美濃

　神谷家は、越前時代からの譜代家臣の一人で、重臣家老の家柄である。4代神谷備後維寿は、元禄3（1690）年、10歳の時に父遺跡2千9百7拾石、内与力共を相続する。幼名を兵之助、後に淡路、兵庫、備後と改める。元禄3（1690）年〜享保9（1724）年、没する迄の35年の長きにわたり、3代藩主松平綱近に足かけ15年間、4代藩主松平吉透に2年間、5代藩主松平宣維に20年間仕えた。

　元禄8（1695）年に半元服を経て、翌年に元服を済ませ家老並となる。宝永元（1704）年、24歳の時に家老となり藩主の命により号淡路を兵庫と改める。4代藩主松平吉透及び5代藩主松平宣維の家督御礼の儀に随行し、5代将軍徳川綱吉に拝謁した。

　宝永7（1710）年、仕置役に抜擢され、享保元（1716）年11月、中御門天皇の大婚式では、5代藩主松平宣維に随行し参列した。享保5（1720）年に家柄その上「藩主お馴染みのもの」に付いて、藩主松平宣維の御字「維」を頂き「維寿」と改める。

　藩主宣維のお成りが5回あり、病気の節には人参を頂戴し、玉造の湯治（とうじ）の節は元祖藤山玄玖を付けられ、入湯中（にゅうとうちゅう）の殺生が許される等特別の待遇を受けた

　一方、4代今村美濃は、本国参河国である。幼名主鈴、後に平馬、美濃、隠居号此母と称した。

　宝永7（1710）年〜享保8（1723）年、隠居する迄の14年間、5代藩主松平宣維に仕えた。宝永7（1710）年、父遺跡千5百石を相続、中老並びに奥表御用兼勤を拝命する。

父の旧功により自分に拝領していた5拾人扶持は弟戸弥太へ賜る。正徳元（1711）年に卓越した仕事ぶりが認められ家老となり、翌2年に仕置役を拝命し寵臣となった。

　同4年に与力知5百石を賜る。如何に藩主松平宣維が美濃を嘱望したかが分かる。

　享保3（1718）年に御字「澄」を頂く。しかし、翌4年に藩主が6代将軍徳川家宣より偏諱・御字「宣」を賜り「宣維」と改める。藩主より改めて御字「維」を頂戴するも、恐れ多くて「美濃」を頂き改めた。

　享保5（1720）年頃より体調を崩し、藩主より京都の良医生駒元竹を遣わされる。

　藩主松平宣維は、美濃の病気を案じ、江戸より人参を送り、京都へ療養の節は、田中竹右衛門、原田元珉、千酌寿貞を付けさせた。また度々、飛脚にて伊勢多賀への慰安参拝を勧める。

　病気すぐれず、仕置役の退職願を度々提出するも、余人をもって代え難く認められなかった。

　その後も藩主松平宣維より、保養療養のために上京するよう促されるも病気すぐれず、上京できなかった。

　その間、見舞いを賜った回数は11回（うち奉書6回）にも及んだ。見舞いの多さは他の重臣には見られない。藩主宣維にとって美濃が如何に寵臣であったかが窺える。

　享保8（1723）年に仕置役の退職願が認められ、隠居し隠居号此母と称した。延享4（1747）年10月7日、出雲に於いて没した。

　4代神谷備後維寿と4代今村美濃は、松江藩の歴史の中で一番困窮した時代の家老仕置役を勤め、藩主松平宣維を支えた。

荘五郎（後の5代藩主松平宣維）の乳人となった大野舎人の妻良久

　元祖大野舎人は、寛文4（1664）年、12歳の時に、松江藩初代藩主松平直政の晩年に児扈従として召し出され2拾石5人扶持で採用される。2代藩主松平綱隆の寵愛を受け扈従となり、延宝2（1674）年に元服し新知3百石、奥組外の並士に抜擢される。同8年に者頭役、元禄5（1692）年に近憲（後の4代藩主松平吉透）の付家老となり百石の加増を得て合計4百石となった。

　同11年に荘五郎（後の5代藩主松平宣維）が出生すると、妻良久が「御乳初」の儀式に任命され、初めて乳を差し上げる。舎人は、これが転機となり荘五郎の誕生後の儀式「御産髪執」、「御喰初」、「御髪置」、「御袴召初」を勤め寵臣となる。

　宝永元（1704）年に4代藩主松平吉透が襲封する。藩主口宣頂戴の使者として京都へ参上した。

　翌宝永2（1705）年、江戸に於いて藩主松平吉透並びに若殿荘五郎のお成りがあり、腰物併せ品々を拝領する。同年、2百石の加増を得て合計6百石となり大名分に昇進した。

　宝永2年に藩主松平吉透が急逝する。待望していた荘五郎が5代藩主を襲名した。舎人にチャンスが訪れる。正徳4（1714）年に加増2百石、更に享保8（1723）年に2百石の加増を得て合計千石となり、大野家悲願の家老となる。同10年に仕置役に抜擢され、城代も勤めた。

　松江藩内で、このように短期間で一児扈従から家老までに昇進した例はあまり見られない。

　元祖大野舎人は、本人の努力もさることながら、妻が5代藩主松平宣維の乳人に抜擢されてから幸運が舞い込み、出世街道を突き進んだ。

妻良久は、享保11（1726）年、藩主松平宣維に御目見が許され、料理と盃を頂き御意を蒙り御手自にて品々を頂戴した。また良久が没した時に、藩主より異例の香典を賜った。

　松江藩で、乳母を勤め出世した家は、山口七郎右衛門、神谷兵庫富次、熊谷主殿近知、大野舎人、黒川弥税の５家である。

第6章　6代藩主松平宗衍

1．松江藩の名君　藩政改革「延享の改革」を行った

▍生没：享保14（1729）年～天明2（1782）年〈54歳〉
▍治世期間：享保16（1731）年～明和4（1767）年〈37年間〉

6代藩主松平宗衍公廟所（月照寺）

松平幸千代筆　天神像（月照寺蔵）

　6代藩主松平宗衍は、享保14（1729）年5月28日、父は5代藩主松平宣維、母は伏見宮邦永親王の女岩宮（天岳院）の長男として江戸赤坂邸で誕生する。幼名を幸千代、後に主計頭、号南海と称す。同16年に父宣維が34歳の若さで急逝し、宗衍は僅か3歳で封を継ぎ6代藩主となる。幕府は、藩主が幼少である事から、先代同様国目付として使番堀三六郎直好と書院番土屋数馬定直を派遣した。寛保2（1742）年、14歳の時に元服し、8代将軍徳川吉宗の偏諱・御字「宗」を頂き「宗衍」と称し、従四位下・侍従兼出羽守に叙され、のち左近衛権少将に叙任された。延享2（1745）年、17歳の時に初入国する。

　奥方は、播磨国姫路藩主松平大和守明矩の娘常姫（立信院）である。子供は五男二女。側室は、歌木（本寿院）、波治（究竟院）、掃部（貞樹院）の三人。

　隠居後は主計頭、後に南海と改めた。

　天明2（1782）年10月4日、54歳で逝去した。

　墓所は江戸芝（東京都港区）天徳寺、改葬は松江市月照寺、法名は天隆院殿前羽林次將仁譽義蘊南海大居士と称す。

松江藩の財政破綻

　松江藩の財政破綻の要因は、初代松平直政が出雲国松江へ入国した翌年の、寛永16（1639）年に大洪水が発生する。大河斐伊川が流路を変更して東流し、宍道湖に流れるようになる。

　直政は、多額な工事費をかけ支流を一本化する大工事に着手し完成させた。しかし、その後、大洪水のたびに斐伊川流域の田畑の水害被害が発生するようになる。その端緒は、2代藩主綱隆時代に出雲地方を襲った延宝の大水害による松江藩最初の藩札発行に始まる。3代藩主綱近の時

代は、殖産興業に力を入れ産業の育成を図り、財政は改善されたかに見えたが、元禄時代に大水害が連続して発生し財政の健全化には至らなかった。

続く5代藩主宣維の時代は、宝永・享保と大水害が絶え間なく続き、更に異国船の出没による軍備増強費用や伏見宮家岩宮との結婚費用の出費、8代将軍徳川吉宗の名代による中御門天皇の大婚式への参内費用等の出費により財政は更に悪化した。

6代藩主宗衍時代の天災地変と諸出費

6代藩主松平宗衍時代に入っても天災地変は連続して発生、減穀や江戸赤坂上屋敷の火災等の出費により財政は破綻状態となる。災害や出費の多さに目を丸くするが、列挙してみると次の通りである。

表7-1　6代宗衍時代の天災地変と諸出費

年号	減穀・他出費内容
享保17（1732）年	「享保の大飢饉」、大蝗害・被害穀高17万4千3百2拾6石、神門郡の百姓松江へ強訴
享保18（1733）年	後鳥羽上皇院陵社の修造に着手、享保20年に遷宮する
享保20（1735）年	桜町天皇の即位大礼の祝儀として天皇へ刀一鞘・馬・銀2百両、上皇へ刀一鞘・馬・銀百両を奉納する
元文元（1736）年	出雲地方強風、民家転倒630戸、土蔵100、仏堂1、漂稲15万8千8百8拾6把
元文2（1737）年	江戸赤坂上屋敷の火災。
元文4（1739）年	出雲地方大風雨洪水、被害石高4万3百7拾余石、民家転倒2223戸、神祠3、仏堂46、堤防決壊27500ヶ所
寛保3（1743）年	出雲地方大雨洪水4月、被害石高3万6千5百9拾8石、潰家16戸、山壊145所 出雲地方大風8月、被害石高2万1千3百石、民家倒壊1477戸、倒寺祠42宇、破船4隻
延享元（1744）年	出雲地方烈風甚雨、士家倒壊87戸、農家倒壊650戸、破船6隻、山崩20所等。出雲大社が大損壊し幕府の許可を得て造営を行う。銀札の発行
延享2（1745）年	藩主宗衍17歳で初入国。大水害、飢民救済。藩士の知行高を5年限りで半知とする
延享4（1747）年	藩政改革「延享の改革」を行う
寛延3（1750）年	出雲地方大風、被害石高6千8百石、倒家3200余戸
宝暦5（1755）年	9代将軍徳川家重の名代で桃園天皇の大婚式の奉賀使を務め出費が嵩む 松江地方風害、被害石高6万8千余石、民家倒壊720戸、破損3200余戸
宝暦7（1757）年	出雲地方大風、被害石高不明、倒家1800戸、倒寺祠250所、死者1人
宝暦9（1759）年	宝暦の大水害、被害石高不明、御成稼24万石、松江城下平地2～6尺、民家破壊780戸、家倒圧死24人、山崩れ7670所、防壊200余所、橋落455所、城下浸水。札騒動
宝暦11（1761）年	幕府の公役「比叡山山門修復手伝」は、総費用4～5万両、250余日の大工事。藩は元より豪農、豪商、庄屋、商人、下郡に至るまで工事費用の分担により捻出する
明和2（1765）年	出雲地方、蝗害、被害石高6万2千3百9拾石

（引用文献　『新修島根県史　年表篇』、『松江市誌』）

享保16（1731）年に松平宗衍は、3歳で6代藩主を踏襲する。その翌年「享保の大飢饉」大蝗害が発生し大打撃を受ける。この頃、地球規模の小寒冷期に入り低温による冷害や大水害、蝗害等が発生し、全国で百姓一揆が続発する。米穀に依存した藩政に陰りが出た時代である。

江戸時代三大飢饉の一つ「享保の大飢饉」

　先代5代藩主松平宣維時代に始まった「享保の大飢饉」は、6代藩主松平宗衍が継いだ翌享保17（1732）年にピークを迎える。大蝗害により出雲国では、損害穀高17万4千余石に及び収穫量は8万石に過ぎなかった。前代未聞の凶作に百姓が大勢松江に押しかけ郊外の湯町まで迫った。6代藩主松平宗衍が幼年のため幕府は、目付として使番・堀三六郎直好と書院番・土屋数馬定直を派遣し藩内を監視させた。更に幕府は、1万2千両を貸し付け、関東米4万俵の購入を許し、石見国大森代官所に運び10万人の罹災者を救済させた。

6代藩主宗衍時代の初期、松江藩の現状

　当時、藩主宗衍が幼少であることから、越前福井藩主松平宗矩、陸奥白河藩主松平明矩、播磨明石藩主松平直常、出雲母里藩主松平直員、出雲広瀬藩主松平近明の親類大名が後見を引き受け松江藩政は、執り行われていた。

　享保18（1733）年に親類大名は、家老仕置役の5代乙部九郎兵衛可豊と4代高田極人定英を後見役同然とし、藩主宗衍が入国するまでは、その一人を江戸に置いて補佐させた。

　従って、領国の政治は家老仕置役5代乙部九郎兵衛可豊、5代柳多四郎兵衛一齊、4代高田極人定英、4代村松伊賀、2代大野舎人泰伴、4代平賀筑後顕覩等で行われたが、享保の大飢饉、蝗害、大津波、江戸赤坂上屋敷火災と災害は絶え間なく続き、国の窮状は増すばかりであった。

　難問山積の政治向きは、一切老臣が取り仕切る事になり、家老仕置役を中心に十数人が集まり会議を開くも意見がまとまらず、結局数人の家老で政治を行った。しかし、直面する訴訟や賞罰等急を要する案件もままならず難問が山積し、やがて法が緩み俗人がはびこり国の窮状は更に悪化した。松江藩で一番の冬の時代と言っても過言ではない。

寛保元年、家老の訴訟

　その後、松江藩の窮状は更に深刻化し、家老の中でも先代の藩政を継続しようとする保守派の仕置役家老と現状を打開しようとする改革派の表家老との間で抜き差しならぬ意見の対立が表面化しようとしていた。

　寛保元（1741）年正月、松江藩の表家老5名が、親類大名の一人播磨明石藩主松平直常に対して言上書を提出した。その内容は、藩政の問題点を詳細に述べた上で、表家老の一人を江戸へ出府させたい旨の御願い嘆願書であった。端的に言えば仕置役を表家老に任せてもらいたい旨の、直談判に及んだのである。5月、親類大名松平宗矩、松平明矩、松平直常、松平直員の4名が江戸に集まり、表家老の訴訟に付いて評議をした結果、藩主宗衍が成長するまでは、現状の通り仕置役を中心に藩政を継続させることを決定し、表家老に通知した。

藩主松平宗衍の初入国と苦難

　このような背景のもと、藩主宗衍は、5年後の延享2（1745）年6月1日、17歳にして初めて出雲国松江に入国した。

　入国した藩主宗衍を待っていたのは、惨憺たる国内の窮状であった。3代藩主綱近以来の知行高半知借り上げにより藩士の家計は困窮し、やる気はなく士気は衰え、不正が蔓延していた。早

速、藩主宗衍は、杵築大社（出雲大社）に参拝し、松江藩の財政好転と国内の五穀豊穣を祈願した。

保守派家老仕置役５代朝日丹波は、同役の４代村松伊賀・２代大野舎人・４代平賀筑後と相談の上、仕置役一同で藩政に付いての意見書を提出した。『治国譜』(松江市史・近世Ⅰ)

同年８月、城下が水没する大雨が発生した。藩主自ら舟で市中を視察し、国内の窮状を目のあたりにした宗衍は、藩内の窮状を憂い早急に改善を図ろうと、先ず手を付けたのが仕置役人事であった。

当時の仕置役は、初入国前の寛保４（1744）年正月に後見役同然の４代高田極人が没し、続く５月に２代高木佐五左衛門が没した。代わって５代朝日丹波郷保が仕置役に任ぜられ、初入国後に４代村松伊賀が病気を理由に退役した。宗衍は保守派仕置役２代大野舎人と４代平賀筑後を罷免し、５代柳多四郎兵衛と５代朝日丹波を留任の上、改革派４代有澤土佐・３代黒川監物・４代三谷権太夫長清を仕置役に任じ、仕置役５名体制でスタートした。

宗衍は、延享２（1745）年10月11日、家中へ徹底した倹約を呼びかける指示書を発し、更に５年限りで家臣の知行高を半知借り上げとした。

「延享の改革」—— 小田切備中の登用と御直捌

徹底した倹約政策で始まった宗衍丸の船出は、早速、暗礁に乗り上げる。その端緒は、延享２（1745）年12月に４代有澤土佐が仕置役の退役願を提出する。なんとか慰留するも、同４年に仕置役を退き隠居する。宗衍は、代役として格式中老仕置添役３代小田切備中尚足を家老仕置役に抜擢する。続く同３年４月に５代柳多四郎兵衛が病気を理由に仕置役を辞退し翌月に没した。更に、延享４（1747）年６月に最も頼りとしていた５代朝日丹波が仕置役辞退と併せて５ヶ年の逼塞願いを提出して来た。流石に宗衍のショックは大きく疲労困憊し自問自答の末、自らの勇気を奮い立たせ藩主親政「御直捌」を決意した。

「延享の改革」の政治理念

宗衍は、「御直捌」の開始に当たり、家中に対して改革の政治理念を布告した。「諸家中へ申し聞く覚」・「諸役人諸奉行へ申し渡しの覚」・「覚」・「用人へ申し渡し覚」と題する４通である。

その要旨は、延享３（1746）年以来、対策を色々巡らし、今年の帰国後も熟慮を重ねた結果、考え付くことがあり家老にも相談した上で、今後は主な政務や財政に至るまで自分自身が采配することにした。家老を始め諸並下小役人に至るまで心を一つにして身命を投げ打って改善してほしいと松江藩の窮状を切々と訴え、家臣に互いに信用しあい団結をするよう呼びかけた。

「延享の改革」—— 小田切備中の改革案

このような状況下で、改革案を提言したのが３代小田切備中尚足である。備中尚足の改革案は、今で言う銀行のような部署を設け、資金を集めて一般に貸し付け、利息で藩の資金繰り改善並びに借財の返済に充てると言うものであった。

しかし、この改革案は、①資金が潤沢に回転すること、②貸し付けた債権が不良債権にならないことが大前提である。一番大きなリスクは、資金繰りの悪化と不良債権の発生である。

藩主宗衍は、一縷の望みをかけ、備中尚足の改革案を受け入れた。

　老臣、仕置役を一掃し、理財に長けた備中尚足を一人残して補佐させ、自ら国政を執る親政「御直捌」、藩政改革「延享の改革」を行った。既成の考えを捨て、家臣の中から才覚、才能、発案に優れた人材を選抜し「趣向方」という新官僚改革派の登用を行った。

　宗衍が行った「延享の改革」の素晴らしさは、一つには、従来の「古法・古格」を臨時的に一時封印し、財政再建が一段落した段階で「古法・古格」を守ればよいとした。二つ目には、藩内末端までの情報収集を行うため「用使役」を設け、更に有能な人材の登用「趣向方」を設置したことである。つまり改革に当たって、古来の仕来たりを打破し全く新しきを求めて、現状の打開を図った。

　当時、全国の大名の中で、藩政改革を行うにあたり保守派と改革派が対立し、藩が二分した例が多くみられた。しかし、松江藩では改革が抵抗なく行われた。その要因は、①老臣が藩政に行き詰まり万策尽きたこと、②藩主が自ら改革に乗り出し親政「御直捌」を行ったことが考えられる。

　改革を託された備中尚足は、今までの考えを一新し発想の転換を図り、40項目に及ぶ改革を行った。しかし、備中尚足は中老からの昇進家老であり、藩主宗衍のバックアップがあるとは言え、上には重臣家老等のお歴々が控えており非常に気を使ったことが窺える。

　備中尚足が行った改革主要項目は、①金融政策、②殖産興業、③藩主並びに藩士・寺社の救済、④不正の横行を糺すの四つを挙げる事が出来る。

　松江藩の財政悪化は、初代藩主松平直政の時代に大河暴れ川・斐伊川の流路変更に始まる。度々大水害が発生するようになり、水害対策費用や米穀の大減収の累積赤字が堆積したものである。従って、一朝一夕に解消できる生易しいものではなく、発想の大転換が必要であった。

　松江藩の信用は失墜し、地元豪商、豪農も貸出を渋り、逆に借金の取り立てをされる有様であった。江戸市中では、「出羽様ご滅亡」の噂が流れ一両を貸す商人もなかったと言われている。

　先ず、備中尚足が行ったのが資金繰り改善であった。資金を集めるため、あらゆる施策を講じた。藩営銀行の「泉府方」を設け資金を豪農、豪商より募集して貸出金とし、儲けを分配する旨い話である。更に前納租税つまり多額の米や銭を上納させ、対価として永久もしくは一定期間の租税を免除する「義田方」、新田の年貢率の見直しを行う「新田方」を設置し、資金調達を行った。集めた資金は、滞っていた借入金の返済に充て、余剰資金は一般に貸し付け、一部を殖産興業に充てた。

　これまでの農政一辺倒の藩政から脱却し、殖産興業を目指した。殖産興業では、蝋燭の製造販売をする「木実方」、鍋・釜・農具類を製造する「釜甑方」、材木を有効利用する「山林方」等を藩営設置した。また、藩士や寺社の救済を行いやる気をおこし、不正の横行を糺した。

「延享の改革」は成功か失敗か

　小田切備中尚足は、延享4（1747）年8月20日、家老仕置役一人にて藩主宗衍を補佐するよう命ぜられ、「延享の改革」はスタートしたが、その重責と直面する難題に忙殺され、家老仕置役一人では勤まらず増員願いを翌5（1748）年正月から寛延4（1751）年6月までの足かけ4年の間に4回も提出するも、その都度一人にて補佐するよう命ぜられた。

この間、如何に激務であったかが想像できる。

宝暦2（1752）年正月、藩主宗衍は、中老仕置添役4代塩見小兵衛を家老並仕置役に登用し、また前年より備中尚足の補佐役を担っていた家老並4代斎藤丹下を家老仕置役に抜擢して、備中尚足を補佐させた。

藩主宗衍は、同年5月、遂に「御当難を凌がれ」と言う理由により「御直捌」を停止し、備中尚足の「御手伝の名目」を除き「仕置役の名目」で勤めるよう命じたのである。

「御直捌」が停止されたのは、名目上は改革が一段落したと言う事であったが、藩主宗衍は元来病気がちで宝暦元（1751）年の約4ヶ月の帰国後は、京都上使で上洛した以外は病気を理由に江戸に滞在し、宝暦7（1757）年まで帰国しなかった。従って、幕府への義務である参勤交代が出来なくなり、また、藩主不在では改革は頓挫し「御直捌」を停止せざるを得なかったのである。

備中尚足は、宝暦3（1753）年4月28日付で病気にて退役願が許され御免となり、代わりに3代高木左五左衛門が家老仕置役に抜擢された。

しかし、藩政改革は頓挫はしたものの備中尚足辞任後も、家老並仕置役4代塩見小兵衛と家老仕置役4代斎藤丹下・3代高木佐五左衛門は、改革を黙々と維持継続していたと考えられる。

その後、備中尚足は、「延享の改革」に付いて「報国」を著し、改革の内容と成果をまとめている。成果とは、木実方の設置、義田、検見制への移行、泉府方の設置、常平方の設置等収入を増加させるための諸政策や借財の整理も推進されたとの内容であった。

従って、「延享の改革」は単純に成功したとも失敗とも言えないが、次の「御立派改革」の成功の礎となった事は間違いない。

このような状況下で、追い打ちをかけたのが宝暦5（1755）年、9代将軍徳川家重の名代で桃園天皇大婚式の奉賀使を命ぜられたこと、更に、宝暦10（1760）年に課せられた公役江州比叡山山門普請手伝である。

藩主宗衍は、この難題を処理した頃から癪痛・浮腫の病状が悪化し、江戸城への登城も困難となり支障が生じた。最早、藩政改革の継続は、困難となり藩主宗衍は、遂にかつて更迭した老臣朝日丹波郷保に改革を託し、7代藩主松平治郷に藩主の座を譲った。

宗衍時代のトピックス

■桜町天皇即位大礼の奉賀

享保20（1735）年11月11日、桜町天皇即位大礼が行われ、出雲国松江藩は、4代村松伊賀賢衷を奉賀使として天皇に儀刀一鞘、馬銀2百両並びに上皇に儀刀一鞘、馬銀百両を奉納した。

■出雲大社の造営

出雲大社は、寛文年間（1661～1673年）の造営後、老朽化が進み、幕府の寄付金千両と勧進6千両を得て、寛保2（1742）年に着工し、延享元（1744）年10月7日に遷宮式を挙行した。

現存する建物は、この時造営されたものである。

■9代将軍徳川家重の名代で桃園天皇大婚式の奉賀使を勤める

　宝暦5（1755）年11月26日、6代藩主松平宗衍は、9代将軍徳川家重の名代で桃園天皇大婚式の奉賀使を勤めた。随行したのが家老仕置役6代柳多四郎兵衛一貞、3代高木佐五左衛門憲昌である。将軍徳川家重並びに世子家治に代わり奉賀の辞を述べ献品を奉納し、天盃を賜り女御女院に拝謁した。江戸城へ登城し復命して左近衛権少将に任ぜられた。

■幕府の公役、江州比叡山山門普請手伝の難工事

　徳川幕府から課せられた公役負担の内、最も困難な工事が宝暦10（1760）年に課せられた江州比叡山山門普請手伝と言われている。6代藩主松平宗衍は、惣奉行に家老仕置役5代朝日丹波郷保、副奉行に中老仕置添役4代仙石猪右衛門、資金担当に家老3代小田切備中尚足を仕置役に復帰させ、江戸藩邸の窓口に家老仕置役5代有澤能登を任命した。

　この難工事は、家臣団の結束により無事終了する。6代藩主松平宗衍は喜び、功績のあった家老朝日丹波郷保、家老小田切備中尚足並びに家老有澤能登に5百石の加増を与え、中老仙石猪右衛門は家老に昇格させ称美した。

■八雲山論争裁決

　宝暦10（1760）年正月29日、松江藩は、長らく千家、北島両国造家で争われた「出雲大社後方八雲山」の所有権訴訟を裁決し和解を行った。この裁決を担当したのが、3代小田切備中尚足と5代朝日丹波郷保の二人で、窓口となったのが寺社町奉行の3代大野権右衛門と3代早川太兵衛である。

　和解裁許状の要旨は、『八雲山は末社の古跡にして、本家の証しとすべき山にあらず。且鷺浦道より東側に有る山にて、北島の支配すべき山に候。併せて縦令鷺浦道より東にある所たりとも本社は勿論全ての社地は唯今までの通り取扱い、諸事和順を以て両家は大社を守護致すべく候。』とある。つまり八雲山は北島家が支配するが、他の社地に付いては今までの通りとした。右裁許状に従い北島家は請書を提出し、これにより此の紛争は円満に解決した。5代朝日丹波郷保は、宝暦10（1760）年3月7日に藩主松平宗衍より御手自にて袷一、裃一具を拝戴している。

2．仕置役人事と重臣

表7−2　6代藩主松平宗衍時代の中老仕置添役と家老並仕置役・家老仕置役

治世期間	中老仕置添役	家老並仕置役・家老仕置役
享保16(1731)年 10月13日～ 明和4(1767)年 11月27日隠居	元祖三谷清見・～享保18（1733） 3代黒川監物・～享保21（1736）◎ 4代栂式膳・～延享4（1747）○ 4代斎藤丹下・～寛延4（1751）○ 4代團弥一右衛門 　享保16（1731）～享保18（1733） 　團弥一右衛門は中老仕置添役帰役後、◎ 　（家老昇格） 4代平賀筑後 　享保17（1732）～元文3（1738）帰役◎ 2代葛西源右衛門 　享保18（1733）～寛保2（1742） 2代大野舎人 　享保18（1733）～元文2（1737）◎ 4代垂水伊織 　元文2（1737）～延享元（1744） 3代小田切備中 　元文3（1738）～延享3（1746）◎ 5代朝日丹波 　元文4（1739）～延享元（1744）◎ 5代三谷半大夫 　延享元（1744）～延享3（1746） 4代塩見小兵衛 　延享元（1744）～宝暦2（1752）○ 2代増田伴助 　延享3（1746）～延享3（1746）7ヶ月 3代高木佐五左衛門 　延享3（1746）～宝暦3（1753） 　高木佐五左衛門は、◎（中老仕置添役～ 　家老に昇格） 元祖田口主馬 　延享4（1747）～宝暦4（1754） 5代團仲 　延享4（1747）～宝暦10（1760）◎ 5代有澤能登 　寛延3（1750）～宝暦10（1760）◎ 4代仙石猪右衛門 　宝暦2（1752）～宝暦12（1762）◎ 3代大野舎人 　宝暦5（1755）～宝暦11（1761） 5代石原九左衛門 　宝暦9（1759）～宝暦11（1761） 3代中根兵馬 　宝暦10（1760）～宝暦12（1762） 5代氏家一学 　宝暦10（1760）～明和7（1770）○	3代松原定右衛門・～享保18（1733） 2代高木佐五左衛門・～延享元（1744） 5代乙部九郎兵衛 　享保16（1731）～享保21（1736） 4代三谷半大夫 　享保16（1731）～元文2（1737）帰役 4代高田極人 　享保16（1731）～寛保4（1744）帰役 4代團弥一右衛門 　享保18（1733）～享保19（1734） 4代村松伊賀 　享保19（1734）～延享2（1745）帰役 3代黒川監物 　享保21（1736）～元文3（1738） 2代大野舎人 　元文2（1737）～延享2（1745） 4代平賀筑後 　元文3（1738）～延享2（1745） 5代柳多四郎兵衛 　元文3（1738）～延享3（1746） 5代朝日丹波 　延享元（1744）～延享4（1747） 4代三谷権太夫 　延享2（1745）～延享4（1747） 4代有澤土佐 　延享2（1745）～延享4（1747）帰役 3代黒川監物 　延享2（1745）～延享3（1746）帰役 3代小田切備中 　延享3（1746）～宝暦3（1753） 4代塩見小兵衛 　宝暦2（1752）～宝暦10（1760） 　○⇒◎ 4代斎藤丹下 　宝暦2（1752）～宝暦9（1759） 3代高木佐五左衛門 　宝暦3（1753）～宝暦9（1759） 6代柳多四郎兵衛 　宝暦5（1755）～宝暦10（1760） 4代斎藤丹下 　宝暦9（1759）～宝暦10（1760）帰役 5代團仲・宝暦10（1760）～明和8（1771） 3代高木佐五左衛門 　宝暦10（1760）～宝暦10（1760）帰役 5代有澤能登 　宝暦10（1760）～明和3（1766）

治世期間	中老仕置添役	家老並仕置役・家老仕置役
	5代平賀縫殿 　宝暦10（1760）〜明和4（1767）◎ 3代葛西源右衛門 　宝暦11（1761）〜天明元（1781） 3代高橋九郎左衛門 　宝暦11（1761）〜明和8（1771） 4代黒川弥悦 　宝暦14（1764）〜安永8（1779）◎ 3代大野舎人 　明和2（1765）〜明和4（1767）帰役◎ 3代赤木内蔵 　明和3（1766）〜安永4（1775） 5代斎藤丹下 　明和4（1767）〜明和4（1767）◎ 3代脇坂十郎兵衛 　明和4（1767）〜安永7（1778）	3代小田切備中 　宝暦10（1760）〜明和2（1765）帰役 5代三谷権太夫 　宝暦13（1763）〜明和3（1766） 6代柳多四郎兵衛 　明和2（1765）〜明和3（1766）帰役 5代朝日丹波 　明和3（1766）〜天明元（1781）帰役 4代塩見小兵衛 　明和4（1767）〜明和5（1768）帰役 3代大野舎人 　明和4（1767）〜寛政5（1793） 5代平賀縫殿 　明和4（1767）〜寛政3（1791） 5代有澤能登 　明和4（1767）〜安永5（1776）帰役 5代三谷権太夫 　明和4（1767）〜寛政8（1796）帰役

（○は家老並に昇格、◎は家老に昇格、○⇒◎は家老並〜家老仕置役に昇格）

　6代藩主松平宗衍は、襲封してから10年後の、元文5（1740）年2月28日に家督御礼のため、8代将軍徳川吉宗並びに大納言家重に拝謁している。随行した家老は、3代大橋茂右衛門正備、6代乙部九郎兵衛可泰、4代平賀筑後、4代村松伊賀、2代大野舎人、4代高田極人の6人である。8代将軍徳川吉宗並びに大納言家重に拝謁して太刀、銀、馬代を献上した。

　注目すべきは、4代平賀筑後、4代村松伊賀の2人である。両家は、共に3代藩主松平綱近時代に蟄居及び暇を命ぜられた家である。5代藩主宣維時代に再興され、宗衍はあえて家督御礼の一行に加えた。

　6代藩主松平宗衍が藩主になった3歳から初入国する17歳までの15ヶ年は、後見役が付けられ後見役同然を勤めたのが、5代乙部九郎兵衛可豊と4代高田極人である。乙部九郎兵衛可豊の死去後、4代三谷半大夫が勤め、再後任を3代黒川監物と4代村松伊賀が勤めた。

　「延享の改革」では、小田切備中尚足が補佐役となり重用された。

　改革は、6ヶ年余りで頓挫したが、4代塩見小兵衛と4代斎藤丹下並びに3代高木佐五左衛門が黙々と継続し、宝暦5（1755）年には6代柳多四郎兵衛が加わり藩政改革に取り組んだ。特に塩見小兵衛は、松江藩が一番困窮した時代に6代藩主宗衍の寵臣となり藩政改革に取り組み、成果を上げ努力が認められた。塩見家の中興の祖である。

　しかし、宝暦10（1760）年、幕府からの公役比叡山山門御宮等修復大工事は、財政再建継続中に命ぜられた超難問工事で、藩主並びに家老仕置役は頭を抱えた。断った場合は、改易の恐れもあり受諾する。藩主宗衍は、惣奉行に5代朝日丹波郷保を据え、資金繰り担当に3代小田切備中尚足を仕置役に再起用し、江戸藩邸の窓口に5代有澤能登を任命した。この難工事は、家臣団の結束により無事終了する。

　この他に重用したのが、6代柳多四郎兵衛、3代黒川監物、5代團仲、4代平賀筑後、4代村松伊賀である。

表7-3　6代藩主松平宗衍の重臣

氏名	格式	知行高
大橋茂右衛門	家老	4千8百石
柳多四郎兵衛	家老	2千8百石
高田極人	家老	千石
有澤土佐	家老	2千石
高木佐五左衛門	家老	千石
黒川弥税	家老	千石
大野舎人	家老	千石
平賀筑後	家老	千石
乙部九郎兵衛	家老	4千2百5拾石
村松伊賀	家老	千石
神谷兵庫	家老並	2千9百7拾石
三谷権太夫	家老並	3千2百7拾石

氏名	格式	知行高
太田勘解由	中老	千石
栂式膳	中老	5百石
三谷清見	中老	5百石
斎藤丹下	中老	6百石
太田半兵衛	中老	5百石
松原宿祢	中老	千石
團仲	中老	千・3百石
朝日丹波	中老	千・5百石
垂水伊織	中老	5百石
小田切半三郎	中老	8百石
香西太郎右衛門	中老	5百石
三谷半大夫	中老	千5百

（参考引用文献　『松平家家譜并御給帳写・松平宗衍御代御給帳』、『松江藩列士録』、御給帳　記録順）

作成年代は不明。

表7-4　6代藩主松平宗衍が仕置役に抜擢し加増した家老

氏名	格式	元祖の知行高	明和4(1767)年時点の知行高	うち（与力）	加増額（与力）
5代朝日丹波郷保	家老	7千石	2千石	5百石	仕置役、加増5百石
3代小田切備中尚足	家老	千石	千7百石	－	仕置役、加増9百石
5代有澤能登	家老	3千石	2千5百石	5百石	仕置役、加増5百石
4代平賀筑後	家老	百俵拾人扶持	千石	－	仕置役、加増5百石
4代村松伊賀	家老	6千石	千2百石	－	仕置役、加増2百石
4代斎藤丹下	家老	6百石	千石	－	仕置役、加増4百石
4代塩見小兵衛	家老	千石	千石	－	仕置役、加増4百石

（藩主治世期間　享保16（1731）年～明和4（1767）年間に、仕置役に抜擢され加増された家老）

　6代藩主松平宗衍が一番に重用したのが5代朝日丹波と3代小田切備中尚足である。小田切備中尚足を中老から家老仕置役に抜擢し、藩政改革「延享の改革」を補佐させ、加増9百石、知行高合計千7百石を授けた。従来の格式にこだわらず才覚、才能、発案に優れた人材を登用し、惜しみなく知行高を与えたのである。公役比叡山山門御宮等修復大工事の功績に対し加増したのが、5代朝日丹波郷保5百石、3代小田切備中尚足5百石、5代有澤能登5百石である。また、4代平賀筑後は家老仕置役に抜擢し加増5百石、4代村松伊賀は家老仕置役に帰役させ、その後の精勤に対し加増2百石を与えている。また、4代斎藤丹下と4代塩見小兵衛は藩政改革の功労に対し加増したものである。

　当時、藩財政は困窮していたが、宗衍は家老仕置役の努力に感謝し、蔵を開いて加増したものと思われる。上記6人の加増知行高は、合計3千4百石に上った。

松江藩の文教政策

　現代でも国の発展は、人と言われている。その根幹をなすのが教育である。徳川家康が天下を統一すると、やがて戦のない時代が到来する。強い武士から頭脳明晰な学者タイプの人材が必要となり、徳川家康が登用したのが儒学者林羅山である。羅山は、徳川家康のブレーンとして、孔子や孟子の教えを論じた儒教を広めた。

　5代将軍徳川綱吉は、朱子学を幕府の官学とし大名にも広めた。8代将軍徳川吉宗の時代になると、商品経済や貨幣経済が浸透し、自然災害に影響されやすい農政一辺倒の収入には陰りがみえ、全国の大名は、別途収入の殖産興業への大転換が求められた。

　藩政改革に必要なのが、文教政策である。江戸をはじめ全国で寺子屋が新設され教育が浸透する。諸大名においても藩校を創設し教育に力を入れた。

　松江藩の文教政策は、初代藩主松平直政が登用した儒学者元祖黒澤三右衛門弘忠（石斉）が初めである。林羅山の門人で、羅山の推奨で松江藩の教授となった。6代藩主松平宗衍にとって、破綻状態であった財政の立て直しの切り札として、また藩政改革「延享の改革」の道しるべとして文教政策は、欠くことのできない政策であった。

　「延享の改革」が始まった翌寛延元（1748）年に、荻生徂徠門下の古学派儒学者元祖宇佐美恵助を招き朱子学や経済学を学び、後継者治郷にも伝授させた。藩主宗衍並びに後継者治郷は、宇佐美恵助及び同門の太宰春台の影響を大いに受けた。更に国内においても文教政策として、宝暦8（1758）年に母衣町に藩校「文明館」を創設した。直面する政治課題を論じた朱子学者元祖桃源蔵を登用し、藩士に朱子学や経済学を学ばせた。文明館で多くの若き藩士が育成され、「藩政改革」の原動力となった。

6代藩主宗衍の片腕となった名家老3代小田切備中尚足

　小田切氏は、滋野王に遡る名門で、将軍源頼朝に仕えた武将海野幸氏の子孫である。

　3代小田切備中尚足は、享保11（1726）年5月、父遺跡8百石、格式組外を相続する。備中尚足の仕事ぶりは、立居振舞も宜しく、事務は正確にて迅速であらゆる仕事をこなした。徐々に6代藩主松平宗衍の目にとまり重用されるようになる。元文3（1738）年、格式中老仕置添役、手前抱足軽2人に抜擢された。更に軍用方受口、隠岐国請口、杵築大社造営御用懸を経て、延享元（1744）年には勝手方郷方御用大頭取兼勤を拝命し多忙を極める。同年、杵築大社造営遷宮惣責任者家老仕置役4代柳多四郎兵衛一齊の添役として指揮を執る。併せて勝手方郷方御用大頭取本役を勤めた。

　延享2（1745）年、藩主松平宗衍は、17歳で初入国をする。若き藩主を待っていたのは、惨憺たる国内の窮状であった。老臣に現状打開の財政再建策を問うも満足した回答は得られなかった。しかし、このような状況下で備中尚足は、改革改善策を藩主宗衍に提案する。また、備中尚足は翌3年、藩主の帰路に先立ち大坂に出向き、藩主一行の路銀の工面を行い、伏見にて藩主を出迎える。御目見が許され称美の上、家老仕置役、加増2百石、手前抱足軽5人を拝命した。

　翌延享4（1747）年、藩主宗衍は、自ら政務を直接行う親政「御直捌」を決断した。他の仕置役を解任し、理財に長けた備中尚足一人に補佐させ、藩政改革「延享の改革」を行った。同年6月、備中尚足は、藩主の命を受け、藩主より拝領した烏帽子並びに直垂に身を包み、杵築日御

碕神社へ代参する。藩政改革「延享の改革」の成功を祈願し、御願書を神前に捧げた。小田切備中尚足は、6代藩主松平宗衍の片腕となる。

「延享の改革」を継承した4代塩見小兵衛・4代斎藤丹下・3代高木佐五左衛門

　4代塩見小兵衛は、正徳元（1711）年に父遺跡6百石、組外を賜る。元文2（1737）年に者頭、同3年に留守居番頭、同4年に扈従番頭・書方併せ列士録御用、奏者、先番を勤め多忙を極める。

　延享元（1744）年に格式中老仕置添役、手前抱足軽2人、軍用方受口を拝命する。寛延4（1751）年に藩主松平宗衍に認められ加増百石を授かる。宝暦2（1752）年に家老並仕置役に抜擢された。

　「延享の改革」は、一応成果を上げたが頓挫し、3代小田切備中尚足は病気を理由に辞任した。塩見小兵衛は、藩政改革の継続を任せられ、粉骨砕身昼夜を問わず奮闘する。同4年に努力が認められ加増3百石を得て合計千石となる。宝暦9（1759）年に家老仕置役となり6代藩主松平宗衍の寵臣となった。

　一方、4代斎藤丹下は享保5（1720）年、養父家督相続5百石を賜る。享保13（1728）年加増百石、享保16（1731）年に中老仕置添役となり、延享2（1745）年精勤に対し加増百石、更に寛延2（1749）年に加増百石を得て同4年に家老並となり、小田切備中尚足が江戸・大坂へ出張中は留守居役を命ぜられる。宝暦2（1752）年に家老仕置役、手前抱足軽5人を拝命し加増2百石を得て合計千石となる。斎藤家悲願の家老に昇進した。宝暦9（1759）年2月に仕置役は御免となるも、同12月再帰役となる。翌宝暦10（1760）年に病気となり医師詰を付けられるも、同6月出雲にて没した。改革に命を懸けた生涯であった。

　また、3代高木佐五左衛門は、延享元（1744）年に父家督千石、格式中老を賜る。父の旧功もあり仕置添役を拝命する。翌2年「延享の改革」が始まり参画する。しかし、改革は6ヶ年余りで頓挫し、4代塩見小兵衛・4代斎藤丹下と共に当面の藩政改革に取り組んだ。宝暦3（1753）年に努力が認められ家老仕置役、手前抱足軽5人を授かった。同9年に仕置役を御免となるも、翌10年に再帰役となる。

　しかし、同年江戸より帰国中に京都山城国に於いて没した。佐五左衛門は、破綻状態の藩財政の立て直しに奔走し、没する直前まで松江藩に尽くした。

　藩主松平宗衍が「延享の改革」の中心に据えたのが3代小田切備中尚足であるが、小田切を支え且つ、藩政改革を継続したのが4代塩見小兵衛・4代斎藤丹下・3代高木佐五左衛門の3人である。

　以上の4人は、松江藩で一番困窮した藩財政の立て直しに命を懸けた一生であった。

付属資料　No.1

8代将軍徳川吉宗「享保の改革」と時代背景

　6代藩主松平宗衍が襲封した享保16（1731）年は、江戸時代の中期、時代劇「暴れん坊将軍」でお馴染みの8代将軍徳川吉宗の時代である。

　この頃になると農政一本による米穀中心の経済は、天候不順等の自然災害に大きく影響され綻びが見え始めた。次第に商品経済や貨幣経済が浸透し富商や豪農が台頭した時代である。

　商品経済の浸透により支出が増大し、幕府、大名の財政並びに武士の家計は困窮した。将軍徳川吉宗は、打開策として享保元（1716）年〜延享2（1745）年にかけて「享保の改革」を30年の長きにわたり行った。武芸を奨励し倹約令を発し贅沢を戒めた。また目安箱を置き市民の声を政治に生かし、「足高の制」を設けて有能な人材を登用した。江戸町奉行大岡越前守忠相を中心に江戸幕府で最初の法令・判例「公事方御定書」を作成し、裁判の基礎を確立した。他に新田開発の奨励や青木昆陽が飢饉対策として薩摩芋を全国に広めた。

　「享保の改革」は、ある程度は軌道に乗り幕府の財政は立ち直ったかに見えたが、享保17（1732）年に江戸時代三大飢饉の一つ「享保の大飢饉」が発生し、大打撃を受ける。全国で百姓一揆が多発し、大飢饉や重い年貢に百姓の生活は困窮した。

付属資料　No.2

家老小田切備中尚足の「延享の改革」と老中田沼意次の経済政策の類似点

　藩政改革「延享の改革」は、家老仕置役3代小田切備中尚足により延享4（1747）年に始まり宝暦2（1752）年迄の6年間行われ一応の成果をみるも、藩主松平宗衍の病気により参勤交代もままならず「御直捌」は停止され頓挫する。しかし、次期「御立派改革」成功の先駆けとなる。

　それから21年後の安永元（1772）年に徳川幕府老中田沼意次の「経済政策」が始まる。両改革は、二人とも昇進組であることや、商品経済・貨幣経済をうまく取り込み政策に反映させたこと等類似点も多い。興味深いので両改革を列挙し比較してみた。

表7−5　松江藩の藩政改革「延享の改革」の要旨

期間：延享4（1747）年〜宝暦2（1752）年迄の6年間

改革項目	成果・結果
1．金融政策 　○資金部署を設け資金を集める 　○資金の貸し付けにより利息を得る 　◎多額な米や銭を前納させ租税を免除	藩営銀行「泉府方」を設け、資金を豪農・豪商から集めて貸付金とし儲けを分配した。また「義田方」を設け多額な米や銭を上納させ、対価として永久もしくは一定期間の租税を免除した。「新田方」を設け、新田の年貢率の見直しを行い資金を集めた。
2．農業に依存しない殖産興業を興す 　◎藩営設置により殖産興業を行う	余剰資金を殖産興業に充て蝋燭を造る「木実方」、鋳物製造の「釜甑方」、材木を有効利用する「山林方」を藩営設置し産業を興した。
3．藩主並びに藩士・寺社の救済 　○資金を集め救済する	藩財政は破綻状態で、藩主や藩士並びに寺社の借入金は増大する。救済してやる気を起こした。

改革項目	成果・結果
4．不正の横行を糾す ◎賄賂の横行	貧しいがゆえに藩士のやる気は減退、賄賂が横行し政治が乱れたが、不正の横行を糾した。
5．延享の大飢饉 ◎百姓一揆	延享の大飢饉により、百姓一揆が勃発した。

（◎は、「延享の改革」と「田沼意次の経済政策」の類似項目）

松江藩の「延享の改革」の特徴

　松江藩の財政難は、2代藩主松平綱隆の時代に始まり、6代藩主松平宗衍の時代に破綻する。藩主宗衍は、財政破綻を打開するため、家老一同に改善案を求めるも妙案は出ず万策尽きて、家老仕置役小田切備中尚足の提案した金融政策を採用する。老臣を一掃し小田切備中尚足を一人残して補佐させ、自ら政治を行う親政「御直捌」を断行した。当時としては、画期的な人事異動を行い、格式の上下なく才覚、才能、発案に優れた人材を登用した。

　改革を託された小田切備中尚足は、40項目に及ぶ改革を行う。代表的な項目は、金融政策である。貨幣経済を取り込み、現代の銀行のような仕組みで資金を集め、それを元手に一般に貸し付け利息を出資者と分配するものであった。また資金確保のため多額の米や銭を上納させ、一定期間の租税免除や、新田の年貢率の見直しを行った。余剰金で殖産興業を興した。

付属資料　No.3
田沼意次の経済政策の特徴

表7-6　徳川幕府老中田沼意次の「経済政策」の要旨

期間：安永元（1772）年～天明6（1786）年迄の15年間

改革項目	成果と結果
1．豪商による新田開発 ○印旛沼、手賀沼等	豪農が新田開発等により富を得て良田を買い求め、百姓は困窮した。貧富の差が広がり、貧農が江戸に流入し一揆や打ち壊しの要因となった。
2．北方蝦夷地の開拓計画	松前地方を除く北海道・千島・樺太の開発を行う。
3．株仲間の奨励 ◎特権を与えて納税させる	株仲間の奨励を行い、特権を与えて納税させた。
4．重商主義 ◎長崎貿易の奨励と専売制	長崎貿易を積極的に行い、銅や海産物の輸出により利益を上げる。
5．天明の大飢饉 ◎全国規模で百姓一揆発生	全国で百姓一揆・打ちこわしが勃発。江戸で庶民による米屋や豪商の打ちこわしが多発する。

（◎は、「延享の改革」と「田沼意次の経済政策」の類似項目）

　田沼意次の経済政策は、富商による新田開発、及び株仲間の奨励や長崎貿易の推進を行い多額の利益を上げた。しかし、富商の力が強まり賄賂政治が横行する。また豪農の台頭により農民の貧富の差が拡大し、貧農が江戸へ流入した。

　天明2（1782）年に天明の大飢饉が発生し、全国で百姓一揆や打ちこわしが起こる。物価が

高騰し、困窮した庶民が江戸全土で米屋や豪商を襲った。これを契機に田沼政治は崩壊し失脚した。

松江藩の「延享の改革」と「田沼意次の経済政策」の類似点

　前述したように、商品経済の浸透により支出が増大し、幕府や大名の財政並びに武士の家計は困窮した。8代将軍徳川吉宗は、打開策として「享保の改革」を行い、幕府財政はある程度軌道に乗り改善されたが、江戸時代三大飢饉の一つ享保の大飢饉が発生し大打撃を受け、全国で一揆が多発する。その結果、農民の生活は重い年貢や大飢饉により困窮し、必然的に諸大名の財政も悪化する。

　このような時代背景に登場したのが田沼意次や小田切備中尚足である。共に農政一本に依存しない商業経済や貨幣経済を取り込んだ経済政策を行った。

　両経済政策の共通点は、①重商主義や藩営銀行設置により利益を上げた、②豪商による新田開発や殖産興業を目指した、③田沼は株仲間に特権を与え納税をさせ、小田切は多額な米や銭を前納させ一定期間租税を免除した。

　松江藩の藩政改革から21年後に田沼意次の経済政策が行われる。田沼意次が松江藩の藩政改革を参考にしたかどうかは知る由もないが、両経済政策は、なぜか共通点も多い。

第7章　7代藩主松平治郷

1．松江藩の名君　藩政改革「御立派改革」を成功させる

■ 生没：宝暦元（1751）年～文政元（1818）年〈68歳〉
■ 治世期間：明和4（1767）年～文化3（1806）年〈40年間〉

7代藩主松平治郷公廟所（月照寺）

7代藩主松平治郷（不昧公）像（月照寺蔵）

　7代藩主松平治郷は、宝暦元（1751）年2月14日、父は6代藩主松平宗衍、母は側室歌木（大森氏・本寿院）の次男として江戸赤坂邸で誕生する。兄千代松が早世し14歳で世子となる。

　幼名を鶴太郎、後に治好と称し、明和元（1764）年に10代将軍徳川家治から偏諱・御字「治」を賜り「治郷」と改め、従五位下・侍従兼佐渡守に叙任された。号を不昧と称した。明和4（1767）年に父宗衍が38歳で隠退し、17歳で7代藩主を襲封した。奥方は、陸奥国仙台藩主伊達陸奥守宗村の彰姫（彰楽院）である。子供は二男四女、養子駒次郎一人。側室は愈喜（心眼院）、勝（帰雲院）、他に一人いた。

　明和4（1767）年、従四位下・侍従兼出羽守に叙され、のち寛政7（1795）年に左近衛権少将を昇叙した。

　藩主治郷（不昧）は、生まれつき利発で侍講教授元祖宇佐美恵助に付き、朱子学や帝王学を学び文武両道に励んだ。幼少期は病弱であったが成長につれ明敏で血気盛んとなり、常道を失せんことを恐れた近習頭3代脇坂十郎兵衛と3代赤木内蔵は、教授宇佐美恵助と相談の上、茶道と仏学を勧めた。何事も一流な治郷は、勧められるままに仏学や茶禅の道を学び、石州流茶道を始め三斎流を極め独自の流儀不昧流を創設する等、江戸時代の著名な文化人大名に成長して行く。

　しかし、治郷の最も大きな業績は、藩政改革「御立派改革」を行い、破綻状態の藩財政を家老仕置役5代朝日丹波郷保と共に短期間で甦らせ、全国の大名の中でも類を見ない富国政策に成功したことである。

　一方、全国の茶道具、茶器等名器の蒐集家でも知られている。また相撲をこよなく愛し、お抱え力士大関釈迦ヶ嶽、雷電等の雲州力士の活躍により相撲興行でも大いに名声を馳せた。

　文化3（1806）年に隠退し、江戸大崎下屋敷で茶禅一味の独自の境地を開き、文政元（1818）年4月24日に享年68歳で逝去した。墓所は江戸芝（東京都港区）天徳寺、改葬は松江市月照寺、

分骨は護国寺（東京都文京区）、法名は大圓庵前出雲国主羽林次将不昧宗納居士と称す。遺命により月照寺の墓所は、松江城を東に望む絶景の台地に建立されている。

藩政改革「御立派改革」

藩政改革「延享の改革」の頓挫を受け、父宗衍より改革を託された7代藩主松平治郷並びに後見役家老仕置役5代朝日丹波郷保は、「御立派改革」を実施する。

改革を託された丹波郷保は、これまでの改革の総見直しを行い、目録26にも及ぶ改革を行った。その主要な改革項目は、①金融政策、②経費節減策、③殖産興業と利益追求、④法律の改正と不正を糺す、⑤災害防止と橋の普請、⑥藩士と貧民の救済等の6項目である。

藩政改革「延享の改革」と「御立派改革」の大きな相違点は、金融政策である。前者は、多方面から資金を集める金融部署「泉府方」、「義田方」を設け、集めた資金を一般に貸し付け利息を得る方法で貨幣経済をうまく利用した画期的な考え方ではあるが、大きなリスクを伴うものであった。後者は全く逆の金融引締め政策で「入るを図って出るを制す」、収支管理を徹底し、全く借り入れをしない「不借不貸」の施策であった。同時に農政復古の推進を図った。

「延享の改革」で行った、米穀収入に依存しない殖産興業は継続し、軌道に乗りつつある藩営の木実方、釜甑方等は残し、更に薬用人参の試作継続と木綿栽培等の地元産品の奨励を行い殖産興業に力を入れた。

郡においても改革案を提言させ低利資金を斡旋し、殖産興業を指導する等期間ごとに改善経過を提出させチェックした。このように郡・村においても徐々に改善され、殖産興業も軌道に乗り、地方にも活気が出て行った。

付加価値をつけた松江藩の特産物が多く産出され、天保年間の「雲陽国益鑑」によれば松江藩の外貨獲得の代表的な産物は、木綿、鉄山たたら、木実方蝋、釜甑方鋳物、人参方薬用人参等である。特に収益を上げたのが木実方蝋と人参方薬用人参である。幕末の軍備増強費用や軍艦購入資金の財源となった。

また、「御立派改革」の成功は、一つは家老朝日丹波郷保の強健による施策の実行であるが、二つ目に藩主松平治郷並びに朝日丹波郷保の持って生まれた強運が考えられる。と言うのも前藩主時代に続いた天変地異がウソのように晴れ、毎年好天に恵まれ豊作続きで好調なスタートが切れたことである。丹波郷保の強運は、明和4（1767）年に改革を始めてから天明元（1781）年迄の15年間の長きにわたり続き、隠居した翌2年に天明の大飢饉が発生する。

「御立派改革」は、丹波郷保の強運、強権により9年目には軌道に乗り、15年目で成功する。このように短期間で成功したのは、7代藩主松平治郷の強い支援と絶大なる信頼に基づいたものである。また、同役の家老仕置役5代三谷権太夫、3代大野舎人、5代平賀縫殿、5代斎藤丹下等の協力を忘れてはならない。

藩政改革は成功し、御家中の半知を元に戻し、藩士の家計改善は元より民百姓も裕福になり、6代藩主松平宗衍から藩政改革を託された7代藩主松平治郷並びに家老5代朝日丹波郷保は、前藩主との約束を果たし富国政策を成功させた。

顧みると、6代藩主松平宗衍と家老仕置役小田切備中尚足が行った「延享の改革」は、一定の成果を上げ頓挫はしたが、勇気を奮い一歩を踏み出したことは大きく、「御立派改革」の礎に

なったことは間違いない。家老仕置役小田切備中尚足と朝日丹波郷保の両名は、大きな志と理念を持ち、情熱を傾け身命を投げ打って改革を行い、松江藩を救ったと言えるだろう。

藩主松平治郷の引き締め政策「御直捌」

「御立派改革」も成功し、国民の暮らし向きもよくなった時期に「天明の大飢饉」が発生する。大洪水は天明２（1782）年から６年連続して起こり、松江城三の丸御殿も浸水し藩主治郷も避難する程であったと言う。治郷は、家老仕置役５代三谷権太夫長達の進言を入れ普請奉行清原太兵衛に佐太川の開削を命じ、天明５（1785）年から天明７（1787）年にかけて治水対策を行い苦節の末、完成させた。松江城下の水害防止と新田開発、松江と日本海の船運の便を開いた。清原太兵衛の偉大な業績を称え、佐太神社参道南側に紀功碑が建立されている。

しかし、その後、藩政改革も成功し国民の暮らし向きも贅沢になり、大飢饉の多大な出費による銀札の再発行や郡奉行と勝手方兼職の廃止、５万俵割の賦課等も再び行われるようになり、御立派の政治も幾分ずつ綻びを見せ始めた。藩主治郷は、松江藩の永続的な富国政策とは、「御立派改革」の精神を継続する事であると悟り、寛政８（1796）年７月23日に功績のあった家老仕置役５代三谷権太夫長達を退役し、家老仕置役惣懸り６代朝日丹波恒重を補佐させ、藩主自ら引き締め政策「御直捌」を断行した。華美になった国内の贅沢を戒め徹底した倹約政策を行った。

藩主治郷は、引き締め政策の効果が現れると更に殖産興業に力を入れ、見事に富国政策を軌道に乗せたのである。「御立派改革」の精神を継続させ松江藩の富国政策を末代まで継承した治郷は、茶の湯の悟りをここでも如何なく発揮したと言える。

治郷時代のトピックス

■天明の大飢饉と百姓一揆

江戸時代の三大飢饉は、享保・天明・天保の飢饉と言われている。

天明の大飢饉は、天明２（1782）年から天明７年までの長期間に及び、出雲地方だけにとどまらず全国に及ぶ大飢饉となった。特に天明３年から４年と天明６年から７年が最もひどかった。

出雲地方は、天明２年５月～６月にかけて大洪水に見舞われ、被害穀数４万９千余石の大損害を出した。不作により米価が高騰し、松江藩は酒造を禁じた。

翌天明３年、凶作に耐えかねた百姓が多数餓死し、飯石郡三刀屋地方や神門郡大津地方で百姓一揆や打ち壊しが勃発した。この百姓一揆は、「御立派改革」の強硬策への不満や大飢饉により起こったものであるが、家老職の結束により難局を乗り切った。裁きの模様は、古文書により残されている。松江藩は、天明７年に10郡へ引き締め政策「殿り合い」の下知書を発した。

■幕府の公役　①西御丸大奥向普請手伝２万両

明和６（1769）年２月９日、普請大奉行３代大野舎人、普請奉行３代脇坂十郎兵衛、副奉行４代黒川弥税、５代有澤能登が勤めた。普請が終わり普請大奉行大野舎人は、江戸城本丸檜

の間に於いて松平右近将監より白銀3拾枚、時服三、羽織一を拝戴する。別途藩主治郷からも刀一腰、時服二、裃一具を頂戴した。他の奉行・副奉行は、御前に於いて御意を蒙る。

■幕府の公役　②日光諸堂社其の外修復手伝

安永8（1779）年6月27日、普請惣奉行5代斎藤丹下、副奉行3代葛西源右衛門、御用懸7代今村平馬が勤めた。惣奉行5代斎藤丹下並びに副奉行3代葛西源右衛門は、江戸城本丸檜の間に於いて松平右京太夫より惣奉行白銀3拾枚、副奉行白銀2拾枚並びに時服三、羽織一を拝戴した。藩主治郷より惣奉行は刀一腰、副奉行は銀10枚、縮緬二巻、裃一具を頂戴する。

■幕府の公役　③関東筋伊豆国川々普請手伝3万9千2百両

天明6（1786）年12月14日、普請惣奉行6代朝日丹波恒重、副奉行は3代大野舎人の嫡子仕置添役大野多宮、副奉行同様6代三谷半大夫が勤めた。滞りなく済ませ江戸城本丸檜の間に於いて水野出羽守より、普請惣奉行朝日丹波恒重は白銀3拾枚、副奉行大野多宮は白銀2拾枚並びに時服三、羽織一を拝戴した。副奉行同様三谷半大夫は、藩主治郷より褒美を蒙る。

■幕府の公役　関東筋川々普請手伝3万2千両

寛政6（1794）年5月2日、普請惣奉行7代柳多四郎兵衛一顕、副奉行6代平賀主税、6代垂水伊織、4代大野多宮、5代市原次郎左衛門が御用懸を勤めた。滞りなく済ませ江戸城本丸檜の間に於いて松平伊豆守より、普請惣奉行柳多四郎兵衛は白銀3拾枚、副奉行平賀主税は白銀2拾枚並びに時服三、羽織一、他に5代市原次郎左衛門は御用懸を勤め白銀2拾枚、時服二、羽織一を拝戴した。

■文化人大名7代藩主松平治郷（号不昧）

全国の大名の中で藩政改革を行い富国政策に成功した大名は、東北地方の米沢藩主上杉鷹山と中国地方の松江藩主松平治郷が特に著名である。

松平治郷（不昧）は、文化人大名でも知られ和歌、俳諧、書、画、茶道に優れ、俳名では雪羽、書名は斗門・欄室、茶道では宗納・一々斎・一閑子・一椎舎・独楽・大崎・菅沢・等峨・未央庵・大圓庵等の号がある。文化3（1806）年に江戸大崎の下屋敷に隠棲し、剃髪して茶禅一味の独自の境地を開き、禅僧大巓宗碩和尚から『無門関』の「不落不昧」に因んで「不昧」を授かり号とした。松江では、今でも何かに付けて不昧公さんで親しまれている。

松江松平家の菩提寺月照寺の松平治郷（不昧）の墓所は、山門正面の小高い台地にあり、石段を上ると松江城を望む。扁額は、茶道名の一つ大圓庵が金色に輝き、廟門は、名工小林如泥の作と言われるブドウの透かし彫りが施されている。石段を上ると中段左手に、藩主治郷を見守るように、5代朝日丹波郷保の功績を顕彰した桃源蔵（号白鹿）の3550字に及ぶ撰文、「出雲故国朝日夫子紀行」の碑が迎えてくれる。

松平治郷（不昧）は、18歳で将軍家茶道指南役3世伊佐幸琢に付き石州流茶道の手ほどきを受け、19歳で江戸麻布天真寺の禅僧大巓宗碩和尚から禅を学び茶禅の道を究める。20歳の時に『茶礎』、『贅言』、『茶の湯の心得』の茶道論を著して侘び茶の効用を説いた。更に正井道

有等から三斎、遠州、千家など各流を学んだ。特に片桐石州流、小堀遠州流、細川三斎流に傾倒し、茶道の創始千利休に憧憬した。茶の湯の本質を追究して茶禅一味の境地に達し、一流一派に属さない独自の流儀不昧流を大成させた。

松江に茶の湯文化をもたらし、お茶、和菓子の食文化や陶芸、木工、漆器、蒔絵、鋳物等の伝統工芸が発展した。茶の湯文化は、日本三大茶会（金沢兼六園大茶会、京都二条市民茶会、松江城大茶会）の一つ松江城大茶会が毎年10月に開催されるなど、今日でも市民生活に深く溶け込み愛され継承されている。

松平治郷の時代に活躍したのが陶芸の楽山窯長岡住右衛門貞政や布志名窯土屋善四郎政芳、木工の小林如泥、漆工の小島漆壺斎等である。松平治郷は、自らの設計により明々庵、菅田庵の茶室を造り、江戸大崎の下屋敷（東京都品川区）では2万2千坪に及ぶ広大な敷地に東館約1500坪、西館約1700坪や庭園の他、11の名茶室（独楽庵・利休堂・松瞑・為楽庵・簇々閣・窺原・眠雲・富士見台・一方庵・清水茶屋・紅葉台）を造り、江戸随一の大茶苑として名声を馳せた。

名工を大崎邸に呼び寄せ、自らのデザインによる多くの茶道具を製作させた。代表的なものは、楽山焼の長岡住右衛門貞政による茶陶類や漆の小島漆壺斎の「秋野棗」、漆壺斎の師原羊遊斎の「大菊棗」、指物の小林如泥の「瓢箪桐文透袋棚」等である。

松平治郷（不昧）を著名にしたのは、膨大な茶道具、名物茶器の蒐集である。かつて老中で活躍した田沼意次等から売りに出された名器の離散を憂い、一手に買い集めた。

蒐集物を鑑定分類し、寛政元（1789）年～寛政9（1797）年にかけて18冊に及ぶ『古今名物類聚』や自ら蒐集した茶器を『雲州蔵帳』に記して編纂した。宝物の部は茶入油屋肩衝、国宝圜悟克勤墨蹟他16点、大名物は天下の三井戸茶碗【国宝 大井戸茶碗喜左衛門・細川井戸・加賀井戸】他2冊43点、茶入の部は中興名物5冊76点、雑の部では、後窯・国焼・天目・楽焼茶碗・雑記の5冊の他、名物切等4冊である。

■松江藩の相撲興行

松江藩主は、相撲を好み多くの力士を抱えた。6代藩主松平宗衍や7代藩主松平治郷のころが一番盛んで、大関釈迦ヶ嶽雲右衛門、雷電為右衛門、玉垣額之助、小結の鳴滝文右衛門等が雲州力士として活躍した。

特に大関雷電は、天明8（1788）年に7代藩主松平治郷のお抱え力士となり、寛政8（1796）年に大関に進み16年間33場所在位し、8代藩主松平斉恒時代の文化8（1811）年に44歳で隠退する。江戸大相撲で優勝25回、連続優勝7回、幕内成績254勝10敗、勝率9割6分2厘の大記録を持ち、現在でも記録は破られていない。昭和31（1956）年に月照寺内に顕彰碑が建てられ、雷電の手形が残されている。文政8（1825）年に江戸に於いて没した。享年59歳であった。菩提寺は東京都港区赤坂・報土寺で、遺髪墓は松江市和多見町西光寺にある。法名は、雷聲院釈関高為輪信士と称した。

松江藩のお抱え力士は、藩から格式や禄高が与えられ、輸送部門の御船屋で水主（船員）として働き、水泳等で体を鍛えた。この御船屋から多くの力士が誕生した。

■7代藩主松平治郷流の持て成しの心

7代藩主松平治郷は、茶の湯を極め藩政においても随所に茶の湯の持て成しの心が生かされている。参勤交代が終わり国許に帰ると、代々家老並びに家老仕置役宅を訪問して家老のみならず家族にも手土産を持参し、普段の国政の労いを行った。この家庭訪問は、藩政人事にも生かされ、適材適所の人事配置や養子縁組等結婚の仲介を行い、藩内の融和を図った。このように徹底した人事管理を行った大名は、全国に例がない。

治郷の代々家老及び家老仕置役宅へのお成り回数は、治世期間及び隠居後を合算すると170回にも及び歴代藩主の中でも突出している。藩政改革「御立派改革」も成功し藩財政の好転により、藩主も余裕ができたことが大きな要因と考えられる。持参品は、質素倹約の木綿綿入、裃、肴折が定番であった。一方、藩主のお成りを受けた家老宅も家計事情がよくなり、お礼の印に普段より高価な茶道具や茶器を準備し差し上げている。一例をあげると、5代三谷権太夫長逵は、仙叟好茶箱（紅糸網懸・内に赤楽焼茶碗仙叟好茶器、茶、象牙茶杓、茶釜、茶巾、紫和巾）のような現在の価格にすれば百万円を超える高価なものである。従って、治郷が蒐集した茶道具、茶器の中には家老から差し上げた名器も含まれていたと考えるのは浅慮であろうか。

隠棲した不昧は、蒐集並びに名工に製作させた茶道具、茶器の一部を贈答用に使い、茶会等を通じて家老並びに幕閣や大名外交にも活用したと言われている。

■不昧公最後の茶会

文化13（1816）年11月8日に不昧公、御茶事のお成りがあり、6代大橋茂右衛門貞興は、茶の湯の心をもって迎えた。松江での不昧公最後の茶会と言われている。

大橋邸の部屋数は、書院と大書院、小書院を合わせ14部屋を数え、次の間と三の間が組合わされている。更に居間、表間、奥間、奥、新奥が続き、その造作は贅沢を極め藩主に次ぐ筆頭家老の格式の高さを窺わせる。書院には上の間に先君天隆院（前6代藩主松平宗衍）筆の掛け軸二幅対をかけ、茂右衛門貞興の心憎い演出により先君への追憶が忍ばれる。大書院には狩野栄川院筆の松瀧唐獅子三幅対、小書院には天隆院拝領の唐絵花鳥絵、また新茶屋には渡辺玄対筆の雉子の絵をかけ茄子菓子入れを置き、茅葺茶屋には狩野尚信筆の十徳絵をかけ、釜は甑口菊池文、水指は呂宋、茶入は野田、茶碗は古唐津筒、茶杓は釣玄作等を使用した。

静かな時が流れ、庭越しには右手に名峰出雲富士（大山）、左手には嵩山、和久羅山が眺望でき、長閑な風景は一幅の絵となり不昧公も一時の安らぎを感じたのではなかろうか。

6代大橋茂右衛門貞興は、最後の御茶を点て心から持て成した。不昧公は、文政元（1818）年に江戸大崎の茶苑にて逝去した。（参考引用文献『出雲の本陣、藤間享、出雲市』）

2．仕置役人事と重臣

表8−1　7代藩主松平治郷時代の中老仕置添役と家老並仕置役・家老仕置役

治世期間	中老仕置添役	家老並仕置役・家老仕置役
明和4（1767）年 11月27日〜 文化3（1806）年 3月11日隠居	5代氏家一学・〜明和7（1770）○ 3代高橋九郎左衛門・明和8（1771） 3代赤木内蔵・〜安永4（1775） 3代脇坂十郎兵衛・〜安永7（1778） 4代黒川弥税・〜安永8（1779）◎ 3代葛西源右衛門・〜天明元（1781） 6代村松伊賀 　明和7（1770）〜天明7（1787）◎ 朝日千助（5代嫡子） 　明和7（1770）〜天明元（1781）◎ 5代仙石城之助 　安永5（1776）〜天明元（1781） 7代今村平馬 　安永6（1777）〜天明4（1784） 大野多宮（3代嫡子） 　安永7（1778）〜寛政7（1795） 4代高木佐五左衛門 　天明元（1781）〜寛政4（1792）○ 5代塩見小兵衛 　天明2（1782）〜寛政6（1794）◎ 6代三谷半大夫 　天明4（1784）〜寛政4（1792）○ 4代赤木内蔵 　天明7（1787）〜寛政5（1793） 6代垂水伊織 　寛政元（1789）〜寛政5（1793） 5代松原杢・寛政2（1790）〜寛政3（1791） 6代平賀主税 　寛政3（1791）〜寛政7（1795） 5代黒川弥税 　寛政4（1792）〜寛政10（1798）○ 6代仙石猪右衛門 　寛政4（1792）〜寛政9（1797）○ 6代石原九左衛門 　寛政6（1794）〜享和3（1803）○ 4代大野多宮 　寛政7（1795）〜寛政9（1797） 塩見主馬（5代嫡子） 　寛政7（1795）〜享和3（1803） 高木貢（4代嫡子） 　寛政9（1797）〜文化元（1804） 2代有馬藤助 　寛政9（1797）〜寛政12（1800） 6代小田善助 　寛政11（1799）〜享和2（1802） 2代柳多屯 　寛政12（1800）〜文化元（1804）	4代塩見小兵衛・〜明和5（1768） 5代團仲・〜明和8（1771） 5代有澤能登・〜安永5（1776） 5代朝日丹波・〜天明元（1781） 5代平賀縫殿・〜寛政3（1791） 3代大野舎人・〜寛政5（1793） 5代三谷権太夫・〜寛政8（1796） 6代柳多四郎兵衛 　安永4（1775）〜安永6（1777）再帰役 5代斎藤丹下 　安永6（1777）〜天明7（1787） 6代朝日丹波 　天明元（1781）〜文化12（1815） 7代柳多四郎兵衛 　天明7（1787）〜文化4（1807） 6代村松伊賀 　天明7（1787）〜享和元（1801） 5代塩見小兵衛 　寛政6（1794）〜文政6（1823） 6代仙石猪右衛門 　寛政9（1797）〜享和3（1803）家老並 5代黒川弥税 　寛政10（1798）〜文化2（1805）家老並 6代石原九左衛門 　享和3（1803）〜享和4（1804）家老並 5代高木佐五左衛門 　文化元（1804）〜文政3（1820） 　高木佐五左衛門は、○⇒◎（家老並〜家老仕置役に昇格） 6代三谷権太夫 　文化元（1804）〜天保7（1836） 朝日丹波貴邦（6代嫡子） 　文化3（1806）〜天保8（1837）

治世期間	中老仕置添役	家老並仕置役・家老仕置役
	7代村松伊賀 　享和2（1802）〜文化10（1813）◎ 7代高田極人 　享和3（1803）〜文化12（1815）○ 朝日千助（6代嫡子） 　享和3（1803）〜文化3（1806）◎ 8代今村修禮 　文化元（1804）〜文政3（1820）◎ 7代平賀筑後 　文化2（1805）〜文政5（1822）◎ 5代大野舎人 　文化3（1806）〜文政5（1822）◎ 4代脇坂十郎兵衛 　文化3（1806）〜文化5（1808）○	

（○は家老並に昇格、◎家老に昇格、○⇒◎は家老並〜家老仕置役に昇格）

　明和4（1767）年、7代藩主松平治郷の家督相続御礼の儀に随行した家老は、5代大橋茂右衛門賢徧、5代三谷権太夫長達、6代神谷備後富中、3代小田切備中尚足、5代斎藤丹下と5代有澤能登である。10代将軍徳川家治に拝謁して太刀、銀、馬代を献上した。この時7代乙部九郎兵衛可番は、江戸まで随行したが病気のため願い出て扶持医を付けられ松江に帰る。代わりに4代塩見小兵衛が指名されたが小兵衛も病気にて御免となり、5代有澤能登が代役を勤めた。

　藩主治郷の人事管理は、前に述べた通り家老宅の家庭訪問により、家老のみならず家族も味方に付け、やる気を引き出したところに特徴がある。適材適所の人事配置や養子縁組等により藩内の融和を図り、藩政改革を家老仕置役5代朝日丹波郷保に託し、陰でバックアップした。

　藩政改革「御立派改革」は、5代朝日丹波郷保を中心に行われたが、補佐したのが先代から引き継いだ家老仕置役5代三谷権太夫長達、5代有澤能登、5代團仲、3代大野舎人、4代塩見小兵衛、5代平賀縫殿である。また、江戸藩邸の経費節減に大きく貢献したのが中老仕置添役3代脇坂十郎兵衛と近習頭の赤木内蔵の二人である。この二人は、江戸藩邸の人員整理や経費節減に成功し、藩政改革に命を懸け、朝日丹波郷保を側面から支えた。

　この功績により脇坂家は、4代脇坂十郎兵衛（實・5代朝日丹波郷保の三男）が家老並仕置役に抜擢され、後の6代脇坂十郎兵衛の時に家老仕置役、千百石に昇進する。

　若手の成長も著しく藩主治郷が重用したのが6代朝日丹波恒重と5代塩見小兵衛である。特に藩主治郷は、朝日丹波郷保の嫡子恒重を嘱望し、老齢であった朝日丹波郷保の補佐役として中老、分知5百石と役料百俵、手前抱足軽2人を授けた。その後、丹波恒重は父を継ぎ、「御立派改革」開基の家柄として重用され、藩主治郷が行った引き締め政策「御直捌」を陰で支えた。

　朝日丹波郷保を中心に行われた改革は、9年目には軌道に乗り、改革は成功していく。天明元（1781）年に改革の成功を見届けた朝日丹波郷保は、高齢により隠居した。

　「御立派改革」を継承したのは、5代三谷権太夫長達、3代大野舎人、5代平賀縫殿、5代斎藤丹下、6代朝日丹波恒重の5人である。

　また、藩主治郷（不昧公）の茶の湯のよき理解者は、6代大橋茂右衛門貞興と6代有澤織部である。織部は、茶の湯に秀で一流の極意を極めて、藩主の寵愛を受けた。寛政6（1794）年に

藩主治郷の作図により菅田庵を建て、文化2（1805）年に菅田山屋敷にお成りがあった。織部は、明々庵、菅田庵で茶事の亭主を勤め、藩主治郷と流儀や茶道具の話に花が咲き、度々高価な茶道具を拝領している。

　一方、筆頭家老大橋上屋敷邸では、家老一統亭主となり、藩主のお成りを受け茶会が開かれた。

表8-2　7代藩主松平治郷が仕置役に抜擢し加増した家老

氏名	格式	元祖の禄高	文化3(1806)年時点の禄高	うち（与力）	加増額（与力）
5代朝日丹波郷保	家老	7千石	2千6百石	5百石	仕置役、加増千百石
5代三谷権太夫長逵	家老	3千7百7拾石	3千6百7拾石	7百7拾石	仕置役、加増3百石
6代朝日丹波恒重	家老	7千石	2千9百石	5百石	仕置役、加増3百石
3代大野舎人	家老	千石	千2百石	－	仕置役、加増2百石
6代村松伊賀	家老	千石	千2百石	－	仕置役、加増2百石

（藩主治世期間　明和4（1767）年〜文化3（1806）年間に、仕置役に抜擢され加増された家老）

　「御立派改革」は、成功しその功績により5代朝日丹波郷保が千百石の加増と代々家老の列座に加えられ、朝日家は代々家老となる。改革を継承した5代三谷権太夫長逵が3百石の加増を得た。6代朝日丹波恒重の3百石の加増は、7代藩主松平治郷が行った倹約政策「御直捌」の補佐役を勤め成功させた恩賞によるものである。

　特筆すべきは、3代大野舎人である。6代藩主松平宗衍の時代に藩主の逆鱗に触れ一時隠居させられるも、再帰役となり中老仕置添役から努力を重ね、家老仕置役に抜擢され27年間の長きにわたり勤めた。舎人は、藩政の中枢を担い、「御立派改革」では朝日丹波郷保を陰で支え、恩賞として2百石の加増を得たものである。逆鱗に触れた家老が再登用され、加増をされたのは他に例がない。また、6代村松伊賀は、中老仕置添役を18年間と家老仕置役を15年、通算33年間の長きにわたり藩政改革に尽力し、その功績により2百石の加増を得たものである。

　以上、5名の家老が加増されたが、藩政改革の大成功にしては、加増額が少ないと思われる。藩政改革の成功は、偏に5代朝日丹波郷保の努力にほかならないが、加増千百石は少ない感がするし、家老仕置役を25年間の長きにわたり勤め、改革に貢献した5代平賀縫殿もしかるべき加増があってもよかったのではないか。

　7代藩主松平治郷が家臣の加増に慎重だったのは、改革の成功の見極めや幕府からの多額な公役負担の支払い並びに天明の大飢饉が影響したと考えられる。藩主治郷は、人事管理に秀で、適材適所に配置した家老を始め家臣が、存分に活躍し藩政改革を成功させたと言える。

　一方巷では、藩主治郷が高価な茶道具、名器「油屋肩衝」千5百両等を買い集め無駄遣いをしたと揶揄されたが、これはどうやら藩主の収入の中から長年かけて支払われたようだ。

　こうしてみると、藩主治郷（不昧公）は、藩政も茶の湯も飾り気がなく、自然体で動きに無駄もなく、創設した茶の湯「不昧流」の心得そのものであったと言える。何時も人の輪の中心にあり、包容力があり、やはり茶道と仏学を極めた貴人である。

　松江藩松平氏の藩祖松平直政公に匹敵する名君であったことには間違いない。

松江藩の財政破綻を救った、名家老5代朝日丹波郷保の活躍

　何故6代藩主松平宗衍は、5代朝日丹波郷保を登用し、藩政改革「御立派改革」を託したか。この疑問は歴史書にも記されていない。「松江藩列士録」から抜粋して考察してみると次のようである。

　朝日丹波郷保は、父4代朝日但見重春を家督した時、わずかに7歳、5百石減禄され千石、格式組外を相続した。享保10（1725）年、21歳の時に手元不如意により9年間の逼塞願いが許され倹約にこれ努めた。その間文武両道に励む。丹波郷保は、この逼塞期間に知識習得に励み逞しく成長する。享保19（1734）年に逼塞が解け、少しずつ奉公を再開する。時に丹波郷保は30歳の青年期を迎えていた。

　享保20（1735）年に格式中老となり、元文4（1739）年に仕置添役、手前抱足軽2人、軍用方兼勤を拝命する。延享元（1744）年に6代藩主松平宗衍に嘱望され、格式家老仕置役、手前抱足軽5人、隠岐国御用受口に抜擢される。

　延享4（1747）年、藩政改革「延享の改革」が始まり、藩主自ら政治を行う親政「御直捌」により仕置役は御免となる。「延享の改革」は、3代小田切備中尚足を中心とした新官僚改革派「趣向方」により開始される。一応成果は出たものの藩主宗衍の病状悪化等により宝暦2（1752）年、6ヶ年余りで「御直捌」は停止され頓挫する。

　この間丹波郷保は、ひたすら黙して語らず、心身ともに充電し活躍の機会を待った。

　宝暦8（1758）年、文教政策の一環として藩校「文明館」が開校する。この文明館で丹波郷保は、朱子学儒学教授元祖桃源蔵より朱子学や経済学を学び大きな影響を受ける。元々、性格が厳格で有言実行型の丹波郷保は、宝暦10（1760）年に難問であった杵築大社（出雲大社）後方八雲山の千家、北島両国造家の論争懸合御用を仰せ付けられ、円満に解決し藩主より袷、裃を拝領する。2年後、超難題の公役江州山門修復手伝の惣奉行を拝命し、幕府との駆け引きも特に宜しきを以て恩賞として加増5百石を賜った。更に、これらの実績を買われ、明和3（1766）年に若殿（後の7代藩主松平治郷）の後見役を仰せ付けられ、翌年、仕置帰役を拝命した。

　丹波郷保の仕事ぶりは、有言実行は元より特に相手との交渉ごとに長けていた。このように6代藩主松平宗衍から高い評価を受け、財政改革打開の切り札として、また若き7代藩主松平治郷の後見役として、歴史の表舞台に登場することになる。

　明和4（1767）年5月16日、江戸に呼び出された丹波郷保は、6代藩主松平宗衍から藩政改革「御立派改革」を託された。改革を託された丹波郷保は、既に63歳の高齢となっていた。一度は断るも忠誠の道に非ずと老骨に鞭打ち引き受ける事にする。

　6代藩主松平宗衍が隠退し7代藩主松平治郷が誕生する。丹波郷保は、藩主交代により思い切った藩政改革を行うことが出来た。「延享の改革」から得た貴重な参考資料を取り入れ、これまでの改革総見直しを行い目録26にも及ぶ改革を行った。藩政改革は、丹波郷保の強運、強権により9年余りで軌道に乗り、天明元（1781）年に成功を見届けて隠退する。恩賞として度々加増され、禄高千石から2千6百石となり、代々家老の列座に加えられた。『松江藩列士録』には、次のように記されている。「安永5年10月15日、永い御賞与として、元来格別の家柄、旁々を以て家督の儀、同席中格別仰せ付けられる者の通り、以来仰せ付けられる。」（同席中格別に仰せ付けられる者とは、大橋・乙部・三谷・神谷・柳多の五家を俗に代々家老と言い、朝日が加わ

り六家となった。）

西尾志立山に山屋敷を賜り、藩主のお成りを度々受けた。

丹波郷保は、藩政改革に付いての治国理念及び主意を著した『治国大本』や腹心の森文四郎が改革の顛末を記した『治国譜』、『治国譜考証』が残されている。

天明3（1783）年4月10日、出雲に於いて死去した。菩提寺は、松江市和多見町慈雲寺であったが荒廃が激しく、昭和16年に11代重雄により松江市外中原町法眼寺に改葬され移転された。

院号は披雲院殿妙應日節居士と称し、妻良心院殿宜應日貞大姉と共に眠る。

大正4（1915）年11月10日、大正天皇即位御大典の際に、従五位の追贈の恩典に浴した。

付属資料　No.1

家老朝日丹波郷保「御立派改革」と老中松平定信「寛政の改革」類似点

松江藩「御立派改革」は、家老仕置役5代朝日丹波郷保の強権により、明和4（1767）年～天明元（1781）年までの15年間で成功する。その成功から7年後の天明7（1787）年に徳川幕府老中首座の松平定信の「寛政の改革」が始まる。共に大災害の打撃を受け、背水の陣で臨んだ改革であるが、類似点も多く興味深いので両改革を比較してみた。

表8-3　松江藩「御立派改革」の要旨

期間：明和4（1767）年～天明元（1781）年、15年間で成功

改革項目	成果
1．金融政策と農政復古の政策 ○借財の長期分割弁済 ◎金融引き締め政策 ◎借金棒引き（闕年）の断行 ◎農政復古の政策	借財の長期分割弁済交渉を行い藩の信用回復に努めた。 金融引き締め政策により全く借り入れをしない「不借不貸」の施策を実施し、収支管理を徹底した。 闕年の断行により借金棒引きを行った。併せて農政復古の推進を図り、豪商・豪農に諂った政治を元に戻した。
2．経費削減と利益追求 ◎経費削減とリストラ ○殖産興業を興し利益追求 ◎米価の安定と物品の販売	江戸藩邸を始め経費の節減を行い併せて徒以下の千人に及ぶリストラを行った。殖産興業を促進し米穀収入に依存しない利益を追究した。米価を安定させ、物品販売により利益を上げ、御手船を造りコストの削減を図った。
3．法律の改正と不正を糺す ◎法改正により百姓を守る。	不正が横行し地方役人や下郡役人が威を振るい百姓が苦しんだ。地方の法改正を行い郡役人を更迭した。
4．災害防止と橋の普請 ○大河の浚渫 ○橋の普請	大河の浚渫を行い中之島を取り除き水害防止に努めた。 鉄穴流し200ヶ所を60ヶ所に減らし水害防止を図った。 大橋川、天神川の浚渫と橋の普請を行った。
5．藩士と貧民の救済 ○藩士の給禄を元に戻す ◎救民救済と夫役を行い百姓を救う	半知に苦しんだ藩士の給禄を元に戻し藩士の家計を改善した。救民救済のため銅銭3千貫目を出し救済した。 大河普請を行い、百姓に賃米を与えた。

（◎は、「御立派改革」と「寛政の改革」の類似項目）

付属資料　No.2

徳川幕府老中松平定信の「寛政の改革」の要旨

天明の大飢饉は、全国規模で発生し、百姓一揆や打ちこわしが勃発する。江戸でも米価や物価が高騰し、江戸庶民の生活は困窮した。庶民の不満は頂点に達し、江戸全土で米穀商の打ちこわ

しが続発し、米屋980軒、豪商800軒が被害にあった。

「火附盗賊改」、「南町・北町奉行」等の活躍により沈静化は図られたが、これを契機に田沼意次の政治が崩壊する。普段より田沼意次に不満を持つ御三家や譜代大名の推奨により、8代将軍徳川吉宗の孫・白河藩主松平越中守定信が老中首座となり「寛政の改革」が始まる。改革にあたり老中松平定信が、松江藩や米沢藩の藩政改革を参考にしたかどうかは分からないが、類似点は多い。

表8−4　徳川幕府老中松平定信の「寛政の改革」項目

期間：天明7（1787）年～寛政5（1793）年迄の7年間

改革項目	成果・結果
1．農村の復興策 ◎農政復古 ◎米価の安定 ◎飢饉に備え備蓄	武士社会を支えている農民の貧富の差が拡大する。 没落する百姓が増え、国を捨て江戸に流入した。 帰農令を発し、出稼ぎ農民を農村に返す施策をとった。商品作物の栽培を制限する。囲い米の制を発令し、凶作や飢饉に備えて米を蓄える。
2．学問の奨励と統制 ◎文武両道の奨励	文武の奨励を行い、寛政異学の禁止により幕府の学校「昌平坂学問所（しょうへいざかがくもんじょ）」で朱子学以外の学問を禁止し、封建体制の強化を図った。
3．旗本、御家人の救済 ◎質素倹約令（きえんれい）　◎棄捐令	士風の退廃を改善するため質素倹約を図り、強権により商人からの借金を棒引きにする棄捐令を発した。
4．その他 ◎失業者の救済	石川島に人足寄場（にんそくよせば）をつくり失業者の救済を行った。 また外国船の来航に備え、海岸の防備を強化した。

（◎は、「御立派改革」と「寛政の改革」の類似項目）

徳川幕府の老中松平定信が行った「寛政の改革」は、白河藩時代に行った改革を基に、天明7（1787）年～寛政5（1793）年迄の7年間、実施された。幕府の財政は立ち直るが、政策が厳しすぎて人心の賛同が得られず挫折する。急激な緊縮と相次ぐ禁令で、巷で閉塞感が蔓延（まんえん）したのが挫折の要因と言われている。

「御立派改革」と「寛政の改革」の類似点

時代背景は、共に商品経済や貨幣経済の浸透により諸経費の増大や自然災害の多発により米穀収入は減少し財政は逼迫する。徳川幕府の財政は底をつき、また松江藩の財政も破綻した。必然的に改革の必要性に迫られ、将軍や藩主より財政の起死回生を託され、背水の陣で臨んだと考えられる。幕府老中松平定信は、前任者田沼意次の政治を根底から否定し農政復古を行った。

一方、松江藩家老朝日丹波郷保は、前任者小田切備中尚足が行った金融政策を一掃し、同様に農政復古を行った。二人の最も共通する類似点である。

両改革の共通点は、①農政復古、②米価・物価の安定、③飢饉に備え穀物の備蓄、④文武両道の教育強化、朱子学の奨励、⑤質素倹約、⑥借金棒引きの棄捐令や闕年の発令、⑦貧農の救済、⑧経費節減とリストラ、⑨法改正等である。幕政改革と藩政改革を比較するのはナンセンスであるが、参考までに両改革を比較してみた。松平定信が改革にあたり、祖父8代将軍徳川吉宗が行った「享保の改革」を基とし、また諸藩の中から藩政改革を成功させた松江藩や米沢藩を参考にしたことは充分に考えられる。

第8章　8代藩主松平斉恒

1. 瓢箪殿様　文武両道に優れる
ひょうたんとのさま

■ 生没：寛政3（1791）年～文政5（1822）年〈32歳〉
■ 治世期間：文化3（1806）年～文政5（1822）年〈17年間〉

8代藩主松平斉恒公廟所（月照寺）

8代藩主松平斉恒像（月照寺蔵）

　8代藩主松平斉恒は、寛政3（1791）年9月6日、父は7代藩主松平治郷、母は側室愈喜（武井氏・心眼院）の長男として江戸赤坂邸で誕生する。藩主治郷41歳の時にようやく生まれた世継ぎであった。治郷の喜びは一人で、教育は家臣に任せず自ら行い、幼少より藩主としての英才教育を行った。幼名を鶴太郎と言う。

　斉恒は、父の期待に応え文武両道に励み成長する。文化元（1804）年に元服し、11代将軍徳川家斉の偏諱・御字「斉」を授かり「斉恒」と称し、従五位下・侍従兼出雲守に叙任される。同3年に父治郷が隠退し、8代藩主を襲封する。後見役に6代朝日丹波恒重が付けられた。

　奥方は、肥後国熊本藩主細川越中守齊滋の娘芳姫と結婚したが病に臥せ翌年離縁し、後妻に播磨国姫路藩主酒井雅楽頭忠道の娘鋑・英姫（月英院）を娶る。子供は一男二女、他に養子儀次郎が一人いた。女児万喜姫と利津姫は早世した。側室は、八百（明相院）、喜多（佐々木氏）、鉄の三人。

　文化3（1806）年、従四位下・侍従・出羽守を叙任された。

　藩主斉恒は、容姿端麗で教養を身に付け俳諧や書にも優れていた。父松平治郷（不昧）の指導で茶道も嗜み、瓢庵月譚・露滴齊・宗潔と号した。俳句『冬の春　衞の昔や　雀（鶴）の声』が平田本陣記念館に残されている。

　酒をこよなく愛し、月照寺の廟門には瓢箪の彫刻が施されている。乗馬を得意とし遠乗りを好み、毎年正月15日に行われる左吉兆行事では自ら騎乗し、そのカッコよさは、藩士・領民の話題に上ったようだ。また、茶町で大火が発生すると自ら火事羽織、馬上袴に身を包み指揮を執ったと伝えられている。

　藩主斉恒の治世で一番の功績は、当時流布していた平安時代の法令集『延喜式』の書写本の誤

りに憂慮し、正すべく藩の侍講で国学者の塙保巳一に校訂を命じ着手するも未完に終わる。しかし、次の9代藩主松平斉貴の時代に完成し、幕府に献上した。この『出雲版延喜式』は、現代に伝えられている。また、藩政改革「御立派改革」の継承と文化8（1811）年に古志原に人参方を設け、役所兼人参製造所を設置して専売を開始、同13年に幕府から他国売りの許可を得て雲州産、薬用人参を軌道に乗せた。

　このカッコ良い青年藩主に寄せる期待は、大きいものがあったが32歳の若さで急死し、治世期間は17ヶ年と短く惜しまれた。

　藩財政は、2回の結婚費用や文化11（1814）年の公役負担日光山修復普請手伝費用3万7千両や文政4（1821）年の関東川々普請手伝3万7千両、洪水による減収3万余石があり、捻出のため藩士の知行を減額する等財政は逼迫する。また領内では愁訴や一揆が相次ぎ、苦労も多かった。

　文政5（1822）年3月21日、享年32歳で逝去した。

　墓所は江戸麻布（東京都港区南麻布）天眞寺、改葬は松江市月照寺、法名は月譚院殿前出雲国主従四位下侍従兼出羽守露滴宗濯大居士と称す。

斉恒時代のトピックス

■幕府の公役　①日光御宮本坊その他修復御用3万7千両

　文化11（1814）年6月7日、惣奉行7代朝日丹波貴邦、副奉行7代高田極人、副奉行同様8代今村修禮、副奉行同様5代脇坂十郎兵衛が勤めた。滞りなく済ませ江戸城本丸檜の間に於いて青山下野守より、修復惣奉行朝日丹波貴邦は、白銀3拾枚、時服三、羽織一、別途藩主斉恒より小袖二、裃一具を、同様に副奉行7代高田極人は、白銀2拾枚、時服三、羽織一、別途藩主斉恒より小袖一、裃一具を拝戴する。副奉行同様8代今村修禮、副奉行同様5代脇坂十郎兵衛は、藩主斉恒より御意を成し下される。

■幕府の公役　②関東川々普請御用3万7千両

　文政4（1821）年4月24日、普請惣奉行7代高田極人、副奉行を7代三谷半大夫、8代柳多四郎兵衛一眞、5代脇坂十郎兵衛、6代乙部次郎兵衛が勤めた。滞りなく済ませ江戸城本丸檜の間廊下に於いて水野出羽守より、普請惣奉行7代高田極人は白銀3拾枚、時服三、羽織一、副奉行7代三谷半大夫は白銀2拾枚、時服三、羽織一を拝戴した。別途藩主斉恒より惣奉行7代高田極人は小袖二、裃一具、副奉行以下は小袖一、裃一具を拝戴する。

■杵築大社（出雲大社）修復大遷宮

　出雲大社の修復は、文化3（1806）年8月20日〜文化6（1809）年10月1日にかけて、惣奉行7代村松伊賀、他に御用懸を5代大野舎人、8代今村修禮、7代平賀筑後、7代高田極人が勤めた。滞りなく済ませ、惣奉行7代村松伊賀は、公儀牧野備前守より時服三、別途藩主斉恒より小袖二、裃一具を拝戴する。御用懸は、藩主斉恒より小袖一、裃一具を頂戴した。

（出雲大社は、平成20（2008）年４月から平成25（2013）年４月迄の５年間をかけて本殿や諸社殿の大改修を行い60年ぶりに「平成の大遷宮」を挙行した。総事業費は80億円、本殿は桧皮を葺き替え、棟飾りは伝統的な塗装「ちゃん塗り」を130年ぶりに復活させた。現本殿は文化６（1809）年、明治14（1881）年、昭和28（1953）年と60〜70年に一度の周期で行われている。平成25年５月10日に本殿遷宮祭が古式にのっとり盛大に営まれた。）

２．仕置役人事と重臣

表9-1　8代藩主松平斉恒時代の中老仕置添役と家老並仕置役・家老仕置役

治世期間	中老仕置添役	家老並仕置役・家老仕置役
文化３(1806)年 ３月11日〜 文政５(1822)年 ３月21日没	4代脇坂十郎兵衛・〜文化５（1808）○ 7代村松伊賀・〜文化10（1813）◎ 7代高田極人・〜文化12（1815）○ 8代今村修禮・〜文政３（1820）◎ 7代平賀筑後・〜文政５（1822）◎ 5代大野舎人・〜文政５（1822）◎ 3代赤木文左衛門 　文化５（1808）〜文化13（1816） 脇坂源五左衛門（4代嫡子） 　文化７（1810）〜文化９（1812） 7代小田要人 　文化10（1813）〜天保７（1836）◎ 7代三谷半大夫 　文化10（1813）〜文政５（1822）○ 7代仙石猪右衛門 　文化12（1815）〜天保８（1837）◎	7代柳多四郎兵衛・〜文化４（1807） 6代朝日丹波・〜文化12（1815） 5代高木佐五左衛門・〜文政３（1820） 5代塩見小兵衛・〜文政６（1823） 6代三谷権太夫・〜天保７（1836） 7代朝日丹波・〜天保８（1837） 4代脇坂十郎兵衛 　文化５（1808）〜文化９（1812） 　脇坂十郎兵衛は、○（家老並仕置役） 8代柳多四郎兵衛 　文化10（1813）〜天保８（1837） 7代高田極人 　文化12（1815）〜文政５（1822） 　高田極人は、○⇒◎（家老並〜家老仕置 　役に昇格） 8代今村修禮 　文政３（1820）〜天保13（1842）

（○は家老並に昇格、◎は家老に昇格、○⇒◎は家老並〜家老仕置役に昇格）

　文化３（1806）年３月15日、8代藩主松平斉恒の家督相続の御礼の儀に随行した家老は、6代大橋茂右衛門貞興、9代乙部九郎兵衛可備、8代神谷兵庫富真、7代柳多四郎兵衛一顕、6代有澤織部、朝日千助（6代朝日丹波恒重嫡子・後の7代貴邦）の6人である。11代将軍徳川家斉並びに大納言家慶に拝謁して太刀、銀、馬代を献上した。先代から引き継いだ家老仕置役は、藩政改革の経験者6代朝日丹波恒重を中心に5代塩見小兵衛、5代高木佐五左衛門、6代三谷権太夫長熙、7代柳多四郎兵衛一顕が若き藩主を支えた。

　藩主斉恒は、多忙な6代朝日丹波恒重の補佐役として嫡子千助を家老仕置役に取り立て補佐させた。また、藩政改革で功績のあった4代脇坂十郎兵衛を家老並仕置役に抜擢し重用した。藩主斉恒時代に最も活躍したのが、6代朝日丹波恒重と5代塩見小兵衛である。

表9-2　8代藩主松平斉恒が仕置役に抜擢し加増した家老並・家老

氏名	格式	元祖の禄高	文政5(1822)年時点	うち与力	加増額（与力）
6代朝日丹波恒重	家老	7千石	3千2百石	5百石	後見役、加増3百石
5代塩見小兵衛	家老	千石	千4百石	－	仕置役、加増4百石
5代高木佐五左衛門	家老	3百石	千2百石	－	仕置役、加増2百石
7代高田極人	家老	3百石	千石	－	仕置役、加増3百石
8代今村修禮	家老	2百石	千石	－	仕置役、加増2百石
4代脇坂十郎兵衛	家老並	5百石	7百石	－	仕置役、加増百石

（藩主治世期間　文化3（1806）年～文政5（1822）年間に、仕置役に抜擢され加増された家老）

　8代藩主松平斉恒が加増した家老並仕置役・家老仕置役は、後見役6代朝日丹波恒重が加増3百石、5代塩見小兵衛が加増4百石、5代高木佐五左衛門が加増2百石、7代高田極人が加増3百石、8代今村修禮が加増2百石、4代脇坂十郎兵衛が加増百石の6人である。

8代藩主松平斉恒の寵臣、名家老6代朝日丹波恒重と5代塩見小兵衛

　6代朝日丹波恒重は、元文4（1739）年、父5代朝日丹波郷保、母仙石城之助の妹良心院の間に誕生する。12人兄弟の次男として生まれる。長兄亀之助が3歳で早世したため嫡子となる。幼名を千太郎、後に千助、但見、大蔵、丹波と改める。妻は大野舎人の女青柳院である。

　天明元（1781）年～文化12（1815）年、没する迄の34年間の長きにわたり7代藩主松平治郷に25年間、8代藩主松平斉恒に9年間仕えた。

　6代朝日丹波恒重は、名家老父朝日丹波郷保の後を受け「御立派改革」開基の家柄、代々家老として大きな期待を担った。特に7代藩主松平治郷の期待は大きく、老齢であった父の丹波郷保の補佐役として明和8（1771）年に中老、分知5百石、他に役料百俵、手前抱足軽2人を賜る。

　天明元（1781）年、父の隠退に伴い家督2千6百石、内与力5百石を継ぎ、家老仕置役を拝命する。しかし、翌天明2年に「天明の大飢饉」が発生する。百姓一揆が勃発し対応に追われる。寛政7（1795）年、仕置役惣懸を仰せ付けられ重職を任せられた。

　翌8（1796）年、「御立派改革」も幾分綻びをみせ始めた。7代藩主松平治郷は、松江藩の永続的な富国政策とは、「御立派改革」の精神を継続する事であると認識し、功績のあった家老仕置役5代三谷権太夫長遶を退役させ、藩主自ら政治を行う親政「御直捌」を行い、華美になった国内の贅沢を戒め、徹底した倹約政策を断行した。この補佐役をしたのが丹波恒重である。

　倹約政策も成功し松江藩の財政も見事に立ち直った。その恩賞として寛政11（1799）年に加増3百石、更に文化7（1810）年に加増3百石を得て合計3千2百石となった。文化3（1806）年、若殿（後の8代藩主松平斉恒）の後見役を仰せ付けられ、翌4年に8代藩主松平斉恒より御字「恒」を頂き「恒重」と改めた。8代藩主松平斉恒の寵臣となる。

　一方、5代塩見小兵衛は、塩見家の中興の祖、父4代塩見小兵衛の後を受け、明和5（1768）年に父遺跡千石を相続、格式中老を賜る。時恰も「御立派改革」が始まった翌年のことである。小兵衛は、明和5（1768）年～文政6（1823）年、没する迄の56年間の長きにわたり、7代藩主松平治郷に39年間、8代藩主松平斉恒に17年間、9代藩主松平斉貴に2年間仕えた。

　父小兵衛の勤続年数58年間を合算すると、なんと二人で114年も勤めたことになり、長年にわ

たり松江藩へ大きく貢献した。松江藩の塩見家を著名にしたのは、正しくこの二人である。

　5代塩見小兵衛は、父と同様、7代藩主松平治郷から嘱望され、天明2（1782）年に仕置添役、手前抱足軽2人、軍用方受口を拝命し13年間勤めた後、寛政6（1794）年に家老仕置役、手前抱足軽5人に抜擢され、30年間の長きにわたり勤めた。小兵衛は、体が頑強で頭脳明晰、仕事ぶりも沈着冷静、諸問題を同時に解決する判断力に優れ、仕置役に適役の逸材であった。

　文化3（1806）年3月、7代藩主松平治郷の隠退に伴い松平斉恒が8代藩主を襲封する。8代藩主松平斉恒は、殊の外小兵衛を重用し、文化5年に加増2百石、更に文政元（1818）年に加増2百石を授け、小兵衛の精勤に応えた。

　藩主の塩見家へのお成りは、寛政7（1795）年に7代藩主松平治郷が初めてであるが、この頃、塩見縄手の中老屋敷から三の丸御殿前の御厩（現在の島根県民会館）裏に屋敷替えがあったと考えられる。7代藩主治郷のお成りが4回、8代藩主斉恒のお成りが14回あった。文政5（1822）年に月譚院（8代藩主松平斉恒）の遺言により9代藩主松平斉貴の後見役となった。

第9章　9代藩主松平斉貴

1．鷹殿様

> 生没：文化12（1815）年～文久3（1863）年〈49歳〉
> 治世期間：文政5（1822）年～嘉永6（1853）年〈32年間〉

9代藩主松平斉貴公廟所（月照寺）

9代藩主松平斉貴像（月照寺蔵）

　9代藩主松平斉貴は、文化12（1815）年3月18日、父は8代藩主松平斉恒、母は側室八百（浅尾氏・明相院）の長男として江戸赤坂邸で誕生する。幼名を鶴太郎と言い、後に直貴と称した。文政5（1822）年に父斉恒が急逝した際、鶴太郎があまりにも病弱であることから、重臣が集まり合議の上、津山藩主松平斉孝の二男儀次郎（のち信進）を舎弟として幕府に届け出た。

　幕府は、藩主が8歳と幼少である事から、目付赤松左衛門並びに滝川源作を出雲国に派遣し、国政を監視させた。

　また、文政5（1822）年、先代藩主松平斉恒の遺命により、5代塩見小兵衛宅共が後見役となるも翌6年に没し、一同哀惜したと言われている。後任に7代朝日丹波貴邦が後見役となった。

　文政9（1826）年に元服し、11代将軍徳川家斉から偏諱「斉」を授かり斉貴と称し、従四位下・侍従兼出羽守に叙され、後年に藩祖松平直政以来の「従四位上・左近衛権少将」に昇叙した。致仕後、斉齋と改め、その後、剃髪して瑶光翁と号す。

　奥方は、肥前国佐賀藩主鍋島肥前守斉直の娘充姫（林昌院）である。子供は一男二女をもうけた。側室は、美恵（上川氏）、娃寿（宇多喜氏・歌木氏・指光院）の二人。

　9代藩主松平斉貴の治世は、前半と後半で明暗が分かれる。

　文久3（1863）年3月14日、享年49歳で逝去した。墓所は江戸芝（東京都港区）天徳寺、改葬は松江市月照寺、法名は直指庵前出雲国主従四位上少将竹林瑶光居士と称す。

前半の治世

　9代藩主松平斉貴は、才知に優れ文学を好み、先代から引き継いだ『出雲版延喜式』の校訂を完成させ幕府に献上した。また、幕命により『南史』八十巻、『北史』百巻を校刻した。

他藩に先駆けいち早く西洋文学を取り入れ、『蘭仏辞典』、『仏蘭辞典』等を取り寄せ蘭学を研究し、蘭学者を教授として招き藩士に蘭学を学ばせた。他に西洋の砲術・医学を導入する等松江藩の近代化に尽力した。なお西洋砲術は、次期藩主10代松平定安の軍政改革に大いに役立ったと言われている。

　先々代から行われた藩政改革「御立派改革」は成功し継承された。藩財政は、一般会計の年貢収入も安定して増加し、更に殖産興業は軌道に乗り出雲国の特産物が多く産出された。これらの特産物は、藩の御手船や北前船により全国に輸出され大きな利益をもたらした。その中心となったのが松江藩直営の薬用人参、木蝋生産、鋳物工業等である。松江藩の収入は増大し、特別会計・鵜部屋橋の金蔵は黄金で唸った。

　文政12（1829）年、公役関東川々の普請手伝3万千両を仰せ付けられるも、一般会計並びに特別会計で支払った。また、土木事業では、天保2（1831）年2月15日に斐伊川の洪水対策として簸川郡出西から出雲郡荘原間の2里半（約9.8km）に及ぶ新川大普請に着手し、翌年の2月に完成させた。この川筋変更により水害防止や農業用治水対策及び新田の造成や水運の便を図った。この大普請の完成により、天保の大洪水に大いに役立ったと言われている。以上、幕府の公役普請及び新川大普請の支払いを終え、藩主斉貴は家老仕置役7代朝日丹波貴邦に恩賞を与える等安堵した様子が窺える。

　天保3（1832）年に江戸時代三大飢饉の一つ「天保の大飢饉」が全国規模で発生する。

　出雲地方は、天保3年に始まり天保9年まで続き大被害となった。連年の被害は頂点に達し、その惨状は想像を絶するものであった。この天保の大飢饉は全国で発生し、各藩に於いては多くの餓死者を出し百姓一揆が多発する。松江藩は、大飢饉により害穀・減穀・減収石高を合算すると28万5千余石の大損害となったが、一般会計並びに特別会計（御金蔵御有金）で賄い罹災者を救済し急場を凌いだ。

　また、天保5（1834）年に幕府へ巨額の上納金6万両、同7年に3万両、同9年に3万両の合計12万両を出した。この献金大作戦は、『松江市誌』には、松江藩の格式を重んじた形式加重の「見栄」、また、『松江市史 通史編3 近世Ⅰ』では官位を得るためと記され、松江藩祖松平直政が叙任した官位「従四位上少将」を意識した献金と記述されている。この献金により天保9年に念願の藩祖に続く「従四位上少将」への昇叙を遂げ、歯簿に眉尖刀（行列の時の長刀）を用いる事が許され、松江藩の格式は上がったが、一方では、高額の支出となった。この財政負担は、臨時的な対応では賄えるものものではなく、家臣や領民に多大な負担をかけるものとなった。

　天保8（1837）年に肥前国佐賀藩主鍋島斉直の娘充姫と結婚する。

　以上、前半の治世を述べたが、幕府の公役普請及び新川大普請を行い、天保の大飢饉を乗り切り、幕府への多額の上納金はあったが、特別会計は大きく減じたものの、余剰金は残った。

後半の治世

　一方、藩主斉貴は、凝りだすと徹底して打ち込む性格であった。西洋に傾倒し、電信機、鉄製金庫、写真機、望遠鏡等多種多様に及び、特に時計の蒐集は熱狂的なマニアであった。趣味も多彩で相撲や美保関での捕鯨に熱中した。また、鷹狩を好み、鷹に対し異常な興味を示し、鷹の研究に没頭した。鷹の収集はもとより鷹の専門書900冊余りを集め、自ら鷹狩の作法を書き、三の

丸御殿御鷹部屋には鷹匠20余名を抱え、高禄を与えて鷹匠町に住まわせた。良い鷹には金に糸目をつけず、鷹の数も度を超していた。人は「鷹殿様」と言う。

　藩財政も順調に推移し、藩主並びに家老仕置役も気が緩み会計の紐が緩んだことは否めない。藩主斉貴は、天保の大飢饉も凌ぎ、結婚も終え、官位「従四位上少将」の昇叙も遂げたが、天保9（1838）年に、藩主斉貴が最も信頼していた寵臣家老7代朝日丹波貴邦が没し、藩主を諫言する者もいなくなった。

　天保10（1839）年頃からやる気を無くし、大きく歯車が狂いだした。

　また、翌11（1840）年に先々代から支払い続けた対外債務49万2千両の長期分割弁済が完済した。更に、先代時代に成功した薬用人参の販売に力を入れ、幕府と上納銀の減額交渉に成功し、長崎役所に於いて中国との貿易が好条件で取引され莫大な利益をもたらした。雲州産の薬用人参は、品質も良く高値で取引され、同14年には、毎年5千両〜1万両の安定した収入を得るに至った。

　弘化4（1847）年、9代藩主松平斉貴は、孝明天皇即位大礼に12代将軍徳川家慶の命により奉賀使を勤め、大典に参列して大役を果した。

　安堵した藩主斉貴は、嘉永2（1849）年以降は、国許に帰らず参勤交代の義務を怠った。

　嘉永3（1850）年8月8日、藩主斉貴に長女熙が誕生する。

　嘉永4（1851）年に城東砂村新田（現在の東京都江東区南砂）にあった毛利侯所有の砂村屋敷数千町を2万両で買い受け、多額な費用をかけて豪邸を建設した。この豪邸で朝から鷹狩や酒を飲み馬鹿囃子に熱中した。

　一方、国内では、弘化元年から4年と嘉永元年から4年にかけて大凶作となり、度重なる被害穀高の増大に国内に倹約令を発したり、家中知行高を減禄する等藩政は乱れた。

松江藩幻のお家騒動「片山騒動」と背景

　天保10（1839）年頃より藩主斉貴の行状は乱れ、朝から鷹狩に熱中し馬鹿囃子や大酒酔狂淫蕩甚だしく、その風聞は江戸城まで達したと言う。松江藩は、「譜代大名・国持大名」と雖も武家諸法度に触れる恐れがあり、家老仕置役9代神谷源五郎富高・7代仙石猪右衛門等の重臣が入れ替わり諫言したが効果がなく、遂に江戸詰家老仕置役6代塩見増右衛門が辞世を残して諫死した。

　嘉永5（1852）年に藩主斉貴は、大慌てで国へ帰るも、藩内では将来を憂慮した家老や若手を中心に不平不満が充満し藩主交代を叫ぶ声も多かった。

　この頃、広瀬藩家老8代片山主膳及び松江藩家老7代三谷権太夫長敏並びに嫡子近習頭忠太郎、用人役安藤貞兵衛及びその子謙之丞、下役人中溝平次等が中心となり、当時、名君の誉れが高かった松江藩の支藩・広瀬藩主を迎えんと策略したが、藩主派に露見し事は不成功に終わった。

　憂慮した松江藩の親類大名越前福井、美作津山、肥前佐賀の諸藩主が合議の上、藩主斉貴を隠退させ津山藩松平斉孝の四男済三郎（定安）を養子とした。事は公にはならずに治まり落着した。

　この騒動の主要因は、①9代藩主松平斉貴が武家諸法度を疎かにし、重臣の忠告や諫言を聞き入れず、家老や若手藩士を中心に不満が充満したものであるが、他に②松江藩の支藩広瀬藩の8代藩主松平直寛及び9代藩主松平直諒が名君の誉れが高く、③首謀者とされた広瀬藩家老片山家は、元々松江藩からの出向家老で松江藩に縁戚や知人も多く人脈があった、④反藩主派の中心人

物が代々家老の三谷家で賛同者も多く、また、嫡子家老忠太郎は、若手藩士のリーダー的存在で同調する若者も多かったこと等が考えられる。

「片山騒動」の処罰は、8代片山主膳が広瀬藩から松江藩に帰され、家老及び知行高7百石を没収の上、隠居並びに押し込みを命ぜられる。が、格別の憐憫により倅織部が格式組外、知行高2百石を授かり許された。また代々家老7代三谷権太夫長敏他重臣は、お構いなしの仕置となり、三谷家は代々家老の家柄により残った。松江藩内での代々家老の格式の高さを再認識する機会となった。しかし、嫡子三谷忠太郎並びに若手藩士の処罰は重かった。

三谷忠太郎は、自宅謹慎処分となり嫡子を除かれ格式家老及び知行高5百石併せ役料百俵は没収され、若手藩士の処分も同様の厳しいものであった。

「松江市誌 資料編7 松平慶永書状」によれば、この事件は、宮家の御聴に達する処となり、藩主松平定安宛てに尹宮様（孝明天皇の側近）より松平慶永（春嶽）を通じて三谷忠太郎の名誉回復の赦免願いが出されている。これに対し藩主松平定安は、家老と相談の上、丁重な断りの返書を送っている。その後、8代三谷権太夫長順の涙ぐましい努力もあり、慶応4（1868）年6月5日に謹慎処分も解け放免となる。忠太郎は、廃藩置県後の明治5年2月10日に没した。戒名は、西生院安譽定心居士と称す。10代藩主であった松平定安を上下に二分した戒名は、意味深長で無念さが窺える。

（参考引用文献『松江市誌』、『松江文化情報誌湖都松江第10号』、『松江市史 通史編3 近世Ⅰ』『松江藩の時代』、『新松平定安』）

天保の大飢饉

表10-1 「天保の大飢饉」被害石高

年号	被害石高
天保3（1832）年	出雲地方大雨、害穀2万7千余石
天保4（1833）年	出雲地方凶作、減穀8万6千石、米価高騰
天保6（1835）年	出雲地方長雨、松江城下浸水、秋に再び洪水、害穀9万9千石
天保7（1836）年	出雲地方夏大洪水、出水2丈3尺、山崩7千5ヶ所、死者4人、減穀13万8千6百余石、米価高騰
天保9（1838）年	出雲地方気候不順、出水頻発、減収6万石

天保3（1832）年に江戸時代三大飢饉の一つ「天保の大飢饉」が全国規模で発生した。出雲地方は、天保3年に始まり天保9年まで続き大被害となった。

連年の飢饉は、頂点に達し、その惨状は想像を絶するものであった。百姓はもとより商人、僧侶、神職に至るまで草の根、木の葉や実、海藻などを食べるほどであったと言う。

この「天保の大飢饉」は、全国で多くの餓死者を出し、特に東北地方の出羽、陸奥の被害が大きかった。その後、弘化元年、2年、3年、4年と洪水は続き、更に嘉永元年、2年、3年と大洪水が連続して発生した。殊に嘉永3（1850）年の凶作は被害甚大で被害石高は、15万7千3百8拾余石に及び享保17年以来の大凶作となった。松江藩は、蔵より貯粟を出して救民を救った。また、藩士の知行高を減じ急場を凌いだ。

斉貴時代のトピックス

■幕府の公役　関東川々普請手伝３万千両

　文政12（1829）年６月20日、惣奉行８代今村修禮、補佐役６代高木佐五左衛門が勤めた。12月24日に普請を滞りなく済ませ、江戸城本丸檜の間に於いて水野出羽守より惣奉行８代今村修禮は、白銀３拾枚、時服三、羽織一を拝戴する。

■江戸城西の丸炎上、幕府へ３万５百両を上納

　天保11（1840）年３月21日、上納金３万５百両を済ませ、江戸城本丸檜の間に於いて水野越前守より９代今村唯市は、白銀２拾枚、時服三を拝戴する。４代石原弥八は、上納金を滞りなく済ませ白銀２拾枚、時服二、藩主からも裃一具を拝戴した。

　家老仕置役９代神谷源五郎富高は、資金繰り苦しい中、上納金を滞り無く済ませ、藩主斉貴より幕府からの拝領物の熨斗目を拝戴し、他の８代今村修禮、５代大野舎人並びに嫡子貢、７代小田要人、８代高田直人、７代斎藤中、８代石原九左衛門は、幕府からの拝領物、裃一具を夫々頂戴する。

■日光御宮修復手伝

　嘉永４（1851）年４月８日、惣奉行６代塩見増右衛門、副奉行10代今村修禮秀徳、副奉行６代脇坂十郎兵衛、副奉行５代赤木文左衛門、副奉行同様８代垂水伊織、副奉行同様６代間瀬源蔵が勤めた。が、惣奉行６代塩見増右衛門は、藩主斉貴を諌言するため武蔵に於いて切腹する。

　12月６日、普請を全て済ませ、江戸城本丸檜の間に於いて水野越前守より副奉行10代今村修禮秀徳は、白銀２拾枚、時服三、羽織一を拝戴し、別途藩主斉貴より小袖一、裃一具を頂戴する。

■出雲郡新川大普請

　天保２（1831）年２月15日〜天保３（1832）年２月にかけて、斐伊川の洪水対策として簸川郡出西から出雲郡荘原間の２里半（約9.8km）に及ぶ新川大普請に着手し完成させた。この川筋変更により水害防止や農業用治水対策及び新田の造成や水運の便を図った。

　総指揮を執ったのが７代朝日丹波貴邦である。多額の支払いを済ませ、最樹院拝戴の鞍 鐙^{くらあぶみ}並びに裃一具を拝領した。補佐したのが７代小田要人、６代黒川左膳の二人で、藩主斉貴より裃一具を頂戴する。

■孝明天皇即位大礼の奉賀使

　弘化４（1847）年９月23日、９代藩主松平斉貴は、孝明天皇即位大礼に12代将軍徳川家慶の命により奉賀使を勤め、大典に参列して大役を果たす。10月12日に江戸に還り幕府に勅答し、従四位上に叙せられた。

２．仕置役人事と重臣

表10－2　9代藩主松平斉貴時代の中老仕置添役と家老並仕置役・家老仕置役

治世期間	中老仕置添役	中老仕置添役追加
文政5（1822）年 5月23日～ 嘉永6（1853）年 9月5日隠居	7代平賀築後・～文政5（1822）◎ 7代三谷半大夫・～文政5（1822）○ 5代大野舎人・文政5（1822）◎ 7代小田要人・～天保7（1836）◎ 7代仙石猪右衛門・～天保8（1837）◎ 5代脇坂十郎兵衛 　文政5（1822）～文政9（1826） 7代團弥一右衛門 　文政5（1822）～文政12（1829）○ 6代黒川左膳 　文政5（1822）～天保9（1838）○ 5代望月圓次 　文政10（1827）～嘉永2（1849） 7代和多田何右衛門 　文政11（1828）～天保7（1836） 6代高木佐五左衛門 　文政12（1829）～天保5（1834） 9代今村唯市 　文政12（1829）～天保13（1842）○ 朝日大蔵（7代嫡子） 　天保3（1832）年～天保9（1838） 3代柳多波江 　天保6（1835）～嘉永4（1851） 8代高田直人 　天保7（1836）～弘化2（1845）◎ 大野貢（5代嫡子） 　天保7（1836）～嘉永2（1849） 8代石原九左衛門 　天保8（1837）～天保12（1841）○ 7代斎藤中 　天保9（1838）～弘化元（1844） 7代黒澤三右衛門 　天保12（1841）～文久2（1862） 6代早田彦兵衛 　天保13（1842）～天保14（1843） 小田隼人（7代嫡子） 　天保13（1842）～嘉永3（1850） 三谷忠太郎（7代嫡子） 　天保14（1843）～嘉永5（1852）◎ 5代葛西源右衛門 　弘化元（1844）～嘉永7（1854）○ 7代高木佐五左衛門 　弘化2（1845）～嘉永6（1853）○ 8代垂水伊織 　弘化2（1845）～嘉永5（1852）○ 6代間瀬源蔵 　弘化4（1847）～文久元（1861） 6代脇坂十郎兵衛 　嘉永2（1849）～安政6（1859）◎ 10代今村修禮 　嘉永3（1850）～安政3（1856）○	5代赤木文左衛門 　嘉永3（1850）～文久3（1863）○ 8代仙石猪右衛門 　嘉永5（1852）～文久元（1861）○ 團仲（8代嫡子） 　嘉永5（1852）～嘉永6（1853） 6代高橋九郎左衛門 　嘉永5（1852）～慶応4（1868） **家老並仕置役・家老仕置役** 7代高田極人・～文政5（1822） 5代塩見小兵衛・～文政6（1823） 6代三谷権太夫・～天保7（1836） 7代朝日丹波・～天保8（1837） 8代柳多四郎兵衛・～天保8（1837） 8代今村修禮・～天保13（1842） 7代平賀筑後・文政5（1822）～文政13（1830） 5代大野舎人・文政5（1822）～安政3（1856） 9代神谷源五郎 　天保2（1831）～天保14（1843） 7代小田要人・天保7（1836）～嘉永3（1850） 7代仙石猪右衛門 　天保8（1837）～天保12（1841） 7代大橋豊後・天保9（1838）～文久2（1862） 8代石原九左衛門 　天保12（1841）～弘化2（1845） 　石原九左衛門は、○（家老並仕置役） 8代朝日千助・天保13（1842）～嘉永2（1849） 8代高田直人・弘化2（1845）～嘉永6（1853） 10代乙部九郎兵衛 　弘化2（1845）～安政6（1859） 6代塩見増右衛門 　嘉永3（1850）～嘉永4（1851） 8代小田隼人 　嘉永3（1850）～安政4（1857） 　小田隼人は、○⇒◎（家老並～家老仕置 　役に昇格） 8代垂水伊織 　嘉永5（1852）～万延元（1860） 　垂水伊織は、○⇒◎（家老並～家老仕置 　役に昇格） 7代三谷権太夫 　嘉永5（1852）～嘉永5（1852） 7代三谷権太夫 　嘉永6（1853）～安政7（1860）帰役

（○は家老並に昇格、◎は家老に昇格、○⇒◎は家老並～家老仕置役に昇格）

文政5（1822）年3月21日、9代藩主松平斉貴は、父斉恒の急逝により急遽、藩主を襲封する。4年後の文政8（1825）年11月1日に11代将軍徳川家斉並びに大納言家慶に御目見が許された。御目見の儀に随行した家老は、6代大橋茂右衛門貞興、9代乙部九郎兵衛可備、6代三谷権太夫長熙、9代神谷源五郎富高、8代柳多四郎兵衛一眞、8代今村修禮の6人である。11代将軍徳川家斉並びに大納言家慶に拝謁して太刀、銀、馬代を献上した。

　また文政10（1827）年10月1日、7代三谷半大夫は、11代将軍徳川家斉並びに内府家慶に拝謁し太刀、銀、馬代を献上しているが、恐らく前年に藩主斉貴が元服して将軍家斉の偏諱「斉」を頂いた御礼と考えられる。

　8歳で9代藩主を襲封した斉貴の治世は、当然、前藩主松平斉恒時代の重臣が取り仕切った。5代塩見小兵衛、7代朝日丹波貴邦、6代三谷権太夫長熙、8代柳多四郎兵衛一眞、7代高田極人、8代今村修禮の6人である。この内、前藩主斉恒の遺言により5代塩見小兵衛が後見役となり補佐したが翌年に没したため、7代朝日丹波貴邦が後見役を引き継ぎ、藩主を支えた。

　他に重用されたのが5代大野舎人、7代小田要人の二人である。5代大野舎人は、7代藩主松平治郷に嘱望され、中老仕置添役を18年間、仕置役を35年間の長きにわたり勤め4代藩主に仕えた。大野舎人の卓越した政治手腕は、歴代藩主の信任が厚く9代藩主松平斉貴も重用した。もう一人の7代小田要人は、仕置役を15年間勤め、その功績により役料4百俵を拝戴した。

　9代藩主松平斉貴の家老仕置役人事の特徴は、代々家老六家を起用した事である。と言うのも歴代藩主は、代々家老大橋家と乙部家には役職を与えず藩政の総括を任せていたが、藩主斉貴は慣例を覆し7代大橋豊後基孚並びに10代乙部九郎兵衛可時を仕置役に起用し、他の代々家老7代朝日丹波貴邦、6代三谷権太夫長熙、9代神谷源五郎富高、8代柳多四郎兵衛一眞も仕置役に重用した。この中で若き藩主斉貴が一番頼りにしたのが後見役7代朝日丹波貴邦である。

　しかし天保9（1838）年に朝日丹波貴邦が没すると「よきに計らえ」と頼みとする家老もいなくなり、翌天保10年頃から馬鹿囃子や大酒酔狂に明け暮れ、藩政に身が入らず行状が乱れた。

　家老仕置役人事は、朝日丹波貴邦の後任に7代小田要人、7代大橋豊後基孚、8代石原九左衛門を次々と起用し、弘化2（1845）年に10代乙部九郎兵衛可時を加えて体制を整えた。しかし体制は整えたが藩主の乱行は益々エスカレートし、遂に嘉永4（1851）年に仕置役6代塩見増右衛門が藩主斉貴を諫言するため、辞世を残して切腹した。

　このように9代藩主斉貴の治世後半の仕置役人事は、代々家老大橋、乙部の起用により藩内の不満を鎮めようとしたが、藩主自ら遊蕩三昧では家臣は付いて来るはずもなく、代々家老と雖も治めることは難しかったと考えられる。

表10-3　9代藩主松平斉貴が仕置役に抜擢し加増した家老

氏名	格式	元祖の禄高	嘉永6(1853)年時点の禄高	うち（与力）	加増額（与力）
7代朝日丹波貴邦	家老	7千石	3千8百石	5百石	加増6百石、仕置役
5代大野舎人	家老	千石	千4百石	－	加増2百石、仕置役

（藩主治世期間　文政5（1822）年〜嘉永6（1853）年間に、仕置役に抜擢され加増された家老）

　9代藩主斉貴が加増した家老仕置役は、7代朝日丹波貴邦が加増6百石、5代大野舎人が加増2百石である。

9代藩主松平斉貴の後見役、名家老7代朝日丹波貴邦の活躍

　7代朝日丹波貴邦は、文化12（1815）年〜天保9（1838）年、没する迄の24年間、8代藩主松平斉恒に8年間、9代藩主松平斉貴に17年間仕えた。丹波貴邦は、文化2（1805）年、25歳の時に分知5百石を得て、翌文化3年に松平斉恒が8代藩主を襲封するや家老仕置役に抜擢され、藩主斉恒の命により多忙な父丹波恒重を補佐する。

　同年、8代藩主松平斉恒の家督御礼の儀に随行し、11代将軍徳川家斉並びに大納言家慶に拝謁し太刀、銀、馬代を献上した。嫡子で随行要員に選ばれるのは異例のことである。

　文化11年に日光本坊外修復御用惣奉行を命ぜられ完成させた。翌文化12年に父遺跡3千2百石、内与力5百石を相続、家老仕置役並びに軍用方を拝命する。文政6（1823）年、藩主斉貴の後見役5代塩見小兵衛宅共が没すると、後任に丹波貴邦が抜擢された。

　丹波貴邦は、若くして多忙な父を補佐し「御立派改革」開基の重き家柄として藩主の信任は厚く、また藩主の後見役として藩主の意見具申はもとより、藩政の舵取りに睨みをきかせた。度々重きポストを辞退するも決して許されなかった。

　文政11（1828）年に藩主松平斉貴の御字「貴」を頂き「貴邦」と改める。天保3（1832）年、出雲郡新川大普請の多額な入用銀を滞りなく済ませ、最樹院（11代将軍徳川家斉実父）より拝受の鞍鐙と帷子、袴を拝領した。

　天保5（1834）年に後見役を辞し、恩賞として加増3百石を得て、更に翌天保6年に上納金を滞りなく済ませ加増3百石を賜り合計3千8百石となる。天保8年に仕置役、軍用方の重職を辞し、天保9（1838）年3月18日に出雲に於いて没した。享年58歳であった。

9代藩主松平斉貴の寵臣、名家老8代今村修禮と5代大野舎人

　8代今村修禮は、天明4（1784）年に父遺跡8百石、格式組外を相続する。文化元（1804）年に中老仕置添役となり17年間勤める。文化3年に杵築大社修復御用懸、文化11年に日光本坊外修理副奉行同様を拝命し完成させた。8代藩主松平斉恒の参勤交代の御供を6回勤め、その精勤ぶりが認められ2百石の加増を得て千石となる。文政3（1820）年に家老仕置役となり、藩主松平斉貴の将軍御目見の儀に随行し、11代将軍徳川家斉並びに内府家慶に拝謁し太刀、銀、馬代を献上した。文政12（1829）年に幕府の公役関東川々普請御用惣奉行を拝命し完成させた。

　藩主斉貴の寵臣となり、何時も藩主の側にあり、参勤交代の御供を度々勤める。天保13（1842）年に隠居が許され隠居料2百俵を拝領する。同年11月1日、出雲に於いて没した。

　一方、5代大野舎人は、寛政9（1797）年に父遺跡千2百石、格式中老を相続する。文化2（1805）年に7代藩主松平治郷の帰国御礼使者として11代将軍徳川家斉に拝謁し紗綾二巻を拝戴した。翌文化3年藩主治郷に嘱望され、若くして仕置添役を拝命し18年間勤める。続く文政5（1822）年に家老仕置役に抜擢され35年間勤めた。

　仕置添役と仕置役の通算年数が51年にも及び7代藩主松平治郷、8代藩主松平斉恒、9代藩主松平斉貴、10代藩主松平定安の4代藩主に仕え藩主を支えた。大野舎人の卓越した政治手腕は歴代藩主の信任が厚く、3回も辞職願を出すも余人をもって代え難く、なかなか許可が下りなかった。その功績に対し4百石の加増を得て千6百石となる。

　安政5（1858）年に隠居が許され、号遊寛と称した。同7年正月25日、出雲於いて没した。

第10章　10代藩主松平定安

1．軍政改革を行った名君

■ 生没：天保6（1835）年～明治15（1882）年〈48歳〉
■ 治世期間：嘉永6（1853）年～明治2（1869）年〈17年間〉

10代藩主松平定安（松江市蔵）

　10代藩主松平定安は、天保6（1835）年4月8日、父は津山藩主松平斉孝、母は側室知雄（雨森氏・法乗院）の四男として作州津山で誕生する。幼名を済三郎、後に徳広、直利と称した。
　8歳で基礎教育を学び、12歳で朱子学や乗馬、14歳で槍術と弓術、嘉永3年に習字と剣術及び越後流の兵学や軍学の指南を受け文武両道に励み成長する。
　松江藩9代藩主松平斉貴は、遊蕩三昧に溺れ国政を軽んじ藩内の政治が乱れた。
　憂慮した松江藩の親類大名越前福井藩、美作津山藩、肥前佐賀藩の諸藩主が集まり合議の上、藩主斉貴を隠退させ、急遽津山藩主松平斉孝の四男済三郎を松平斉貴の長女熙姫（光彩院）の聟養子として迎え後継者とし、嘉永6（1853）年9月に10代藩主を襲封させた。
　藩主になった済三郎は、13代将軍徳川家定の偏諱を授かり「定安」と改める。子供は、五男十女の子宝に恵まれたが、長男恵之丞及び女子六人は早世であった。
　側室は春（鶴岡氏、梅雪院）、里（榊原氏のち那須氏）の二人がいた。
　嘉永6（1853）年、従四位下・侍従兼出羽守に叙され、のち従四位上・左近衛権少将に昇叙した。明治2（1869）年に出羽守を改め出雲守と称した。
　松江藩の後継者は、前藩主斉貴の長男弐等麿（瑤彩麻呂）を養子に迎え嫡子とした。後の11代松平直応である。定安の息子源寿郎（安敦）は、山陰道鎮撫使下向の際に身を挺して国を守った名家老大橋筑後安幾の長女睦路の聟養子となる。大橋家はこの安敦が後継者となった。
　さて、嘉永6（1853）年6月3日、アメリカ使節ペリー提督は、軍艦四隻を率いて浦賀に来航し開国を迫った。その3ヶ月後に定安は、藩主を襲封したのである。正に時代が大きく動いた時期であった。定安は、アメリカの巨大軍艦の来航に大きな衝撃を受け、軍備強化の必要性を痛感した。

嘉永7（1854）年2月8日に松江に初入国した定安は、早速、領内の砲台等の軍事施設を視察し、軍政改革に着手した。安政2（1855）年4月、先代が築いた全国で四番目の反射炉（藩営釜甑方）で大砲の製造を行い、更に藩兵の洋式編成や洋式銃と大砲の調練並びに文久2（1862）年8月に英国製鋼鉄船と米国製木造蒸気船を長崎で購入した。

軍艦は、夫々大砲六門と四門、小銃を五十挺と三十挺を供え、第一八雲丸、第二八雲丸と命名し海防に備えた。当時、軍艦の保有は珍しく幕府や福井藩、薩摩藩、金沢藩等のみで、藩主定安の軍政改革にかける並々ならぬ意気込みが感じられる。この二隻の軍艦は、幕府の用務並びに福井藩のサポート、京都御固所警衛や第二次長州征伐の兵士並びに食料の輸送等で大活躍する。また、松江藩は、朝廷や幕命により横浜の武州本牧警衛や大坂安治川口砲台守備、朝廷御警衛、京都二条城や京都御固所、山崎・八幡等の警備を行った。

幕府の公役、禁裏御所方普請

安政3（1856）年4月25日、惣奉行8代垂水伊織、惣奉行8代小田隼人、副奉行同様大野三八（5代大野舎人嫡子）、副奉行同様7代塩見小兵衛宅富、副奉行同様8代仙石猪右衛門、副奉行同様6代脇坂十郎兵衛、副奉行同様5代赤木文左衛門章時が勤めた。

12月26日、普請を全て済ませ、江戸城本丸檜の間に於いて堀備中守より惣奉行8代垂水伊織は、白銀2拾枚、時服三、羽織一を拝戴し、別途藩主定安より小袖一、裃一具を頂戴した。

松江藩の第一次長州征伐

元治元（1864）年、尾張侯徳川慶勝は総督となり山陰、山陽、四国、九州21藩に対し長州討伐命令を下した。第一次長州征伐は、11月16日に総督は廣島に進み、本営を国泰寺に置き、松江藩は石州口、越前丸岡藩の二の手を引き受けた。

藩主定安は、11月9日に黒印の軍令状を、一之先隊士大将8代大橋筑後安幾、二之見隊士大将10代神谷兵庫富雄、遊軍隊士大将8代三谷権太夫長順、小荷駄隊長9代小田均一郎等に授けた。一之先隊は、11月16日に出発、神門郡古志村より知井宮村の間に進み、二之見隊は、11月17日に出発、神門郡今市町より大津町に進み、遊軍隊は、翌18日に出発、出雲郡庄原村より意宇郡湯町に至る間に着陣した。総勢1592人、馬110頭の陣容であった。

これに対し長州藩は、三家老（国司・福原・益田）の重臣を屠腹せしめ謝罪の意を表し、戦わずして降伏した。幕府軍はこれを入れ総督は、全軍の解散を命じ松江藩の諸隊も帰陣した。

松江藩の第二次長州征伐

慶応元（1865）年11月、第二次長州征伐では松江藩は、幕府より紀州和歌山藩、福山藩、浜田藩の後詰めを要請され、同2年6月に石州口へ出兵する。

藩主定安は、軍隊を一之先、二之見、遊軍、旗本の四隊に分け、一之先備士大将に6代大野舎人、二之見備士大将に10代神谷兵庫富雄、遊軍備士大将に9代平賀縫殿、小荷駄備士大将9代朝日千助重厚、旗本隊は藩主自ら率いた。また、松江城下固旗頭備士大将に8代大橋筑後安幾を任命し、併せて松江藩松平氏一族の守護役を勤めさせた。

一之先士大将6代大野舎人は、6月3日に松江を出発、温泉津経由で第二八雲丸（士大将9代

小田均一郎豊雅）に搭乗し、6月に石州浜田の熱田後山上に本陣を構えた。また、後方支援として温泉津に二之見備士大将10代神谷兵庫富雄が着陣、遊軍備士大将平賀縫殿と小荷駄備士大将朝日千助重厚は、神門郡田儀村（現在の出雲市多伎町田儀）へ出陣。藩主定安は、旗本隊を率いて楯縫郡平田（現在の出雲市平田町）に布陣した。

　いよいよ大村益次郎率いる長州藩と戦闘状態に至り、松江藩の大砲対長州藩の小銃（ミニエール）の戦いとなる。慶応2（1866）年7月16日、石州浜田内村の合戦で6代大野舎人率いる一之先隊が長州軍陣地に大砲を撃ち込み長州軍は、戦死者30人、負傷者70人の損害を出し白旗を上げ敗走する。藩主定安は、大いに喜び一之先備士大将大野舎人に恩賞として2百石及び太刀一腰、7代石原市之進に百石及び太刀一腰を授け、7代熊谷伝蔵知好には白鞘脇差一腰、9代本多権八等に加増2拾石、他にも賞金を賜った。

　その後、長州藩は松江藩との戦いを避け紀州和歌山藩、福山藩、浜田藩を猛攻し三藩は敗走する。松江藩は浜田まで退き陣営を整えるも、浜田藩は籠城自ら支える力なしと判断、城中に火を放ち落城した。藩主松平武聡は、漁夫に変装し漁船で脱走中、難破しかけた所を松江藩第二八雲丸に救助され大社杵築港に上陸、藤間家へ入った。その後、藩主一行は、三谷家老下屋敷並びに近在の寺に宿泊、総勢874人は翌年3月に新封地美作の浜田領8千石へ移って鶴田藩を起こした。

山陰道鎮撫使の難題四ヶ条の演達書と名家老8代大橋筑後の活躍

　慶応4（1868）年1月、朝廷は官軍の山陰道鎮撫使総督に公卿西園寺公望を任命した。1月12日、山陰道鎮撫使総督は、鳥取・薩摩・長州の三藩に命じ、松江・浜田両藩について朝廷に対する敵意の有無を取り調べさせた。この時点で藩主定安は、幕府、朝廷どちらに付くか、天下の情勢を掴むため家老仕置役9代朝日千助重厚及び内務取次役・儒学教授雨森謙三郎に命じ、自身の故郷である美作津山藩や越前福井藩の動向を調べさせた。従って、松江藩の藩論が遅れたことは否めない。朝日千助重厚から諸藩が朝廷に謹んで朝命を受けている状況を聴き、定安は1月16日に朝廷に謹んで従う藩論を決定した。

　藩主定安は、病を押して朝廷へ恭順の意を表すため1月19日に松江を出発し上洛の途に就き、道順に播州作用経由を選んだ。山陰道鎮撫使とは擦れ違うはずもないのに故意に他の道を選んだとか、他藩は挨拶があったのに松江藩は挨拶がなかったとか難癖をつけられた。

　この間、松江藩にとって誠に都合の悪い事件が起きた。1月18日、松江藩軍艦第二八雲丸が京都御固所守護兵の兵糧輸送のため敦賀に向け航行中、機関故障により宮津港（現在の京都府宮津市）に入港した。更に1月29日に松江に帰航中またもや故障し宮津に引き返し入港した。

　この場所が山陰道鎮撫使滞在地但馬国村岡の近くであったことから鎮撫使を攻撃するのではとの嫌疑をかけられ抑留されてしまった。且つ、山陰大小の諸藩とも西に下る山陰道鎮撫使の本営を訪れ、官軍に恭順の誓約書を差し出しているのに松江藩のみが音沙汰がないのは不都合であると不信感を抱いた。

　このような悪条件が重なり松江藩の立場は一層苦しくなった。2月9日に至ってこれらの難題に対し急遽、家老仕置役8代大橋筑後安幾は、用人役4代富谷門蔵と元祖勝田恭輔を随い鳥取に出向き、神戸源内並びに山部隼人に面会し弁訴状を提出した。筑後安幾は、鳥取表山陰道鎮撫使三位中将西園寺公望の本営へ出るよう呼び出しを受け出頭する。

鳥取藩家老鵜殿主水介及び神戸、山部、門脇、沖等列座の上尋問書を受け取る。筑後安幾は、不審の数々の尋問を受け、懸命に弁明を行う。翌12日に再び本営に出頭、鳥取藩家老池田正親介並びに神戸以下四人列席の上、昨日の陳述について逐一申し述べる。これに対し謝罪の内容を表せとの返答があり筑後安幾は、この事は藩主並びに国許の同僚に相談の上、謝罪の方法を立てるので猶予を貰いたい旨、請書を提出する。翌13日、筑後安幾は富谷門蔵を随い再び出頭し、四ヶ条の演達書を受け取った。「條々御糺の儀、伏して罪の上は、四ヶ条の内を以て謝罪の道を相立てる様、御達しこれ有る。」四ヶ条　①雲州半分を朝廷へ返上、②重役死を以て謝罪、③稚児入質、④勅使、国境へ引き受け勝敗を決した上、謝罪。

　以上のように官軍は、演達書を交付した。筑後安幾は、直ちに松江城へ帰城し執政（仕置役）並びに家老一同と協議した。家老一同喧々囂々激論の末、遂に第二条重役の死を以て謝罪を選択し、大橋筑後安幾の切腹を以て謝罪することを決定した。

　2月17日、筑後安幾は、能義郡吉佐（現在の安来市）へ出向き常福寺にて白装束、水浅葱の袴、白足袋に身を包み指図を待っていた処、山陰道鎮撫使神戸源内が来て曰く、「此の度は、四ヶ条を除き、別条の謝罪を以て勤王の筋が相立つように、因幡侯が仲立ちして尽力されているので、後日沙汰を待つように。」旨の内命があり松江に一旦帰る。

　同23日、山陰道鎮撫使から因幡中将と同伴し、伯州米子山陰道鎮撫使滞在先へ出頭するようお達しがあり、同25日に出頭する。再度、今般雲州への不審に対する謝罪の決意を尋ねられ、筑後安幾は疑義を弁明するとともに報国のため身命を投げ打つ覚悟を申し上げる。

　これに対し山陰道鎮撫使は、因幡中将より「隣国の情義、武門の条理、忍びざるを以てお詫びを申し出でられたこと、不審の儀も晴れ寛大な処置をする。」旨の沙汰があった。大橋筑後安幾の切腹は回避された。この朗報は、国中を駆け巡り、藩主はもとより藩士並びに庶民に至るまで喜びに沸き返った。

　家老大橋筑後安幾の決死の赤心と一身国命に代わる忠節が、山陰道鎮撫使総督西園寺公望並びに因幡中将の心を打ったことは間違いない。

　また、この間、藩主定安は京都に於いて西園寺公望の兄徳大寺実則、岩倉具視、中山卿に働きかけ朝廷への忠誠と寵臣家老大橋筑後安幾の助命嘆願を行い、切腹の回避を取り付けたのである。

　ほどなく、正式に太政官から松江藩に対し、四ヶ条は取り消し謹慎と謝罪の通達があった。

　しかし、何故ここまで話がもつれたのか、定安は徳川幕府に一縷の望みをかけ、判断が遅れたことをよく承知していた。それだけに家老大橋筑後安幾にはすまない事をしたと思っていた。そのため別格の処遇を以って臨み、自らの御字「安」を授け、好静を「安幾」と改めさせ、家老上座、着料の具足を与え、更に息子源寿郎を大橋家の長女睦路の婿養子に授ける等の配慮をした。

　藩主家族の心遣いも一入であった。奥方光彩院は、肴一折、樽一荷、自ら認めた短冊一葉を、若殿瑤彩麻呂は、肴一折、樽一荷、脇差一腰（銘雲陽藤原長信）を、源寿郎・八百姫・優之丞・敦姫は、肴一折、樽一荷を贈った。

山陰道鎮撫使の入松

　慶応4（1868）年2月28日、松江藩は国中に謹慎令のお触れを発し、刃物携行の禁止や音曲、歌舞等の鳴り物を控えさせ、早朝より厳重な警戒態勢を敷き山陰道鎮撫使の歓迎体制を整えた。

　松江城三の丸御殿を山陰道鎮撫使の本営に充て、諸役所の事務所を京橋勢溜り家老8代三谷権太夫長順の上屋敷にとり、中老以下の詰所は向かい側の家老10代神谷兵庫富雄の上屋敷に移し、藩主夫人、世子、姫以下を諸家老の屋敷に分けて仮居とした。

　家老並7代黒川又左衛門は、藩主定安の代役となり用人役5代太田主米を従え米子に赴き、山陰道鎮撫使総督西園寺公望に拝顔し藩主定安の歓迎を言上した。これにより総督西園寺公望以下勅使一行440人の隊列は米子を出発し堂々と松江に進軍した。国境の吉佐（現在の安来市）では、家老10代柳多滋美一協が待ち受け、平身低頭で一行を出迎えた。

　夕方勅使一行が松江城三の丸御殿に到着すると、家老以下全ての藩士が裃の礼装で改まり、地面に正座し丸腰で平伏して出迎えた。執政家老6代大野舎人は門前に出迎え、城代家老神谷兵庫富雄は先導して玄関より書院に案内し、二人は正座して勅使一行に安着を賀し口上を述べた。翌朝、家老一同は、緊張の面持ちで下座に伏し、勅使に起居の挨拶を行いご機嫌を伺った。

　3月1日、勅使は世子松平瑶彩麻呂並びに家老の誓書提出を求め、松江藩は乙部家老他11名が本営にて署名血判し誓書を提出した。これにより松江藩は、新政府に恭順が許された。

　午前中で血誓式が終わり、山陰道鎮撫使総督西園寺公望は、大きな任務を終えた。午後、勅使は花畑を見学した後、荒尾近江、阿南藤右衛門以下16名は、本丸及び二の丸を見分する。城代家老神谷兵庫富雄は、天守の鍵を預かり6代増田平内を従え、一行を総門内に迎え天守を案内した。最上階は、望楼式天守閣で天狗の間から眺望する宍道湖は、あいにく雨模様であったが、霞に浮かぶ嫁ヶ島と帆掛け船が一幅の絵のように溶け合い一行はその素晴らしい眺めに時を忘れた。

　天守閣を降りた一行は、三の丸御殿に帰り執政家老三谷権太夫長順、家老柳多滋美一協の案内で御殿内を見学し長い一日を終えた。

　3月2日、勅使一行は、世子松平瑶彩麻呂の見送りを受け本営を発し、平田（現在の出雲市平田町）で一泊、翌日杵築大社（出雲大社）に参拝し、宍道（現在の松江市宍道町）で一泊、3月5日に揖屋（現在の松江市東出雲町揖屋）で一泊、3月6日に安来で一泊し、城代家老神谷兵庫富雄の見送りを受け帰路に付いた。

　その間、松江藩は、連夜にわたり城下並びに近在から大勢の酌婦や芸妓、遊女を呼び寄せ酌をさせ、接待に務めた。官軍に失礼がないよう酒席でも遜り丁重に歓待した。図に乗った山陰道鎮撫使副士川路利恭が、座興で刀に蒲鉾を突き刺し、食べて見よと突き付けた蒲鉾を平然と口で受取り酒も所望したと言う芸者「玄丹お加代」の度胸に一同感服し、家老大橋筑後安幾の切腹が免れ松江藩の危機を救ったと巷で囁かれた。松江市白潟公園内に「玄丹お加代」の胸像が建立されている。

　永井瓢斎の小説「鎮撫使さんとお加代」でも知られ、墓は松江市石橋町光徳寺にある。

　藩主定安は、慶応4（1868）年4月6日に至り、元祖高井義八を遣わし誓書を提出し、山陰道鎮撫使難題事件は終結した。

隠岐騒動

　隠岐国（隠州）は、大きく分けて島前と島後の二つの島からなり、松江市から真北に浮かぶ。緯度から言えば島前は島根県で島後は半分が島根県、半分は鳥取県に位置する。大山・隠岐国立公園に指定され、西ノ島の国賀海岸摩天崖や通天橋等自然に恵まれた美しき島である。また、中之島海士町には、後鳥羽上皇を祀る隠岐神社が鎮座し往時を忍ばせている。

　戦国時代は尼子氏、毛利氏の支配下にあり、江戸時代は松江藩堀尾氏、京極氏の領国となったが、寛永15（1638）年、出雲国に入国した松平氏から松江藩預かり領となり天領となった。

　松江藩は、預かり領の隠岐国を治めるため、島都西郷に陣屋を構え隠州郡代と島前に隠州代官を置き、幕府の代行として島を治め、隠岐国の防衛並びに年貢を徴収し幕府に納めた。

　しかし、3代藩主松平綱近は、貞享4（1687）年に隠岐国の預かり領を幕府へ返還し、隠岐国は完全に天領となった。しかし、享保の頃から隠岐国や出雲国の沿岸に異国船が頻繁に出没するようになり、幕府は、享保5（1720）年に松江藩5代藩主松平宣維に命じ、隠岐国を再び預かり領とし、異国船の防衛にあたらせた。以後、幕末まで隠岐国は、預かり領として松江藩の管理下に置かれたのである。

　しかし、隠岐国は、松江藩の預かり領とはいえ天領であり、島民にとっては松江藩の束縛を受けたくないとの意識が根底にあった。隠岐騒動の要因の一つと考えられる。古来より隠岐島は、天皇を始め国の高級官僚の流人の島として知られ、承久3（1221）年には「承久の乱」で後鳥羽上皇が幕府執権北条義時に敗れ隠岐島へ流罪となった。また、元弘2（1332）年には後醍醐天皇が二度の倒幕計画の失敗から隠岐島に配流された。

　島民にとって、二人の帝をお守りした誇りがあり、古来より神道を重んじ尊皇攘夷を志す者が多かった。従って、島民の中には神道を信仰する者が多く、祝賀行事等神式が尊ばれ神を崇拝した。島後の水若酢神社・玉若酢命神社や島前の海士町隠岐神社、西ノ島町の焼火神社等が隠岐を代表する神社である。

　このような背景のもと隠岐騒動は、島後の神社宮司が先頭にたち庄屋・農民が一斉に蜂起した騒動である。隠岐島に於いては神社の影響力が大であった。

　また、これらの宮司・庄屋・農民の尊王攘夷思想に大きなインパクトを与えたのが、島後の北海岸中村（現在の島根県隠岐郡隠岐の島町中村）の出身で孝明天皇、明治天皇に仕えた朱子学儒学者中沼了三である。京都烏丸竹屋町に私塾を開き、隠岐の庄屋井上甃助や中西毅男が勤王の大儀を学んだ。二人は、猛烈な勤王家となり隠岐騒動の原動力となった人物である。

　隠岐騒動の起こりは、10代藩主松平定安の軍政改革に始まる。端緒は、文久2（1862）年、イギリス製の鉄造艦とアメリカ製の木造船を長崎で求め、船員の航海技術の強化を図ったことである。翌文久3年3月には、異国船対策として唐船番隊300名を緊急組織し、松江城より佐太川を下り島根郡古浦（松江市鹿島町古浦）に築いた砲台から日本海に向けて砲撃演習を行った。その内の100名を隠岐国島後西郷へ軍艦第二八雲丸に乗船させ派遣して、狙撃演習を行わせ異国船に備えた。

　しかし、松江藩は幕命により江戸湾本牧、京都二条城や山崎の防衛等に家老以下相当数の藩士を出動させていた。その上、異国船が頻繁に出没し、隠岐国を始め日本海の膨大な沿岸の防衛は、松江藩士のみでは難しく、藩主定安は兵士の増強を図るため農兵令を発し、松江・隠岐国に

農兵隊を組織し兵士の補強を図った。

　隠岐国島後では、早速、陣屋に庄屋が招集され、島後全土から480名の屈強の農民が選ばれ、農兵隊が組織された。農兵隊は、庄屋が中心となり武術鍛錬を指導し、五の日に木剣の訓練を行い、若者たちは、徐々に異国船から島を守る自立の機運が醸成された。半年後に松江藩は兵士を交代させ、100名を50名に減らした。

　いよいよ隠岐島海岸を守備する実働部隊は農兵隊へ比重が移った。武器携行が認められ、松江藩の兵士に劣らぬ集団が出来上がった。この農兵隊が後に隠岐騒動を起こすとは、藩主定安並びに松江藩の家老仕置役も考えもしなかった。

　この頃、時代は大きなうねりとなって動いていた。京都三条池田屋で尊王攘夷派が新撰組に襲撃され長州藩は、形勢を挽回すべく蛤御門（禁門）で決起し、薩摩藩・会津藩・新撰組と激しく戦ったが、一日で敗れ真木和泉守が自刃して果てた。

　元治元（1864）年に幕府は、尾張侯徳川慶勝を総督とし、西国21藩に命じ第一次長州征伐を断行した。松江藩は、国境の神門郡古志村から意宇郡湯町にかけて出陣するも、長州は戦わずして降服した。が、吉田松陰の私塾松下村塾で学んだ「正義党」高杉晋作は、吉田松陰の志を継ぎ、奇兵隊を組織して藩内の幕府寄り「俗論派」を打ち破り、藩論を倒幕に統一して立ち上がった。こうした長州の動きを警戒した幕府は、慶応元（1865）年に第二次長州征伐の命を下した。

　しかし、翌慶応2年に坂本龍馬の仲立ちにより、宿敵であった薩州と長州が薩長同盟を結び、連合して討幕運動を開始し、天下の形勢は一転して討幕に傾いた。勢いづいた薩長同盟軍は、怒涛の進撃を開始する。幕府軍は山陰・山陽で連敗、敗走して大坂城まで後退し、第二次長州征伐は失敗に終わる。

　山陰筋では、浜田城が落城後、長州軍は一挙に石見銀山を奪取し、松江藩の境界まで迫った。松江藩は、長州軍の陸海の進撃を警戒した。特に隠岐国を奪われ制海権を失う事を恐れた。慶応2（1866）年7月に藩主定安は、急遽、隠岐国の新農兵隊の結成を命じ30人を選抜した。また、隠州郡代に槍の名手山郡宇右衛門を派遣し陣頭指揮させ、兵士に剣術や射撃の訓練を行った。

　このように農兵隊と新農兵隊の510名が島後の防衛にあたることになった。

　一方、敗軍の将徳川家茂が大坂城で死去し、京都では孝明天皇が36歳の若さで崩御した。

　慶応3（1867）年5月に松江藩は、農民の百姓一揆を恐れ、隠岐に「武芸差留令」を発布する。これに対して宮司や庄屋73名が連盟連署し、隠州郡代へ武芸館設立の嘆願書を提出したが、郡代山郡宇右衛門の独断で揉みつぶされた。

　同年10月、15代将軍徳川慶喜が大政を奉還し、政権を天朝に返上する。同12月には明治天皇が王政復古の大号令を発した。各大名に於いては、正に青天の霹靂であり、松江藩に於いても動揺が走った。

　年が明けた慶応4（1868）年正月、遂に激動の幕が切って落とされ、時代は大きく動いた。

　慶応4年正月、佐幕派の幕軍会津藩・桑名藩等1万5千人が新政府軍と戦った「鳥羽伏見の戦い」が始まる。新政府軍は、隠岐国出身の中沼了三の建白を受け入れ、明治天皇より錦の御旗を頂き官軍となり、幕軍は朝敵となった。松江藩は、家門（親藩）として幕軍に付いていたが、賊軍となり微妙な立場に立たされた。

　慶応4年正月4日、山陰道鎮撫使が結成され、松江・浜田の両藩に対し、朝廷に対する敵意の

有無を取り調べさせた。松江藩は、幕軍か官軍か二者択一の難しい判断に迫られた。藩主定安は、1月16日に朝廷に謹んで従う藩論を決定した。が、2月13日に山陰道鎮撫使より四ヶ条の演達書を突き付けられ、3月に入り血判誓書を提出し、新政府に対し恭順が許された。

一方、隠岐騒動の発端となったのは、山陰道鎮撫使が同年2月16日付けで隠岐国公聞役方に宛てた書簡を松江藩が無断で開封したことに起因し、更に3月、武芸館の嘆願書が拒否され、遂に隠岐島後の宮司、庄屋、農民は、隠州郡代山郡宇右衛門の追放を決定した。同3月19日、島後49ヶ村の3千人を超す農民が西郷の陣屋に決起集結し、30名の新農兵隊も加わり、代官今西惣兵衛に問責状を突き付けた。

陣屋では、隠州郡代山郡宇右衛門、藩主定安から急遽隠岐管轄の任務を命じられた7代鈴村右平、代官の2代今西惣兵衛、調方の錦織録蔵が合議の上、陣屋の明け渡しを決定し、翌20日、郡代以下30余人が観音丸に乗船し西郷を去った。ここに隠岐自治政府が樹立したのである。

自治政府は、代官屋敷に置かれ70人が役に付き、他に自警団を三部隊に分け西郷の警護に当たった。

しかし、松江藩は、朝廷に働きかけ隠岐国を従来通りの預かり領に戻すよう嘆願した。隠岐国が、新政府の天朝領か松江藩の預かり領か、大きな問題となった。特に隠岐自治政府にとっては死活問題であり、井上鑿助、中西毅男、横地官三郎の三人が代表となり、朝廷へ天朝領の確認と嘆願に京都へ出かけた。が、朝廷・新政府も混乱しておりハッキリした回答が得られぬまま時間が過ぎた。

その頃、松江藩は、隠岐国奪還のため、一説には朝廷岩倉具視に面談し、多額の賠償金を担保に、松江藩の預かり領の密約を得ていた。4月13日、新政府太政官は、通達を発し正式に預かり領の承認許可を出したのである。松江藩は、中老仕置添役乙部勘解由に陣屋奪還の総指揮を命じ、先発70名、後発隊250名を西郷に送り隠岐国奪還を狙った。同時に隠州郡代の後任に元祖志立範蔵を選び西郷へ派遣し、島民への説得にかかった。

当初、乙部勘解由は平和的解決を模索し交渉を心掛けたが、隠岐自治政府は、肝心の井上鑿助、中西毅男、横地官三郎が京都に出かけ、留守役を藤田冬之助が任されていた。冬之助は、三人が帰ることを願いなんとか時間を稼ごうと努力したが、時間は無情にも経過した。

5月10日、勘解由は、痺（しび）れを切らし300人の藩兵で陣屋を包囲し陣屋奪還を開始した。勘解由は、最後通告として自主的に陣屋解放を申し入れたが、応対に出た吉田丑之助がこれを拒み、双方一斉に撃ち合いとなり、丑之助は一発の銃弾に倒れ即死した。松江藩との銃撃戦を阻止しようと両者の間に割って入った藤田冬之助も銃弾で撃たれ、更に一斉射撃が続き大砲で止めを刺した。松江藩は、陣屋を奪還し、隠岐自治政府は80日間で終結した。

しかし、松江藩が尊王の島民へ発砲し、多くの死傷者を出した事が大きな問題となり、新政府太政官は松江藩に詰問状を送り、真相究明のため家老並平賀縫殿並びに指揮官乙部勘解由、隠州郡代志立範蔵等を追及した。

松江藩は、沈静化を図るため、隠岐騒動の全責任を前隠州郡代山郡宇右衛門に負わせ、慶応4（1868）年5月17日に切腹を命じ、宇右衛門は武士道を貫き、松江和多見町善導寺で自刃した。（参考引用文献『神と語って夢ならず、著者松本侑子、㈱光文社』、『松江市誌』）

松江藩の奥羽戦争への出兵

　慶応4（1868）年1月3日に始まった鳥羽伏見の戦いは、戊辰戦争へ発展し、会津藩を救済するため、奥羽越列藩同盟が結ばれた。しかし、2ヶ月後、秋田久保田藩を筆頭に秋田の諸藩すべてが同盟を脱退し、奥羽戦争が始まった。新政府は、援軍を送り同盟軍への攻撃を開始した。

　松江藩は、山陰道鎮撫使の難題事件や隠岐騒動の事もあり、汚名挽回に勤王の意志を示すため、慶応4（1868）年8月14日、奥羽出兵を新政府に奉送し9月7日朝廷の許可を得て、城代家老10代神谷兵庫富雄が隊長となり総勢460余人が秋田へ向けて出陣した。

　9月17日に松江城二の丸を出発、新政府軍の飛龍号に乗船し美保関港から出羽国土崎港に到着した。上陸した9月22日に会津若松城が落城し、奥羽戦争は沈静化に向かっているものの、局所に於いては戦闘が行われていた。松江藩軍は、指示に従い秋田に進軍し、三隊に分かれた。

　一隊は盛岡の南部藩へ、二隊は鶴岡の庄内藩を経て仙台に向かい総督の御衛を行い、三隊の輜重兵は秋田に残留した。一・二隊の主な任務は、合戦後の城の接収手伝い、戦死者並びに負傷兵の搬送の他、戦場の後片付け等松江藩にとっては過酷な残務整理であった。また移動中、奥羽地方特有の寒風雨にも悩まされた。

　その後、松江藩軍の三隊は、酒田に集合するよう命ぜられ、翌年の8月まで駐留し諸方面の守備、防衛にあたった。藩兵が最も悩まされたのが寒さであったと記録されている。

　翌明治2年8月10日、新政府兵部省より松江藩軍の守備は免ぜられ、同25日に酒田を出発、歩行で2ヶ月をかけ10月25日に松江城二の丸柵門外に到着、軍礼式を終えた。大隊長神谷兵庫富雄（浩之助）並びに左翼長9代高田直人（亮之助）は、恩賞としてピストル一挺を授かり、参謀兼使役9代横田助三郎他は金一封を拝受した。（参考引用文献『松江藩の時代』、『松江市誌』、『新松平定安公傳』）

軍政改革と朝廷への大口献金

　10代藩主松平定安が行った軍政改革は、多額の費用を要した。軍艦第一八雲丸、第二八雲丸の購入費用、軍隊の組織強化費用、釜甑方での大砲製造費用や他に第一次長州征伐、第二長州征伐出兵費用、奥羽戦争出陣費用、幕府への公役禁裏御所方普請や京都御所等の警備費用、山陰道鎮撫使接待費用、朝廷への上納金8万両等の費用である。

　軍政改革費用の支払いは、記録がなく分からないが、興味深いので検証してみたい。

　松江藩は、藩政改革「御立派改革」の成功により、『松江市史 通史編3 近世Ⅰ』によれば、10代藩主松平定安が襲封する前々年の嘉永4（1851）年には、松江藩の諸役所資産は32万5千両の備蓄金を蓄えていたが、その8割が民間等への貸付金で運用され、直ぐ現金化できる御蔵入は約5万1千両程あった。また、それとは別途に鵜部屋橋御金蔵に10万5千両の金銀が長持ちに収められていた。従って、直ぐに使用可能な現金は合計15万6千両程あったと推察出来る。

　10代藩主松平定安は、当面の軍政改革費用を御蔵入並びに鵜部屋橋御金蔵、他に領民への負担5万俵割・寸志等で賄っていたと考えられるが、これにも限度があり、家老仕置役8代大橋筑後安幾、9代朝日千助、8代三谷権太夫長順、7代大野虎之助、9代小田均一郎、9代平賀縫殿、5代赤木文左衛門と合議の上、藩士からの自主的な献納を募って補った。

　「松江藩列士録」を読み下してみると、『慶応4（1868）年正月19日、近来夥しく御入用費多

き御支配向き必至の御難渋に就いて、寸志申し出るの趣、御聴に達する処、神妙の至り、深く御満悦に思し召される。仍て申し出任せるべき旨、御意の趣、仰せ渡される。』、更に『同年8月6日、朝廷へ御上納金あそばされるに就いて、助力の儀、御頼りに成られる処、差し閊えを顧みず速やかに出金致す段、神妙の至り深く御満足に思し召される旨、御直にこれを仰せ渡される。』と記され、家老や中老、番頭を中心に末端に至るまで自主的に半地等の多額な献納が行われた。

以上、軍政改革費用の支払いは、藩士の献納を募るほど逼迫し、版籍奉還前の松江藩の財政は、相当厳しかったことが想像できる。（参考引用文献『松江市誌』、『松江藩列士録』、『松江市史 通史編3 近世Ⅰ』）

10代藩主松平定安の版籍奉還後の経緯

10代松平定安は、嘉永6（1853）年に前藩主の隠居に伴い急遽藩主を踏襲した。軍政改革を行い幕末の動乱期を乗り切り、明治2（1869）年、版籍奉還により松江藩232年の幕を閉じた。

明治2（1869）年6月17日、10代藩主松平定安は、版籍奉還により松江藩知事を拝命する。知事は、三の丸御殿を退き、その全部を公廨に充てた。知事は、家老10代乙部九郎兵衛可時及び家老9代朝日千助重厚の邸に居を移し、家族を家老8代有澤能登弌審邸に住まわせ住居とした。

明治4（1871）年7月14日、東京在勤の11代乙部九郎兵衛可誠大参事は、知事に代わって廃藩置県の勅語を拝受する。松江藩が廃止され、松平定安は松江藩知事を免ぜられた。松江県が設置され、同年11月15日に広瀬県と母里県を併せ島根県となり、松江に県庁が置かれた。県の名は、松江城のあった島根郡が採用され島根県となった。

明治4年9月7日、新政府が出した旧藩主東京に居住の命により、東京への移住が決定した。定安は、帰京に先立ち杵築大社（出雲大社）、美保神社、日御碕神社、鰐淵寺に献品を寄付し、告別のため東照宮、白潟天満宮、末次熊野社及び城内の両社に詣でる。家老、大小参事、中老に別辞を述べ秘蔵品を下賜する。また9月1日、月照寺、円流寺、誓願寺、慈雲寺、天倫寺等の各住職に記念品を贈り、別辞を述べた。次いで社家寺院及び卒族、二等医に記念品を授けた。

定安は、代々家老六家の人々を招き、別れの言葉を述べ、貴重品を下賜した。

9月3日、末次・白潟両町大年寄り以下に別辞を述べ、帰京に際し家臣からの餞別を受納する。9月5日、三谷権太夫に月照寺の守護を委託する。9月7日、出発に際し、郡市民の献金願い出を丁重に辞退する。9月7日、定安は家令以下17人を随い松江を発し上京の途に就いた。士卒及び僧侶等およそ2千余人が国境の吉佐（現在の安来市吉佐町）まで見送り別れを惜しんだ。

同月19日に神戸より横浜に着き、東京神楽坂新邸に入る。明治5（1872）年5月に松平定安は、隠退した。その後、明治10（1877）年に再相続するも、明治15（1882）年12月1日、東京府北豊郡金杉村邸にて48歳で逝去した。墓所は東京都芝（東京都港区）天徳寺、法名は松江院殿俊誉済世定安大居士と称す。

2．仕置役人事と重臣

表11−1　10代藩主松平定安時代の中老仕置添役と家老並仕置役・家老仕置役

治世期間	中老仕置添役	家老並仕置役・家老仕置役
嘉永6（1853)年 9月5日～ 明治2（1869)年 1月31日版籍奉還	7代高木佐左衛門・〜嘉永6（1853）○ 5代葛西源右衛門・〜嘉永7（1854）○ 10代今村修禮・〜安政3（1856）○ 6代脇坂十郎兵衛・〜安政6（1859）◎ 8代仙石猪右衛門・〜文久元（1861）○ 6代間瀬源蔵・〜文久元（1861） 7代黒澤三右衛門・〜文久2（1862） 5代赤木文左衛門・〜文久3（1863）○ 6代高橋九郎左衛門・〜慶応4（1868） 三谷蔵之助（7代嫡子） 　嘉永6（1853）年〜万延元（1860） 9代團仲・嘉永7（1854）〜安政6（1859） 大野三八（5代嫡子） 　嘉永7（1854）〜安政5（1858） 7代塩見小兵衛 　安政3（1856）〜安政5（1858） 6代赤木内蔵 　安政3（1856）〜安政6（1859） 9代小田均一郎 　安政4（1857）〜慶応2（1866）◎ 石原大内蔵（8代嫡子） 　安政5（1858）〜文久3（1863） 大橋此面（7代嫡子） 　安政6（1859）〜文久2（1862） 4代柳多波江弌誠 　安政6（1859）〜慶応4（1868） 9代平賀縫殿 　文久元（1861）〜慶応2（1866）○ 9代栂式膳将美 　文久3（1863）〜明治元（1868） 黒川卓郎（7代嫡子） 　文久3（1863）〜明治元（1868）○ 7代香西太郎右衛門 　文久3（1863）〜明治元（1868） 8代斎藤修一郎 　文久3（1863）〜明治2（1869） 7代石原市之進 　元治元（1864）〜明治2（1869） 赤木真澄（5代嫡子） 　慶応2（1866）〜明治2（1869） 9代高田直人 　慶応2（1866）〜明治2（1869） 6代大野権右衛門泰恭 　慶応2（1866）〜明治2（1869） 8代乙部勘解由可佐 　慶応3（1867）〜明治2（1869）	5代大野舎人・〜安政3（1856） 8代小田隼人・〜安政4（1857） 10代乙部九郎兵衛・〜安政6（1859） 7代三谷権太夫・〜安政7（1860） 8代垂水伊織・〜万延元（1860）○⇒◎ 7代大橋豊後・〜文久2（1862） 10今村修禮 　安政3（1856）〜元治元（1864）○⇒◎ 9代朝日千助 　安政4（1857）〜慶応2（1866） 6代脇坂十郎兵衛 　安政6（1859）〜文久3（1863） 8代石原九左衛門 　安政7（1860）〜文久3（1863）帰役 8代大橋筑後 　文久2（1862）〜慶応4（1868） 5代赤木文左衛門 　文久3（1863）〜明治2（1869） 　（赤木文左衛門は、○家老並仕置役） 8代三谷権太夫 　文久3（1863）〜慶応4（1868） 8代有澤能登 　文久3（1863）〜慶応2（1866） 6代大野虎之助 　元治元（1864）〜慶応4（1868） 10今村修禮 　慶応2（1866）〜慶応4（1868）帰役 9代小田均一郎 　慶応2（1866）〜明治2（1869） 9代平賀縫殿 　慶応3（1867）〜明治2（1869） 　（9代平賀縫殿は、○家老並仕置役） 9代朝日千助 　慶応4（1868）〜明治2（1869）帰役 乙部勝三郎（10代嫡子） 　慶応4（1868）〜明治2（1869） 黒川卓郎（7代嫡子） 　明治元（1868）〜明治2（1869） 　（黒川卓郎（7代嫡子）は、○家老並仕置役）

第2部　松江藩松平氏 歴代藩主　165

治世期間	中老仕置添役	家老並仕置役・家老仕置役
	乙部勝三郎（10代嫡子） 　慶応4（1868）～慶応4（1868） 　乙部勝三郎は、◎（家老仕置役に昇格） 9代仙石城之助 　慶応4（1868）～明治2（1869） 8代黒澤三右衛門 　慶応4（1868）～明治2（1869） 7代香西太郎右衛門 　明治元（1868）～明治2（1869） 松原操（7代嫡子） 　慶応4（1868）～明治2（1869）（格） 8代吉田小右衛門 　明治元（1868）～明治2（1869）（格）	

（（格）は仕置添役（参政）格、○は家老並に昇格、◎は家老に昇格、○⇒◎は家老並～家老仕置役昇格）

　嘉永6（1853）年12月1日、10代藩主松平定安の家督相続の御礼の儀に随行した家老は、9代朝日千助重厚、9代柳多四郎兵衛弌中、8代有澤能登弐審、7代高木佐五左衛門昌徳、8代垂水伊織の5人である。13代将軍徳川家定に拝謁して太刀、銀、馬代を献上した。

　また嘉永7（1854）年4月1日、8代石原九左衛門は、藩主定安の入国御礼の使者として10代将軍家定に拝謁し太刀、銀、馬代を献上した。

　10代藩主松平定安は、前藩主松平斉貴に代わり急遽（きゅうきょ）リリーフ登板させられたが、咄嗟（とっさ）の判断力と洞察力に優れ、治世の行動は速かった。定安は、アメリカ使節ペリー提督が引き連れた、軍艦四隻の来航に大きな衝撃を受ける。異国船から出雲国・隠岐国を守るためには何をすべきか。定安は、外国に対抗しうる軍備の西洋化の必要性を痛感し、松江藩の「軍政改革」に着手した。先ず軍政改革を行うにあたり強力なスタッフの選考を行った。

　定安が選考したのは、松江藩の藩政を担う代々家老8代大橋筑後安幾、10代乙部九郎兵衛可時、9代朝日千助重厚、7代三谷権太夫長敏、10代神谷兵庫富雄、10代柳多滋美一協の6人と、他に軍事に明るい6代大野虎之助並びに9代小田均一郎を選任した。

　その中心に置いたのが8代大橋筑後安幾である。軍用方の総責任者である海陸軍用方専務引受のポストを新設して筑後安幾を任命し、元治元（1864）年と慶応元（1865）年の「長州征伐諸藩名代軍議」に列席させた。筑後安幾の補佐役として6代大野虎之助と9代小田均一郎を付けた。

　筑後安幾の次に重用したのが9代朝日千助重厚である。元治元（1864）年の第一次長州征伐では、藩主名代として芸州廣島の本営へ出向かせ総督尾張前大納言に拝謁させた。また、城代家老に10代神谷兵庫富雄を任命し、松江城を守備させた。

　藩主定安は、着々と軍政改革を行い、二隻の軍艦購入と軍隊の西洋化を推し進めた。軍隊の西洋化にあたり、参考にしたのが7代藩主松平治郷時代に採用された越後流軍学である。一之先、二ノ見、旗本、遊軍の四隊に分け、別に小荷駄隊を設け夫々に大将を置いた。

　第一次長州征伐では、一之先備士大将大橋筑後安幾、二之見備士大将神谷兵庫富雄、遊軍備士大将三谷権太夫長順、小荷駄備士大将小田均一郎等を任命し黒印の軍令状を授けた。

第二次長州征伐では、一之先備士大将に大野舎人、二之見備士大将に神谷兵庫富雄、遊軍備士大将に平賀縫殿、小荷駄備士大将朝日千助重厚、旗本隊は藩主自ら率いた。また松江城下固旗頭備士大将に大橋筑後安幾を任命し、併せて松江藩松平氏一族の守護役を命じた。

　10代藩主松平定安治世期間の家老の加増は少なく、第二次長州征伐の恩賞として６代大野虎之助２百石及び家老並５代赤木文左衛門の百石のみである。軍政改革の費用や新政府軍への献納に多額の費用をつぎ込み加増どころではなかったようだ。

　以上のように、10代藩主松平定安は、幕末の混乱期を代々家老を中心に臨み、適材適所に配置した家臣団が存分に活躍し幕末の松江藩を支えた。藩主以下身を挺して新政府軍との戦争を回避し、領土を戦火から救い、藩士・領民の命と財産を守ったことは大きな功績である。やはり10代藩主松平定安は、名君の一人である。

表11−2　松江藩、幕末最後の重臣の格式と知行高（明治２年改正前の旧知行高）

重臣名	旧知行高	内与力	最後の格式・職制
8代大橋筑後安幾	４千７百７拾石	千石（足軽40人）	（代々）家老
10代乙部九郎兵衛可時	４千２百５拾石	千石	（代々）家老
9代朝日千助重厚	３千８百石	５百石	（代々）家老、仕置役（執政）
8代三谷権太夫長順	３千６百７拾石	７百７拾石	（代々）家老、城代
10代神谷兵庫富雄	３千９拾石	９百７拾石	（代々）家老
8代有澤能登弍審	２千５百石	５百石	家老（代々家老に準ずる）
10代柳多滋美一協	２千３百石	５百石	（代々）家老
6代大野虎之助基則	千８百石	−	家老、加増２百石
7代塩見小兵衛宅富	千４百石	−	中老
7代高木佐五左衛門昌徳	千２百石	−	家老
9代三谷半大夫長巌	千百５拾石	−	中老
7代脇坂嘉膳一徳	千百石	−	中老
10代今村修禮秀徳	千石	−	家老
9代小田均一郎豊雅	千石	−	家老、仕置役（執政）
7代黒川又左衛門正應	千石	−	家老
9代平賀縫殿信順	千石	−	家老並、仕置役
9代高田直人一栄	千石	−	中老、仕置添役
9代仙石城之助知勇	千石	−	中老、仕置添役（参政）
10代團仲正順	千石	−	組外、番頭
9代小田切半三郎佐富	千石	−	組外、新先手組頭
11代村松元之丞	千石	−	組外、者頭
10代垂水左部	8百石	−	組外、新先手組頭
7代松原五郎大夫正義	8百石	−	中老
6代葛西仙大夫芳墩	7百石	−	中老
10代石原主馬徳郷	7百石	−	組外、扈従番頭
5代赤木文左衛門章時	7百石	−	家老並、仕置役、加増百石
8代伊藤鹿之助	7百石	−	組外

重臣名	旧知行高	内与力	最後の格式・職制
8代斎藤修一郎豊敬	6百石	－	中老、仕置添役（参政）
7代石原市之進矩儀	6百石	－	中老、仕置添役、加増百石
8代山口七郎右衛門張徳	6百石	－	中老
9代栂式膳将美	5百5拾石	－	中老、加増5拾石
4代柳多波江弌誠	5百石	－	中老
8代黒澤三右衛門弘孝	5百石	－	中老、仕置添役（参政）
2代袴田但見重任	5百石	－	番頭、大番頭
7代望月兎毛重保	5百石	－	奥列、新番組士支配
7代高橋九郎左衛門	5百石	－	側役（改定、家知事）

（参考引用文献『松江藩列士録』、『松江藩家臣団の崩壊』・『松江藩格式と職制』）

（注）＊知行高は従来の知行高とし与力も含む。知行高順5百石以上を記載。
　　＊8代三谷権太夫長順の与力は、『松江藩家臣団の崩壊』では8百石となっているが『松江藩列士録』の7百7拾石を、同様に10代神谷兵庫富雄の9百石は『松江藩列士録』の9百7拾石を採用した。
　　＊仙石城之助知勇は、版籍奉還後に氏名を原小三郎に改める。

10代藩主松平定安（藤間寛氏所蔵）

第3部

家老並仕置役・家老仕置役を勤めた30家と名家老

第1章　松江藩代々家老

1．大橋家（筆頭家老）

本国、生国、出自と戦歴

　元祖大橋茂右衛門政貞は、本国は信濃国（現在の長野県）、生国は尾張国津島（現在の愛知県津島市）である。大橋家は、桓武天皇12代後胤秀房に遡る名門である。

　文治年間（1185～1190）、貞能の時代に津島に居住し、正慶元（1332）年に8代貞高が奴野屋城を築いた。その後、11代定省は後醍醐天皇の子宗良親王の宮姫（櫻姫）を室とし、その子次男修理太夫貞元は、四家（大橋、岡本、山川、恒川）、七苗字（堀田、平野、服部、鈴木、真野、光賀、河村）の一人として、南朝後胤の良王（宗良親王の子である尹良の子で後の瑞泉寺殿と号す）を守護し、永享7（1435）年に信濃から津島の奴野屋城に入ったとも言われている。更に良王は定省の娘を妻とし、信重と良新丸の子供をもうけた。信重は大橋家を継ぎ、良新丸は津島牛頭天王社の神主氷室家を継いだ。16世紀には、定安の次男重長が織田信長の姉くらを娶り、大橋家は織田家とも縁戚関係になった。堀田、平野、服部等の一族と共に織田氏、豊臣氏に仕え戦国期に活躍する。

　江戸時代に入ると津島村の庄屋、年寄、惣年寄役を勤め苗字帯刀、御目見が許され、江戸時代中期頃までは尾張藩主の家督相続や誕生の祝儀に江戸まで参上したと言われている。家業は新田開発、木綿買問屋等を営んだ。また津島牛頭天王社の夏の例祭・津島祭では、車屋（筏場）としてこの祭りに関わる等、江戸時代を通じて津島村の地域名望家の一人として活躍した。

大橋茂右衛門家　家紋
（抱き茗荷紋）

大橋茂右衛門家　神式円柱墓碑
（10代貞勝により誓願寺より法眼寺門前脇に改葬移転）

松江藩家老大橋茂右衛門家の系図

　秀房（桓武天皇12代の後胤）⇒家貞⇒貞能（津島に居住）⇒貞経⇒通貞⇒貞宗⇒貞俊⇒貞高（正慶元（1332）年、奴野屋城を築く）⇒貞則⇒定清⇒定省（宗良親王の宮姫・櫻姫を妻とす）⇒信吉（後年、良王親王の嫡男神王丸を養君として家を譲り奴野屋城を退去）⇒信重（嫡子神王丸は、後に大橋和泉守信重と称す。大橋家は本来平氏であるが、後に源氏姓となるのはこの信重か

170

らである）⇒定廣⇒定安⇒重一⇒大橋源太左衛門重定（本家重国と分家重賢・後の政貞に分かれる）⇒元祖大橋茂右衛門政貞⇒２代茂右衛門貞高⇒３代茂右衛門正備⇒４代主膳禮経⇒５代茂右衛門賢徧⇒６代茂右衛門貞興⇒７代豊後基孚⇒８代筑後安幾⇒９代安敦（松江藩主松平定安次男）⇒10代貞勝⇒11代淑子（後継者なく大橋家は絶えた）

大橋茂右衛門家の来歴

　大橋源太左衛門重定の時、長男重国が本家を継ぎ大橋源三右衛門重国と称し、次男重賢（後の政貞）は分家し大橋茂右衛門政貞と称した。大橋茂右衛門家ここに始まる。

　大橋茂右衛門政貞は、初め清洲城主福島正則に仕え、関ヶ原の前哨戦岐阜城攻めに出陣し、敵の家老木造大膳亮と槍を合わせる等の活躍で名声を轟かせた。

　清洲城主福島正則は、関ヶ原の論功行賞として安芸・備前国49万８千石の太守に封ぜられる。

　徳川家康は、戦後処理として西軍の総大将であった毛利輝元に周防・長門の二国を与え縮小安堵し、抑止として山陽筋の安芸・備前国に福島正則、山陰筋の出雲・隠岐国に堀尾吉晴・忠氏親子を布石し守備させた。

　茂右衛門政貞は、千石、足軽40人、普請奉行番頭格を拝命し、城普請にその才能を遺憾なく発揮したと考えられる。

　元和３（1617）年に広島地方は大洪水に見舞われ、広島城は浸水し大被害を出した。

　福島正則は、早急に増築修復にかかったが、この修復が天下の大禁を犯したとの理由で罰せられ、広島城は没収された。息子の正勝が越後魚沼郡、信州川中４万５千石に減封され、正則は信濃の高村に蟄居を命じられた。この福島家減封の交渉役を勤めたのが茂右衛門政貞と言われている。

　福島家改易の後、茂右衛門政貞は、若狭小浜城主京極家に知行高３千石で仕える。

　寛永11（1634）年に京極忠高が出雲国松江へ移封される。茂右衛門政貞は加増２千石、合計５千石を授かるも、故有り浪々の身となり近江国大津にいた。

　この頃、徳川幕府は３代将軍徳川家光の時代となり、全国は平定されたとはいえ島原・天草一揆が勃発する等不安定な要素を残していた。３代将軍徳川家光並びに老中は、中国一円の外様大名の押さえとして、寛永15（1638）年、嗣子無く改易となった京極忠高に代わり、「譜代大名」である信濃国松本藩主松平直政７万石を出雲国松江藩主18万６千石に転封し布石した。

　しかし、松平直政他重臣は、山陰の地理や諸情勢に不案内で、特に中国一円の外様大名の動向が気がかりであった。早速、中国地方の地理に詳しく諸情勢に明るい軍師が必要となり、人材を求めていたところ、タイミングよく津島衆七苗字の一人で平野長泰（賤ヶ岳合戦の七本槍の一人）が牢人中の大橋茂右衛門政貞を松江藩に推挙して来た。

　大橋茂右衛門政貞の履歴を見ると、天皇に遡る津島の名門で福島軍団の出身、京極家家老の経験があり、山陰と山陽に明るく、更に戦功や一族の軍団と喉から手の出るほどの逸材であった。

　松平直政は、松江藩を束ねる要として大橋茂右衛門を説得し、三顧の礼で招聘した。

大橋家の名家老

元祖大橋茂右衛門政貞　家老　5千石（内与力千石、足軽30人預）
初代藩主松平直政を支え、松江藩を束ねる
【在任期間：寛永15（1638）年〜承応3（1654）年　通算17年】
（茂右衛門⇒隠居号梅仙）

　元祖大橋茂右衛門政貞は、父は大橋源太左衛門重定、母は信州高遠城主諏訪茂左衛門頼次の女（洞月妙秋禅定尼）である。

　津島の名門、大橋家の次男として生まれる。妻は寿光院。子供は、二男二女をもうけた。

　嫡子太左衛門は、耳漏を煩い5拾人扶持を拝領、剃髪して閑斉と称し承応2（1653）年に没した。孫の茂兵衛は、分知千石を賜り分家するも、寛文6（1666）年に初代藩主松平直政逝去の訃報に接し、殉死して断絶した。大橋家は、次男2代大橋茂右衛門貞高が継承した。

　松平直政は、寛永15（1638）年に松江藩家臣団を束ねる要として大橋茂右衛門政貞を知行高6千石、内与力千石、足軽30人、更に家督を末代まで減じない約定を交わしてスカウトした。

　松江に入国した藩主直政は、松江城から延びる外堀の東南（現在の松江市南田町）に大橋茂右衛門を配置した。この地は、東方沼沢並びに中海方面まで見通せることから、東から侵入した水軍を迎え撃つ出城として、堀尾・京極時代に於いても筆頭家老が守備した最重要拠点である。

　茂右衛門政貞は、寛永15（1638）年〜承応3（1654）年、隠居する迄の17年間にわたり、初代藩主松平直政のブレーンとして仕えた。松平直政の御字「政」を頂き「政貞」と称した。松平直政は、大橋茂右衛門政貞に細かい役職を与えず、松江藩の家臣団の束ねとして藩主の補佐役を勤めさせたのである。

　こんなエピソードが残されている。ある日、門前馬場に於いて茂右衛門政貞が早馬をしていた処、老齢で危ないからと、大人しい大粕毛馬を授けた。

　承応2（1653）年、居宅へ藩主松平直政のご来宅があり、鷹之絵を頂戴する。

　翌承応3（1654）年に隠居が許され、号梅仙と称した。

桶側二枚胴具足
大橋茂右衛門家伝来（松江市蔵）

同年、10月6日、出雲に於いて没した。遺言により松江城外馬潟沖に水葬す、よって墓は設けず。死して自らを水に流す豪放磊落な気質は、元をたどれば津島魂であろうか、猛将福島正則の影響であろうか。死して何も残さず、武士道を貫いた一生であった。

遺族により菩提寺は、松江市寺町誓願寺と定められ、丁重に葬儀が行われた。院号は、林祥院と称した。元祖大橋茂右衛門政貞は、大橋本家より分家し、戦乱の世を自らの力で立身出世した逸材である。松江藩の家臣団を束ねる家老の一人として、大橋家の揺るぎない基盤を築いた。

2代大橋茂右衛門貞高　家老　5千石（内与力千石、足軽30人）
2代藩主松平綱隆と3代藩主松平綱近の寵臣　4代藩主に仕え大老職を勤める
【在任期間：承応3（1654）年～宝永3（1706）年　通算53年】
（虎次郎⇒茂右衛門⇒隠居号仲）

2代大橋茂右衛門貞高は、父は元祖大橋茂右衛門政貞、母は寿光院の二男として誕生する。

嫡子太左衛門が病身なため、6歳で証人として差し出される。承応3（1654）年、13歳の時に父茂右衛門政貞の隠退に伴い、2代大橋茂右衛門貞高を襲名し、父家督5千石、内与力千石、足軽30人を相続する。格式高き家柄として若くして家老を拝命する。妻は光雲院、後妻は二木成国の女嶺松院である。子供は四男二女の子宝に恵まれ、他に養子が一人いた。

茂右衛門貞高は、承応3（1654）年～宝永3（1706）年、隠居する迄の53年間の長きにわたり、初代藩主松平直政に13年間、2代藩主松平綱隆に10年間、3代藩主松平綱近に30年間、4代藩主松平吉透に2年間、5代藩主松平宣維に2年間仕える。5人の藩主に仕えた。

藩主直政より、大鷹を両度及び小鷹を数度拝領する。また鷹場として大原郡の内、（牛尾大東九日市仁応寺宇治加茂）、島根郡の内、（東川津中原西生馬東生馬）及び意宇郡東来海、能義郡里方一円を拝領し、尚且つ居屋鋪廻り勝手次第、小鷹の使用を許された。

寛文6（1666）年、2代藩主松平綱隆の家督相続御礼の儀に随行、4代将軍徳川家綱に拝謁して、太刀、銀、馬代を献上した。

藩主松平綱隆は、弟の近栄に広瀬藩3万石、隆政に母里藩1万石を分与した。

また月照寺改修の造立、楽山の別荘や茶室等の建造を行った。

この時点では松江藩の財政は、弟への領地の分与や別荘を建てる等の余裕が見られる。ところが運悪く、延宝2（1674）年に延宝の大水害が発生する。藩収入は3分の2に減じ、翌年には松江藩最初の藩札を発行、米を諸国に求めて不足を補った。同年、藩主松平綱隆は、疲労困憊して45歳で急逝した。茂右衛門貞高は、多忙を極め家老仕置役をまとめて難局を乗り切った。3代藩主松平綱近の時代になっても天候不順は続き、貞享4（1687）年に藩士の知行を半知にし藩士の生活は困窮した。松江藩の藩財政の悪化は、この頃、既に始まっていたのである。

一方、新田開発、奥出雲の製鉄の奨励、神門郡荒木浜、松江浜佐陀、古志原等の拡張や殖産興業にも力を入れたが財政再建までには至らなかった。

元禄元（1688）年に3代藩主松平綱近より大老職を拝命する。

4代藩主松平吉透、5代藩主松平宣維になっても藩財政の好転はみられず、歴代藩主の苦渋は続いた。これら松江藩の困窮は、大老職の茂右衛門貞高並びに家老仕置役の双肩にかかり、茂右衛門貞高は難問解決に傾注した。

宝永2（1705）年、嫡子宮内が5代藩主松平宣維の家督御礼の儀に随行、5代将軍徳川綱吉並びに大納言家宣に拝謁して太刀、銀、馬代を献上した。

宝永3（1706）年に隠居が許され、号仲と称した。

正徳元（1711）年12月31日、大晦日（おおみそか）に出雲に於いて没した。院号は、松雲院と称した。

7代大橋豊後基孚　家老仕置役兼軍用方　4千7百7拾石（与力、足軽共）
9代藩主松平斉貴の重臣
【在任期間：天保8（1837）年〜文久2（1862）年　通算26年】
（實・5代大野舎人三男八百太郎　八百太郎⇒此面⇒茂右衛門⇒対馬⇒豊後）

7代大橋豊後基孚（實・5代大野舎人三男八百太郎）は、天保8（1837）年〜文久2（1862）年、没する迄の26年間にわたり、9代藩主松平斉貴に17年間、10代藩主松平定安に10年間仕えた。6代大橋茂右衛門貞興の嫡子重高が幼少のため、中継ぎとして長女美屋の智養子（むこようし）となる。子供は、女児一人をもうけたが早世する。妻美屋の死後、後妻に奥田新右衛門の女登勢を娶る。

天保8（1837）年に父家督4千7百7拾石（与力、足軽共）、格式家老を相続する。同9（1838）年に仕置役兼軍用方を拝命し25年間の長きにわたり勤めた。同年、9代藩主松平斉貴帰国に付き江戸留守居詰の重役を任せられる。嘉永2（1849）年に異国船防禦取調御用懸を拝命し、同6（1853）年に勤功により手前抱足軽10人増の40人を預かる。

安政6（1859）年に嫡子此面が仕置添役を命じられる。9代藩主松平斉貴のお成りが2回、10代藩主松平定安が4回あった。中継ぎが長期のロングリリーフとなるも立派に勤め、仕置役勤続年数25年間は、松江藩歴代家老並・家老の中で8位に当たる。

嘉永7（1854）年、10代藩主松平定安のお成りがあり、同席一統亭主にて御茶会が開催された。文久2（1862）年11月19日、出雲に於いて没した。院号は、松岳院と称した。

8代大橋筑後安幾　家老仕置役　4千7百7拾石（与力、足軽共）
10代藩主松平定安の参謀、松江藩を身を挺して救う
【在任期間：文久2（1862）年〜明治2（1869）年　通算8年】
（幼名・金次郎⇒好静⇒安幾、号・此面⇒筑後）

8代大橋筑後安幾は、天保7（1836）年に父6代大橋茂右衛門貞興と母側妻島田喜代の間に生まれる。幼名は金次郎、号は初め此面、後に筑後と称す。名は初め好静、後に10代藩主松平定安から御字「安」を頂き「安幾」と改めた。

嘉永4（1851）年に分家大橋造酒の娘萬喜の智養子となる。安政5（1858）年、7代豊後基孚の嫡子実兄主税が急逝（きゅうきょ）したため、急遽本家を継ぐため帰家し、義兄7代大橋豊後基孚の養子となり嫡子となった。文久2（1862）年に父遺跡4千7百7拾石（与力、足軽共）、格式家老仕置役を相続する。

筑後安幾は、文久2（1862）年〜明治2（1869）年、版籍奉還迄の8年間、10代藩主松平定安のブレーンとして仕えた。

文久3（1863）年に海陸軍用専務引受並びに士大将等を兼務する。第一次長州征伐の際は、大坂城に於いて惣督尾張前大納言、副将松越前守、目付衆列席の上、諸藩名代軍議が行われ、松

江藩名代として参列した。元治元（1864）年、第一次長州征伐では、一之先備士大将として出陣する。慶応元（1865）年、第二次長州征伐では、城下固旗頭備士大将を勤めた。

山陰道鎮撫使の難題四ヶ条の顛末

　慶応4（1868）年、朝廷は、山陰道鎮撫使総督に西園寺公望を任命した。山陰道鎮撫使は、鳥取、薩摩、長州の三藩に命じ、松江、浜田両藩に付いて朝廷に対しての敵意の有無を取り調べさせた。付き従った新政府側の軍勢は薩摩番兵一番隊伊藤祐徳隊長、長州一中隊・第四中隊青木千世之介隊長の二隊である。

　8代大橋筑後安幾は、松江藩を代表して因州（因幡国）鳥取へ尋問のため出頭し弁明にこれ努めるも、山陰道鎮撫使より難題四ヶ条の演達書を突き付けられる。松江藩は、家老一同が集まり喧々囂々激論の末、第二ヶ条目の重役の死を以て謝罪することを決定し、松江藩を代表して家老大橋筑後安幾が切腹をすることに決まった。

　では松江藩家老一同は、何故、大橋筑後安幾を切腹させることに決定したのか、歴史書には記されていないが、データを駆使して考証をしてみたい。

表12−1　慶応4（1868）年時の代々家老

代々家老名	知行高順	遺跡相続年	家老拝命年	家老席順
8代大橋筑後高朗	4千7百7拾石	文久2（1862）年	文久2（1862）年	5
10代乙部九郎兵衛	4千2百5拾石	弘化元（1844）年	弘化元（1844）年	1（上席）
9代朝日千助重厚	3千8百石	嘉永5（1852）年	嘉永5（1852）年	2（次席）
8代三谷権太夫長順	3千6百7拾石	万延元（1860）年	万延元（1860）年	4
10代神谷兵庫富雄	3千9拾石	安政3（1856）年	安政5（1858）年	3
10代柳多滋美一協	2千3百石	文久2（1862）年	元治2（1865）年	6

（代々家老席順は家老拝命順）

　松江藩を代表して切腹する重臣は、代々家老と見做して考察してみたい。

　第一候補者は、8代大橋筑後高朗（安幾）である。主な理由を列挙すると①藩主の代役を勤める家柄、②格式・知行高が一番、③家老仕置役・軍用方の総責任者で尚且つ海陸御軍用方専務引受の重役を担っていた、④松江藩を代表して鳥取藩家老池田正親に面会し四ヶ条の演達書を受け取った、⑤大橋筑後高朗（安幾）には報国のため身命を投げ打つ強い意志があった。

　他に候補者として上席家老10代乙部九郎兵衛可時、次席家老8代朝日千助重厚、松平家の縁戚8代三谷権太夫長順等が考えられたが、手を挙げる者はいなかった。

　一番の重要なポイントは、切腹して松江藩を救う決死の赤心と一身御国命に代わる忠節心が必要である。この熱き心を持っていたのが大橋筑後安幾である。筑後安幾は、四ヶ条の演達書を受けた段階で密かに切腹を心に決めていたと考えられる。

　鳥取藩は、総督御用掛の門脇少造・神戸源内・沖探三を安来（現・安来市）に遣わし、松江藩の太田主馬・高井義八・渡辺勘之助と面談の上「大橋筑後安幾決死相違なき」を確認した。

　筑後安幾は、安来の常福寺にて切腹の検視を待っていた処、鳥取藩神戸源内より後日沙汰を待つようにとの内命があった。

慶応4（1868）年2月23日、山陰道鎮撫使から因幡中将と同伴し、伯州米子山陰道鎮撫使滞在先へ出頭するようお達しがあり、同25日に出頭する。再度、今般雲州への不審に対する謝罪の決意を尋ねられ、筑後安幾は、疑義の弁明と謝罪及び勤王に従順すること、更に報国のため身命を投げ打つ覚悟を申し上げる。この決意を聞いた鳥取藩は、隣国の情義を重んじ四ヶ条以外の謝罪を鎮撫使側に請願した。山陰道鎮撫使総督西園寺公望は、鳥取藩からの申し出、四ヶ条以外の謝罪を受け入れ、松江藩に対し寛大な処置をするよう朝廷に申請し受け入れられた。

　筑後安幾の切腹は回避され、朗報は国中を駆け巡り喜びに沸き返った。家老大橋筑後安幾の決死の赤心と一身国命に代わる忠節が、山陰道鎮撫使西園寺総督、因幡中将の心を打ったことは間違いない。また、この間、藩主定安の朝廷徳大寺卿、中山卿への涙ぐましい働きかけがあったこと、並びに隣国鳥取藩の仲立ちによる寛大な処置を忘れてはならない。

　松江藩は、10代藩主定安と家老大橋筑後安幾の努力により官軍との戦争を回避し、領土と領民の命を守った。歴史的に見ても大きな価値ある判断であったと思われる。

　筑後安幾は、山陰道鎮撫使の難題事件で身を挺して松江藩を救った恩賞として、『松江藩列士録』には次のように記されている。

　「慶応4（1868）年5月9日、今度、鎮撫使、御下向大事及び切迫の処、決死の赤心を以て御国境へ行向い、一身を以て御国命に代わる段、御入国以来比類無き忠節、戦場の功名にも立ち勝り武門の亀鑑、よって出格の訳を以て、御一字これを下さる。御家老上座仰せ付けられ、且つ右様一国にも代わる程の儀、上一躰御同様思し召され就いては、御着料の御具足これを下され、子々孫々へこの旨を相傳え、忘失間敷致し、将又此の度、事大の苦心を致した上は、以後、幾重にも身楽に成し遣わされべきの処、当節がら自然任させられざる思し召しの儀これ有り、責て事務の心配り御懸けならる間敷と思し召しに就いて、御仕置役並びに海陸軍用専務引請共御免成られる条、長く休息致し一国の押と相成る様致すべき旨、御直書を以てこれを仰せ渡される。」

　以上のように、家老上座並びに藩主定安より御字「安」を賜り「安幾」と改めた。御着料の御具足を拝領し、更に藩主定安の次男安敦を長女睦路の婿養子に授かった。

　家老大橋筑後安幾は、名家老として現在でも松江市民に語り継がれている。

　大橋筑後安幾は、娘夫婦の結婚を機に松江市南田町の本邸から奥谷町に転居し余生を送り、大正6（1917）年8月14日に82歳の長寿を全うし人生を閉じた。神葬祭、大橋茂右衛門源大人命と称す。

　（参考引用文献『松江市誌』、『松江藩列士録』、『松江市史　通史編3　近世Ⅲ』、『大橋家系図』）

大橋家まとめ

　松江藩代々家老大橋家は、尾張国津島（現在の津島市）の名望家大橋源太左衛門重定の次男として生まれ、分家して戦国の世を生き抜き、一代で築き上げたと言っても過言ではない。

　福島正則改易後、京極忠高に仕え、後に松江城主松平直政に招聘され家老となった。歴史上、錚々たる福島正則、京極忠高、松平直政の三大名に仕えた。

　松江藩に迎えられた元祖大橋茂右衛門政貞は、松江藩の家臣団を束ね、藩をまとめる総括者としての任を負わせられたのである。以後、大橋家は、歴代藩主の危急時に藩主の代役を勤め、藩の存亡にかかわる難題には、身を挺して藩主を守る重責を負わせられた。従って、大橋家老8代

の内、役職に就いたのは5代茂右衛門賢徧が軍用方、7代豊後基孚が仕置役、8代筑後安幾が仕置役の3人で、他の5人は、国家老として松江藩の総括者の任務を負わされたのである。

歴代藩主の家督相続御礼の儀に随行した家老は、2代茂右衛門貞高、3代茂右衛門正備が嫡子時代と併せて2回、5代茂右衛門賢徧、6代茂右衛門貞興が2回の合計6回である。

大橋家歴代の内、特に活躍したのは、松江藩の初期基盤造りに貢献した元祖大橋茂右衛門政貞、5人の藩主に53年間の長きにわたり仕え大老職を勤めた2代大橋茂右衛門貞高、9代藩主斉貴の重臣となり仕置役を25年間の長きにわたり勤め藩主を支えた7代豊後基孚、10代藩主定安のブレーンとして仕置役・海陸軍用専務引受・士大将等を兼務し、長州征伐の際には藩名代として諸藩名代軍議に列席し、第一次長州征伐では軍隊を引率して出陣、更に松江藩を揺るがす山陰道鎮撫使難題事件では、報国のため身を挺して松江藩を守った8代大橋筑後安幾を挙げることが出来る。大橋家の歴代平均勤務年数29.9年は、家老並・家老家の中で11位である。

因(ちな)みに、歴代藩主の大橋家へのお成りは、初代直政1回、7代治郷14回、8代斉恒8回、9代斉貴8回、10代定安5回の合計36回である。

元祖大橋茂右衛門政貞から始まり8代大橋筑後安幾に至るまで、松江藩の中心的重役を担い、松江藩家臣団の総括者として歴代藩主を支えた。

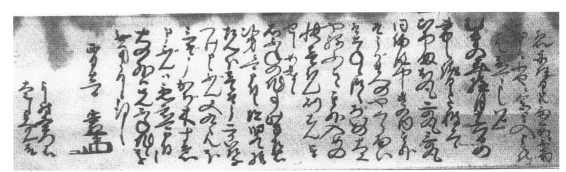

大橋茂右衛門宛ての福島正則書状（松江市蔵）

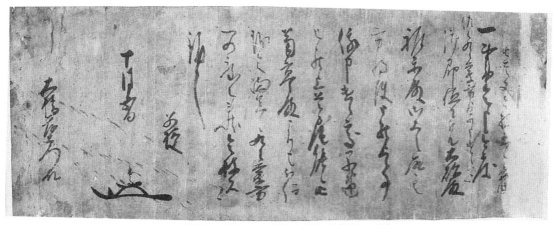

大橋茂右衛門宛ての京極忠高書状（松江市蔵）

2．乙部家（次席家老）

本国、生国、出自と戦歴

　元祖乙部九郎兵衛可正は、本国伊勢国安濃郡乙部（現在の三重県津市）、生国は美濃国（現在の岐阜県南部）である。（全国の乙部姓は、伊勢国安濃郡、陸奥国紫波郡及び上北郡、北海道等の地名から発し、源姓乙部、平姓乙部、諸国諸流の乙部に大別できる。その後、時代の変遷を経て本流、末流が全国に分散し今日に至っている。）

　乙部家の系図をひもとくと人皇56代清和天皇第6皇子貞純親王之男、鎮守府将軍正四位下・源経基に遡る。歴代正四位や従三位から従五位を叙せられた名門である。

　乙部家は、兼氏の時に初めて北伊勢の乙部郷に住し名字を乙部とし、代々掃部頭や兵庫頭を号とした。また、頼政以来、「頼」や「政」を諱の通字とした。

　しかし、乙部掃部頭勝政は、徳川家の執権井伊掃部頭直孝に類するため、藩主越前中納言秀康より九郎兵衛を賜る。また嫡男九郎兵衛可正は、2代越前北庄藩主松平忠直から姉崎藩主松平直政の家老に付けられた時、新主君直政に憚り諱の「政」を「正」に改め可正とした。

乙部家の家紋

　乙部家は、頼政朝臣の正統なるを以て「蝶」を家紋としていたが、藩主越前中納言秀康より結城家の家紋「三頭左巴」紋を賜り、以後、巴を以て家紋とし、蝶を替え紋とした。

乙部家家紋　三頭左巴紋

乙部家累代の墓と位牌

　菩提寺　神護山　天倫寺

左は乙部家累代の墓、右は元祖九郎兵衛可正の墓

神護山天倫寺にある位牌

松江藩家老乙部家の系図（松江藩乙部氏家譜）

　源経基（人皇56代清和天皇第6皇子貞純親王之男）⇒満仲⇒頼光⇒頼国⇒頼綱⇒仲綱⇒頼政⇒国政⇒兼綱⇒兼政⇒兼高⇒兼氏（乙部を名字）⇒頼氏⇒氏政⇒宗政⇒秀政⇒輝政⇒重政⇒冬政⇒綱政⇒通政⇒経政⇒兵庫頭藤政（渋見城主）⇒掃部頭勝政（結城秀康家臣）⇒元祖九郎兵衛可正⇒2代勘解由直令⇒3代九郎兵衛可明⇒4代九郎兵衛可寛⇒5代九郎兵衛可豊⇒6代九郎兵衛可泰⇒7代九郎兵衛可番⇒8代九郎兵衛可敬⇒9代九郎兵衛可備⇒10代九郎兵衛可時⇒11代可誠（勝三郎）⇒12代可隆（隆之助）⇒13代弌次⇒14代正人（現当主）

乙部家の家譜と戦歴

　「松江藩乙部氏家譜」によれば、乙部家は人皇56代清和天皇第6皇子貞純親王之男・源経基に遡る名門である。頼政の末裔兼氏の時に伊勢国乙部郷に住し名字を乙部と名乗る。

　祖父乙部兵庫頭藤政は、乙部領中川原に住居を構え、渋見城（現在の三重県津市渋見町）を居城とし国司北畠具教に属した。永禄12（1569）年、渋見城の戦いで織田信長に攻められ落城した。乙部氏一族は大半が討ち死にしたが、落ち延びた者が複数いた。

　その一人が藤政の子乙部掃部頭勝政（2歳）である。勝政は、幼名を一政と称し、密かに乳母の介抱を受けた後に、伯母婿方にて養育され成長する。成人となり、豊臣秀吉の重臣長谷川藤五郎に仕官したが、藤五郎は高麗陣の節に肥前名護屋で病死する。

　その後、一説には、織田信包の推挙により金吾中納言秀秋（小早川秀秋）へ8百石で仕えたと言われている。

　小早川秀秋は、豊臣秀吉の正室高台院（北政所）の兄木下家定の第五子で高台院の甥にあたる。関ヶ原の一戦では、西軍に組みし松尾山に陣したが、戦い半ばにして東軍に内応し、東軍勝利に大きく貢献した。関ヶ原の合戦後、論功行賞として宇喜多秀家の旧領のうち備前・美作50万石を拝領し藩主となるも21歳の若さで没し、嗣子なく断絶した。

　乙部掃部頭勝政は、再び牢人となるも、慶長8（1603）年に徳川譜代家臣大久保相模守忠隣の推挙により越前中納言秀康に仕え、前主と同様の知行高8百石を拝領した。

　その他、落ち延びた者の中に乙部兵庫頭政直の次男正次（6歳）がいた。正次は落ち延び、織田信長の詮索を逃れ京都に脱し、進藤三左衛門正次と名を改め身を隠す。

　正次は、勝政と同様に織田信包の推挙により宇喜多秀家へ7百石で召し抱えられたと伝えられている。因みに宇喜多家へ仕えた正次は、関ヶ原の戦いで最後まで主君宇喜多秀家に忠節を尽くし、その忠節ぶりを感じ入った徳川家康に5百石で召し抱えられたと記録されている。

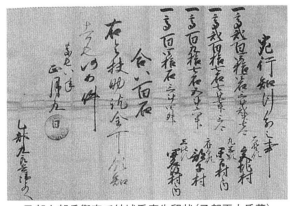

乙部九郎兵衛宛て結城秀康朱印状（乙部正人氏蔵）

乙部家の名家老

元祖乙部九郎兵衛可正　家老仕置役　5千石（内与力千石）
初代藩主松平直政のブレーン、松平直政の成長期を支える
【在任期間：元和5（1619）年～慶安2（1649）年　通算31年】
（勝三郎⇒九郎兵衛）

元祖乙部九郎兵衛可正は、父は乙部掃部頭勝政、母は直指院である。三人兄弟の長男として美濃国で誕生する。幼名を勝三郎といい、後に九郎兵衛と改める。妻は笹治刑部の妹永安院である。

九郎兵衛可正は、慶長8（1603）年に越前中納言秀康に召し出され大熹従3百石を賜る。

慶長12（1607）年に越前中納言秀康及び父勝政が没し、同13（1608）年に2代越前北庄藩主松平忠直より父遺跡8百石を相続する。同19（1614）年に藩主忠直に従い、大坂両陣に出陣し、討ち取り人数59人と大武勲を挙げ一躍その名を天下に轟かせた。

元和5（1619）年に松平直政は、幕府より上総国海北郡姉崎（現在の千葉県市原市）を拝領し藩主となる。

乙部九郎兵衛の肖像画
（乙部正人氏蔵）
（この肖像画は添え書きがなく、何代目の九郎兵衛か定かでないが、容貌や袴の形から元祖九郎兵衛可正ではないかと言われている。）

越前北庄藩主松平忠直は、弟松平直政の初めての藩主を祝して、乙部九郎兵衛可正を家老として付けた。

九郎兵衛可正は、前主同様の知行高8百石を拝領し、上総国姉崎の筆頭家老となる。越前時代からの譜代家臣は、氏家五右衛門政次と仙石猪右衛門政吉、神谷兵庫富次、柳多四郎兵衛長弘の四人がいたが、そこに九郎兵衛可正が加わり、藩政の経営体制が整った。

九郎兵衛可正は、元和5（1619）年～慶安2（1649）年、没する迄の31年間の長きにわたり、若き藩主松平直政のブレーンとして仕えた。

松平直政は、元和5（1619）年に家老として貰い受けた九郎兵衛可正を、早速、姉崎陣屋の請け取り役に任じた。これが二人の出会いであり九郎兵衛可正の初仕事であった。

寛永元（1624）年に松平直政は、越前大野5万石に転封され、城の請け取り役に九郎兵衛可正を派遣した。可正は、越前大野で加増千2百石、合計2千石となった。

乙部九郎兵衛可正宛ての松平直政の書状

寛永元（1624）年7月20日、松平直政は、大野城の請け取り役に知力、胆力に優れた乙部九郎兵衛可正を派遣し、可正からの報告に対し、自身の動向や指示を書状に認め送っている。当時の上総姉崎から越前大野への転封の様子が窺える。

寛永10（1633）年に松平直政は、信濃国松本7万石に転封され、城の請け取り役に九郎兵衛可正を派遣した。

3代将軍徳川家光は、寛永12（1635）年に武家諸法度を改定し、参勤交代制度を定めた。

　全国の大名は、江戸藩邸の拡張、人事配置並びに幕府等との折衝窓口が急務となった。

　松平直政は、江戸藩邸の責任者として乙部九郎兵衛可正を任命した。可正は松本移封後、江戸定詰となり、若き藩主のスポークスマンとして活躍する。

　寛永15（1638）年に松平直政は、出雲国松江18万6千石を拝領し藩主となる。九郎兵衛可正は、松江城の請け取り役に任ぜられ、先発して松江に入国する。同年、塩見小兵衛、安井所左衛門及び岩崎市兵衛等の家臣を随え、幕府の上使堀市正利重、目付多賀左近常長・大河内善兵衛正勝より松江城を請け取り、城の見分を始め受領石高の精査等引き継ぎを終え大役を果たした。

　更に家臣の屋敷配置、石高に見合う人材の確保、防衛体制、領国の視察と多忙を極める。

　松江藩の初代仕置役を拝命し三谷権太夫長玄、神谷兵庫富次等と共に松江藩の基礎作りに貢献する。知行高は、加増3千石を得て合計5千石となった。

　翌寛永16（1639）年、鷹二居を拝領し、鷹場として出雲郡平田大川筋を残らず御免、鷹狩のお許しを得る。

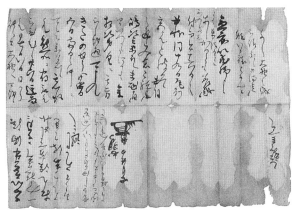

乙部九郎兵衛可正宛ての松平直政の書状（乙部正人氏蔵）

三巴敵討ち事件

　正保元（1644）年12月17日、家老乙部九郎兵衛可正の家臣鷹匠遠山市郎左衛門（飯尾兼晴）が、出雲国松江藩預かり人生駒帯刀正種を九郎兵衛可正宅に於いて敵討ちした事件が発生する。敵討ちは、一般的には美徳とされるが、生駒帯刀正種が幕府からの預かり人であったことから幕府に届け出た。

　幕命により市郎左衛門は切腹、九郎兵衛可正は暇を出され、山城国梅津（現在の京都府南・東部）に隠棲する。しかし、幕府はこの事件は全く不慮の災難で、深く罰すべきではないとの理由で帰藩が許され可正は元に服す。乙部家の紋所が三ツ巴であることから「三巴敵討ち」と言う。

　元祖九郎兵衛可正は、藩主松平直政の信任が厚く、知力と胆力に優れ、城の請け取り役の重責を担い、松平直政のブレーンの一人として松平直政の出世を陰から支えた。

　慶安2（1649）年6月8日、出雲に於いて没した。

　菩提寺を天倫寺に定め、院号は、元徳院と称した。天倫寺本堂奥の間に、松江藩松平家歴代藩主の位牌室と家老乙部家の位牌室がある。

第3部　家老並仕置役・家老仕置役を勤めた30家と名家老　181

| コラム | 菩提寺・天倫寺東愚和尚の引導 |

乙部家には、代々次のような逸話が継承されている。

『可正が常に申すには、人死して殿の守護致し難し、我は雷となり事ある時は、的中打ち砕き殿を守護したし。との願いにより天倫寺の東愚和尚に相談する。和尚曰く、仏にはなり難し、雷にならんとはいと安しと返答ある由。』よって、九郎兵衛可正が死した時、和尚は甲冑を着させ引導せられる。葬儀の日に雷電が走り人々は感嘆したとあり、その後、命日には雲動き雷が鳴ったと伝えられている。『出雲鍬』には、命日に雲動き雷電が走ると記され、乙部家では、雷の由来は代々語り継がれている。死してなお君主に尽くす忠義の美談である。

3代乙部九郎兵衛可明　家老　4千石（内与力千石）
2代藩主松平綱隆、3代藩主松平綱近のブレーン　大老職を勤める
【在任期間：寛文2（1662）年～元禄6（1693）年　通算32年】
（勝三郎⇒九郎兵衛）

3代乙部九郎兵衛可明は、父は2代乙部勘解由直令、母は元祖大橋茂右衛門政貞の女臨照院である。二人兄弟の嫡男として誕生する。弟は可弐・要人といい、他に異母兄可令・外記がいた。妻は、村松氏の女高峰院である。子供は、四男一女で男子二人は早世した。

寛文2（1662）年～元禄6（1693）年、没する迄の32年間の長きにわたり、初代藩主松平直政に5年間、2代藩主松平綱隆に10年間、3代藩主松平綱近に19年間仕えた。

2代三谷権太夫長元と同時期に家老職を勤め、二人は共に切磋琢磨し名家老と謳われる。

寛文2（1662）年に父遺跡5千石、内与力千石、遺跡の内異母兄外記へ千石を分与する。

同4（1664）年、藩主直政より鷹を拝領する。且つ、鷹場として意宇郡忌部平原・島根郡佐陀古志古曽志永井での鷹狩のお許しを得る。

寛文6（1666）年、松江藩初代藩主松平直政が江戸赤坂館客殿に於いて66歳で逝去した。

葬儀では、家老を代表して霊柩の前轅を持ち参列する。また月照寺は、後に松江松平家代々の菩提寺と定まり、九郎兵衛可明が造立大奉行となり修造して完成させた。

2代藩主松平綱隆は、豪光山を歓喜山と改め、自筆の額を奉納する。現在でも墓標の右手一番目に九郎兵衛可明の石灯籠がある。

寛文6（1666）年、2代藩主松平綱隆の家督御礼の儀に随行、4代将軍徳川家綱に拝謁し太刀、銀、馬代を献上した。同12（1672）年、高眞院七回忌法事奉行を勤める。

延宝2（1674）年に延宝の大水害が発生する。宍道湖及び諸川が氾濫し溺死者229人、穀害7万4千石余りの損害を出した。幕府に願い出て米を諸国から求め避難民を救済した。

翌延宝3（1675）年、松江藩最初の藩札を発行し急場を凌いだ。

九郎兵衛可明は、この難局を上席家老として家老仕置役を束ね結束して対処した。悪いことは続き、疲労困憊した2代藩主松平綱隆が急逝する。葬送並びに法事奉行を終えた後、同年、3代藩主松平綱近の家督御礼の儀に随行、4代将軍徳川家綱に拝謁し太刀、銀、馬代を献上した。

多忙極めた九郎兵衛可明は、天和2（1682）年に大老となり松江藩のご意見番として3代藩

主松平綱近を支えた。

元禄6（1693）年9月3日、出雲に於いて没する。院号は、法輪院と称した。

5代乙部九郎兵衛可豊　家老仕置役　4千2百5拾石（与力共）
6代藩主松平宗衍の後見役同然を勤める
【在任期間：享保12（1727）年〜享保21（1736）年　通算10年】
（新之丞⇒仲⇒勘解由⇒九郎兵衛）

5代乙部九郎兵衛可豊は、父3代九郎兵衛可明と母村松氏の女高峰院の次男として誕生する。兄4代乙部九郎兵衛可寛に嗣子が無く、兄の養子となり5代乙部九郎兵衛可豊を襲名する。

享保12（1727）年〜享保21（1736）年、没する迄の10年間にわたり、5代藩主松平宣維に5年間、6代藩主松平宗衍に6年間仕えた。

享保12（1727）年に養父家督3千7百5拾石（与力共）を相続する。同15（1730）年に家老となる。享保16（1731）年8月に5代藩主松平宣維の急逝により、松平宗衍が弱冠3歳で6代藩主を襲封する。幕府は、藩主宗衍が幼少であることから、越前福井藩主松平宗矩、陸奥白河藩主松平明矩、播磨明石藩主松平直常、出雲母里藩主松平直員、出雲広瀬藩主松平近明の親類大名に後見を託し松江藩政を補佐させ合議して行わせた。

九郎兵衛可豊は、享保16（1731）年9月に家老仕置役を拝命した。

翌17（1732）年から元文2（1737）年にかけて、出雲地方は享保の大飢饉に見舞われ、蝗害、大津波、大暴風と前代未聞の大凶作となり、百姓一揆が勃発し松江に迫ったが、家老仕置役の結束により一揆を鎮圧し法の秩序を保った。更に江戸赤坂の上屋敷の火災等災害が連続して発生し、国の窮状は増すばかりであった。

享保18（1733）年、親類大名は、松左兵衛督及び松志摩守列座の上、家老仕置役5代乙部九郎兵衛可豊と4代高田極人定英を後見役同然とし、藩主宗衍が入国するまでは、その一人を江戸に留め補佐させた。同年、先代の隠居料5百石を返し下さり、知行高4千2百5拾石となる。

この頃、松江藩が一番困窮した時代である。後見役同然九郎兵衛可豊の苦渋は想像を絶するものであった。享保21（1736）年に体調を崩し、江戸より医師藤山玄丈並びに鍼医井口寿軒が付けられ国許に帰り養生するも、病状が悪化し急逝する。

若き藩主の無事成長をひたすら願い、殿の初入国を夢見たが無念にも没する。

享保21（1736）年4月14日、出雲に於いて没した。院号は、久徴院と称した。

乙部家まとめ

『乙部家家譜』によれば、松江藩代々家老乙部家は、清和天皇の苗裔で源三位入道頼政朝臣の三男大夫判官兼綱の嫡流で、伊勢国（現在の津市）の名門の出自である。

元祖乙部九郎兵衛可正は、越前中納言秀康に仕えた後、引き続き越前家を家督相続した2代越前北荘藩主松平忠直に仕えた。その後、藩主忠直の命により松平直政の付家老となる。

以来、松平直政の欠くことのできない、強もて、筋金入りの譜代家臣となる。

松江藩では筆頭家老大橋家に次ぐ次席家老として、政治軍事全般を総括し歴代の藩主を支えた。松江藩の代々家老となり、歴代藩主の家督御礼の節に随行し、将軍に拝謁する家柄であった。

歴代藩主の家督相続御礼の儀に随行した家老は、3代九郎兵衛可明が2回、4代九郎兵衛可寛が2回、6代九郎兵衛可泰が1回、9代九郎兵衛可備が1回の合計6回である。

　乙部家は、父乙部掃部頭勝政の活躍が大きい。織田信長の伊勢攻略の戦いで渋見城は落城し、落ち延びた後、長谷川藤五郎に仕え、更に小早川秀秋を経て結城秀康に8百石で仕えた。艱難辛苦の末、乙部家を起死回生させた中興の立役者である。

　越前中納言秀康より結城家の家紋「三頭左巴」を賜る程の寵愛を受け重用される。

　松江藩代々家老乙部家歴代の中で特に活躍したのが、藩主松平直政の成長期を見守り、姉崎陣屋、大野城、松本城、松江城の請け取り役を担い、松江藩の初代仕置役を勤めた元祖九郎兵衛可正、2代藩主松平綱隆と3代藩主松平綱近のブレーンとして活躍し大老職を勤めた3代九郎兵衛可明、6代藩主松平宗衍の後見役同然を勤めた5代九郎兵衛可豊を挙げることができる。他に10代九郎兵衛可時は、家老仕置役を勤め、幕末の尊王攘夷が吹き荒れる難しい時期に首座家老として藩主定安を支えた。また、可時は中国絵画に造詣が深く美術品のコレクターとしても著名で、蒐集した中国絵画は165点にも及び、中には国宝・重要文化財に指定されている逸品も多い。しかし、廃藩置県後の武士の崩壊により手放されたのは惜しまれた。

　歴代藩主のお成りは、初代藩主直政1回、7代藩主治郷7回、8代斉恒7回、9代斉貴8回、10代定安4回の合計27回である。

　このように乙部家は、元祖から10代まで次席家老として松江藩の中心的重役を担い、歴代藩主を支えた。

3．朝日家

本国、生国、出自と戦歴

　元祖朝日丹波重政は、本国、生国共に遠江国（とおとうみのくに）（現在の静岡県西部）である。父は、駿河国（するがのくに）（現在の静岡県中・東部）宇津山の城主袴田加賀守（はかまだかがのかみ）元實である。今川義元の武将で駿河国堀江領に於いて永楽銭（えいらくせん）7千貫を給禄した。母は、今川氏の重臣関口刑部少輔親永の女で今川義元の姪に当たり、徳川家康の先室築山殿とは姉妹である。徳川家康の長男岡崎三郎信康の叔母になる。従って、岡崎三郎信康と朝日丹波重政とは従兄弟で今川家、徳川家と縁戚になる名門である。

　徳川家康と築山殿の侍女であった於萬の方（長松院）の間に生まれたのが、次男秀康（結城秀康・後の越前中納言秀康）である。秀康の三男が松平直政（後の松江藩松平氏初代藩主）である。

朝日家家紋　丸に四方木瓜紋

朝日家の墓

圓輝山　法眼寺

元祖朝日丹波重政と2代丹波重賢の墓

5代朝日丹波郷保夫妻及び累代の墓

昭和16年、11代重雄により慈雲寺から法眼寺に改葬移転された。

朝日家の系図

袴田加賀守元實⇒元祖朝日丹波重政（徳川家康より朝日の名字を賜る）⇒2代丹波重賢⇒3代外記重元⇒4代但見重春⇒5代丹波郷保⇒6代丹波恒重⇒7代丹波貴邦⇒8代千助重法⇒9代千助重厚⇒10代千助⇒11代重雄⇒12代重保（現当主）

朝日家は、元祖朝日丹波重政が駿州（駿河国）田中城攻めの活躍により、徳川家康より朝日の名字と陣羽織を賜る。袴田を朝日に改め、朝日家ここに始まる。

朝日家の名家老

元祖朝日丹波重政　家老　7千石（内与力2千石）
松江藩一番の槍の名手・猛将
【在任期間：寛永元（1624）年～寛永18（1641）年　通算18年】
（仙千代⇒千助⇒丹波）

徳川家康と今川氏真は、敵対関係となり、父袴田加賀守元實が守る宇津山城は、家康により攻め滅ぼされる。牢人となった仙千代（後の朝日丹波重政）は時に14歳。徳川家康の国衆の一人菅沼小大膳殿定利へ児扈従として仕え、遠州横須賀攻めの時に、小大膳殿定利に従い出陣、首級二つを取る戦功をあげ恩賞として永楽銭拾4貫を拝戴し名を千助と改める。

更に、駿州田中城攻めに於いて、武田勝頼方の宿敵 士大将 西郷伊豫の首を討ち取り金星を挙げる。その様子を山上の本陣で見ていた家康は、喜び着していた陣羽織を与え、その時、朝日が昇る様を見て朝日の名字を授けたと言われている。翌日の戦いでも中根善次郎と槍を合わせ討ち取り家康大いに喜び、鷹にすれば昨日は鳥飼、今日は脇鷹なりと褒め称える。千助は、その名を一躍天下に轟かせた。

その後の戦歴も華々しく、甲州エコ沢、参州長篠、尾張長久手、伊賀松ヶ崎、奥州九度の戦いでも戦功をあげ、信州飯田では武田方の臣原備前並びに大嶋縫殿右衛門を討ち取る。高麗陣では

首尾よく勤め加増3百石を得て千3百石となった。

慶長5（1600）年の関ヶ原の前哨戦、中山道伊勢崎では、城を守る真田安房守昌幸との合戦で、徳川秀忠攻め入りの時に、千助一番に小曲輪を乗っ取る。

以上のように、千助は華々しい戦功をあげ、越前中納言秀康の所望により秀康の家臣となり、2千石を賜り、黒脛巾20人、足軽50人を預かった。

嫡子佐助の切腹と国麻呂（丸）（後の松平直政）の養子縁組

慶長10（1605）年、越前北庄藩城外で出火があり越前中納言秀康は、朝日丹波重政の嫡子佐助に火を防ぐよう命じた。佐助は暫くして遅れて到着、秀康より「勇士の器に似ず父より劣る」とお叱りを蒙る。佐助は甚だ恥じて切腹した。秀康は不憫に思い、5歳の国麻呂（丸）（後の松平直政）を嫡子として授けた。1年間という短い期間ではあったが朝日丹波重政と国麻呂は、親子の契りを交わしていた。ここまでは順風満帆であった。

1年後、朝日丹波重政は、朋輩谷伯耆の家臣と闘争事件をおこし、越前を去り浪々の身となり国麻呂とは別れる。

牢人となった丹波重政は、越前を去り仕官口を求めて駿州に出向き徳川家康にお目通りする。家康の推挙により第六子松平忠輝に付けられ大坂陣に参戦するも、後に再び牢人となる。

大坂両陣も終わり、徳川幕府の天下となったこの時期、大坂方に組した諸大名は改易となり、多くの牢人を放出する一方、戦功により石高を上げた大名は、石高に見合う優秀な人材を広く求めた時期でもあった。

丹波重政の名声は、世に知れ渡り売り手市場であったことは間違いない。早速、徳川御三家紀伊大納言と越前国福井藩祖松平伊予守忠昌より誘いがあり、牢人仲間と相談の上、元和9（1623）年に松平伊予守忠昌を選択し召し抱えられた。

一方、松平直政は、寛永元（1624）年に越前国大野5万石に移封され、次兄越前国福井藩主松平忠昌に度々所望し、朝日丹波重政を貰い受け再会する。

丹波重政は、寛永10（1633）年に信濃国松本で合力米4千石を拝領する。この知行は側近家老の乙部、神谷、柳多と比較しても破格の知行高であった。

寛永15（1638）年に出雲国松江で3千石の加増を得て7千石、内与力拾7騎2千石を授かり、家老を拝命する。松江藩で一番の知行高となった。この与力拾7騎は、徳川家康に御目見した程の者であり連れ帰り丹波重政に預けられたものである。

松江藩主松平直政と朝日丹波重政は、一つの糸で結ばれ、二度目の再会を果たした。百戦錬磨の猛将丹波重政は、松平直政にとって父のような存在であり守護神ではなかったか。

松江藩初代藩主松平直政の栄封と朝日丹波重政

徳川幕府は、3代将軍徳川家光の時代に移り、島原・天草一揆が勃発する等まだ不安定な政情を残していた。将軍家光並びに老中は、長州を始め中国一円の外様大名の押さえとして、「譜代大名」である信濃国松本藩主松平直政を出雲国松江に布石した。

松平直政は、松江に入国するや、松江城の守りを叔父三谷半大夫を城代家老として据え、城東・中海方面の水軍対策として中国地方を熟知している家老大橋茂右衛門政貞を配備し、城郭周

辺の守りは記録にはないが、百戦錬磨の家老朝日丹波重政、側近の家老乙部九郎兵衛可正、譜代の家老村松将監直賢、縁戚の家老棚橋勝助、他に松江を熟知している堀尾氏の旧臣で家老堀尾但馬等を配置し守備させたと考えられる。また、南北の守りを従兄弟の家老三谷権太夫長玄並びに譜代の家老神谷内匠富次を配置した。

朝日丹波重政の活躍は、徳川家康の国衆菅沼小大膳殿定利に仕えた時代が一番華々しいが、出雲国松江に入国後も丹波重政の名声は中国一円の諸大名にも知れ渡り、存在だけで重き役割を果たしたと言えよう。

また、藩主松平直政は、政治の実行部隊として家老仕置役を設け、初代仕置役に乙部九郎兵衛可正・三谷権太夫長玄・神谷内匠富次の3名を任命し、老臣として朝日丹波重政と棚橋勝助を付けた。

このように出雲国松江入国後、丹波重政が果たした役割は大なるものがあったが、足かけ4年足らずでこの世を去ったのは残念であった。

寛永18（1641）年7月17日、出雲に於いて没した。墓は、松江市外中原町法眼寺本堂の右手急斜面を上ると松江城を望み鎮座している。院号は、却外院と称した。

5代朝日丹波郷保　家老仕置役　2千6百石（内与力5百石）
6代藩主松平宗衍と7代藩主松平治郷の寵臣　藩政改革「御立派改革」を成功させる
【在任期間：正徳元（1711）年〜天明元（1781）年　通算71年】
（千太郎⇒千助⇒丹波）

5代朝日丹波郷保は、父は4代朝日但見重春、母は三谷半大夫正長の長女解了院である。

二人兄弟の長男として誕生する。妻は、5代仙石城之助の妹良心院である。子供は、六男六女の子宝に恵まれたが三人は早世であった。

丹波郷保は、父但見重春の急逝により、正徳元（1711）年に7歳で父遺跡千石組外を継いだ。

享保10（1725）年、9ヶ年の逼塞願いが許され経費節減にこれ努め、ひたすら文武両道に励む。

正徳元（1711）年〜天明元（1781）年、隠居する迄の71年間の長きにわたり、5代藩主松平宣維に21年間、6代藩主松平宗衍に37年間、7代藩主松平治郷に15年間仕えた。

永年勤続71年は、松江藩230余年の歴史の中で一番長い年数である。丹波郷保は、強運の星のもとに生まれ頑健で精力もあり、12人の子宝に恵まれた。歴代嗣子なく養子で家名を繋いでいた朝日家にとって、子孫繁栄は喫緊の課題であったが丹波郷保は、目的を果たしたと言える。が、丹波郷保が果たした役割は、それだけではなく、藩政改革「御立派改革」を成功させ、破綻状態であった松江藩の財政を蘇生させ、全国に類を見ない富国政策に成功した松江藩を代表する名家老である。その活躍の経緯を年譜と共に紹介しよう。

表12-2　朝日丹波郷保の年譜

年号	できごと
正徳元（1711）年	7歳で父遺跡千石を相続。与力は召し上げられ格式組外。
享保8（1723）年	浮与力5騎5百石は返される。
享保20（1735）年	格式中老。
元文4（1739）年	仕置添役兼勤軍用方。

年号	できごと
延享元（1744）年	格式家老、仕置役に抜擢される。
延享4（1747）年	仕置役を退役。藩政改革「延享の改革」が始まる。
寛延2（1749）年	城代。
宝暦10（1760）年	出雲大社後方八雲山の千家・北島家両国造の訴訟を決裁する。
宝暦12（1762）年	幕府の公役、江州山門修復手伝御用惣奉行を無事勤め5百石加増。
明和3（1766）年	若殿（後の7代藩主松平治郷）の後見役に推挙される。
明和3（1766）年	仕置帰役。
明和4（1767）年	藩政改革「御立派改革」が始まる。総責任者、63歳。
明和6（1769）年	藩政改革の心配りに対し、御字「郷」並びに御腰物を賜わる。
明和8（1771）年	藩政改革の勤労に対し、加恩3百石。
安永4（1775）年	藩政改革が軌道に乗り「治国大本」を著す。
安永5（1776）年	加恩3百石、合計2千6百石と山屋敷を授かり代々家老となる。
天明元（1781）年	隠居が許され郷保と号す。
天明3（1783）年	出雲に於いて没する。

藩政改革「御立派改革」の成功
朝日丹波郷保が行った改革改善策の特長

　6代藩主松平宗衍から藩政改革を託された5代朝日丹波郷保は、既に63歳の高齢であり一度は断るも、忠誠の道にあらずと老骨にムチ打ち引き受ける事にする。

　7代藩主松平治郷と二人三脚で思い切った改革を実施する。小田切備中尚足の「延享の改革」から得た貴重な参考意見を取り入れ、これまでの改革総見直しを行い、目録26にも及ぶ改革を行った。丹波郷保は、強運に恵まれ藩政改革期間中、続いていた自然災害も収まり豊作が続いた。

表12-3　藩政改革「御立派改革」26項目の改善

改革改善内容	改革改善内容
御納戸金を止める	義倉方を起こす事
御徒以下にて減人（リストラ）を立てる事	鉄山の制度を立てる事
銀札通用を止める	御手船を造る事
官事を兼る事	貧民御恤の事
義田再免許地を取り上げる事	勧学の事
江戸御家鋪の規矩（規則）を定める事	諸借用取遣を永く闕年申し付ける事
大坂御屋敷の法を立て替える事	地方の法を改める事
新役所を隳つ事（やぶる・辞めるの意）	常平方の法を行う事
古下郡の驕りを戒め課役を申し付ける	御家中の免（給禄）を老侯の命を以て古に服す事
郡役人を改める事	大河普請を以て水難を除く事
百姓の免地併せ御目見格を取り上げる事	訴状を以て民の邪を糺す事
郡々の酒屋を定める事	御堀浚渫並びに橋普請の事
米の値段を定める事	将来必要の御備えを立ち置く事

藩政改革主要項目

藩政改革目録26項目中、主要項目は、「金融政策による信用回復」、「経費節減と利益追求」、「法律を改定して不正を糺す」、「災害の防止と橋の普請」、「藩士と貧民の救済」の五つである。

金融政策による信用回復

朝日丹波郷保が先ず行ったのが信用回復のための金融政策であった。対外債務の長期返済交渉を自ら奔走し、利息の帳消し及び元本４拾９万２千両（磯田方式で換算すると約千５百億円）を足かけ74年で返済する長期分割返済を確約させた。

「入るを図って出るを制す」収支管理を強化し「不借不貸」の政策を徹底して信用回復に勤めた。特に借入専用部署である富商、豪農等に利のある「泉府方」、「義田方」の役所を廃止し、「新田方」の整理と年貢の見直しを行った。また、強権による借金棒引きという闕年を断行し、借入負担の軽減を図った。

経費削減と利益追求

全国の大名で一番苦労したのが江戸藩邸の莫大な経費であったと言われている。松江藩でも同様であったが、朝日丹波郷保が始めに行ったのが藩主始めとする江戸藩邸の経費の見直しによる経費節減策であった。

江戸藩邸の経費節減策に大きく貢献したのが近習頭の３代脇坂十郎兵衛と３代赤木内蔵の二人である。江戸藩邸の徹底した人員整理や経費節減を行った。誰ともなく脇坂、赤木は江戸藩邸の赤鬼・青鬼と言われた。この二人は藩政改革に命を懸け、丹波郷保を側面から支えた。特に朝日家の縁戚であった脇坂十郎兵衛の功績は大きく、晩年丹波郷保は、涙ながらに述懐して感謝している。続いて大坂藩邸や国許の経費節減も行い、同時に徒以下の千人に及ぶリストラの断行を行った。リストラによる人員不足は職務を兼務させ補った。

また、利益追求をするため米穀の値段を安定させ、常に平倉に物品を蓄え高値時に売る大坂商人顔負けの商売を行った。併せて御手船を造り輸送費の削減を図った。

「延享の改革」で軌道に乗りつつあった藩営の「木実方」、「釜甑方」等は残し、更に地元産物の奨励を促進し殖産興業に力を入れた。

法律を改正して不正を糺す

貧しいがゆえに不正が横行し、地方役人や下郡役が威を振るい、本分を忘れ民百姓が苦しんだ。朝日丹波郷保は、地方の法改正により国内の郡役人の更迭を行った。綱紀粛正を行い自ら郡、村に出向き説得して法を守らせた。本来の封建制度の復古により主権を取戻し、商業を抑え農業を重視した農政復古の政策を取った。

災害防止と橋の普請

大河の普請を行い中之島を取り除き水難を防止した。鉄山の制度を改めて、鉄穴流し200か所を60か所に減らして水害を防止した。更に大橋川、天神川の浚渫と橋の普請を行った。

藩士と貧民の救済

　知行高の半知で苦しんだ藩士の知行を元に戻し、藩士の家計を改善した。一方、明和7（1770）年5月に7代藩主松平治郷は郡部を視察、数十年来の窮迫に民百姓は力なく、金庫を開き銅銭3千貫目を出し救民を救済した。更に大河普請を起こして1年に30万人余りの夫役を行い国中の百姓に賃米を与え、安永3（1774）年の夏までに合計100万人に及ぶ夫役を行い救済した。

　以上、丹波郷保が行った主だった改革改善策を列挙したが、一番力を入れたのが金融政策と経費節減策である。藩財政の収支を徹底して管理し、特に支出を抑え資金繰りの改善を図った。

　また、藩内で「不借不貸」の精神を徹底し借金をしない施策をとった。これにより富商、豪農に諂（へつら）った政治を元に戻し、社会階級の士農に利のある政策をとった。

　郡部においても改革案を提出させ、低利資金の斡旋による資金繰り改善や殖産興業を指導し、期間ごとに改善経過を提出させチェックした。この結果、郡部においても徐々に改善され殖産興業も軌道に乗り地方にも活気が出て行った。

　農政一本から殖産興業への転換により収入は増大し、丹波郷保が隠居した天明元（1781）年には乾隆明氏によれば特別会計（御金蔵御有金）は5万両を大きく突破したとある。余剰金が順調に推移し、その後、殖産興業は完全に軌道に乗り、更に特別会計は増加していく。

　「御立派改革」は、成功し民百姓はみな裕福になり、6代藩主松平宗衍より藩政改革を託された丹波郷保は、前藩主の約束を果たした。「御立派改革」成功の恩賞として、藩主治郷より御字「郷」を賜り、知行高千石から千6百石の加増を得て2千6百石となった。併せて代々家老の列座に加えられ、西尾志立山に山屋敷を賜わったのである。

　藩主治郷のお成りが11回あり、来駕（らいが）回数と拝領物の多さは他の代々家老を大きく上回り、安永9（1780）年には大好物の干䱏魨（ほしどん）を一箱拝領する等別格の待遇を受け、朝日家老家の揺るぎない地位と名誉を築いた。顧みると、藩政改革「御立派改革」を始めてから隠退する迄の足かけ15年間にわたり老骨に鞭打ち松江藩に尽力した丹波郷保は、名家老として名を馳せ、何時までも松江市民の心の中に残っている。

　天明元（1781）年、隠居が許され、志立山屋敷に於いて御大小を拝戴し郷保と号す。

　天明3（1783）年4月10日、出雲に於いて没した。菩提寺は、松江市和多見町慈雲寺であったが荒廃が激しく、昭和16（1941）年に11代重雄により松江市外中原町法眼寺に改葬移転された。院号は、披雲院と称し、妻良心院と眠る。

　大正4（1915）年11月10日、大正天皇御即位ご大典の時に従五位追贈の恩典に浴した。

出雲故国相朝日夫子紀功碑

　5代朝日丹波郷保の功績を顕彰する碑で、桃源蔵（白鹿（はくろく））の撰文は、約3550字に及んでいる。元祖朝日丹波重政より歴代家老の功績が記されており丹波郷保没後、儒臣桃源蔵が松江郊外西尾志立山の山屋敷に建てたものである。現在は、松江市外中原町松平家菩提寺月照寺、7代藩主治郷墓所の石段を上ると中段左手に石碑が建てられている。

朝日夫子紀功碑（月照寺）

190

6代朝日丹波恒重　家老仕置役　3千2百石（与力共）
7代藩主松平治郷の倹約政策を補佐し成功させる。8代藩主松平斉恒の後見役
【在任期間：天明元（1781）年～文化12（1815）年　通算35年】
（千太郎⇒千助⇒但見⇒大蔵⇒丹波）

　6代朝日丹波恒重は、父は5代朝日丹波郷保、母は仙石城之助の妹良心院である。12人兄弟の次男として生まれる。妻は家老大野舎人の女青柳院である。幼名は千太郎、千助、但見、大蔵、丹波と改号する。名を初め張彰または保定、重任、恒重と称した。

　丹波恒重は、天明元（1781）年～文化12（1815）年、没する迄の35年間の長きにわたり、7代藩主松平治郷に26年間、8代藩主松平斉恒に10年間仕えた。

　丹波恒重は、名家老父丹波郷保の後を受け、藩政改革「御立派改革」開基、代々家老の家柄として大きな期待を担った。特に7代藩主松平治郷の期待は大きく、老齢であった父丹波郷保の補佐役として、明和8（1771）年に格式中老、分知5百石と役料百俵、手前抱足軽2人を拝命する。

　天明元（1781）年に父の隠退に伴い家督2千6百石（内与力共）を相続する。格式家老仕置役を拝命し、仕置役を35年の長きにわたり勤めた。仕置役年数35年は松江藩歴代家老並・家老の中で一番長い。

　家督相続した翌2（1782）年、出雲地方は天明の大飢饉に見舞われ、飯石郡下郡や神門郡大津で百姓一揆が勃発する。丹波恒重は対応に追われるが、5代三谷権太夫長達を中心に結束して解決する。天明6（1786）年、幕府の公役関東伊豆国川々普請手伝の普請惣奉行に任命され完成させた。

　寛政7（1795）年に仕置役惣懸（総責任者）、軍用方を任ぜられる。翌8（1796）年、この頃、国民の暮らしも贅沢となり、大飢饉による出費も嵩み銀札の発行等「御立派改革」も幾分綻びをみせ始めた。藩主治郷は、松江藩の藩政改革を末代まで永続するには、「御立派改革」の精神を継続させる事であると悟り、功績のあった5代三谷権太夫長達を退役させ、藩主自ら政治を行う親政「御直捌」を断行、丹波恒重を補佐させた。華美になった国内の贅沢をいさめ徹底した倹約政策を行った。

　倹約政策も成功し、松江藩の財政も見事に立ち直った。その恩賞として、寛政11（1799）年に加増3百石を賜る。文化3（1806）年に8代藩主松平斉恒の後見役を拝命し、同4（1807）年に藩主斉恒より御字「恒」を頂き「恒重」と改めた。同7（1810）年に加増3百石を得て合計3千2百石となった。藩主治郷のお成りが15回と藩主斉恒が8回の合計23回ものご来宅があった。

　以上のように6代朝日丹波恒重は、父の藩政改革「御立派改革」の補佐役を勤め、片腕となって貢献し父隠居後は、7代藩主松平治郷のブレーンとなり「御直捌」倹約政策を陰で支え成功させた。松江藩の名家老の一人といえよう。丹波恒重は、後年、父から伝え聞いた改革に至った経緯や理念及び自分の記憶を加えて記した「秘書」を残している。

　文化12（1815）年2月4日、出雲に於いて没した。院号は、雲晴院と称した。

7代朝日丹波貴邦　家老仕置役　3千8百石（与力共）
9代藩主松平斉貴の後見役、「殖産興業」を軌道に乗せる
【在任期間：文化12（1815）年〜天保9（1838）年　通算24年】
（幾太郎⇒図書⇒千助⇒丹波）

　7代朝日丹波貴邦は、父は6代朝日丹波恒重、母は大野舎人の女青柳院である。四男二女の長男として誕生する。他に養女が一人いた。妻は7代高田極人貞義の女自得院である。子供は男子一人が生まれたが早世し、弟各務を養子とする。文化12（1815）年〜天保9（1838）年、没する迄の24年間にわたり、8代藩主松平斉恒に8年間、9代藩主松平斉貴に17年間仕えた。

　丹波貴邦は、文化2（1805）年、25歳の時に分知5百石を賜り、翌3（1806）年に格式家老仕置役を拝命し父丹波恒重を補佐する。同年、8代藩主松平斉恒の家督相続御礼の儀に随行、11代将軍徳川家斉並びに大納言家慶に拝謁して太刀、銀、馬代を献上した。

　文化11（1814）年に幕府の公役日光本坊外修復御用惣奉行を勤め無事完成させ、江戸城本丸檜の間に於いて青山下野守より白銀3拾枚、時服三、羽織一を拝戴する。

　同12（1815）年に父死去に伴い遺跡3千2百石（与力共）を相続し、引き続き格式家老仕置役並びに軍用方の重責を任せられる。仕置役勤務年数通算32年は、松江藩の歴代家老並・家老の中で5位である。文政6（1823）年に9代藩主松平斉貴の後見役を勤めた。

　この頃、長崎役所から薬用人参の受注が増加し、莫大な利益をもたらした。雲州産の薬用人参は、品質も良好で高値で取引され、松江藩の外貨獲得主要産品となり、幕末の軍艦購入に一役買った。殖産興業は、完全に軌道に乗り更に発展する。

　丹波貴邦は、若くして父を補佐し「御立派改革」開基の重き家柄として藩主の信頼は厚く、9代藩主松平斉貴の後見役となり、藩主の意見具申はもとより藩政の舵取りに睨みを利かせた。

　文政11（1828）年に藩主松平斉貴の御字「貴」を頂き「貴邦」と称した。

　天保元（1830）年に幕府の公役、関東川々普請3万千両の支払いを行い、更に天保3（1832）年、出雲郡新川大普請の多額の支出金を滞りなく済ませ、恩賞として最樹院拝戴の鞍鐙と帷子、裃を拝領する。同5（1834）年に後見役を辞し、恩賞として加増3百石、翌6（1835）年に幕府への上納金7万3千両を滞りなく済ませ、加増3百石を授かり合計3千8百石となった。

　8代藩主斉恒のお成りが4回、隠居様（前7代藩主治郷）が1回、9代藩主斉貴が7回あった。

　天保8（1837）年、多病により許しを得て役職を辞し、毎年百両ずつ拝戴し厚遇を受けた。

　天保9（1838）年3月18日、出雲に於いて没した。院号は、郷雲院と称した。

9代朝日千助重厚　家老仕置役　3千8百石（与力共）
10代藩主松平定安のブレーン、長州征伐で活躍
【在任期間：嘉永5（1852）年〜明治2（1869）年　通算18年】
（幾太郎⇒千助）

　9代朝日千助重厚は、父は8代朝日千助重法、母は有澤土佐の女戒心院である。一男四女の嫡男として誕生する。幼名は幾太郎、後に千助と改める。名を重厚、重禄と称した。妻は、9代神谷源五郎富高の女境観院であったが後に離縁する。子供は、三男一女をもうけた。

　嘉永5（1852）年〜明治2（1869）年、版籍奉還迄の18年間にわたり、9代藩主松平斉貴に

２年間、10代藩主松平定安に17年間仕えた。

　嘉永５（1852）年に父遺跡３千８百石（与力共）を相続、格式家老を拝命する。

　翌６（1853）年に９代藩主松平斉貴が39歳で隠退し、津山藩主松平斉孝の四男定安が婿養子となり10代藩主を踏襲する。千助重厚は、藩主定安の家督相続御目見の儀に随行し、13代将軍徳川家定に拝謁して太刀、銀、馬代を献上した。安政４（1857）年に仕置役を拝命する。

　元治元（1864）年、第一次長州征伐では、藩主定安の名代として芸州廣島の本営国泰寺へ出向き総督尾張前大納言に拝謁、御意を蒙り料理並びに紗綾代金２両を拝戴する。

　慶応２（1866）年に仕置役併せ軍用方を退役する。第二次長州征伐では、小荷駄備士大将となり、神門郡口田儀村へ出陣する。松江藩は、長州と石州内村の合戦で勝利するも他藩が敗れ、第二次長州征伐は、幕府軍の敗北となった。

　朝廷は、山陰道鎮撫使総督西園寺公望を任命し松江・浜田両藩に対し、朝廷に対する敵意の有無を取り調べさせた。山陰鎮撫使の対応は、８代大橋筑後安幾を中心に行われ、千助重厚は藩命により別行動をとり、情報収集のため松江藩縁戚の津山藩に出向き動向を調べ、美作国<ruby>勝間田<rt>みまさかのくに</rt></ruby>駅から国家老宛に書を送り、津山藩が朝命を謹んで受け入れている状況を知らせ、松江藩に於いても一刻も早く上京し、時期を失しないよう陳述した。10代藩主松平定安は、病を押して松江を発し、<ruby>播州<rt>ばんしゅう</rt></ruby><ruby>作用<rt>さよう</rt></ruby>経由で上洛した。

　その後、千助重厚は京都警衛御手当士大将を勤めた後、慶応４（1868）年に仕置役に帰役し、版籍奉還に至るまで10代藩主定安のブレーンとして最後まで勤め上げた。

朝日家まとめ

　元祖朝日丹波重政の人生は、波瀾万丈である。出自が今川、徳川家の縁戚とはいえ戦国時代を自らの力で生き抜き地位と名誉を勝ち得たものである。そこには自分の力を信じて高い目標を掲げ、決して千石程度の旗本で終わりたくない信念を感じさせる。一介の武士から７千石の家老までに昇進した朝日丹波重政は、<ruby>正<rt>まさ</rt></ruby>しく<ruby>傑物<rt>けつぶつ</rt></ruby>と言っても過言ではない。

　初代藩主松平直政と運命的な再会を果たした。その再会が後の時代に５代朝日丹波郷保により開花し、松江藩を救うことになるとは、神のみぞ知るである。松江藩にとって幸運であった。

　朝日家の歴代９人の内、家老、仕置役を勤めたのが、２代丹波重賢、５代丹波郷保、６代丹波恒重、７代丹波貴邦、８代千助重法、９代千助重厚と６人もいたのは驚きである。

　藩主の家督相続御礼の儀に随行した家老は、２代千助重賢が２回、６代丹波恒重の嫡子千助が１回、９代千助重厚が１回の合計４回である。

　朝日家歴代の中で特に活躍したのが、朝日家の基礎を確立し、松江藩一番の武功派と言われた猛将元祖朝日丹波重政、藩政改革「御立派改革」を成功させ７代藩主松平治郷の後見役を勤めた５代朝日丹波郷保、７代藩主松平治郷の「御直捌」倹約政策を補佐し８代藩主松平斉恒の後見役を勤めた６代朝日丹波恒重、９代藩主松平斉貴の寵臣となり藩主を支え後見役を勤めた７代朝日丹波貴邦、10代藩主松平定安のブレーンとなり軍政改革を行い長州征伐では情報収集に勤めた９代朝日千助重厚を挙げることができる。

　特に松江藩に大きく貢献したのは、藩政改革「御立派改革」を行い、破綻状態の藩財政を<ruby>甦<rt>よみがえ</rt></ruby>らせ富国政策に成功した５代朝日丹波郷保である。

その強権政策、借金の棒引き「闕年」やリストラによる失業者を出す等一部には批判は出たが、７代藩主松平治郷の懸命なバックアップにより藩政改革は成功し、藩財政の好転や藩士並びに民百姓も裕福になったと言われている。

　「御立派改革」開基の家柄として、５代朝日丹波郷保、６代朝日丹波恒重並びに７代朝日丹波貴邦と３代続けて藩主の後見役を勤め、歴代藩主から御字を賜った。これは他に例がない。代々家老の列座に加わり、朝日家の名誉と地位を築いた。

　また、忘れてはならないのが２代朝日丹波重賢である。丹波重賢は、松平下総守の家来西尾加左衛門の息子主計である。元祖丹波重政の姪の子で寛永６（1629）年に朝日家に養子として迎えられる。寛永18（1641）年〜貞享元（1684）年、隠居するまでの44年の長きにわたり、初代藩主直政に26年間、２代藩主綱隆に10年間、３代藩主綱近に10年間仕えた。この期間は、松江藩にとって初期基盤づくりの重要な時期といっても過言ではなく、丹波重賢は寛文６（1666）年に家老となり延宝３（1675）年に仕置役に抜擢された。元祖丹波重政の知行高７千石から丹波重賢は千石となり６千石の減禄と与力も取り上げられた。このような知行高の大きな減禄は他の家老には見られない。その要因は、「松江藩列士録」等から推察するしかないが、一つは丹波重賢の養子縁組による遺跡相続の承認、二つ目は元祖大橋茂右衛門政貞への配慮と、三つ目は元祖村松将監直賢や元祖有澤織部直玄等の台頭が考えられる。

　しかし、２代丹波重賢は、辛抱し５百石の加増を得て、２代藩主綱隆の時代に家老となり、３代藩主綱近の時代に仕置役に抜擢される。２代藩主松平綱隆の家督相続御礼の儀に随行し４代将軍徳川家綱に拝謁、太刀、銀、馬代を献上した。更に若殿万助に付けられ、万助が３代藩主となるや寵愛を受け、藩主松平綱近の家督相続御礼の儀に随行、将軍徳川家綱に拝謁した。３代藩主綱近のお成りが10回にも及び太刀一腰、鷹狩の鶴や鴨、網の鯉や鮒等を拝領する。

　諺に辛抱する木に花が咲くと言われるが、２代丹波重賢は短気を起こさず辛抱して耐え抜き朝日家を絶やすことなく継承したことは称賛に値する。

　因みに、歴代藩主のお成りは、３代藩主綱近10回、７代藩主治郷26回、８代斉恒12回、９代藩主斉貴８回、10代藩主定安４回の合計60回にも及びその都度品々を拝領した。

4．三谷権太夫家

本国、生国、出自と功績

　三谷氏は、『讃岐氏一族推定系図稿、宗全裔著、讃岐系譜研究会』や三谷氏系図によれば、第12代景行天皇の第17皇子神櫛王に遡り、讃岐氏・植田氏を経て三谷氏に至る名門である。

　三谷氏の故郷は、高松市三谷町で歴史と文化に彩られた町である。高松駅より車で県道43号線「中徳三谷高松線」を南下し、更にやや南東方向に車を走らせ、高松自動車道高松中央インターの真下を潜ると三谷氏の関連城跡、田井・由良山・池田山・三谷・王佐山が広がる。車を降りて土手を上ると、正面に王佐山（現在は上佐山）が聳え、裾野を包み込むように三谷三郎池が広がる。池の周りには三郎池自然公園やいこい広場、南部運動場が点在し、自然溢れる市民の憩いの場となっている。近くには、神櫛王を主祭神とする三谷神社が鎮座し、地元信仰のシンボルとなっている。

三谷家家紋　重ね扇

三谷家累代の墓（誓願寺）

神櫛王の子孫三谷氏

　神櫛王は、父は第12代景行天皇（大足彦忍代別天皇）で母は五十河媛である。天皇の第17皇子として誕生する。第13代成務天皇や日本武尊の弟に当たり、讃岐国造の始祖である。讃岐国は、古来飯依比古命が統治していたが、その後国が乱れ景行天皇は、第17皇子神櫛王を遣わし讃岐国を統治させた。神櫛王は、人心を得て国政に務め、後に山田郡古高松村（高松市）に移り山田郡（木田郡）以東を治めたと言われている。なお香川郡以西は、日本武尊の第五子武殻王が治めた。善政を敷いた神櫛王は、今でも人々に慕われ、三谷神社・城山神社・櫛梨神社等約20社に及ぶ神社で祀られ崇拝されている。神櫛王墓は、高松市牟礼町にあり、明治2（1869）年に高松藩知事松平頼聡が墓陵を再営し、毎年王の命日12月10日に正辰祭が行われている。

　また、王の子孫で須売保礼命は、第15代応神天皇より讃岐初代の国造に任ぜられ、讃岐全土を治めたと言われている。その後、神櫛王の子孫は、植田、寒川、高松、三木、神内、三谷、十河、由良、池田、村尾等28氏に分かれた。

神櫛王墓(高松市牟礼町)

王佐山(上佐山・高松市西植田町)

松江藩家老三谷権太夫家の推定系図

第12代景行天皇⇒神櫛王⇒千摩大別命⇒須売保礼命(讃岐国造)⇒鯽魚磯別王⇒鷲住王⇒田虫別乃君⇒吉美別乃君⇒油良主乃乃君⇒【紗抜大押】星乃直⇒坂根麻呂⇒【凡】笠麻呂⇒小櫛麻呂⇒海万呂⇒【讃岐】千継⇒広直⇒国直⇒当世⇒【和気】時人⇒時仲⇒時通⇒兼行⇒基治⇒是治⇒忠治⇒景治⇒【植田】景茂⇒景宗⇒景経⇒景材⇒景信⇒景保⇒景興⇒景路⇒【三谷】1・景隆(三谷家の始祖、三谷四郎、三谷郷王佐山城主)⇒景之(八郎)⇒2・光広(対馬守、松江藩家老三谷権太夫は末裔也)⇒3・景広(掃部允)⇒4・景晴(弥七郎、兵庫助)⇒5・景久(弥七郎、兵庫頭、王佐山城主)⇒景矩(掃部充)⇒景冨(弥七郎)⇒景任(弥二郎)⇒6・景美(半大夫、田井城主、長曽我部元親に敗れる)⇒長基(半大夫・出雲守)⇒半助(米子城主中村忠一家臣)⇒元祖権太夫長玄(以後、松江藩家老)⇒2代権太夫長元⇒3代権太夫長暢⇒4代権太夫長清⇒5代権太夫長逵⇒6代権太夫長熙⇒7代権太夫長敏⇒8代権太夫長順(最後の家老)⇒9代長善⇒10代長充⇒11代長徳⇒12代健司(現当主)。

推定系図は、平成26(2014)年10月30日時点。1〜6は、**表12−4**に記載する。

(参考引用文献 『三谷権太夫家系図』、『三谷宣三旧記』、『讃岐氏一族推定系図稿、宗全裔著、讃岐系譜研究会』、系図指導 高松市 岡伸吾氏)

三谷兵庫頭景晴墓(墓石左)

松江藩家老三谷権太夫家の由来

　貞治年間（1362〜1368年）、植田兵衛尉景路の子景辰は、神内に封ぜられ神内二郎景辰と称し、景隆は三谷に封ぜられ三谷四郎景隆という。景恒は寒川に封ぜられ寒川七郎景恒、景村は由良に封ぜられ由良八郎景村、吉保は十河に封ぜられ十河十郎吉保と称した。これみな植田氏一族也。

　三谷の始祖三谷四郎景隆は、三谷郷王佐山城（現在の上佐山、標高255ｍ、道険しく要塞堅固の山城、高松市西植田町）の城主となり、三谷氏ここに始まる。

　また、神内、三谷、十河の三兄弟は、南朝の将細川相模守清氏が三木郡白山（木田郡三木町）に陣を敷き勤王の兵を募った時、呼応して参陣した。清氏大いに喜び檜扇を公饗に載せ授けたと伝えられている。因みに三谷家の家紋は、三谷修平翁の調査によれば、多度津三谷家「檜扇」、出雲三谷家「重ね扇」、飯山三谷家「檜扇、後に三本扇」、引田三谷家「公饗の上に閉じた一本檜扇」、高松三谷家「公饗の上に開いた一本檜扇」である。

　三谷氏は、『古今讃岐名勝図絵、梶原藍水著、歴史図書社』の王佐山城の条に、『三谷対馬守光広これに居し、出雲国松江老臣三谷権太夫はその末裔なり。』と記され、『讃岐氏一族の推定系図稿』に登場する三谷対馬守光広に当たる。同様に『増補三代物語、坂口友太郎著』の三谷郷王佐山城の条に『三谷対馬守光広居、三谷兵庫景久居』と記述されており、松江藩家老三谷権太夫の祖は、植田氏一族の流れをくむ三谷対馬守光広と判断できる。

　その後、天正12（1584）年に長宗我部元親との土佐の戦いで王佐山城は落城し、城主三谷兵庫頭景久は討死する。三谷一族は、長宗我部の詮議を逃れ離散し、その子の世代で多度津三谷氏、出雲三谷氏、飯山三谷氏、引田三谷氏、高松三谷氏、加茂三谷氏等の各支流に分かれた。松江藩家老三谷権太夫家の系図が一時期途切れるのは、景久〜三谷出雲守長基の間である。

　本書では、三谷権太夫家に伝わる系譜を基礎資料とし、参考引用文献として『古今讃岐名勝図絵』、『讃岐氏一族推定系図稿』、『増補三代物語』『三谷宣三旧記』、『三谷の由来』並びに高松市系図の大家岡伸吾氏の指導を頂き記載した。

　『三谷宣三旧記』によれば、引田三谷宗家・讃岐国大内郡引田（現在の東かがわ市引田）の家譜の三谷景久の条に、景久には長（宗光・弥左衛門・多度津三谷氏、屋号古屋）と仲（権太夫・出雲守・出雲三谷氏）、季（弥三郎・飯山三谷氏）の三子があり。長と仲は多度津郡白方村（現在の香川県仲多度津郡多度津町白方）に落ち延び、季は鵜足郡東坂元（現在の丸亀市飯山町東坂元）に落ちて農業を生業とした。仲は、後年松江藩に仕え家老職を勤めたと記されている。

三谷出雲守長基

　松江藩家老三谷権太夫家の系図及び遠祖霊位によれば、讃岐国山田郡田井城主三谷弾正忠長重の時、曽川勝正（十河一存）の命により三好民部少輔の二男兵衛左衛門が三谷家の養子となり、三谷出雲守長基を名乗り田井城主となる。三谷氏は三好一族也と記されている。

　しかし、三谷出雲守長基は、『三谷宣三旧記』では三谷景久の子と記され、『讃岐氏一族推定系図稿』では、三谷半大夫景美の子となっている。夫々の系図が符合しない。松江藩家老三谷権太夫家の系図で一番難解なのがこの部分である。証明できる古文書の出現が待たれる。その後、三谷出雲守長基は、長宗我部元親に敗れ、一時妻の実家香西家へ身を寄せるが、やがて香西家を離れ流浪の末、備前国（現在の岡山県東南部）浮田家、戸川肥後守を頼り随身する。

三谷家の墓標には、没所戒名知れざるは関ヶ原の合戦で徳川家に敵対するや否やと記され、長基の行方は途絶える。その後、長基の子久蔵（後に半助）は、備前国を離れ一説には伯耆国米子城主中村伯耆守忠一の執政家老横田内膳正村詮（元岩倉城主三好康長の重臣）を頼り召し抱えられたと言われている。三谷家の系図には、中村家の家長と記されている。半助は、慶長8（1603）年4月2日に米子で没した。墓は、「三谷権太夫の墓」と呼称され、米子城の南方JR伯備線根雨駅近くの鳥取県日野郡日野町三谷の山手にあり、眼下に日野川を望む風光明媚な所にある。幾つかの墓と約2mばかりの石碑が建てられ往時を忍ばせている。戒名は、西祐宗慶居士。三谷家の過去帳には、没後、根雨より松江誓願寺へ改葬と記されている。

結城秀康の第三子、松平直政の誕生
松平直政の母駒（月照院）の実家三谷家

　三谷出雲守長基の妻は、香西備前守清長の娘志摩（松光院）である。二人の間には二男四女がいた。長男二郎三郎と長女夜刃は早世、二男半助が三谷家を継ぎ、二女與女は棚橋勝助と結婚する。三女駒は、結城秀康の側室となり、四女千代は結城秀康の家臣小田彦太郎と結婚する。

　三谷駒は、もと結城秀康の生母長松（勝）院の侍女であったが、秀康の側室となった。結城秀康は、関ヶ原の戦い後、伏見に赴き徳川家康より越前国67万石に封ぜられ越前中納言秀康と称し、越前北庄藩初代藩主となり越前家ここに始まる。慶長6（1601）年5月、秀康は下総国結城より越前北庄に封を移す。駒（月照院）は、伏見より北庄に赴く道中、同年8月5日、近江国伊香郡中河内にて松平直政を出生する。松平直政は、結城秀康の三男として誕生した。

　松平直政の誕生により三谷家は、一躍徳川家と縁戚となり、松江藩三谷家の栄光が始まる。一族に三谷半大夫長吉がおり月照院の異母弟で、寛永11（1634）年に信濃国松本で召し出され、出雲国松江で格式家老城代2千5百石、足軽20人を賜った。

　また、直政の同母姉喜佐子は、2代将軍徳川秀忠の養女となり、萩藩主毛利秀就の妻となる。

三谷駒（月照院）の墓（月照寺）

仮説「三谷半助の墓」
呼称「三谷権太夫の墓」
（鳥取県日野郡日野町三谷）

表12−4 讃岐時代の三谷氏（系図の符号番号１～６の注釈）

	氏名	できごと
1	三谷八郎景隆	王佐山城主（上佐山城）、植田氏から分岐し、三谷氏の始祖。
2	三谷対馬守光広	王佐山城主、出雲国松江藩老臣三谷権太夫はその末裔也。
3	三谷掃部頭景広	池田山城主、息子は三谷兵庫頭弥七郎景晴。
4	三谷兵庫頭景晴	池田山城主、弥七郎、禁裏で化鳥を射ち兵庫頭に任ぜられる。名古屋の役で戦死。
5	三谷兵庫頭景久	三谷城主から王佐山城主、寒川氏との一戦で勝利する。
6	三谷半大夫景美	田井城主、由良山城主三谷伊豆守とあり、由良山城の出城と考えられる。

表12−5 三谷氏関連城一覧表

城名	城主・できごと
池田山城	三谷掃部景広⇒三谷弥七郎景晴
三谷城（王佐山城の出城）	三谷備後入道長蓮、三谷兵庫頭景久、永正５年香西豊前守元定が２千５百人の軍勢で攻める。
王佐山城（宇和佐山城）要害堅固	加麻良源太夫⇒三谷対馬守光広⇒三谷兵庫景久 三谷兵庫景久は、寒川方との一戦で勝利する。
田井城（由良山城の出城）	三谷半大夫重貞、三谷半大夫景美（十河氏幕下なり）
由良山城（由良遠江守の城）	由良遠江守兼光、三谷半大夫景美

　三谷氏の関連城は、現在の高松市南部、高松自動車道の真下、春日川の周辺に広がり、東側に田井城跡、下って西側に由良山城跡、池田山城跡、王佐山城跡（上佐山城）が連なって点在している。この一帯は、三谷氏が寒川左馬允、勝賀城主香西豊前守元定や長宗我部元親と戦った古戦場である。三谷城と田井城は、平城で攻められると弱く、大戦になると王佐山城、由良山城の山城に立てこもり籠城したと考えられる。

三谷権太夫家の名家老

元祖三谷権太夫長玄　家老仕置役　３千７百７拾石（内与力７百７拾石）
初代藩主松平直政のブレーン　松江藩　初代仕置役
【出仕期間：寛永２（1625）年～寛文５（1665）年　通算41年】
（梶之助⇒権太夫）

　元祖三谷権太夫長玄は、父は伯耆国米子藩主中村忠一家臣三谷出雲守半助、母は大村氏である。
　本国阿波国（現在の徳島県）で、慶長７（1602）年に伯耆国で生まれる。童名を梶之助と称した。権太夫長玄は、父半助が没した時、わずかに２歳、祖母志摩と香西氏及び月照院に養われ常に松平直政の側で成長した。権太夫長玄は松平直政とは従弟に当たり直政より１歳年下で兄弟のように育った。妻は、棚橋勝助と與女の娘皓雲院で側妻は栄寿院である。子供は、四男五女の子宝に恵まれたが内四人は早世で長男長則は30歳で亡くなった。
　権太夫長玄は、寛永２（1625）年～寛文５（1665）年の没する迄の41年間の長きにわたり松江藩初代藩主松平直政に仕えた。
　寛永２（1625）に越前大野にて召し出され２百５拾石を賜り、信濃国松本で加増２百５拾石、

第３部　家老並仕置役・家老仕置役を勤めた30家と名家老 199

寛永15（1638）年に出雲国松江で３千２百７拾石の加増を得て合計３千７百７拾石、内与力７百７拾石となる。初代家老仕置役を拝命し19年間勤めた。

　権太夫長玄は、出雲国松江へ入国後、松平直政の寵臣となり城下の守備固めでは、南北の京橋・天神勢溜りを任せられ守備した。松江藩の初期基盤づくりに大きく貢献し、縁戚の一人として初代藩主松平直政を支えた。

　寛文５（1665）年正月22日、出雲に於いて没した。院号は法性院、菩提寺は松江市寺町誓願寺。

▌2代三谷権太夫長元　家老仕置役　３千７百７拾石（与力共）
　2代藩主松平綱隆の寵臣　３代藩主松平綱近の大老職を勤める
【出仕期間：寛文５（1665）年〜元禄５（1692）年　通算28年】
（犬松⇒清十郎⇒権太夫）

　2代三谷権太夫長元は、父は元祖三谷権太夫長玄、母は棚橋勝助の娘皓雲院である。次男として誕生する。幼名は犬松、後に清十郎、権太夫、名を初め長本後に長元と改める。妻は、2代神谷兵庫富保の女覚了院である。子供は三男六女の子宝に恵まれたが、内四人は早世であった。

　権太夫長元は、寛文５（1665）年〜元禄５（1692）年、没する迄の28年間にわたり、初代藩主松平直政に２年間、２代藩主松平綱隆に10年間、３代藩主松平綱近に18年間仕えた。

　寛文５（1665）年に父遺跡３千７百７拾石（与力共）、格式家老を相続する。寛文12（1672）年に仕置役を拝命し15年間勤めた。

　延宝２（1674）年〜天和元（1681）年にかけて出雲地方は、大水害に見舞われる。洪水のために害穀７万４千２百３拾石も生じ、平均石高は３分の２に減じた。２代藩主松平綱隆は、国許仕置役２代三谷権太夫長元、２代石原九左衛門、２代村松民部隆次、元祖小田伊織等と協議し、松江藩最初の藩札の発行を行い、米を諸国より求め不足を補った。翌延宝３（1675）年、疲労困憊した藩主綱隆が急逝し、綱近が３代藩主を踏封する。権太夫長元は、藩主綱近の家督御礼の節に随行し４代将軍徳川家綱に拝謁した。貞享３（1686）年に大老となり松江藩のご意見番として勤める。

　元禄５（1692）年正月２日、出雲に於いて没した。享年59歳。院号は、性静院と称した。

▌3代三谷権太夫長暢　家老仕置役　３千２百７拾石（与力共）
　5代藩主松平宣維の寵臣　松江藩の三権（仕置役・軍事方・城代）を任せられる
【出仕期間：元禄５（1692）年〜元文３（1738）年　通算47年】
（染之助⇒隼人⇒権太夫）

　3代三谷権太夫長暢は、父は２代三谷権太夫長元、母は２代神谷兵庫富保の女覚了院の次男として誕生する。幼名は染之助、後に隼人、権太夫と改める。妻は、２代柳多四郎兵衛一道の女心能院、後妻は鈴村知右衛門の娣霊雲院である。子供は、四男二女をもうけたが、男子は全て早世し、分家三谷元敏の子八郎を養子として迎え後継者とした。

　権太夫長暢は、元禄５（1692）年〜元文３（1738）年、没する迄の47年間の長きにわたり、３代藩主松平綱近に13年間、４代藩主松平吉透に２年間、５代藩主松平宣維に27年間、６代藩主松平宗衍に８年間の４代藩主に仕えた。

元禄5（1692）年に父遺跡3千2百7拾石（与力共）、格式大名分上座、弟十次郎に分知5百石を賜る。宝永元（1704）年に家老を拝命し、4代藩主松平吉透の家督御礼の節に随行し、5代将軍徳川綱吉並びに大納言徳川家宣に拝謁した。しかし、藩主吉透が急逝し翌宝永2（1705）年、5代藩主松平宣維の家督相続御礼の儀に随行、5代将軍徳川綱吉並びに大納言家宣に拝謁して太刀、銀、馬代を献納した。

宝永3（1706）年に仕置役、正徳3（1713）年に城代を拝命し足軽を預かり軍用方も兼勤する。つまり松江藩の三権を任せられる。

享保2（1717）年に軍用方は辞し、城代と仕置役を兼勤する。同4（1719）年に仕置役御免。

同8（1723）年に岩宮（岩姫）御結納祝儀の使者を勤め、料理並びに刀（家真）、帷子、単羽織を頂戴する。同12年（1727）に仕置役、城代、軍用方、隠岐国御用兼勤し、またも三権を任せられる。翌13（1728）年に城代、隠岐国御用は御免となる。享保15（1730）年、藩主宣維のお成りがあり白銀3拾枚を拝戴する。翌16（1731）年にお叱りを蒙り仕置役御免となる。

元文3（1738）年8月、病気となり藩主より見舞いの奉書を頂戴する。

元文3（1738）年8月29日、出雲に於いて没した。享年64歳。院号は、泰元院と称した。

5代三谷権太夫長逵　家老仕置役　3千6百7拾石（与力共）
7代藩主松平治郷の寵臣　藩政改革「御立派改革」の成功を支える
【出仕期間：宝暦5（1755）年〜享和3（1803）年　通算49年】
（忠太郎⇒内蔵之助⇒権太夫⇒隠居号観亭）

5代三谷権太夫長逵は、父は4代三谷権太夫長清、母は三谷元重の女登躬（智総院）で、権太夫長清の四男二女の長男として誕生する。幼名は忠太郎、後に内蔵之助、権太夫と改号する。妻は、7代乙部九郎兵衛可番の姉戒光院、継妻は松原杢可教の女、後継妻は増田唯勝の女浄勝院である。子供は、一男二女をもうけ他に養女一人がいた。

権太夫長逵は、宝暦5（1755）年〜享和3（1803）年、隠居する迄の49年間の長きにわたり、6代藩主松平宗衍に13年間、7代藩主松平治郷に37年間仕えた。

宝暦5（1755）年に父遺跡3千2百7拾石（与力共）、格式家老並を相続する。

同7（1757）年に家老を拝命、同8（1758）年に分家三谷織衛の分知百石を返し下さる。宝暦13（1763）年に仕置役を拝命し34年の長きにわたり勤めた。仕置役勤務年数34年間は、松江藩歴代家老並・家老の中で3位である。明和2（1765）年に小田切備中尚足と交代し仕置役一統取引を任せられる。翌3（1766）年に仕置役を退任する。6代藩主松平宗衍は、後継者治郷並びに家老仕置役5代朝日丹波郷保に藩政改革を託し隠退した。

権太夫長逵は、明和4（1767）年9月に仕置帰役を命ぜられる。同12月に7代藩主松平治郷の家督御礼の儀に随行し、10代将軍徳川家治に拝謁して太刀・銀・馬代を献上した。

7代藩主松平治郷と家老仕置役5代朝日丹波郷保は、藩政改革「御立派改革」を実施する。

この二人を補佐したのが家老仕置役5代三谷権太夫長逵である。「御立派改革」は、軌道に乗り朝日丹波郷保は、天明元（1781）年に隠居して「御立派改革」は、三谷権太夫長逵に引き継がれた。しかし、同2（1782）年に全国で天明の大飢饉が発生する。出雲国では百姓一揆や打ち壊しが起こり権太夫長逵は、対応に追われるが、家老の結束により無事解決する。

大飢饉の水害対策として藩主治郷は、権太夫長逵の進言を受け入れ普請奉行清原太兵衛に宍道湖と日本海を結ぶ佐太川の開削を命じ治水対策を行った。松江城下町の水害防止や新田開発、船舶の輸送の便を開いた。この頃、国民の暮らしも贅沢となり、大飢饉による出費も嵩み銀札の発行等御立派の政治も幾分綻びを見せ始めた。

　藩主治郷は、松江藩の藩政改革を末代まで永続させるには、「御立派改革」の精神を継続する事であると悟り、功績のあった権太夫長逵を退役させ、引き締め政策「御直捌」を断行した。

　寛政8（1796）年に権太夫長逵は、功績により3百石の加増を賜った。

　藩主治郷は、引き締め政策が成功すると産業の育成を図った。顧みると、権太夫長逵は、藩主治郷の治世期間40年の内37年を仕え、藩政改革「御立派改革」を家老仕置役の一人として支え成功させた。特筆すべきは、三谷家老歴代の中で在任期間が最長の49年間を勤め、藩主治郷のよき理解者として信任は厚く21回のお成りがあり、その都度品々を頂戴した。

　藩主治郷と権太夫長逵の関係は、縁戚で且つお互いを理解し、心から気を許せる友人ではなかったか。藩主治郷は、時間があれば三谷家を訪問し懇談した。

　享和3（1803）年、追々老衰、病気がちとなり隠居が許され、隠居号観亭と称した。

　文化元（1804）年10月26日、出雲に於いて没した。享年69歳。院号は、浄往院と称した。

6代三谷権太夫長熈　家老仕置役　3千6百7拾石（与力共）
8代藩主松平斉恒の寵臣　藩政改革「御立派改革」の成功を支える
【出仕期間：享和3（1803）年～天保7（1836）年　通算34年】
（忠太郎⇒内蔵之助⇒権太夫）

　6代三谷権太夫長熈は、父は5代三谷権太夫長逵、母は増田勝唯の女浄勝院で嫡男として誕生する。幼名は忠太郎、後に内蔵之助、権太夫と改める。妻は、9代乙部九郎兵衛可備の姉諦善院、継妻は大橋家老の分家大橋貞庸の妹と再婚するも離婚する。後継妻は8代神谷兵庫富真の妹泰誠院である。子供は、四男三女の子宝に恵まれた。

　権太夫長熈は、享和3（1803）年～天保7（1836）年、没する迄の34年間の長きにわたり、7代藩主松平治郷に4年間、8代藩主松平斉恒に17年間、9代藩主松平斉貴に15年間仕えた。

　「御立派改革」も軌道に乗り、松江藩の黄金期の家老職を勤め、三谷家老歴代の中で一番恵まれた家老職ではなかったか。

　享和3（1803）年に父家督3千6百7拾石（与力共）、格式家老を相続する。文化元（1804）年に仕置役を拝命し33年の長きにわたり勤めた。仕置役勤続年数33年間は、松江藩歴代家老並・家老の中で4位である。父権太夫長逵の34年間を合算すると親子で67年間の長きにわたり家老仕置役を勤め松江藩に尽くしたと言える。

　文化7（1810）年、8代藩主松平斉恒は、姫路藩主酒井雅楽頭忠道の娘鋏姫と結婚する。権太夫長熈は、婚礼の御用併せ当日の案内の使者を勤める。

　文政5（1822）年、8代藩主斉恒の急逝により嫡子斉貴が

6代権太夫長熈の肖像画
（三谷健司氏蔵）

藩主を襲封する。4年後の文政8（1825）年、9代藩主松平斉貴の家督相続の御礼の儀に権太夫長熙は随行し、11代将軍徳川家斉並びに大納言家慶に拝謁し太刀、銀、馬代を献上した。

　天保4（1833）年に上屋敷が焼失し、場所柄もあり松江藩より4百両を拝借し再建する。

　権太夫長熙は、7代藩主松平治郷の晩年に仕え、父権太夫長達共々藩主治郷のよき理解者として家族同様の付き合いであった。

　不昧公の臨終間際には、江戸まで参上し、最後のお別れをしている。

　8代藩主松平斉恒の時代は、薬用人参が軌道に乗り、幕府の許可を得て他国売りも出来るようになり製造販売の部署「人参方」を藩営として設置した。続く9代藩主松平斉貴の時代に長崎役所で中国向け受注が増大し、松江藩の主要輸出産品となり莫大な外貨を稼ぐようになった。松江藩の殖産興業は、完全に軌道に乗り、更に発展する。権太夫長熙は、三代藩主の信任が厚く、藩主のお成りが20回にも及んだ。

　天保7（1836）年8月5日、武蔵に於いて没した。享年56歳、院号は泰倫院と称した。

三谷家まとめ

　松江藩初代藩主松平直政は、父は徳川家康の次男結城秀康で母は三谷駒（月照院）である。実に徳川家康の孫に当たる。従って、三谷家は、松平直政の母月照院の実家である。

　元祖三谷権太夫は、初代藩主松平直政とは1歳年下で兄弟のように育ち、出雲国松江入国後は初代家老仕置役を勤め、城下の守備固めでは南北の京橋・天神勢溜りを任せられ守備した。

　松江藩の初期基盤づくりに大きく貢献し、縁戚の一人として初代藩主松平直政を支えた。

　歴代の藩主は、三谷家をもっとも心服のおける縁戚として重用した。三谷家は、松江松平家の恩恵を受け出世したと思われがちであるが、『松江藩列士録』をひもとくと意外な一面が透けて見えてくる。歴代優秀な人材に恵まれ、初代から8代まで全てが家老仕置役を勤め、松江藩の政治・軍事の中枢を担った。全員が家老仕置役を勤めた家老家は、他に見当たらない。

　歴代藩主家督相続御礼の儀に随行した家老は、2代権太夫長元、3代権太夫長暢が2回、5代権太夫長達、6代権太夫長熙の合計5回である。

　三谷家で特に活躍したのが、初代家老仕置役を勤め三谷家の基礎を確立した元祖三谷権太夫長玄、大老職を勤めた2代三谷権太夫長元、松江藩の三権（仕置役・城代・軍用方）を任せられた3代三谷権太夫長暢、藩政改革「御立派改革」の成功を陰で支えた5代三谷権太夫長達、家老仕置役を33年間の長きにわたり勤めた6代三谷権太夫長熙を挙げることができる。

　歴代の平均勤務年数が31.5年、仕置役の通算平均年数が19.6年、平均寿命が62歳と長い。この内、歴代平均勤務年数は、家老並・家老家の中で6位に入る。

　従って、三谷家は松江藩への貢献度は高く歴代、代々家老として藩主を支えた。

　歴代藩主のお成りは、3代藩主綱近3回、5代藩主宣維7回、7代藩主治郷23回、8代藩主斉恒12回、9代藩主斉貴10回、10代藩主定安4回、合計59回に及んだ。特に7代藩主治郷は「御立派改革」を成功させた朝日家26回に次いで多かった。また、8代藩主斉恒と9代藩主斉貴は代々家老家の中で一番多かった。

　歴代藩主のお成り回数を見ると、藩主にとって三谷家は縁戚として、最も心服のおける寵臣ではなかったか。

5．神谷家

本国、生国、出自と功績

　元祖神谷兵庫富次は、本国甲斐国（現在の山梨県）で生国は越前国（現在の福井県）である。

　神谷家の先祖は、下野国（栃木県）の住人宇都宮左衛門尉朝綱の孫神谷石見守久綱の後裔で高祖彦左衛門と申し、後に三河国に移り徳川家に仕えた。一説には、武田軍団の出身と言われているが定かでない。

　曾祖父千五郎、祖父縫之助は徳川家康、秀忠に仕えた。父権右衛門は、家康の旗本であったが、秀忠に請われるも総領であったため、弟が秀忠に仕えた。結城秀康が越前に封ぜられた時、家康の命により秀康に仕えた。いずれにしても古くから家康、秀忠、秀康に仕え武功もあり徐々に信頼を増して行ったようだ。

神谷家家紋　揚羽蝶紋

神谷家累代の墓

　豊饒山　順光寺

豊饒山　順光寺

神谷家累代の墓

松江藩　神谷家の系図

　宇都宮左衛門尉朝綱⇒神谷石見守久綱⇒彦左衛門⇒千五郎⇒縫殿之助⇒権右衛門⇒元祖源五郎（兵庫富次）⇒2代兵庫富保⇒3代兵庫富明⇒4代備後維寿⇒5代兵庫繁妙⇒6代備後富中⇒7代筑前富義⇒8代兵庫富真⇒9代源五郎富高⇒10代兵庫富雄（浩之助・幕末最後の家老）⇒11代源五郎（金之助）⇒12代富義⇒13代次郎⇒14代昭孝⇒15代敏明（現当主）

元祖神谷兵庫富次の父は権右衛門、母は東局（号・至徳尼）である。その母は、安藤甚左衛門の女で織田信長の姪に当たり、結城秀康に仕え大変勇気があり才が優れていた。

　秀康から東局を授かり、松平直政の乳母となった。藩儒桃節山は、『出雲私史』の中で松平直政の乳母なりと記している。これを機会に両親は離別した。

　2代兵庫富保の妻は、棚橋主税正房（月照院の姉与女の三男）の姪で養い妹である。棚橋主税正房は、直政とは従兄弟に当たる。この婚姻により神谷家は、松平家、三谷家、香西家、柳多家、小田家と縁戚となった。

神谷家の名家老

元祖神谷兵庫富次　家老仕置役　3千7百7拾石（内与力7百7拾石）
松江藩、初代仕置役を勤める
【在任期間　慶長9（1604）年〜万治3（1660）年　通算57年】
（源六⇒源五郎⇒内匠⇒兵庫）

松平直政との出会いと出自

　元祖神谷源五郎（兵庫富次）は、文禄2（1593）年に越前北の荘で生れる。童名を源六といい、後に源五郎、内匠、兵庫と改める。父は権右衛門で母は東局（号至徳尼）である。

　その母東局は、慶長4（1599）年に息子源六を召し連れ、結城秀康にお目通りした。秀康は、わずか7歳の源六を見て即座に壮士の風があると賞して扈従として召し抱えた。

　慶長6（1601）年8月5日、近江国伊香郡中河内にて松平直政が誕生する。

　結城秀康は、直政の将来を見据え乳母に東局を選び、教育係に結城家の支族柳多縫殿之助（光定）を付けた。更に直政が2歳になると仙石猪右衛門政吉と柳多求女（四郎兵衛長弘）を人始めに付け、4歳の時に神谷源六（源五郎富次）を側近として付けた。

　この求女と源六は、生まれが同年で12歳、松平直政より9歳年上で直政と苦楽を共にし文武両道に励む。松平直政の側近中の側近である。

　結城秀康は、源六に左右郎の位と拾7石を授けた。以後、源六は57年の長きにわたり松平直政に仕える。永年勤続年数57年は、歴代家老並・家老の中で9位である。

　やがて成長した源六は、元服するに当たり、烏帽子親を越前北庄藩の筆頭家老本多伊豆守富正に頼んだ。富正は、御字「富」を与え「富次」と名付けた。富次は、慶長17（1612）年に弱冠20歳で直政の家老となり、源六を源五郎と改め神谷源五郎富次と称した。

神谷源五郎富次の武勇伝

　慶長19（1614）年10月、徳川家康は、天下統一を図るため、豊臣秀頼の死守する大坂城を攻めるべく諸大名に出陣を命じた。初陣松平直政は、わずかに14歳、出陣に当たり軍資金が必要となり、側近家老神谷源五郎富次に相談した。この話を聞いた源五郎富次の母は、京都にいて信仰帰依していた本願寺より軍資金2千両を調達することが出来た。

　戦の準備も整い神谷源五郎富次は、松平直政に従い大坂冬の陣に参戦した。松平直政の従士は、家長氏家五右衛門政次、仙石猪右衛門政吉、神谷源五郎富次、柳多四郎兵衛長弘を含めて

元祖神谷源五郎富次が大坂陣で着用した甲冑(左)と兜櫃(かぶとびつ)

57人、歩卒(ほそつ)を加えて500余人であったが、直政の母月照院の叱咤激励もあり、若き主君を守ろうと士気は上がった。松平直政は、長兄2代越前北庄藩主松平忠直に従い、知将真田幸村が死守する玉造門の出城・真田丸を攻撃した。真田丸の一戦は、百戦錬磨の真田幸村の調略にまんまと乗せられ、待ち伏せした鉄砲隊の猛攻撃にあい、幾千の屍(しかばね)を積み上げ後退した。

しかし、初陣松平直政は、流石に結城秀康の子、度胸も据わり真田鉄砲隊にも恐れず、勇ましく愛馬を勇め前へ突き進んだ。一説には、この雄姿を見ていた真田幸村は、直政の勇猛果敢な戦いぶりに「松に日の丸の真田軍扇(ぐんせん)」を投げ与え称えたと言われている。

一方、神谷源五郎富次は、主君に負けじと危険を顧みず真田の出丸によじ登り勇敢に戦った。出丸の上から放つ弾丸は、雨の如くそそぎ一発の弾丸が源五郎富次の胸に命中したが、源五郎富次傷まず奇跡的に助かった。

このことは、本願寺の仰誓編『妙好人伝・全2巻、写本』には『出雲松江大夫神谷氏祖』として収められているが、増純編『妙好人伝・全5巻、版本』第3篇・巻上並びに、増純編『親鸞聖人霊瑞編』1巻本にも『雲州神谷備後』の項目に載せられている。

仰誓編『妙好人伝・全二巻、写本』『雲州松江大夫神谷氏祖』
天明4（1784）年

雲州松江松平出羽守の家老神谷備後3千5百石は、代々真宗にて本山御門徒(ごもんと)なり。その祖先は、顕如上人(けんにょしょうにん)の大坂の御難(ごなん)に奔(はし)って忠戦を励ましたるを賞に、上人より高祖御筆(こうそおんふで)の十字の名号「帰命尽十方無碍光如来(みょうじんじっぽうむげひかりにょらい)」を賜りたるを袱紗子(ふくさ)に包み常に身を離さず敬奉した。

ある日、営中にてこの名号をかけ南無阿弥陀仏と申して低頭礼拝する後、流れ矢来て帰命と尽十方の中間へ当たるに驚き直ぐに巻納め出戦せられる。頭を低くして礼拝したので矢は当たらず名号我(たま)を助け給いた。大いに感嘆尊奉(かんたんそんぽう)し「矢除(やよけ)の名号」として神谷

身代わりご本尊「阿弥陀如来絵像」

家の秘宝となり、毎月28日午の刻に礼拝したとある。しかし、この矢除の名号は、神谷家にも伝わっておらず所在不明である。また、名号の伝記に付いても神谷家、菩提寺順光寺にも残されていない。

源五郎富次の母東局は、深く本願寺を信じ、大坂陣の際に源五郎富次にご本尊を持たせた。源五郎富次は、陣屋に安置し朝夕礼拝した。この戦いで源五郎富次は、敵方より鉄砲で胸板を撃たれるが、少しも傷むことなく陣屋に帰ると、安置していたご本尊阿弥陀如来絵像の胸の真ん中より血汐が流れたとある。源五郎富次は奇跡的に助かった。

菩提寺順光寺『松湖禄（上）』、『順光寺史』に神谷源五郎富次、身代仏之事が記されている。このご本尊は、顕如上人の御裏のご本尊として、神谷家の霊宝として今に伝えられている。

（参考引用文献　『親鸞聖人伝説集、菊藤明道、法蔵館、2011』）

松平直政より賜った太刀と脇差

松平直政より賜った太刀と脇差
太刀、長さ2尺2寸1分、反り8分、銘文兼久
脇差、長さ1尺8寸5分5厘、反り3分5厘、銘文兼吉

神谷源五郎富次は、慶長20（1615）年5月、大坂夏の陣でも大活躍し、馬前において敵の兜首を二つ取った。時に源五郎富次は、23歳となっていた。その活躍ぶりに対し徳川家康及び秀忠は、その戦陣において源五郎富次を召して武功を褒め称えた。

元和2（1616）年に松平直政は、武功の恩賞として兄2代越前北庄藩主松平忠直より越前木本1万石を分与される。源五郎富次もこの活躍により同年9月に新知2百5拾石を賜る。

松平直政は、源五郎富次の活躍を称賛し、太刀兼久と脇差兼吉を与えた。この太刀と脇差は、神谷家の宝蔵として今に伝えられている。

寛永2（1625）年に越前大野にて加増2百5拾石、合計5百石となる。寛永10（1633）年、信濃国松本に於いて加増2百石を得て合計7百石となった。これを機会に源五郎を内匠と改号する。

寛永15（1638）年、松平直政は、出雲国松江18万6千石に栄封される。同年2月、家老神谷内匠は、藩主入国御礼の謝御使として江戸城に登城し、3代将軍徳川家光に拝謁し大役を果たす。

同年4月13日、松江藩初代仕置役を拝命し、没する迄の23年間の長きにわたり勤めた。仕置役23年間は、松江藩の歴代家老並・家老の中で11位である。

同年10月5日、加増千3百石を得て合計2千石となる。号内匠を兵庫と改めた。

続く寛永18（1641）年に与力7騎・7百7拾石を授かり、正保3（1646）年に加増5百石を得て合計3千2百7拾石、内与力7百7拾石となる。元祖三谷権太夫長玄と共に松江藩で3番目の知行高となった。

明暦3（1657）年正月、居宅へ藩主松平直政並びに松上野介のお成りがあった。

　同年正月、江戸で大火があり、江戸城本丸及び多くの大名屋敷が焼失する。幕府は、諸大名に火事見舞い及び参勤交代の伺を立てるべく、国家老を使者に立てるよう命じた。

　松江藩は、家老神谷兵庫富次を使者とし、兵庫富次は江戸へ向かった。途中箱根の関所で幕府の厳重な検問にあい、足止めを余儀なくされ箱根を超えることが出来なかった。

　この事を江戸家老から幕府に伝えた。同年、5百石の加増を得て知行高3千7百7拾石となった。

　万治3（1660）年7月24日、出雲に於いて没した。菩提寺は、松江市石橋町順光寺である。門を潜るとすぐ左手に墓がある。また、本堂の左手を進むと7代筑前富義が建立した神谷大夫眞性君墓碑がある。更に進むと日御碕検校夫人祠（白蛇権現・白蛇さん）が祀られている。

元祖神谷兵庫富次の墓碑
神谷大夫眞性君墓碑銘並序（順光寺）
撰文は桃源蔵、7代神谷筑前富義が建立

コラム　2代藩主綱隆の幼名久松丸の名付け親

　寛永8（1631）年2月23日、2代藩主松平綱隆が江戸山手の屋敷で誕生する。その節、松平家所縁の鳴弦蟇目（めいげんひきめ）の儀式が行われ、神谷源五郎富次は大野藩主松平直政より名付け親を仰せつかる。松平綱隆のご母堂の実家久松家より久松を頂き久松丸と命名した。これは直政が誕生の節、地名の中河内より河内麻呂（丸）と命名された由縁を参考にしたものと考えられる。また、御袴着と御下帯初召の儀式では、袴と下帯を差し上げる。古来より嫡男の名前は、祖父等が付けるのが習わしであったが、家臣が付けるのは異例であり非常に名誉な事であった。松平直政と源五郎富次との絆の深さが窺える。

松平直政との友情

　晩年、神谷兵庫富次は、老衰に至り仕置役を度々辞退するも、藩主直政は、兵庫富次と親しく話し、「出雲一州を掌中（しょうちゅう）に預け、就中（なかんずく）、諸士より押されて尊敬されている。また、国中の者達は、全て汝（なんじ）の一身に集まっており辞めさせる訳にはいかぬ。」と決して隠居を許さなかった。

　神谷兵庫富次は、仕置役を没する迄の23年間の長きにわたり勤めあげた。松平直政と兵庫富次の友情は、終生続いた。

２代藩主松平綱隆　日御碕検校小野尊俊を隠岐に流す

　この物語には、日御碕検校の妻で神谷家老の娘の秘話が伝説として三説伝承されている。後年、それぞれの伝説が一つとなり語り継がれたと考えられる。

　一説目は、『松江市誌』、『出雲私史』に載っているものである。２代藩主松平綱隆は、江戸藩邸に於いて女児を拾い上げ養女として育て上げた。年頃となり日御碕検校小野尊俊の妻とした。ところが尊俊は、松江藩の女婿を笠に着て驕り高ぶり無道の振る舞いが多いと、日御碕の上官が松江藩に訴え出た。藩主綱隆は怒り、寛文12（1672）年に養女を離縁させ尊俊を隠岐国海士村（現在の隠岐郡海士町）に流し、延宝６（1678）年に尊俊は没した。妻女は離縁後、家老３代神谷兵庫富明に再嫁したとある。

　神谷家の系図にはそれらしき事は記されていないが、『松江藩列士録』には、３代神谷兵庫富明の項に「延宝元（1673）年、藩主綱隆御直に縁編（婚戚）仰せ付けられ、御腰物下さる。」と記され、また、嫡子４代神谷備後維寿の項には、「格別の家柄に付いて生立ちご苦労に思召され、諸事見習い御次へ相詰めるべき旨、御側へ出勤仰せ付けられる。」と記され、生立ちご苦労とは何を意味するのか分からないが、意味深長な書き回しがされている。

　藩主綱隆は、尊俊を隠岐に流した翌延宝３（1675）年に急死した。その後、松江藩松平家は、不祥事が相次ぎ、享保18（1733）年、６代藩主松平宗衍の時代にこれらの不幸は、尊俊の祟りと信じられ藩主宗衍の母岩宮（天岳院）の発案により川津町の市成に社を建て尊俊の霊を慰めた。社格も霊社から明神、大明神へと昇格させた。これが現在の推恵神社である。日御碕（出雲市大社町）及び隠岐郡海士町の隠岐神社裏山にも尊俊を祀る推恵神社がある。

　二説目は、雲陽秘事記を基に書かれた『雲藩遺聞、妹尾豊三郎著』である。日御碕検校小野尊利の妻は、松江藩家老神谷備後の娘であった。かねてより小野小町と謳われ美人の誉れが高く国中の評判であった。

　ある時、尊利夫妻は５代藩主松平宣維に御目見をすることになった。藩主宣維は、夫人の美貌に目を奪われ一目ぼれをした。尊利は、殿を慰めようと白装束に身を改め「あれなる沖の白帆を止めてご覧にいれましょう。」と秘文を唱えて沖を走る船をピタリと止めた。藩主宣維は、その不思議な術に感心し帰城した。帰城した藩主宣維は、夫人の事が忘れられず家老神谷を呼び出し、「娘を実家に連れ戻し差し出す考えはないか。」と申し付けたが体よく断られた。一旦は諦めたがどうしても夫人の事が忘れられず、「沖行く船を怪しい術で止めるような者を出雲に置くわけにはいかぬ。」と尊利を隠岐国へ遠島した。遠島された尊利は、理不尽な罪と妻との離別を悲しみ、思いが届くように白ぬさを海に流した。

　やがて一念は通じ不思議な事に加賀湾（現在の松江市島根町）に白鷹が舞い降り、村人が松江藩のお鷹部屋に差し出した。鷹匠から藩主に届けられた白鷹は見事な鷹であったが、藩主宣維には白装束の尊利が睨んだように見え、すぐにも加賀湾に放すよう命じた。それ以来、居間が振動したり白羽の矢が飛んで来たり異変が続き、尊利の一念ではないかと人々は恐れた。

　一方、放された白鷹は、隠岐の尊利の前に現れた。文通を禁じられ筆も硯もない尊利は、白袖を切りさき指を切って血で文を書き、鷹の足に結んで飛ばした。夫人は、尊利の文を見て涙にくれ筆と硯を白鷹に結んで放した。白鷹は、隠岐に飛んだが硯の重さに耐えきれず尊利の目の前で海に落ちて死んだ。尊利は妻が筆と硯を送ってくれた事を知り、耐え切れず断食して死んだ。

色々異変が続き藩主宣維は、尊利の一念を恐れ御立山に新たに推恵神社を勧進し祀った。

　夫人も操をたて神谷邸で命を絶った。夫人の位牌は、順光寺に納められたが、その後、不思議なことに推恵神社の神前に捧げられていた。二人は、死後も固く結ばれた。

　神谷家の系図には、日御碕検校小野尊利の妻と思しき女性は、6代神谷備後富中の養女で實・分家神谷武左衛門の女、日御碕検校尊道の妻と記されている。日御碕検校尊利ではなく尊道となっている。

　神谷家の過去帳をひもとくと名はキヨ子で戒名は、幽鏡院釈大常大婦英岳慶応神祇と記され、神様として崇められている。明治時代に150回忌の法要が盛大に営まれている。過去帳から検証すると伝説の女性日御碕検校の妻は、このキヨ子ではないかと考察される。

　三説目は、神谷家に語り継がれた逸話をもとに、郷土歴史家村松直子氏、柳浦豊実氏がまとめられた伝説である。ここでは村松直子氏著を紹介しよう。

　日御碕検校小野尊俊は、2代藩主綱隆に憎まれ哀れにも無実の罪で隠岐に流された。深く藩主を恨み死んだ。

　この悲劇の発端は、尊俊の妻で絶世の美女花子にあった。ある春の日、藩主綱隆は、浜遊びに出かけ、きらびやかな振り袖姿の女性花子が目にとまり見惚れた。花子は、神谷家老の娘ですでに尊俊の妻であった。その美貌は、国中に知れ渡っていた。

　藩主綱隆は、花子が忘れられず神谷家老に、「娘を里帰りさせるように」と申し付けたが体よく断られた。諦めきれない藩主綱隆は、当日、装束姿の尊俊が呪文を唱え沖行く船を止めて見せた秘術を思い出し、「あのような秘術を行う者は、日御碕のような天下の名社に置くわけにはいかぬ。」と難題を突き付けて尊俊を隠岐島に流した。藩主綱隆は、花子を側室にしようとしたが、花子は色々口実をつけ城中への参上を拒んだ。

　一方、隠岐に流された尊俊は、無実の罪で流刑になったばかりか、愛する花子との仲を引き裂かれ、藩主綱隆を恨み昼夜を問わず呪い続け、疲れ果てて憤死した。花子もまもなく後を追って死んだ。その後の話は、二説目とほぼ同じであるので省略する。

　この伝説は、尊俊の妻は神谷家老の娘となっているが、神谷家の系図には花子なる女性も日御碕検校小野尊俊に嫁いだ娘も記されていない。

　以上、三つの伝説を載せたが『松江市誌』と『出雲私史』では、尊俊が驕慢で離縁された妻は、神谷家老の妻となり再婚している。一方、村松、柳浦両氏と『雲陽秘事記』では、藩主が横暴で妻は神谷家老の娘で、相反した伝説である。登場人物も2代藩主松平綱隆、日御碕検校小野尊俊と5代藩主松平宣維、日御碕検校小野尊利（尊道）と異なる。歴史書、系図、過去帳でも真実は分からないが、三つの伝説が一つとなり、人から人へと語り継がれたと考察される。

日御碕検校夫人祠　豊饒山　順光寺

　元治年間（1864～1865）、順光寺の使用人新造が寺内で白蛇を見つけ捕らえて法吉村（ほっきむら）の山に放したが翌日帰って来た。続いて、川津村の嵩山（だけさん）に放したが再び帰って来た。やがて境内に住み着き、ある時、頭を傷つけ苦悶（くもん）している白蛇を見つけ手厚く介抱したが死んだ。

　町内の世話人が集まり、これは日御碕検校の奥方の権現（ごんげん）であるとして祠（ほこら）を造り霊を慰めた。

日御碕検校夫人祠（白蛇権現・白蛇さん）

4代神谷備後維寿　家老仕置役　2千9百7拾石（与力共）
5代藩主松平宣維のブレーン
【在任期間　元禄3（1690）年～享保9（1724）年　通算35年】
（兵之助⇒淡路⇒兵庫⇒備後）

　4代神谷備後維寿は、父3代神谷兵庫富明の嫡子として誕生する。幼名を兵之助といい、後に淡路、兵庫、備後と改号する。名は、享保5（1720）年に家柄並びに藩主お馴染みのものに付いて、御字「維」を頂き「維寿」と称した。妻は、2代三谷権太夫長元の女茂登（照曜院）である。子供は、一男二女をもうけたが女子は早世であった。

　備後維寿は、元禄3（1690）年～享保9（1724）年、没する迄の35年間の長きにわたり、3代藩主松平綱近に15年間、4代藩主松平吉透に2年間、5代藩主松平宣維に20年間仕えた。

　元禄3（1690）年に10歳で父遺跡2千9百7拾石（与力共）を相続する。同6月、格別の家柄に付いて、生立ちご苦労に思召され諸事見習いのため御次へ詰めるように仰せ付けられる。元禄8（1695）年に半元服を経て、同9（1696）年に元服し家老並となる。宝永元（1704）年に24歳で家老となり淡路を兵庫と改号する。同年6月、4代藩主松平吉透の家督御礼の儀に随行し、5代将軍徳川綱吉に拝謁して太刀、銀、馬代を献上した。

　宝永2（1705）年4月に前藩主綱近のご来宅があり裏付裃を拝戴する。

　同年11月、5代藩主松平宣維の家督御礼の儀に随行し、5代将軍徳川綱吉並びに大納言徳川家宣（いえのぶ）に拝謁した。

　宝永7（1710）年に仕置役を拝命、藩政の中枢を担い難問に心血を注ぐ。

　享保元（1716）年11月、5代藩主松平宣維は、中御門天皇の大婚式に奉賀使として8代将軍徳川吉宗の名代で上洛する。この奉賀使のお供をしたのが4代神谷兵庫と嫡子刑部である。

同2（1717）年に兵庫は、疲れが出たのか病気となる。この事が藩主のお聴^{みみ}に達する処となり、自ら見舞いのご来宅の申し出があるも恐れ多くて断る。藩主は名代として御次頭黒澤宮内を遣わし薬用人参を賜わる。その上、京都の良医林杏庵を差し向ける旨の使いがあるも、快方に向かいこれも断った。

翌享保3（1718）年2月、玉造の湯治^{とうじ}の節、医師藤山玄玖を付けられ、入湯中は近郷の殺生御免の許しが出る。また、同年5月に居宅にご来宅があり腰物併せ品々拝戴する。同12月に兵庫を備後に改号するよう仰せ付けられ、続く享保5（1720）年に御字「維」を頂き、備後維寿と改めた。

その後、備後維寿は、体調を崩し家老仕置役は継続するも、藩主より度々保養するよう申し付けられる。

藩主宣維のお成りが5回あり、それぞれ拝領物を賜わった。

この頃、松江藩の財政は、度重なる災害や結婚費用、将軍の名代で中御門天皇大婚式の参列費用、異国船の出没による軍備費用の増大等財政は深刻な状態に陥っていた。

特に仕置役神谷備後維寿を悩ませたのが、美保関、楯縫郡六十島等への異国船の出没である。幕府の許可を得て砲撃を行い、享保5（1720）年に幕命により隠岐国を再び併管し防衛に当たる。

享保8（1723）年に重きお呵りを蒙り仕置役を御免となる。

享保9（1724）年正月20日、出雲において没した。院号は、理鏡院と称した。

10代神谷兵庫富雄　家老　3千9拾石（与力共）
10代藩主定安のブレーン
【在任期間　安政3（1856）年〜明治2（1869）年　通算14年】
（金之丞⇒源五郎⇒兵庫⇒浩之助）

10代神谷兵庫富雄は、父9代神谷源五郎富高の六男四女の次男として誕生する。妻は、9代柳多四郎兵衛弌中の妹春池院である。子供は、二男二女をもうけた。

安政3（1856）年〜明治2（1869）、版籍奉還までの14年間、10代藩主松平定安に仕えた。

安政3（1856）年に16歳で元服し、父遺跡3千9拾石（与力共）、格式家老並を相続する。同5（1858）年に18歳で家老に昇進する。文久3（1863）年に二条城警衛士大将を経て朝廷警衛の惣大将を勤め、同年に城代を拝命した。

元治元（1864）年、第一次長州征伐が始まり二之見備士大将を命ぜられ神門郡今市へ出陣する。また、慶応元（1865）年の第二次長州征伐では、二之見備士大将として石州浜田へ出陣、同2（1866）年に一之先隊が帰陣すると、一之先隊に代わり守備する。同年、石州での粉骨砕身に対し藩主より刀一腰、鞍一背を拝領した。慶応3（1867）年に若殿（11代松平直応・13歳）の具足初召親を勤めた。

慶応4（1868）年に山陰道鎮撫使西園寺公望総督一行が入松する。神谷上屋敷を中老以下の詰所に提供、兵庫富雄は率先して接待に当たり、城代家老として天守の鍵を預かり一行を総門内に迎え、直ちに先導して案内した。一行が帰途の際には、国境安来吉佐まで見送った。

同年、隠岐騒動が勃発する。兵庫富雄は事態収拾のため、隠岐に赴く。

明治元（1868）年の戊辰戦争では、松江藩は新政府軍の守備隊として、惣大将に神谷兵庫富

雄を任命し、9月に奥州秋田へ総勢460人を引き連れ出陣した。松江藩軍は、翌明治2（1869）年8月まで守衛し、8月25日に徒歩で酒田を出発⇒秋田⇒米沢⇒東京⇒名古屋⇒大坂を経由して安来で一泊、10月25日に松江城二の丸柵門外に到着し軍礼式を行い、兵庫富雄は恩賞としてピストル一挺を賜る。

　10代神谷兵庫富雄は、幕末の尊王攘夷の風が吹き荒れる混乱した時期に、20代の青年家老として松江藩の存亡の舵取りを行い方向性を示した。また、戊辰戦争では秋田出兵惣大将として遠征し、版籍奉還直後まで第一線で活躍した。

神谷家まとめ

　安土桃山時代から江戸時代にかけて、主君の幼少期より側近として付けられ、主君へ忠節を尽くした腹心型の軍師は天下に数多いるが、その中で特に二人を挙げるとすれば、独眼竜伊達政宗の側近片倉小十郎景綱並びに上杉景勝の側近直江山城守兼続である。

　出雲国松江藩では、神谷源五郎（兵庫）富次を挙げる事が出来る。

　主君松平直政が4歳の時に結城秀康より側近として付けられ、絶えず主君の側にあり苦楽を共にし文武両道に励んだ。主君直政の初陣大坂両陣では、側近家老として従い、馬前に於いて主君の盾となり、敵の兜首二つを取った。その活躍ぶりに対し直政より、兼久の太刀と兼吉の脇差を拝領する。以後、松平直政の側近として粉骨砕身努力し、直政の立身出世を陰で支えた。

　元祖兵庫富次は、寛永15（1638）年に藩主松平直政が出雲国松江に栄封されると、藩主入国御礼の謝御使として江戸城に登城し、3代将軍徳川家光に拝謁し大役を果たした。

　松江藩で初代家老仕置役を勤め、知行高3千7百7拾石、内与力7百7拾石を賜わる。

　元祖兵庫富次は、松江藩の譜代家臣で、後の時代に代々家老となり、神谷家の盤石の基礎を確立した。松江藩初代藩主松平直政との信頼関係は、終生続いた。

　その後、神谷家は元祖兵庫富次の旧功もあり、歴代藩主の寵臣となり松江藩の重役を担い活躍した。その一端を紹介しよう。

　歴代藩主家督相続御礼の儀に随行した家老は、2代兵庫富保、4代備後維寿が2回、6代備後富中、8代兵庫富真、9代源五郎富高である。この他、2代兵庫富保は、3代藩主松平綱近の出雲国松江入国の御礼使者として、江戸城に登城し4代将軍徳川家綱に太刀、銀、馬代を献上した。

　また、歴代藩主のお成りは、初代藩主直政1回、3代藩主綱近1回、5代藩主宣維5回、7代藩主治郷14回、8代藩主斉恒11回、9代藩主斉貴8回、10代藩主定安4回の合計44回に及びその都度品々を頂戴した。

　神谷家で特に活躍したのが、初代藩主松平直政の側近中の側近、元祖神谷兵庫富次、5代藩主松平宣維の寵臣4代神谷備後維寿、10代藩主松平定安の軍政改革を支えた10代神谷兵庫富雄の3人である。

　初代藩主松平直政と元祖神谷兵庫富次との信頼関係、母東局の大坂陣の軍資金調達、兵庫富次の大坂両陣の武勇伝、身代わり御本尊の逸話、2代藩主松平綱隆の幼名の名付け親、松平直政入国の将軍への御礼使者、松江藩初代仕置役と枚挙にいとまがない。また日御碕検校小野尊俊の妻花子の逸話、4代神谷備後維寿及び嫡子刑部の中御門天皇大婚式の宮中参内、10代神谷兵庫富雄の長州征伐での活躍、山陰道鎮撫使一行の対応、戊辰戦争の総隊長と大きな役割を果たした。

第3部　家老並仕置役・家老仕置役を勤めた30家と名家老 | 213

神谷家は、歴代豪胆酒豪揃いで代々家老の中で一番多く人馬減少願いを出して経費節減を行っている。その原因は、酒豪による酒代の出費や歴代子宝に恵まれ婚礼費用の増大、孫の誕生、祝賀行事、親類の付き合い、また与力が２人多く余分に２百石を支払ったこと等が考えられる。

　神谷家は、松江藩の譜代家臣で代々家老を勤め、松江藩の中心的重役を担った家柄である。

6．柳多家

本国、生国、出自と功績

　元祖柳多四郎兵衛長弘は、本国下総国（現在の千葉県北部・茨城県南西部）で、生国は越前（現在の福井県）である。柳多氏は、元々名族結城氏から分かれた支族である。鼻祖公光の時に故あり柳多に改め、家紋は「丸に法螺貝」である。

　柳多家『系図』の鼻祖公光の追記に次のように記されている。

　『文明八年丙申五月十五日、夜於常州小田軍中夢入柳数株之中時衣冠人来自言高橋明神贈螺貝明日於戦場有功故改氏為柳多以螺貝而為幕之紋』

　読み下してみると、文明8（1476）年丙申5月15日、公光が常州常陸国、小田軍中、夜夢を見る。柳数株の中に礼服に冠を付けた貴人が現れ、結城家の氏神様「高橋明神」へ法螺貝を奉納すれば軍功があるとのお告げがあった。法螺貝を奉納するとお告げの通り、翌日の合戦で軍功があり、名字を「柳多」に改め「法螺貝」を幕の紋とした。このように公光の時に柳多を名乗る。

　古文書には、「柳」、「柳田」、「柳多」がみられる。柳多の系図には、公光を柳多家の鼻祖とし、下総国結城城より二里、山河城主山河兵部少輔成光の次男山河九郎、後に柳多九郎、号内匠と記されている。

柳多家家紋　法螺貝紋

柳多家累代の墓

　菩提寺　啓運山　慈雲寺

啓運山　慈雲寺

柳多家累代の墓

結城氏の系図

大織冠鎌足⇒淡海公不比等⇒諡文忠公⇒北家・房前公⇒魚名公河邊⇒藤成⇒豊澤⇒村雄⇒秀郷⇒行常⇒公脩⇒文行⇒頼行⇒武行⇒行隆⇒宗行⇒行政⇒行光⇒行義⇒行平⇒行綱⇒朝光⇒朝廣⇒廣綱⇒時廣⇒貞廣⇒朝祐⇒直朝⇒直光⇒基光⇒満廣⇒氏朝⇒持朝（氏朝、持朝、親子討ち死に）⇒結城家再興は、結城家支族、山河成光の嫡男成朝⇒氏廣（結城本家・結城嫡祖）⇒政朝⇒晴朝⇒秀康（徳川家康の次男、豊臣秀吉の養子となる。更に結城家の養子となり、関ヶ原の合戦後、越前中納言秀康となる）⇒直基（秀康の五男、結城家を相続、後に松平姓、姫路藩主となる）

結城家の来歴

系図によれば結城家は、藤原鎌足に遡り、以後、従一位左大臣、右大臣、従四位から従五位を勤めた名門である。

その後、時代の変遷を経て室町時代の中頃、永享10（1438）年に将軍足利義教に不満を持つ足利持氏の反乱、永享の乱が勃発する。32代結城氏朝と息子持朝は、嘉吉元（1441）年4月16日に足利持氏を招聘し、将軍足利義教勢と戦った嘉吉の乱、結城合戦に敗れ結城舘は落城し、氏朝とその子持朝は討ち死にする。

結城家の再興は、結城家の支族山河成光の嫡男成朝が家督相続した。

系図には、山河成光について山川八郎、後の山河兵部少輔成光と記され、成光には嫡男成朝と次男公光がいた。結城家は嫡男成朝が継ぎ、やがて成朝に男子氏廣が誕生する。氏廣の誕生により次男公光は、結城家の後継が断たれ、分かれて柳多を名乗った。

その後の結城家

氏廣に継がれた結城家は、政朝、晴朝と継承されたが晴朝には嗣子が無く、天正18（1590）年に豊臣の一族を養子にせんと懇願したため、豊臣秀吉は、小牧・長久手の和睦で徳川家より養子に迎えていた徳川家康の次男秀康を遣わした。結城晴朝は、結城家の下総の所領10万千石を秀康に譲って隠退した。秀康は、結城三河守秀康と称し、結城秀康ここに始まる。その後、秀康は慶長2（1597）年に参議に任ぜられ、同5年に家康の上杉討伐に加わり小山に布陣した。家康は秀康に命じ、小山に留まり上杉景勝の抑止として当たらせたが、景勝は東軍を挟み撃ちにするのは「武士道に反し義に非ず」と陣を払って引き上げた。景勝の寵臣直江兼続が地団太を踏んで悔しがった話はあまりにも有名である。

理由はともあれ上杉景勝が陣を払ったのは事実である。秀康は、抑止としての大きな役割を果たし、東軍勝利に大きく貢献した。

秀康は、関ヶ原の戦い後、伏見に赴き家康に拝謁して越前北庄藩67万石に封ぜられ、参議を辞し従三位に叙せられ権中納言に任ぜられた。名を結城三河守秀康から越前中納言秀康に改め、越前家ここに始まる。結城家は、秀康の五男直基が家督相続、後に越前国勝山藩主となり結城を松平姓に改め、出羽国山形藩主を経て播磨国姫路藩主となる。

柳多家の系図

　山河成光⇒柳多家鼻祖、成光の次男公光（内匠）⇒公成（修理介）⇒光籲（佐渡守）⇒中興元祖光定（縫殿之助）⇒元祖四郎兵衛長弘⇒２代四郎兵衛一道⇒３代主計近一⇒４代四郎兵衛近章⇒５代四郎兵衛一斉⇒６代四郎兵衛一貞⇒７代四郎兵衛一顕⇒８代四郎兵衛一眞⇒９代四郎兵衛弌中⇒10代滋美一協⇒11代元治郎（嗣子なく柳多家は絶える）

柳多家系図（浅野家所蔵）

柳多家の来歴

　柳多家の鼻祖は、山河成光の次男公光である。

　先にも述べた通り結城合戦後、結城家の再興は、結城家の支族山河成光の嫡男成朝が継いだ。次男公光は、兄成朝の子氏廣の誕生により結城家の継承の望みが断たれ、故あり柳多に改めた。いずれにしても藤原鎌足から数えて34代目の公光にして柳多が始まる。

　柳多家は、鼻祖公光から始まり中興元祖光定（縫殿之助）は、結城晴朝に仕え、晴朝隠退後、引き続き結城秀康に仕えた。結城秀康は、名族結城氏の支族柳多家を殊（こと）の外肝要（ほかかんよう）し、関ヶ原の戦い後、越前北庄城主となるや誕生した三男国麻呂（丸）（松平直政）の養育係りに光定（縫殿之助）を任命し、その子求女（後の柳多四郎兵衛長弘）を松平直政の人始めに付け譜代の側近とした。

　松江藩柳多家は、松平直政の成長期に親子で仕え、直政の人格形成に大きな影響力を及ぼしたと考えられる。その後、松平直政の出世と共に格式、知行高も上昇し、歴代藩主に於いても柳多家を「藩の親しき家柄、藩主お馴染みのもの」として重用した。

柳多家の名家老

元祖柳多四郎兵衛長弘　家老仕置役　５百石（足軽20人預）
大野時代の初代仕置役　松平直政の人始めの側近
【在任期間　慶長７（1602）年〜寛永10（1633）年　通算32年】
（求女⇒家吉⇒四郎兵衛）

　元祖柳多四郎兵衛長弘は、父柳多光定（縫殿之助）、母円竜院の長男として誕生する。幼名求女といい、後に家吉、四郎兵衛と改める。名を光一、後に長弘と称した。妻は、灌頂院である。

　慶長７（1602）年、10歳の時に結城秀康より結城氏の支族として２歳の国麻呂（後の松平直政）の人始めとして付けられる。つまり直政の一番初めの側近となる。松平直政と苦楽を共に

し、文武両道に励む。

　大坂両陣に家老としてお供し、馬前において甲首二つ討ち取る大武勲をたてる。功績により元和2（1616）年9月に上総国姉崎にて新知2百石並びに関物の脇差（せきもの・わきざし）を賜る。

　寛永年中（1624〜1644年）越前大野にて加増3百石を得て合計5百石となり仕置役、足軽20人を預かる。「松江藩列士録」で仕置役が初めて見えるのが、この柳多四郎兵衛長弘である。寛永10（1633）年正月22日、大野に於いて没した。享年41歳。院号は、法性院と称した。

松平直政拝領の関物の脇差（村田雅彦氏蔵）
脇差、長さ1尺9寸2分、反り4分2厘　銘文無し

2代柳多四郎兵衛一道　家老　千3百石
3代藩主松平綱近の諫言役
【在任期間　寛永10（1633）年〜天和3（1683）年　通算51年】
（實・香西茂左衛門守清の嫡子　求女⇒八十郎⇒主米介⇒半左衛門⇒四郎兵衛）

　2代柳多四郎兵衛一道は、父は香西茂左衛門守清、母は元祖柳多四郎兵衛長弘の姉である。

　香西家の長男として誕生するも、母の実家柳多家に嗣子が無く養子として迎えられる。妻は、元祖柳多四郎兵衛長弘の娘完了院である。子供は、四男二女をもうけた。長女大方院は、国造千家尊光の妻となり、次男傳八郎と四男八次郎は2代朝日丹波重賢の養子となる。四郎兵衛一道は、寛永10（1633）年に養父（叔父）急逝により遺跡5百石を相続する。

　寛永10（1633）年〜天和3（1683）年、没する迄の51年間の長きにわたり、初代藩主松平直政に足かけ34年間、2代藩主松平綱隆に10年間、3代藩主松平綱近に9年間仕えた。

　四郎兵衛一道は、国政への高い志と理念を持ち努力を重ね、寛永16（1639）年に加増3百石を得て、寛文3（1663）年に加増2百石、合計千石となる。寛文12（1672）年に2代藩主松平綱隆より万助（後の3代藩主松平綱近）の側近として付けられ諫言役を勤める。その後、万助の寵臣となる。延宝元（1673）年に家老となり加増3百石、合計千3百石となる。延宝2（1674）年に實弟香西茂左衛門隆清が失脚すると、入れ替わるように四郎兵衛一道が重用された。

　延宝3（1675）年、3代藩主松平綱近の家督御礼の節に随行し、4代将軍徳川家綱に拝謁し太刀、銀、馬代を献上した。同4（1676）年、松平直政の側室寿林の跡屋敷を拝領する。3代藩主松平綱近の寵愛を受け10回のお成りがあり度々拝領物を頂戴した。天和3（1683）年、病気となり藩主より御直書を以て人参一包、人参膏一番箱、清心円二番箱を拝戴する。2代四郎兵衛一道は、柳多家の揺るぎない基盤を築き、後の時代に柳多家は代々家老となった。

　天和3（1683）年9月17日、出雲において没した。享年67歳。院号は、玄理院と称した。

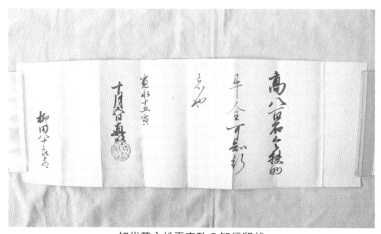

初代藩主松平直政の知行印状
2代柳多八十郎(四郎兵衛一道)宛て知行状(浅野家所蔵)

3代柳多主計近一　家老仕置役　2千8百石（内与力5百石）
3代藩主松平綱近のブレーン
【在任期間　天和3（1683）年～元禄5（1692）年　通算10年】
（求之助⇒源兵衛⇒半左衛門⇒次郎四郎⇒主計）

　3代柳多主計近一は、父は2代四郎兵衛一道、母は初代四郎兵衛長弘の娘完了院で、六人兄弟の長男として生まれる。妻は、円理院である。子供は一男一女で他に養女一人がいた。

　天和3（1683）年～元禄5（1692）年、没する迄の10年間、3代藩主松平綱近に仕えた。

　天和3（1683）年に父遺跡千3百石、手前抱足軽20人扶持を相続する。更に自分へ頂戴していた2百人扶持を加え合計2千8百石、内与力5百石、他に手前抱足軽5人、格式家老を拝命した。初めて与力を授かる。その後、元禄3（1690）年に仕置役を拝命する。ここに柳多家の揺るぎない基盤を確立した。

　3代藩主松平綱近の時代は、大梶七兵衛の新田開発や奥出雲の製鉄の奨励、殖産興業に力を入れ漆、桑、楮、茶等の有用樹林の増殖を行った。主計近一は、改革に心血を注ぎ、父と同様3代藩主松平綱近の寵愛を受け、御字「近」を頂き主計近一と改めた。また、3代村松将監静賢失脚後の田町中屋敷を拝領する。しかし、道半ばにして病に倒れ、元禄5（1692）年5月26日に療養先の京都山城にて没した。享年54歳。院号は、信解院と称した。

　柳多家老の隆盛は、2代香西茂左衛門隆清の失脚に始まり、村松将監静賢、平賀縫殿隆顕の失脚と非常に幸運にも恵まれたと言える。しかし、幸運だけではなく元祖四郎兵衛長弘、2代四郎兵衛一道、3代主計近一の努力が結実したものである。

4代柳多四郎兵衛近章　家老仕置役　2千8百石（与力共）
3代藩主松平綱近　4代藩主松平吉透のブレーン
【在任期間　元禄5（1692）年～宝永4（1707）年　通算16年】
（實・2代松原定右衛門三男　木工⇒主計⇒弾正⇒四郎兵衛）

　4代柳多四郎兵衛近章は、父松原定右衛門の三男として誕生する。幼名を木工といい、後に主計、弾正、四郎兵衛と改めた。妻は、香西茂左衛門隆清の娘是法院である。子供は、一男三女で他に養女が一人いた。

　幼少より3代藩主松平綱近の扈従として仕え、扈従番頭5百石までに昇進する。3代藩主松平綱近の眼鏡にかない、藩主の勧めもあり柳多家の養子となる。

　元禄5（1692）年～宝永4（1707）年、没する迄の16年間にわたり、3代藩主松平綱近に13年間、4代藩主松平吉透に2年間、5代藩主松平宣維に3年間仕えた。

　元禄5（1692）年に養父遺跡2千8百石（与力共）を相続する。元禄7（1694）年に格式家老、同年に仕置役を拝命し11年間勤める。改革半ばにして倒れた3代主計近一の志を引き継ぎ殖産興業に力を注いだ。3代藩主松平綱近の寵愛を受け御字「近」を頂き「近章」と改める。

　藩主綱近のお成りが22回、隠居後2回と他の重臣家老に比べて圧倒的に多い訪問を受けた。その都度、品々を拝戴したが特に鷹狩の鶴や青鷺等の鳥類が多く、家族にも小遣いを頂戴した。

　四郎兵衛近章は、初代藩主松平直政が打ち出した国務要領六箇条、職制、軍役等を守り、国政への高い志と理念を持ち勤めた。

　宝永元（1704）年9月、仕置役を退き隠居様（元3代藩主綱近）付となる。しかし、同年11月に4代藩主松平吉透より直書をもって再度仕置役及び相談役を拝命する。

　宝永3（1706）年、弾正を四郎兵衛と改号するよう命じられる。同年、体調を崩し仕置役を退任、再び隠居様付となるも、翌4（1707）年に体調すぐれず隠居様付を退き病気養生に専念する。

　宝永4（1707）年6月13日、出雲において没した。享年38歳。院号は、顕性院と称した。

5代柳多四郎兵衛一斉　家老仕置役　2千8百石（与力共）
6代藩主松平宗衍のブレーン　仕置役・城代・軍用方　三権を任せられる
【在任期間　宝永4（1707）年～延享3（1746）年　通算40年】
（佐太郎⇒鉄之助⇒主計⇒弾正⇒四郎兵衛）

　5代柳多四郎兵衛一斉は、父は4代柳多四郎兵衛近章、母は香西茂左衛門隆清の娘是法院の長男として誕生する。妻は、3代大橋茂右衛門正備の次女政子（桂光院）である。

　宝永4（1707）年～延享3（1746）年、没する迄の40年間の長きにわたり、5代藩主松平宣維に25年間、6代藩主松平宗衍に16年間仕えた。

　宝永4（1707）年に父遺跡2千8百石（与力共）を相続し、数え11歳にして家老を賜る。通例では、先代が亡くなると約2ヶ月は喪に服し、後に藩主から家督相続が許されたが、佐太郎は1ヶ月も経たないうちに新殿に呼び出され、先々代以来の旧功により家老を拝命した。

　享保16（1731）年に城代となる。翌17（1732）年に関西地方は、大蝗害に見舞われ、享保の大飢饉が発生する。松江藩の被害は、17万4千3百2拾余石に及び収穫量は8万石にすぎなかっ

た。前代未聞の凶作となり百姓一揆が起こり、諸郡村より百姓大勢押しよせ松江湯町に迫った。松江藩は、これを鎮圧し法の秩序を守った。

　元文3（1738）年に仕置役と城代を兼ね、同5（1740）年に軍用方を兼勤する。つまり松江藩の三権、仕置役、城代、軍用方を任せられた。

　寛保元（1741）年、杵築大社（出雲大社）造営御用請口、延享元（1744）年、杵築大社遷宮に付き藩主の代参を勤める。延享2（1745）年に6代藩主松平宗衍の松江入国御礼の使者を勤め、8代将軍徳川吉宗、右大将徳川家重に太刀、銀、馬代を献上した。

　5代四郎兵衛一斉は、松江藩の中でも一番の財政難の時代を6年間の長きにわたり三権を任せられ、藩主を支え続けたことは特筆すべきである。

　初代から4代迄の派手さはないが、誠実、質素、勤勉に勤め、松江藩の困窮した時代を支えた。山積する超難問を処理し、ただひたすら耐え抜き松江藩のために尽くした功績は、賞賛に値する。

　延享3（1746）年5月12日、出雲に於いて没した。享年50歳。院号は、全性院と称した。

8代柳多四郎兵衛一眞　家老仕置役　2千3百石（与力共）
8代藩主斉恒のブレーン
【在任期間　文化5（1808）年～天保8（1837）年　通算30年】
（佐太郎⇒図書⇒四郎兵衛）

　8代柳多四郎兵衛一眞は、父は7代柳多四郎兵衛一顕、母は今村平馬の娘長淑院である。二男四女の長男として生まれる。幼名を佐太郎、後に図書、四郎兵衛と改める。名を一善、一成、一眞と称した。子供は、四男一女をもうけたが三人は早世であった。妻は日御碕検校貴道の娘、後に離別、継妻は氏家五右衛門の娘、後に離別する。側妻は松井氏の女トネ・応眞院である。

　文化5（1808）年～天保8（1837）年、没する迄の30年間の長きにわたり、8代藩主松平斉恒に15年間、9代藩主松平斉貴に16年間仕えた。

　文化5（1808）年に父遺跡2千3百石（与力共）、格式家老を相続する。文化9（1812）年に仕置役見習を経て翌10（1813）年に仕置役を拝命し25年間の長きにわたり勤めた。仕置役勤務年数25年間は、松江藩歴代家老並・家老の中で8位である。

　文政3（1820）年、幾千姫の婚礼御用懸を拝命し、且つ婚礼の節には御輿送り併せ御神輿渡役を勤める。文政4（1821）年、関東筋川々普請御用を拝命し完成する。文政8（1825）年、9代藩主松平斉貴御目見の節に随行し、11代将軍徳川家斉、内府家慶に太刀、銀、馬代を献上した。

　天保8（1837）年3月9日、武蔵に於いて没した。享年48歳。院号は、見義院と称した。

> **コラム**　8代柳多四郎兵衛一眞（弌善）の諫死

　9代藩主松平斉貴は、文政8（1825）年に古志原にあった人参方役所を松江寺町に移し、製造所や土蔵を建て薬用人参の販売に力を入れた。その努力が実り、長崎役所に於いて中国向けの受注が増大し、莫大な利益をもたらした。幕末の軍艦購入等軍政改革に大いに役立ったと言われている。また国内の大名の中でいち早く近代化に取り組み、文学、医学、機械等の発展に力を尽くし、前半の治世はどちらかと言えば善政の部類に属したと言える。

　しかし、『島根県史』、『松江市誌』によれば、後半の治世は一変する。自由奔放な振る舞いが多く、天保の頃より行状が定まらず、殺生を好み鷹狩や馬鹿囃子に熱中し、昼間から大酒酔狂甚だしく、嘉永2（1849）年より事に託して江戸に留まり久しく国許に帰らず、8代吉田小右衛門の忠言、9代家老仕置役神谷源五郎富高、8代仙石猪右衛門の諫言も効果なく、嘉永4（1851）年11月2日、家老仕置役6代塩見増右衛門が諫死して殿を諫めたとある。柳多家の記録によれば、塩見増右衛門の諫死より15年遡る、天保8（1837）年3月9日、8代柳多四郎兵衛一眞が武蔵（現在の埼玉県・東京都・神奈川県東部）に於いて諫死したと記され、死して9代藩主松平斉貴の乱行を諫めたとある。四郎兵衛一眞は、家老仕置役としての大きな責任と死して君を諫め、武士道を貫いたと推察される。

　東京都杉並区戒行寺に雲州藩家老柳多四郎兵衛一眞（弌善）の墓がある。墓標の側面には、雲州藩家老柳多四郎兵衛藤原弌善之墓と彫られ、墓標の高さは7尺2寸5分（約2.175m）と立派な墓で遥か松江城の方角に向けられ見守っている。

（平成3年、安部吉弘氏の計測図を参考引用）

8代柳多四郎兵衛一眞（弌善）の鎧

　8代柳多四郎兵衛一眞の鎧が、柳多家の末裔浅野家に伝承されている。刀剣・甲冑の大家安部吉弘氏の鑑定によれば、この鎧は松江藩お抱え具足師山久瀬重兵衛宗由の作と言われ、柳多古文書によれば、『文政13年寅年3月16日、御鎧皆出来る。7ヶ年以前より山久瀬次助へ仰せ付けられ、相納め候に付き御料理等これを下さる。代金は別物方御有物を以て金百3拾両余り。』と記されている。

8代四郎兵衛一眞の鎧
柳多家に伝わる甲冑（浅野家所蔵）松江藩お抱え具足師、山久瀬重兵衛宗由作

　山久瀬家は、松江藩のお抱え具足師として有名であるが、特に重兵衛宗由は、山久瀬の中興の祖と言われ作品も秀作が多い。

　鎧代金百3拾両は、磯田方式で換算すると現在の約3千9百万円となり、高価な物である。

柳多家まとめ

　松江市民にとって柳多家老家は、中屋敷（現在の松江市南田町）にあった「舟着きの松」で馴染み深い。この松は、7代藩主松平治郷の奥方彭楽院が伊達家から輿入れの時に持参された盆栽で、その後、家老柳多四郎兵衛が頂戴し中屋敷の柳多通りの地に移植したものと伝えられている。

この名木は、松江市文化財として長らく市民に親しまれていたが、平成18年の大水害に耐え切れず、平成21年2月に枯死し伐採され惜しまれて幕を閉じた。

　松江藩代々家老柳多家は、結城家の支族で藤原鎌足に遡る名族である。

　松平直政との縁は、徳川家康の次男秀康が、結城家に養子に迎えられた時に始まる。藩主となった結城秀康は、柳多家を結城家の支族として重用し、柳多家の嫡子四郎兵衛長弘を三男松平直政の初めての側近として付けた。

　柳多家は、後の時代に松江藩の代々家老となり歴代藩主を支え藩政の中枢を担った。

　代々家老柳多家が、松江藩230余年の歴史の中で最も輝いたのは、初代藩主松平直政の時代から6代藩主松平宗衍の時代にかけてである。特に3代藩主松平綱近の時代に藩主の寵臣となり、活躍した。柳多家で藩主家督相続御礼の儀に随行した家老は、2代四郎兵衛一道、7代四郎兵衛一顕、8代四郎兵衛一眞、9代四郎兵衛式中の4人である。

　歴代家老の中で特に活躍したのが、2代四郎兵衛一道、3代主計近一、4代四郎兵衛近章、5代四郎兵衛一斉、8代柳多四郎兵衛一眞の5人である。

　3代主計近一と4代四郎兵衛近章は、3代藩主松平綱近の寵愛を受け御字「近」を賜った。

　3代藩主松平綱近のお成りが32回、隠居後3回にも及び他の家老と比較しても突出している。「藩主お馴染みのもの」として家族同然の扱いを受け、拝領物も小袖、水指堆朱、香箱、永信筆懸絵三幅等高価な物を拝戴している。また、お召しの小袖や裏付き綟子、ご機嫌がよい時は懐から黄金一枚を頂戴した。このように着ていた小袖や綟子を頂戴するのは、異例の事である。柳多家老が如何に寵愛されたかが分かる。

　歴代藩主のお成りは、3代藩主綱近35回、5代宣維4回、7代藩主治郷18回、8代藩主斉恒6回、9代藩主斉貴6回、10代藩主定安4回、合計73回である。来宅回数は家老中一番であった。

　他に家老、仕置役を勤め活躍したのが、6代四郎兵衛一貞、7代四郎兵衛一顕の二人である。6代四郎兵衛一貞は、6代藩主松平宗衍が9代将軍徳川家重の名代で桃園天皇大婚式の奉賀使を務めた時に随行している。7代四郎兵衛一顕は、寛政6（1794）年、幕府の公役関東川々普請手伝、普請惣奉行を勤め、江戸城本丸檜の間に於いて松平伊豆守より白銀2拾枚並びに時服三、羽織一を拝戴した。

　こうしてみると柳多家は、歴代優秀な人材に恵まれ、歴代藩主から重用された家柄と言える。代々家老として、歴代藩主に仕えた。

柳多家老中屋敷

在りし日の舟着きの松

第2章　松江藩家老

1．有澤家

有澤家の名家老

元祖有澤織部直玄　家老　3千石（内与力5百石）
代々家老に続く家柄　初代藩主松平直政の知恵袋、経世家
【在任期間　寛永11（1634）年～寛文9（1669）年　通算36年】
（本国尾張国、生国備前国　名字木俣⇒有澤、号を織部⇒隠居号委身、名を御字直玄を賜る）

　元祖有澤織部直玄は、本国は尾張国（愛知県西部）、生国は備前国（岡山県東南部）である。寛永11（1634）年～寛文9（1669）年、隠居する迄の36年間の長きにわたり、初代藩主松平直政に33年間、2代藩主松平綱隆に4年間仕えた。

　有澤家は、元は肥前国島原藩主松倉長門守勝家の家臣である。松平直政は、江戸に於いて松倉長門守に招かれ接待を受けた。その時、木俣（後に有澤）が目にとまり懇望して貰い受けた。

　寛永11（1634）年に信濃国松本で新知3百石で採用される。松平直政の命により名字木俣を有澤に号を織部に改める。寛永15（1638）年に出雲国松江に於いて、直政より鞍置・馬・馬具及び加増7百石を拝領し合計千石となる。その後、直政の知恵袋となり、寛永20（1643）年に加増5百石、明暦3（1657）年に加増5百石、寛文2（1662）年に加増5百石とトントン拍子で出世街道を駆け上り家老となった。藩主直政の御字「直」を頂き「直玄」と称した。

　織部直玄は、家老として絶えず松平直政の側にあり、直政のブレーンとして藩主を支えた。寛文5（1665）に加増5百石を得て合計3千石、内与力5百石を拝領する。初めて与力が与えられ、ここに有澤家は、代々家老に続く家柄として揺るぎない基盤を確立した。

　寛文6（1666）年2月3日、松平直政が江戸赤坂館客殿で逝去する。直政の霊柩（れいきゅう）は、遺言により出雲国へ奉送の上、松江月照寺に葬られることになった。江戸家老有澤織部直玄以下の家臣が2月7日に江戸を出発し3月1日に松江に到着した。3月3日に葬儀が挙行され、織部直玄は、江戸家老を代表して太刀を持ち参列した。松平直政の臨終を見届けたのは、この織部直玄である。葬儀後、落髪して喪に服した。

元祖有澤織部直玄並びに歴代の墓（万寿寺）

織部直玄は、引き続き家督相続した２代藩主松平綱隆に仕え、居宅並びに山屋敷へのお成りが数度あり、その都度、品々を拝戴した。藩主綱隆の数少ない訪問を受けている。

寛文９（1669）年に願いが許され隠居して隠居料５百石を拝領し、号委身と称した。

延宝２（1674）年５月３日、出雲に於いて没した。松江市奥谷町万寿寺に眠る。

> **コラム** 学者タイプの家老、経世家（けいせいか）

関ヶ原の戦い後、大坂の陣を経て徳川家康による天下統一がなされた。

戦国時代から江戸初期にかけての名家老は、戦上手で勇猛果敢、知力、胆力に優れ、ある時は軍師として藩主の知恵袋となり、ある時は藩主の盾となり戦を勝利に導く家老が名家老と言われた。

しかし、世の中が落ち着き天下泰平の世となると、国を治める名家老は、戦に強い家老から経済に強い学者タイプの家老（経世家）へと移行して行った。

松江藩の名家老は、百戦錬磨の猛将タイプ元祖朝日丹波重政から学者タイプの元祖村松将監直賢や元祖有澤織部直玄へ移行して行った。その対価として、朝日丹波重政が没すると朝日家の知行高が大きく減じられ、村松将監直賢と有澤織部直玄の知行高が倍増した。

５代有澤能登　家老仕置役　２千５百石（与力共）
６代藩主松平宗衍を支えた江戸家老
【在任期間　延享４（1747）年～安永５（1776）年　通算30年】
（隼人⇒能登）

５代有澤能登は、延享４（1747）年～安永５（1776）年、没する迄の30年間の長きにわたり、６代藩主松平宗衍に21年間、７代藩主松平治郷に10年間仕えた。

延享４（1747）年に父家督２千石（与力共）、格式中老を相続する。寛延３（1750）年に仕置添役、手前抱足軽２人、軍用方受口を拝命する。宝暦10（1760）年に格式家老仕置役、手前抱足軽５人に抜擢された。同10（1760）年、幕府の公役江州山門普請手伝の難問が発生する。能登は、江戸藩邸の窓口として粉骨砕身努力し、難工事を終了させる。尽力した家老仕置役５代朝日丹波郷保、３代小田切備中尚足、５代有澤能登の三名が恩賞として５百石の加増を得て称美された。同11（1761）年に若殿（後の７代藩主松平治郷）結初祝儀の節、下帯を差し上げる。

明和２（1765）年に小田切備中尚足が退役すると、後を能登が仕置役（当職）一統の取引を任せられる。同３（1766）年に退くも翌年に復帰し、７代藩主松平治郷の家督御礼の節に随行、10代将軍徳川家治に拝謁して太刀、銀、馬代を献上した。

明和６（1769）年、幕府の公役西御丸大奥向普請手伝２万両の普請副奉行を勤め普請が終わり、御前に於いて御意を蒙る。

明和８（1771）年以降、藩主治郷のお成りが５回あり数々の拝領物を拝戴した。

安永５（1776）年５月28日、出雲に於いて没した。

| コラム | 公役、江州山門普請手伝の難工事 |

　松江藩で徳川幕府から課せられた公役負担の内、最も困難な工事が宝暦10（1760）年に課せられた江州比叡山山門普請手伝と言われている。

　当時、松江藩は財政破綻を打開するため藩主自ら政治を行う「御直捌」藩政改革「延享の改革」が行われ、一応の成果はあったものの、藩主宗衍の病状悪化により当面の「御当難は凌がれ」と言う理由により「御直捌」は停止された時期であった。その後、藩政改革は継続されていたが、藩財政は苦しい状態が続いていた。このような状況下で幕府からの高額工事の超難問公役が舞い込んできたのである。この時、5代有澤能登は、江戸詰で江戸当職（仕置役）として国家老仕置役宛に困却した書を送っている。

　6代藩主松平宗衍は、惣奉行に家老仕置役5代朝日丹波郷保、副奉行に中老仕置添役4代仙石猪右衛門、資金担当に家老3代小田切備中尚足を仕置役に復帰させ、江戸藩邸の窓口に家老仕置役5代有澤能登を任命した。この難工事は、家臣団の結束により無事終了する。藩主宗衍は、功績のあった家老5代朝日丹波郷保・家老3代小田切備中尚足並びに家老5代有澤能登に5百石の加増を与え、4代仙石猪右衛門は、中老から家老に昇格させ称美した。

6代有澤織部　家老　2千5百石（与力共）
7代藩主松平治郷の茶の湯の理解者
【在任期間　安永5（1776）年〜文化7（1810）年　通算35年】
（権五郎⇒左膳⇒織部）

　6代有澤織部は、安永5（1776）年〜文化7（1810）年、没する迄の35年間の長きにわたり、7代藩主松平治郷に31年間、8代藩主松平斉恒に5年間仕えた。

　安永5（1776）年に父遺跡2千5百石（与力共）、格式中老を相続する。天明元（1781）年に家柄により格式家老並となり、天明6（1786）年に家老を拝命する。織部は、茶の湯に精通し流儀や茶器等に付いても相当の造詣があり、茶道不昧流の創設者7代藩主松平治郷（不昧）の御咄方を度々勤める。藩主のよき理解者として藩主の寵愛を受け、安永8（1779）年に藩主の指図書により茶室明々庵を建て、続く寛政4（1792）年に菅田庵を建設した。織部は、明々庵、菅田庵での茶事の亭主を勤め、藩主と流儀や茶道具の話に花が咲き、度々高価な茶道具を拝領する。藩主治郷のお成りが16回に及んだ。文化3（1806）年、8代藩主松平斉恒の家督相続御礼の儀に随行し、11代将軍徳川家斉並びに大納言家慶に拝謁して太刀、銀、馬代を献上した。

　こよなく茶の湯を愛した6代有澤織部は、文化7（1810）年12月12日、出雲に於いて没した。

有澤家まとめ

　元祖有澤織部直玄は、頭脳明晰、且つ経済に明るい経世家で、平和な時代に求められた逸材であった。

　有澤家は、元祖織部直玄が知恵と英知を絞り、自らの力で生き抜き一代で築き上げたと言っても過言ではない。譜代の側近でもなく、出自、戦功、強力な縁故もない織部直玄が、家老までに

上りつめたのは、奇跡としか言いようがない。松江藩家老有澤家は、この織部直玄により始まる。元は、肥前国島原藩主松倉長門守勝家の家臣で、寛永11（1634）年に信濃国松本藩主松平直政の招聘によりスカウトされた。その4年後に島原・天草一揆が勃発し、一揆の当事者島原藩主松倉長門守勝家は斬罪に処せられ、その子重頼の時代に断絶した。従って、この新規採用は信濃国松本藩主松平直政にとっても、有澤織部直玄にとっても大幸運であったと言える。

　流石に直政の先見の明に狂いはなく、やがて直政の期待に応え、才知を遺憾なく発揮する。その端緒は、老臣元祖朝日丹波重政没後の後任人事で抜擢される。朝日家の知行高が大きく減じられ、知行高千石から格式家老3千石、内与力5百石と代々家老に次ぐ待遇を受け、超スピードの出世を果した。藩主直政のブレーンとして、松江藩の初期基盤づくりに大きく貢献し、有澤家の揺るぎない基盤を確立した。

　5代有澤能登は、中老仕置添役を11年間、家老仕置役を17年間の長きにわたり勤め、松江藩藩政改革「延享の改革」並びに「御立派改革」に参画し貢献した。江戸藩邸を取り仕切り、幕府の公役江州山門普請手伝では、江戸藩邸の窓口として難問を解決し、加増5百石を賜った。

　6代有澤織部は、7代藩主松平治郷の茶の湯のよき理解者として、藩主治郷のお成りが16回にも及び、茶席では亭主を務め心から藩主を持て成した。安永8（1779）年、藩主治郷の指図書（設計図）により有澤家本邸に治郷好みの茶室明々庵が建てられ、数寄屋にて御茶を頂き、御宮笥の古瀬戸御茶入・御挽家家銘卯の花等の茶道具を拝領する。同様に寛政4（1792）年、藩主治郷の指図書により有澤山荘に茶室菅田庵、蒸し風呂の御風呂屋並びに南側に藩主の弟衍親（為楽庵雪川）好みの向月亭が建てられた。

　文化2（1805）年、菅田山屋敷へ藩主治郷のお成りがあり、嫡子隼人の御目見が許され、鷹狩の鳥を頂戴した。6代有澤織部は、家老家有澤の名を天下に知らしめた一人と言える。

　他に家老仕置役を勤め活躍したのが、3代有澤土佐、4代有澤土佐、8代有澤能登である。3代有澤土佐は、幕府の公役江戸城御丸普請手伝で大奉行を勤めた。有澤家で藩主家督相続御礼の儀に随行した家老は、3代有澤土佐、5代能登、6代織部、8代能登の4人である。

　歴代藩主のお成りは、2代藩主綱隆が居宅並びに山屋敷へ数度、5代藩主宣維が居宅並びに山屋敷へ数度、7代藩主治郷22回、8代藩主斉恒4回、9代藩主斉貴6回、10代藩主定安4回である。有澤家の歴代平均勤務年数30.3年は、家老並・家老家の中で10位である。

| コラム | 松平治郷（不昧）ゆかりの茶室明々庵 |

　明々庵は、安永8（1779）年、7代藩主松平治郷（不昧）29歳の時に、自らの指図書（設計図）により6代有澤織部上屋敷の庭園一角に、藩主治郷好みの茶室として建設されたものである。

　茅葺の入母屋造で破風の「明々庵」の扁額は不昧公の筆である。入口を入って右側には飾雪隠付き待合がある。本席の間取りは、二畳台目と四畳半の席が組み合わされ、水屋と台所も完備している。不昧公の形式にこだわらない好みが随所に見られ、二畳台目の茶室は、中柱を立てず、炉を点前畳に切る「向切り」で、床の間は杉柾目の奥行の浅い室床となっている。

　5回の移築で古材はほとんど失われ様式も変わったが、本席と水屋・鎖の間は元の姿を残していると言われている。

　庭園には利休伝来の地蔵形燈籠があり、利休が福島正則に授け、更に大橋茂右衛門が拝領した由緒ある燈籠である。大橋家10代大橋貞勝により松平家へ献納され現在に至っている。また、鎖の間正面には大形の御影石手水鉢があり、側に江戸大崎邸にあった聖徳太子時代の作と言われる石燈籠がある。

　昭和44（1969）年に本席・水屋・鎖の間、扁額一面他が島根県有形文化財に指定された。

明治維新後、流転の旅に出た明々庵

　さて、不昧公ゆかりの明々庵は、明治維新後どのような運命を辿ったのであろうか。

　先ず、明治の初め有澤家本邸より旧松江藩士、北堀町赤山下の渡部善一邸に移されたが、荒廃が酷く廃棄寸前の処、明治18（1885）年に廃棄を惜しんだ松江出身で東京都原宿の東京水産講習所長松原新之助氏の庭園に移され復元された。大正4（1915）年に不昧公従三位追贈の恩典があり、奉祝を機会に東京都四谷の13代松平直亮氏へ献納され移築された。その後、大正11（1922）年に松平直亮氏より松江市の一々会理事長田部長右衛門氏へ下附され、昭和3（1928）年、松江市に里帰りして有澤山荘向月亭の隣接地萩の台に移築された。

　しかし、大戦の後に再び荒廃が進み、明々庵の再建は、一々会から財団法人松江博物館に移り、昭和41（1966）年に不昧公没後150年の記念事業として、松江城を望む風光明媚な赤山の台地に移築され、5回の流転の末、安住の地へ落ち着いた。

　明々庵は、この間、多くの人々の「不昧公ゆかりの文化遺産」を無くしてはならないという熱い思いに支えられ、茶の湯文化のシンボルとして人々から愛され、継承されている。

茶室（明々庵）

飾雪隠付き待合（明々庵）

昭和57（1982）年、一々会理事木村重右衛門氏の案内により秩父宮妃殿下のご視察があった。毎年、全国から多くの茶の湯愛好家が訪れ、不昧公ゆかりの茶室として、往時を忍び拝観されている。また、地元小中学生の茶の湯の勉強会の一環としても活用されている。

　明々庵は、長らく財団法人松江博物館で管理運営されていたが、平成23（2011）年に財団法人松江市観光開発公社に移り、同24年に株式会社山陰中央新報社に移管され今日に至っている。

松平治郷（不昧）ゆかりの茶室菅田庵

　明々庵から遅れること14年後の、寛政4（1792）年に7代藩主松平治郷（不昧）の指図書により、6代有澤織部菅田山荘に藩主治郷好みの茶室「菅田庵」が建てられ、度々藩主治郷のお成りがあり織部は、亭主を務め藩主を持て成した。

　茶室は、一畳台目で中板の茶室、床は茶室の一形式である洞床（ほらどこ）である。蒸し風呂の御風呂屋が待合を兼ね、藩主治郷は鷹狩や楽山の散策等の帰りに汗を流し、サッパリとした気分で茶の湯を楽しみ喉を潤した。形式にこだわらない藩主治郷の真骨頂が随所に見られる。

　菅田庵の丸い陶額の揮毫（きごう）は、藩主治郷の筆によるものである。

　南に隣接する向月亭は、藩主治郷の弟で茶人であった衍親（為楽庵雪川）の好みで建てられ、菅田庵より一回り大きい四畳半台目で、外からの明かりを採り入れ、障子を低くし、丸竹を二重の縁（えん）にする等数寄屋風の特徴が取り入れられている。

　庭には、特別な竹を選りすぐり平庭に用い、生垣（いけがき）で囲んでいる。

　この高台からは、東に嵩山の山並みや松江市郊外、宍道湖等が一望できる。

　菅田庵、御風呂屋、向月亭の三棟は、国指定重要文化財で、周辺一帯は、国の史跡及び名勝に指定されている。

茶室（菅田庵）

向月亭

2．大野家

大野家の名家老

元祖大野舎人　家老仕置役　千石
　４代藩主松平吉透並びに５代藩主松平宣維の寵臣
　妻が５代藩主松平宣維の乳母となり出世
　【在任期間　寛文４（1664）年～享保16（1731）年　通算68年】
　（本国不明、生国出雲国　多宮⇒舎人⇒隠居号退翁）

　元祖大野舎人は、本国は不明、生国は出雲国である。大野家の出自は、はっきりしない。

　寛文４（1664）年～享保16（1731）年、隠居する迄の68年間の長きにわたり、初代藩主松平直政に３年間、２代藩主松平綱隆に10年間、３代藩主松平綱近に30年間、４代藩主松平吉透に２年間、５代藩主松平宣維に27年間仕えた。永年勤続年数68年は、家老並・家老の中で２位である。

　寛文４（1664）年、12歳の時に初代藩主松平直政の晩年に児扈従として召し出され２拾石５人扶持で採用される。採用の経緯は不明である。同６（1666）年に２代藩主松平綱隆の扈従となり寵愛を受け、延宝２（1674）年に元服して新知３百石、奥組外の並士に抜擢される。同８（1680）年に者頭役、貞享元（1684）年に鉄砲改役の兼勤を拝命する。元禄５（1692）年に両役御免となり、近憲（後の４代藩主松平吉透）の付け家老となり加増百石を賜る。

　元禄11（1698）年に庄五郎（後の５代藩主松平宣維）が誕生する。妻良久が「御乳初」の儀式に任命され、始めて乳を差し上げ乳母となる。これが転機となり大野舎人は、庄五郎の「御産髪」、「御喰初」、「御髪置」「御袴召初」の儀式を勤め寵臣となる。

　宝永元（1704）年に３代藩主松平綱近より加増２百石を得て合計６百石となり格式大名分に昇格する。江戸の居宅に吉透、庄五郎のご来宅があり、家老置を仰せ付けられ腰物併せ品々を頂戴する。同年、４代藩主松平吉透が襲名すると、口宣頂戴の使者を勤める。翌宝永２（1705）年に４代藩主松平吉透が急逝し、幼少よりお世話をしていた若殿庄五郎が５代藩主を襲封する。

　舎人にチャンスが訪れる。正徳４（1714）年に加増２百石、更に享保８（1723）年に２百石の加増を得て合計千石となる。同10（1725）年に家老仕置役に抜擢され寵臣となる。城代も勤

元祖大野舎人並びに歴代の墓（善導寺）

めた。このように譜代家臣でもなく、出自も分からず、推挙者もいない一厩従から家老までに昇進した事例は、松江藩では他に例がない。

　舎人は、幼少より利発で機転に満ち好かれる人徳をそなえていたと考えられる。歴代の藩主から寵愛を受け、妻良久の献身的な働きもあり、少ないチャンスを生かし出世街道を突き進んだ。正に自らの努力により、一代で大野家の基礎を確立した。

　妻良久は、享保11（1726）年に藩主宣維の御目見が許され、料理と盃を頂き御意を蒙り御手自にて品々を頂戴した。また良久が亡くなった際に、藩主宣維より香典銀一枚を拝戴した。

　享保16（1731）年に隠居が許され、隠居号退翁と称した。

　享保19（1734）年7月14日、出雲に於いて没した。

　大野家の菩提寺は、松江市和多見町善導寺である。

3代大野舎人　家老仕置役　千2百石
7代藩主松平治郷の寵臣　藩政改革「御立派改革」の成功に助力
【在任期間　宝暦5（1755）年～寛政7（1795）年　通算41年】
（八十郎⇒貢⇒舎人⇒隠居号泰琮⇒是誰）

　3代大野舎人は、宝暦5（1755）年～寛政7（1795）年、隠居する迄の41年間の長きにわたり、6代藩主松平宗衍に13年間、7代藩主松平治郷に29年間仕えた。

　宝暦5（1755）年に父家督千石、格式中老、仕置添役を相続する。同11（1761）年に6代藩主松平宗衍より重きお呵りを受け、隠居を仰せ付けられ号泰琮と称し、嫡子貞五郎へ5百石、大番組組外を仰せ付けられる。しかし、明和2（1765）年に仕置添役再帰役となり元に復し千石を返され、格式中老仕置添役を拝命し復帰する。その後、努力を重ね家老仕置役に抜擢され27年間の長きにわたり勤めた。仕置役年数27年は、松江藩歴代家老並・家老の中で7位である。7代藩主治郷のお成りが9回にも及んだ。この頃、屋敷替えがあったと考えられる。藩政の中枢を担い、藩政改革「御立派改革」の成功を陰で支えた。失敗は成功の元と言われるが、松江藩で重きお呵りを受け隠居させられ、再登用された者で成功した事例はあまり見られない。功績に対し2百石の加増を得て千2百石となった。

　明和6（1769）年、幕府の公役西御丸大奥向普請手伝2万両の普請大奉行を勤め、普請が終わり江戸城本丸檜の間に於いて松平右京太夫より白銀3拾枚を拝戴し、別途藩主から刀一腰、時服二、裃一具を頂戴した。寛政7（1795）年に隠居が許され隠居号是誰と称し、隠居料として毎年百両を拝領した。これも異例の事である。

　享和2（1802）年3月26日、出雲に於いて没した。

5代大野舎人　家老仕置役　千6百石
8代藩主松平斉恒並びに9代藩主松平斉貴の寵臣
仕置添役・仕置役を51年間勤める
【在任期間　寛政9（1797）年～安政5（1858）年　通算62年】
（舎人⇒隠居号遊寛）

　5代大野舎人は、寛政9（1797）年～安政5（1858）年、隠居する迄の62年間の長きにわたり、7代藩主松平治郷に10年間、8代藩主松平斉恒に17年間、9代藩主松平斉貴に32年間、10代藩主松平定安に6年間仕えた。永年勤続年数62年は、歴代家老並・家老の中で4位である。

　大野舎人は寛政9（1797）年に、父遺跡千2百石、格式中老を幼少にて相続する。

　文化2（1805）年に7代藩主松平治郷の帰国の使者として公辺へ遣わされ、11代将軍徳川家斉より紗綾二巻を拝戴した。翌3（1806）年、藩主治郷に嘱望され若くして仕置添役を拝命し18年間勤めた後、文政5（1822）年に家老仕置役に抜擢され35年間勤めた。仕置役年数35年は、松江藩歴代家老並・家老の中で1位である。また、仕置添役と仕置役の通算年数が51年間にも及び7代藩主松平治郷、8代藩主松平斉恒、9代藩主松平斉貴、10代藩主松平定安と4代藩主に仕え藩主を支えた。

　舎人の卓越した政治手腕は、歴代藩主の信任が厚く、3回も辞職願を出すも余人をもって代え難く中々許可が下りなかった。その功績に対し4百石の加増を得て合計千6百石となった。

　勤続年数62年間、仕置役年数35年間と長期間にわたり松江藩に尽くした名家老である。

　安政5（1858）年に隠居が許され、隠居号遊寛と称した。

　安政7（1860）年正月25日、出雲に於いて没した。

6代大野虎之助基則　家老仕置役　千8百石
第二次長州征伐で一之先士大将を勤め戦功を挙げる
【在任期間　安政5（1858）年～明治2（1869）年　通算12年】
（實・柳多四郎兵衛弐中弟三八　三八⇒義就⇒虎之助）

　6代大野虎之助基則（實・柳多四郎兵衛弐中弟三八）は、安政5（1858）年～明治2（1869）年、版籍奉還迄の12年間にわたり、10代藩主松平定安に仕えた。

　安政5（1858）年に父家督千6百石、格式中老を相続する。元治元（1864）年に家老仕置役を拝命し、慶応4（1868）年まで勤めた。その間、9代朝日千助重厚留守中の海陸軍用専務引請、城堅旗頭備士大将を拝命する。また、10代大橋筑後安幾の留守中の海陸軍用専務引受を兼勤する。

　特に第二次長州征伐では、一之先士大将として出陣し、慶応2（1866）年7月16日の石州浜田内村の合戦で相手の陣地に大砲を撃ち込み戦功を挙げ、その恩賞として2百石の加増を得て千8百石となった。

　松江藩内で長州征伐の戦功で加増されたのは、家老大野虎之助基則2百石と中老7代石原市之進矩儀百石の二人である。

　慶応3（1867）年に仕置役を辞し、自ら銃兵隊を組織して殿町の上屋敷から乃木村の山屋敷へ引っ越し、松江藩の強兵に尽力した。

大野家まとめ

　大野家は、元祖大野舎人と妻良久の活躍が大きい。舎人は、初代藩主松平直政の晩年に採用され、2代藩主松平綱隆、3代藩主松平綱近、4代藩主松平吉透、5代藩主松平宣維の歴代藩主に寵愛された。また奥方並びに若殿の評判もすこぶる良く、舎人、舎人と可愛がられた。その原動力となったのが妻良久である。妻が庄五郎（後の5代藩主松平宣維）の乳母に選抜され、更に好機が訪れる。舎人は、庄五郎の「御産髪」、「御喰初」、「御髪置」、「御袴召初」の儀式を勤め寵臣となる。好運を掴んだ舎人は、ホップ・ステップ・ジャンプと出世街道をまっしぐらに突き進み城代家老、千石までに上り詰めた。ここに大野家の盤石な基盤を確立した。大野家は、元祖大野舎人と妻良久が基である。

　大野家歴代の中で家老仕置役を勤めたのは、元祖大野舎人が2年間、2代大野舎人が9年間、3代大野舎人が27年間、5代大野舎人が35年間、6代大野虎之助が5年間である。

　2代大野舎人は、6代藩主松平宗衍の家督相続の御礼の儀に随行、8代将軍徳川吉宗並びに大納言家重に拝謁して太刀、銀、馬代を献上した。大野家で唯一家督相続御礼の儀に随行した。

　特筆すべきは、3代大野舎人は、6代藩主松平宗衍と7代藩主松平治郷に仕え、中老仕置添役を7年勤めた後に重き叱責を受け、一度は家督を嫡子に譲るも、再び帰役し3年勤めた後に家老仕置役に抜擢され27年勤めた。仕置添役と仕置役を通算すると37年間となり、藩政改革「御立派改革」を陰から支え成功させた功労者である。7代藩主松平治郷に重用され、藩主のお成りが9回に及んだ。

　また5代大野舎人は、若き頃より中老仕置添役及び家老仕置役を勤め、7代藩主松平治郷、8代藩主松平斉恒、9代藩主松平斉貴、10代藩主松平定安の4代藩主に62年間の長きにわたり仕えた。歴代藩主の信任が厚く、長年の功績に対し4百石の加増を得て千6百石となった。

　6代大野虎之助は、10代藩主松平定安の軍政改革を陰から支え、第二次長州征伐では、一之先士大将として石州浜田内村の初戦を勝利に導き、加増2百石を得て千8百石となった。

　歴代藩主のお成りは、4代藩主吉透1回、7代藩主治郷9回、9代藩主斉貴4回、10代藩主定安2回の合計16回のご来宅があった。

　このように大野家は、一厩従から家老までに上り詰め、代々家老六家並びに有澤家に次ぐ8番目の知行高となった。歴代の平均勤務年数35.2年は、家老並・家老家の中で1位である。

3．塩見家

塩見家の名家老

元祖塩見小兵衛　大名分　千石
【在任期間　寛永11（1634）年〜寛文12（1672）年　通算39年】
（本国丹後国、生国出雲国　小兵衛）

　元祖塩見小兵衛は、本国は丹後国（現在の京都府北部）、生国は出雲国である。

　寛永11（1634）年〜寛文12（1672）年、没する迄の39年間の長きにわたり、初代藩主松平直政に33年間、2代藩主松平綱隆に7年間仕えた。

　寛永11（1634）年に山岡主計頭の斡旋で、信濃国松本藩主松平直政に新知2百5拾石で採用される。同12（1635）年に使番役を経て、同年大坂御用となり14年間勤める。

　小兵衛の仕事ぶりは、正確にて迅速で徐々に上司に認められ、寛文8（1668）年までに6度の加増を得て千石となった。

　正保元（1644）年に足軽20人を預かる。承応元（1652）年、用人役を拝命し17年間勤め、続く明暦元（1655）年〜寛文12（1672）年まで江戸詰めとなり18年間勤める。小兵衛は、対外的な契約書の作成等事務面で大きく貢献して認められ、寛文8（1668）年に大名分を拝命し、塩見家の基礎を確立した。

　寛文12（1672）年9月24日、出雲に於いて没した。

4代塩見小兵衛　家老仕置役　千石
　6代藩主松平宗衍の寵臣、塩見家の中興の祖
　藩政改革「延享の改革」の継承を行う
【在任期間　正徳元（1711）年〜明和5（1768）年　通算58年】

　4代塩見小兵衛は、正徳元（1711）年〜明和5（1768）年、没する迄の58年間の長きにわたり、5代藩主松平宣維に21年間、6代藩主松平宗衍に37年間、7代藩主松平治郷に2年間仕えた。永年勤続年数58年間は、歴代家老並・家老の中で7位である。

　正徳元（1711）年に父遺跡6百石、格式組外を相続する。元文2（1737）年に者頭役、同3年留守居番頭役、同4年に扈従番頭役併せ御書方、列士録御用、他に奏者、先番等を勤め多忙を極める。延享元（1744）年に格式中老仕置添役、手前抱足軽2人併せ軍用方受口を拝命する。

　寛延2（1749）年に地方勝手方受口、同4（1751）年に6代藩主松平宗衍に認められ加増百石を賜る。宝暦2（1752）年に家老並仕置役、手前抱足軽5人に抜擢された。

　「御直捌」藩政改革「延享の改革」は、藩主宗衍の病気悪化に伴い停止する。3代小田切備中尚足は、病気を理由に仕置役を辞し、藩政改革の継承は4代塩見小兵衛・3代高木佐五左衛門・4代斎藤丹下へ引き継がれた。宝暦4（1754）年に精勤が認められ加増3百石を得て合計千石となる。宝暦9（1759）年に家老本格仕置役に任命され、塩見家悲願の家老となった。同10（1760）年にお叱を蒙り一時仕置役を御免となるも、明和4（1767）年に復帰し老骨にムチ打

ち仕えた。

　この頃の藩財政は、破綻状態で、松江藩で一番困窮した時代である。自然災害の多発による藩収入の減収や幕府からの公役負担等の臨時支出が嵩み、松江藩は八方塞がりの状態であった。小兵衛は、松江藩で一番の困窮した時代を堪えぬき、6代藩主松平宗衍の寵臣となり貢献した。

　明和5（1768）年に江戸詰が終わり国許への出立を前に、江戸宅へ隠居様（前藩主松平宗衍）のお成りがありお別れの御懇（おねんごろ）の御意を蒙り、御手自にて菓子箪笥（だんす）を拝戴した。これは異例の事であった。前藩主宗衍が小兵衛の藩への忠節を感謝し、餞別として授けたものと思われる。

　明和5（1768）年10月2日、出雲に於いて没した。

　塩見家の中興の祖である。塩見家の揺るぎない基盤を確立し、今でも「塩見縄手（しおみなわて）」通りとして、歴史の道100選にその名を残している。

5代塩見小兵衛　家老仕置役　千4百石
7代藩主松平治郷・8代藩主松平斉恒の寵臣、9代藩主松平斉貴の後見役
【在任期間　明和5（1768）年～文政6（1823）年　通算56年】
（栄五郎⇒小兵衛）

　5代塩見小兵衛は、明和5（1768）年～文政6（1823）年、没する迄の56年の長きにわたり、7代藩主松平治郷に39年間、8代藩主松平斉恒に17年間、9代藩主松平斉貴に2年間仕えた。

　永年勤続年数56年は、歴代家老並・家老の中で10位である。

　小兵衛は、「御直捌」藩政改革「延享の改革」が頓挫した、翌明和5（1768）年に父遺跡千石、格式中老を相続する。

　6代藩主松平宗衍は、後継者治郷に藩主の座を譲り、老臣家老仕置役5代朝日丹波郷保に改革を託した。後を託された7代藩主松平治郷並びに5代朝日丹波郷保は、藩政改革「御立派改革」に着手した。

　父と同様に藩主から嘱望された小兵衛は、天明元（1781）年に仕置添役見習いを拝命し、同2（1782）年に仕置添役本役、手前抱足軽2人併せ軍用方受口を仰せつかり13年間勤める。

　同4（1784）年に江戸勤番、同6（1786）年に勝手方併せ地方受口を拝命する。寛政6（1794）年に格式家老仕置役、手前抱足軽5人に抜擢される。

　8代藩主松平斉恒の寵臣となり30年間の長きにわたり仕置役を勤めた。

　仕置役勤務年数30年は、松江藩歴代家老並・家老の中で6位である。

　寛政7（1795）年に嫡子主馬が仕置添役、手前抱足軽2人、役料銀3拾枚、米百俵を拝命し、親子で政治の中枢を担う。

　文化5（1808）年に加増2百石、文政元（1818）年に加増2百石を得て合計千4百石となった。

　参勤交代が終わると藩主は、お国入りするが、先ずは代々家老並びに家老仕置役宅を訪問し、留守中の藩政の労いを行い、家族に御目見を許し拝領物を賜った。5代小兵衛は、7代藩主松平治郷のお成りが4回、8代藩主松平斉恒のお成りが14回にも及んだ。8代藩主松平斉恒のお成り回数は、代々家老よりも多く、藩主が如何に5代小兵衛を信頼し重用したかが分かる。

　松江藩では、中老が家老仕置役に抜擢されると藩主のお成りが恒例であるが、藩主のお成りとなると中老屋敷では具合が悪く、屋敷替えが行われたと考えられる。この頃、塩見家も北堀町の

「塩見縄手」から殿町三の丸御殿前、御厩の裏手（現在の島根県民会館）に広大な屋敷が与えられたと考えられる。

晩年に藩主斉恒は、遺書を認め幼少の後継者斉貴を気遣い、斉貴の後見役に5代塩見小兵衛を指名し後を託した。

文政6（1823）年6月25日、出雲に於いて没した。

塩見家まとめ

松江市民にとって塩見家は、歴史の道100選に選ばれている武家屋敷通り通称「塩見縄手」でお馴染みであるが、塩見家の故事来歴や歴代の活躍はあまり知られていない。

塩見家は、元祖、2代、4代、5代、7代が小兵衛で3代が齊、6代が増右衛門である。歴代養子縁組もなく、代々血脈で継承されたことは、松江藩の家老家の中でも珍しい。

塩見家で特に活躍したのは、藩政改革「延享の改革」を陰で支えた4代小兵衛、藩政改革「御立派改革」で活躍した5代小兵衛の両兵衛である。一介の中老であった塩見家を家老家までに押し上げたのは、この4代、5代の両兵衛である。

この二人は、家老仕置役での活躍ばかりでなく、勤務年数に於いても、4代小兵衛が58年間、5代小兵衛が56年間と二人合わせて114年間の長きにわたり松江藩に尽くした。

特に5代小兵衛は、中老仕置添役を13年間、家老仕置役が30年間の通算42年間にも及び、松江藩の政治の中枢を担ったことは特筆すべきである。仕置役年数30年は、松江藩歴代家老並・家老の中で6位に入る。小兵衛は、どのような困難に直面しても決して弱音を吐かない忍耐と寛容に優れ、藩政改革を陰から支えた。6代藩主松平宗衍並びに7代藩主松平治郷が、二人を高く評価したのも頷ける。

従って、歴代藩主が献身的に尽くした両兵衛に対し、その対価として格式家老、知行高千石以上並びに三の丸御殿前に家老屋敷を授けたのも当然の成り行きと言えるだろう。

天保年間（1830～1844年）の古地図を見ると、6代増右衛門の広大な屋敷地が三の丸御殿正面、御厩の後ろ（現在の島根県民会館）に確認できる。

塩見家を語る時、この二人を除しては語れない。塩見家の地位と名誉を築いた。また塩見家は、この二人が牽引者となり歴代平均勤務年数が34.3年と家老並・家老家の中で3位である。

歴代藩主のお成りは、隠居様（前6代藩主宗衍）1回、7代藩主治郷4回、8代藩主斉恒14回、9代藩主斉貴9回、合計28回のご来宅があった。

他に注目すべきは、家老仕置役6代塩見増右衛門である。6代増右衛門は、家老仕置役を勤めていた嘉永4（1851）年11月3日、9代藩主松平斉貴の乱行を諫めるため、一命を投げ打って武士道を貫き、忠孝を尽くして諫死した。

増右衛門の辞世の句が残されている。

『君のため思う心は一筋に、はや消えて行く赤坂の露』（赤坂は江戸藩邸のこと）

増右衛門の諫死やお家騒動「片山騒動」等が引き金となり、9代藩主松平斉貴が隠退させられ、津山藩主松平斉孝の四男定安が10代藩主を踏襲した。増右衛門の忠孝が松江藩の時代を動かしたと言える。

このように塩見家は、歴代中老から家老を勤めた家柄であるが、その精神を見ると、塩見家に

は立派な家訓があり、幼少より厳しく教え込まれたのではないか。随所に、君主に対し忠義を尽くす強い志が見られ、艱難辛苦をものともせず、時には武士道を貫き切腹して藩主を諌める熱き心は、正に松江藩家臣団の鑑と言える。

　塩見家は、決して派手さはないが、武士に大切とされた「義」とは何か「武士道」とは何かが、しっかりと伝承された伝統ある家老家である。

4．高木家

高木家の名家老

元祖高木佐五左衛門　番頭　3百石
【在任期間　万治2（1659）年〜元禄5（1692）年　通算34年】
（本国三河国、生国信濃国　佐五左衛門⇒隠居号保斉）

　元祖高木佐五左衛門は、本国は三河国、生国は信濃国である。

　万治2（1659）年〜元禄5（1692）年、隠居する迄の34年間の長きにわたり、初代藩主松平直政に8年間、2代藩主松平綱隆に10年間、3代藩主松平綱近に18年間仕えた。

　『松江藩列士録』には出自・戦功等は記録が無く分からないが、初代藩主松平直政の晩年に招聘され、勤める1年前から合力米百俵を贈られているのを見れば、佐五左衛門は魅力的な人物であったと推察される。万治3（1660）年に正式に新知2百石で採用された。

　寛文7（1667）年に2代藩主松平綱隆より万助（後の3代藩主松平綱近）に付けられ、10年間勤める。

　延宝3（1675）年に2代藩主松平綱隆が急逝し、綱近が3代藩主を襲封する。付け人役であった佐五左衛門にチャンスが訪れる。翌4（1676）年、目付役に抜擢され、者頭、鑓奉行、旗奉行を経て元禄4（1691）年に留守居番頭役を拝命し加増百石を得て合計3百石、役料百俵、手前抱足軽2人を賜る。松江藩上士となり格式番頭までに昇進する。藩主の信任を得て高木家の基礎を確立した。

　元禄5（1692）年に番頭を辞し隠居が許され隠居料百俵を拝戴し、隠居号保斉と称した。

　元禄13（1700）年正月4日、出雲に於いて没した。

2代高木佐五左衛門　家老仕置役　千石
5代藩主松平宣維と6代藩主松平宗衍の寵臣
【在任期間　元禄5（1692）年〜延享元（1744）年　通算53年】

　2代高木佐五左衛門は、元禄5（1692）年〜延享元（1744）年、没する迄の53年間の長きにわたり、3代藩主松平綱近に13年間、4代藩主松平吉透に2年間、5代藩主松平宣維に27年間、6代藩主松平宗衍に14年間と4代藩主に仕えた。

　元禄5（1692）年に父家督3百石を相続する。奥取次役を拝命し11年間勤め、元禄13（1700）

年に亡父の隠居料百俵を高に結び知行合計４百石を拝戴する。同15（1702）年に扈従番頭となり加増百石、宝永５（1708）年に格式中老に昇格し表御用取次役、役料３百俵併せ手前抱足軽２人を授かる。

享保４（1719）年に列士録頭取を拝命し、同６（1721）年に役料を高に結び加増２百石、同12（1727）年に家老仕置役、手前抱足軽５人に抜擢され、加増３百石を得て合計千石となる。高木家悲願の家老となった。仕置役を18年間の長きにわたり勤める。

佐五左衛門は、温厚な人柄で藩主並びに同僚、部下にも慕われ、特に５代藩主松平宣維と６代藩主松平宗衍の信任が厚かった。

６代藩主松平宗衍のブレーンは、後見役同然の５代乙部九郎兵衛可豊と４代三谷半大夫、４代高田極人、他に藩政改革「延享の改革」で活躍した３代小田切備中尚足、４代塩見小兵衛並びに２代高木佐五左衛門である。晩年は、病気がちとなり４回も辞職願を出すも決して許されなかった。

延享元（1744）年５月５日、出雲に於いて惜しまれて没した。

３代高木佐五左衛門　家老仕置役　千石
６代藩主松平宗衍の寵臣
【在任期間　延享元（1744）年〜宝暦10（1760）年　通算17年】
（新七⇒佐五左衛門）

３代高木佐五左衛門は、延宝元（1744）年〜宝暦10（1760）年、没する迄の17年間にわたり６代藩主松平宗衍に仕えた。

延享元（1744）年に父遺跡千石、格式中老を相続する。延享３（1746）年、仕置添役となり８年間勤める。

この頃、松江藩の財政は破綻状態となり６代藩主松平宗衍は、打開策として「御直捌」藩政改革「延享の改革」を断行する。今までの老臣を一掃し、理財に長けた３代小田切備中尚足を一人残して補佐させ、農政一本の藩収入から殖産興業を目指した。家臣の中から身分の上下にかかわらず才覚、才能、発案に優れた人材を選抜し「趣向方」という新官僚改革派の登用を行った。

登用された一人が３代高木佐五左衛門である。「御直捌」は、一応の成果はみたものの藩主宗衍の病気悪化に伴い停止する。その後、宝暦３（1753）年に小田切備中尚足は、病気を理由に仕置役を辞し、藩政改革の継承は、３代高木佐五左衛門並びに４代塩見小兵衛・４代斎藤丹下に託された。

佐五左衛門は、その精勤ぶりが認められ、宝暦３（1753）年に家老仕置役に抜擢される。

宝暦５（1755）年、６代藩主松平宗衍が９代将軍徳川家重の名代で桃園天皇大婚式の奉賀使を務めた時に、６代柳多四郎兵衛一貞と共に随行した。

宝暦10（1760）年８月23日、京都山城で没した。

5代高木佐五左衛門　家老仕置役　千2百石
8代藩主松平斉恒の寵臣
【在任期間　文化元（1804）年～文政5（1822）年　通算19年】
（貢⇒佐五左衛門⇒隠居号相済）

　5代高木佐五左衛門は、文化元（1804）年～文政5（1822）年、隠居する迄の19年間にわたり、7代藩主松平治郷に3年間、8代藩主松平斉恒に17年間仕えた。

　文化元（1804）年に父家督千石、格式中老を相続する。佐五左衛門は、嫡子時代の寛政9（1797）年に7代藩主松平治郷に嘱望され仕置添役を拝命し、父の隠居に伴い家督を継ぐと家老仕置役に抜擢され17年勤める。続く8代藩主松平斉恒の寵臣となり活躍する。藩主斉恒のお成りが11回にも及んだ。

　文政3（1820）年、病気となり仕置役を退き功労に対し、加増2百石、合計千2百石となる。文政5（1822）年に多病となり隠居が許され、隠居号相済と称した。

　天保5（1834）年正月5日、出雲に於いて没した。

高木家まとめ

　元祖佐五左衛門は、初代藩主松平直政の晩年に2百石で招聘される。ここまではよくある話であるが、高木家がすごいのは、2代佐五左衛門が3代藩主松平綱近から6代藩主松平宗衍までの4代藩主に仕え、歴代藩主の信頼を勝ち取り、功績により父遺跡3百石を相続した後、加増7百石を得て家老、千石までに出世する。

　続く3代佐五左衛門は、藩政改革「延享の改革」で登用され、「御直捌」停止後の藩政改革を継承する。精勤が認められ家老仕置役に抜擢され昇格した。

　また、5代佐五左衛門は、家老仕置役となり藩政改革「御立派改革」を陰から支え成功させた。

　高木家は、2代、3代、5代が仕置役、4代、6代、7代が仕置添役を勤め、松江藩の政治の中枢を担った。3代佐五左衛門は、6代藩主松平宗衍が9代将軍徳川家重の名代で桃園天皇大婚式の奉賀使を務めた時に随行した。7代佐五左衛門は、10代藩主松平定安の家督御礼の儀に随行、13代将軍徳川家定に拝謁し高木家で唯一藩主家督相続御礼の儀に随行した。

　歴代藩主のお成りは、7代藩主治郷2回、8代藩主斉恒11回、10代藩主定安4回の合計17回である。

　高木家は、歴代頭脳明晰、特に藩政改革「延享の改革」では、6代藩主宗衍に見いだされ新官僚改革派「趣向方」に登用されてから実力を遺憾なく発揮し、歴代藩主の期待に応え藩政改革を成功させた陰の立役者と言っても過言ではない。

　歴代の平均勤務年数31.0年は、家老並・家老家の中で8位である。

5．三谷半大夫家

本国、生国、出自と功績

　元祖三谷半大夫は、本国は阿波国、生国は備前国である。三谷家は、景行天皇に遡り神櫛王から讃岐氏、植田氏を経て三谷氏に至る名門である。父は三谷出雲守長基、母は側妻である。松江藩初代藩主松平直政の母月照院の異母弟で、松平直政の叔父に当たる。

三谷半大夫家の来歴

　元祖三谷半大夫の父は、田井城主三谷出雲守長基である。天正12（1584）年、土佐の戦いで長宗我部元親に敗れ、流浪して備前国浮田家、戸川肥後守方に身を寄せる。その後、出雲守長基の足取りははっきりしない。一説には浮田家の家臣となり関ヶ原の戦いで西軍方に組みし参戦したと伝えられている。代々家老三谷権太夫家の遠祖霊位には、没所戒名知れざるは徳川に敵対する故やと記されている。この備前時代に、三谷出雲守長基と側妻の間に三谷半大夫が誕生する。幼名を小吉、後に半大夫と改める。松平直政の母駒（月照院）の異母弟に当たる。半大夫の誕生後の足取りも父同様はっきりしない。『雲陽秘事記』には秘話として面白おかしく書かれているが、真実性には乏しく疑問が残る。

　三谷家は、いずれの家も松平直政の立身出世と共に高禄で召し抱えられ重用された。

三谷半大夫家の名家老

元祖三谷半大夫長吉　家老　２千５百石（内５百石足軽20人）
松江藩の初代城代家老
【在任期間　寛永11（1634）年～寛文6（1666）年　通算33年】
（小吉⇒半大夫）

　元祖三谷半大夫は、寛永11（1634）年～寛文6（1666）年、没する迄の33年間の長きにわたり、初代藩主松平直政に仕えた。

　寛永11（1634）年に信濃国松本藩主松平直政に召し出され新知４百石を賜る。

　寛永15（1638）年に出雲国松江で加増６百石を得て千石となる。同20（1643）年に格式家老城代となり加増千石、内５百石・足軽20人を拝命し24年間勤める。明暦3（1657）年に誠実、勤勉が認められ加増５百石、合計２千５百石となった。

　半大夫は、松平直政の叔父として松平直政を見守り、黙々と職責を果たした。

　寛文6（1666）年正月25日、出雲に於いて没した。菩提寺、松江市寺町誓願寺に眠る。

　藩主直政も半大夫を見届けるように、月を明けた２月３日に逝去した。

4代三谷半大夫　家老仕置役　千百5拾石
6代藩主松平宗衍の後見役同然を勤める
【在任期間　元禄11（1698）年〜寛保元（1741）年　通算44年】
（實・3代三谷半助弟唯之丞　唯之丞⇒長房⇒半大夫⇒隠居号睡翁）

　4代三谷半大夫は、實3代半大夫の弟唯之丞である。元禄10（1697）年に父遺跡千2百石の内、分知3百石を賜るも、翌11（1698）年に兄が急逝し嗣子なく急遽4代目を襲名する。兄半大夫の遺跡千石を相続する。

　半大夫は、元禄11（1698）年〜寛保元（1741）年、隠居する迄の44年間の長きにわたり、3代藩主松平綱近に7年間、4代藩主松平吉透に2年間、5代藩主松平宣維に27年間、6代藩主松平宗衍に11年間仕えた。

　元禄15（1702）年に格式大名分、号唯之丞を半大夫に改める。

　宝永元（1704）年、5代将軍徳川綱吉は家宣の養君となる。4代三谷半大夫は、隠居様（前3代藩主松平綱近）の命により使者となり祝儀の太刀を献上した。

　享保9（1724）年に格式家老仕置役、手前抱足軽5人を拝命し4年間勤めた。

　享保11（1726）年に分家三谷与左衛門の知行高の内5拾石を返し下さる。同12（1727）年に仕置役を御免となるも、同16（1731）年に仕置役に復帰し7年間勤める。享保17（1732）年に分家三谷無格の隠居知百石を返し下され合計千百5拾石となる。

　元文元（1736）年に江戸勤番となり、6代藩主松平宗衍の後見役同然5代乙部九郎兵衛可豊の後任を命ぜられ勤める。同2（1737）年に病気となり仕置役並びに後見役同然を辞する。

　寛保元（1741）年、隠居が許され、隠居号睡翁と称した。

　寛保4（1744）年正月9日、出雲に於いて没した。

三谷半大夫家まとめ

　三谷家は、景行天皇に遡り神櫛王から讃岐氏、植田氏を経て三谷氏に至る名門である。

　元祖三谷半大夫は、松江藩初代藩主松平直政の母月照院の異母弟で直政の叔父に当たる。従って半大夫家は、代々家老三谷権太夫家の別家である。

　元祖三谷半大夫は、寛永11（1634）年に信濃国松本にて松平直政に4百石で採用され、出雲国松江で加増6百石を得て合計千石となる。寛永20（1643）年、家老及び初代城代を拝命し加増千石、合計2千石となり、24年間の長きにわたり勤める。明暦3（1657）年、加増5百石を得て松江藩で9番目の知行高2千5百石を拝戴し厚遇された。

　歴代の中で特に活躍したのが、三谷半大夫家の基礎を確立した元祖半大夫、家老仕置役及び6代藩主松平宗衍の後見役同然を拝命した4代半大夫である。他に家老を勤めたのが2代半大夫と7代半大夫である。2代半大夫は、2代藩主綱隆の出雲国松江入国御礼の使者として4

三谷半大夫家累代の墓（誓願寺）

代将軍徳川家綱に拝謁した。7代半大夫は、文政4（1821）年、幕府の公役関東川々普請御用の副奉行を勤める。また、9代藩主斉貴の元服御礼の使者として11代将軍家斉並びに内府家慶に拝謁、太刀、銀、馬代を献上した。藩主斉貴のお成りが8回に及んだ。

婚姻関係は、代々家老2代大橋茂右衛門貞高の妻光雲院及び4代朝日但見重春の妻観解院は、三谷半大夫家から嫁いでいる。また三谷半大夫長知の妻は、5代三谷権太夫長逹の次女慶である。

歴代藩主のお成りは、7代藩主治郷3回、9代藩主斉貴8回である。

三谷半大夫家は、中老格であったが、有澤家共々格式高き家柄として、松江藩の歴代藩主に仕えた。代々家老三谷権太夫家に隠れ、派手さはないが身分をわきまえ、驕り高ぶらず控えめに仕えたところに三谷半大夫家の値打ちがある。

6．脇坂家

脇坂家の名家老

元祖脇坂丹下　番頭　5百石
【在任期間　明暦2（1656）年〜元禄5（1692）年　通算37年】
（本国近江国、生国信濃国）

元祖脇坂丹下は、本国は近江国、生国は信濃国である。

明暦2（1656）年〜元禄5（1692）年、没する迄の37年間の長きにわたり、初代藩主松平直政に11年間、2代藩主松平綱隆に10年間、3代藩主松平綱近に18年間仕えた。

明暦2（1656）年に江戸で初代藩主松平直政に新知2百石で採用される。その後、寛文2（1662）年に加増百石を得て松右京太夫の付家老となり、同4（1664）年に加増2百石、合計5百石となった。

寛文7（1667）年に願い出て松右京太夫の付家老を退き、延宝元（1673）年に者頭となり19年間勤める。元禄2（1689）年、3代村松将監静賢、御暇下される節、屋敷表門堅（がた）めを仰せ付けられ足軽20人を召し連れ、警護にあたる。同4年に留守居番頭役となり上士に昇格する。

元禄5（1692）年11月16日、出雲に於いて没した。

4代脇坂十郎兵衛の墓碑
（慈雲寺）

3代脇坂十郎兵衛　中老　6百石
藩政改革「御立派改革」成功の陰の立役者
【在任期間　延享4（1747）年〜安永7（1778）年　通算32年】
（嘉膳⇒十郎兵衛）

　脇坂家が格式番頭から家老までに昇格出来たのは、この3代脇坂十郎兵衛の活躍に負うところが大である。

　延享4（1747）年に父家督2百5拾石、格式組外を相続する。同年、父の隠居料5拾石を返し下され3百石となる。宝暦6（1756）年に用人役、同10（1760）年に江州山門修復手伝御用懸を勤める。御普請を済ませ、江戸城本丸檜の間に於いて松右近将監より白銀拾枚、時服二、御羽織一を拝領した。同12年、格式留守居番頭上座並びに近習頭を拝命し役料百石、手前抱足軽2人を拝戴した。同13年、若殿（後の7代藩主松平治郷）の鑓稽古師範に推挙され用人役となる。

　同14年に五百姫の婚礼御用懸及び将軍宣下御祝儀の御用懸を勤める。明和元（1764）年に若殿の御目見御用、同2年に任官御用・元服御用・若殿並びに駒次郎の具足召初及び松平家の儀式「鳴弦役」を勤める等多忙を極める。

　6代藩主松平宗衍並びに若殿鶴太郎の寵愛を受け、明和2（1765）年に百石の加増を得て、扈従番頭上座を拝命する。同3（1766）年に5代朝日丹波郷保の三男乙之助を聟養子として迎える。

　明和4（1767）年、藩主交代により7代藩主松平治郷が誕生すると、格式中老仕置添役並びに近習頭・隠居様御用・東西勝手方兼勤に抜擢され、12年間勤める。

　明和4（1767）年、7代藩主松平治郷と家老仕置役5代朝日丹波郷保は、藩政改革「御立派改革」を実施する。改革を託された5代朝日丹波郷保は、藩政改革「延享の改革」の総見直しを行い、目録26項目にも及ぶ改革を行った。丹波郷保が先ず行ったのが江戸藩邸の莫大な経費削減である。

　3代脇坂十郎兵衛は、3代赤木内蔵と共に江戸藩邸の経費節減に心血を注ぎ、江戸藩邸の人員整理や経費節減に成功した。家老仕置役5代朝日丹波郷保は、晩年、藩政改革の成功は、江戸藩邸の脇坂・赤木の助力なくして成功はなかったと述懐している。

　十郎兵衛は、家老仕置役にはなれなかったが、藩政改革成功の陰の立役者である。

　明和6（1769）年、藩政改革の精勤に対し役料高に結び加増百石、合計5百石となる。

　同7年、藩主の家督祝儀饗応御用懸併せて表御次を拝命する。安永5（1776）年に年来の出精に対し加増百石、合計6百石となった。

　同7（1778）年正月22日、出雲に於いて没した。中老で終わるも藩政改革「御立派改革」に命を懸け、松江藩で活躍した重臣の一人として、その名を刻した。

6代脇坂十郎兵衛　家老仕置役　千百石
10代藩主松平定安の寵臣
【在任期間　文政9（1826）年～慶応4（1868）年　通算43年】
（實・5代高木佐五左衛門の二男銀之助　銀之助⇒金之助⇒源五左衛門⇒十郎兵衛⇒隠居号一二）

　6代脇坂十郎兵衛（實・5代高木佐五左衛門の二男銀之助）は、文政9（1826）年～慶応4（1868）年、隠居する迄の43年間の長きにわたり、9代藩主松平斉貴に28年間、10代藩主松平定安に16年間仕えた。

　文政9（1826）年に養父遺跡千石を相続する。同12（1829）年に扈従番頭役、同13（1830）年に大番留守居番支配を拝命する。天保6（1835）年に大番頭役兼勤御書方、同12（1841）年に格式中老となる。嘉永2（1849）年に格式中老仕置添役、手前抱足軽2人を拝命する。同4（1851）年に日光御宮向修復御用副奉行同様を勤める。翌5（1852）年に入代御用懸、同6年に隠居様御用受口を兼勤する。その後、嘉永7（1854）年10代藩主の参勤交代の番頭御供を勤め多忙を極める。

　安政3（1856）年、禁裏御所方普請御用副奉行同様を勤める。翌安政4年に出精が認められ百石の加増を得て合計千百石となる。安政6（1859）年に家老仕置役且つ当年留守居詰を仰せ付けられ、脇坂家悲願の家老となった。文久3（1863）年、病気がちとなり仕置役、軍用方を辞する。

　慶応4（1868）年6月5日、多病により隠居願いが許され、隠居号一二と称した。

脇坂家まとめ

　脇坂家は、元祖脇坂丹下が2百石で初代藩主松平直政に採用され、精進して5百石、格式番頭に昇進する。また丹下の娘が3代朝日外記重元の妻（秋光院）となり朝日家と縁戚になる。更に二男土太郎が3代朝日外記重元の養子となり4代朝日但見重春を襲名する。その嫡子が藩政改革「御立派改革」を成功させた5代朝日丹波郷保である。この縁組が、後に脇坂家大昇進の切っ掛けとなる。

　2代脇坂十兵衛は、知行高3百石、格式番頭まで昇格し上士となり大番頭役を勤めた。

　3代脇坂十郎兵衛は、長らく江戸藩邸に勤め、藩政改革「御立派改革」では5代朝日丹波の片腕となり、江戸藩邸の経費節減に心血を注ぎ成功させる。この功績が認められ中老仕置添役、知行高も2百5拾石から6百石となる。藩政改革が縁で、5代朝日丹波の三男一淳を聟養子に迎え、4代脇坂十郎兵衛を襲名する。4代十郎兵衛は、藩政改革開祖の家柄朝日家の出自により藩主に重用され、脇坂家で初めて家老並仕置役に抜擢され5百石から7百石と昇進した。

　5代脇坂十郎兵衛は、中老仕置添役で終わるも、文化11（1814）年に幕府の公役日光御本坊その他修復御用副奉行同様を勤め、8代藩主斉恒より御意を成し下される。続く文政4（1821）年、幕府の公役関東筋川々御普請御用副奉行を勤め、8代藩主斉恒より小袖一、裃一具を拝戴する。これ等の努力が認められ加増2百石、合計9百石となる。また、3代・4代の藩政改革の功績が認められ、文政9（1826）年には、特に不昧公の奥方彰楽院の御下知もあり加増百石、合計千石となる。

　6代脇坂十郎兵衛は、艱難辛苦の末、脇坂家悲願の家老仕置役となった。

歴代藩主のお成りは、8代藩主斉恒1回、隠居様（前9代藩主斉貴）1回、10代藩主定安1回
の合計3回である。

　こうしてみると脇坂家は、元祖脇坂丹下より7代脇坂嘉膳一徳に至るまで途切れることなく優
秀な人材で継承し、松江藩に尽くした家と言える。歴代の平均勤務年数31.4年は、家老並・家老
家の中で7位である。松江藩の模範的重臣として、その努力が認められ家老屋敷の一角、家老有
澤上屋敷の右隣に屋敷を拝領した。

7．今村家

今村家の名家老

元祖今村六左衛門　2百石
【在任期間　寛永5（1628）年〜寛永14（1637）年　通算10年】
（本国参河国、生国近江国　名字田村を今村に改める）

　元祖今村六左衛門は、本国参河国で生国は近江国である。寛永5（1628）年に越前国大野藩
主松平直政に2百石で採用される。本名田村を今村に替えている。何故名字を替えたのか不明で
あるが、元祖有澤織部が松平直政の命により木俣を有澤に替えており、同様の可能性が考えられ
る。

　寛永14（1637）年5月1日、信濃に於いて没した。

2代今村左大夫　家老仕置役　千5百石
　2代藩主松平綱隆のブレーン
【在任期間　寛永14（1637）年〜寛文10（1670）年　通算34年】

　2代今村左大夫は、寛永14（1637）年〜寛文10（1670）年、没する迄の34年間の長きにわた
り、初代藩主松平直政に30年間、2代藩主松平綱隆に5年間仕えた。

　寛永14（1637）に父遺跡百石を相続し、自分の拝知百石と合わせ2百石を拝領する。

　藩主直政は、左大夫の将来性を見抜き、翌年、出雲国松江に転封するや加増百石、目付役徒頭
に抜擢する。左大夫は、慶安2（1649）年に若殿（後の2代藩主松平綱隆）に付けられ加増3
百石、寛文4（1664）年に加増2百石を得て合計8百石となる。

　寛文6（1666）年に綱隆が2代藩主を襲封するや、家老仕置役に抜擢され加増2百石、合計
千石となり、今村家悲願の家老となる。更に同8（1668）年に加増5百石を得て合計千5百石
となった。

　2代藩主松平綱隆のブレーンとなり藩主を支えた。今村家の盤石の基盤を確立する。

　寛文10（1670）年9月17日、惜しまれて出雲に於いて没した。

4代今村美濃　家老仕置役　千5百石　与力知5百石
5代藩主松平宣維のブレーン
【在任期間　宝永7（1710）年〜享保8（1723）年　通算14年】
（主鈴⇒平馬⇒美濃⇒隠居号此母）

　4代今村美濃は、宝永7（1710）年〜享保8（1723）年、隠居する迄の14年間にわたり、5代藩主松平宣維に仕えた。

　宝永7（1710）年に父遺跡千5百石、格式中老並びに奥表御用兼勤を相続する。父奮功により自分に拝領していた5拾人扶持を弟戸弥太へ拝戴する。正徳元（1711）年に家老に抜擢され、同2（1712）年に家老仕置役、手前抱足軽5人を拝命する。藩主宣維の寵臣となり同4（1714）年に異例の与力知5百石が与えられ、大抜擢の厚遇を受ける。

　享保3（1718）年と同4（1719）年に藩主宣維より御字「澄」と「維」を拝戴するも遠慮して使用せず、同5年に「美濃」を頂き改号した。

　この頃から病気がちとなり、藩主より京都で治療を受けるよう勧められ、名医生駒元竹を付けられる。その後、藩主は美濃の病気を気遣い、度々伊勢多賀への参拝併せ慰安旅行を勧めるも、病気すぐれず延び延びとなる。一向に快方せず役職を辞するも決して許されなかった。

　この間、藩主より異例の見舞い使者を11回（うち奉書6回）も頂戴したが、体調は一向に改善せず藩主の期待に応えられなかった。

　享保8（1723）年に御役御免となり隠居が許され、隠居号此母と称した。

　延享4（1747）年10月7日、出雲に於いて没した。

　（一般的に藩主より与力が与えられた場合、先ず与力知を含めた知行高が加増され、うち与力共の辞令が通例であるが、上述のように今村美濃の場合は与力知のみが記載されており、本書では、知行高に含めず別途に記載した。）

8代今村修禮　家老仕置役　千石
8代藩主松平斉恒と9代藩主松平斉貴のブレーン
【在任期間　天明4（1784）年〜天保13（1842）年　通算59年】
（修禮⇒隠居号足矣）

　8代今村修禮は、天明4（1784）年〜天保13（1842）年、隠居する迄の59年間の長きにわたり、7代藩主松平治郷に23年間、8代藩主松平斉恒に17年間、9代藩主松平斉貴に21年間仕えた。永年勤続年数59年間は、歴代家老並・家老の中で6位である。

　天明4（1784）年に父遺跡8百石、格式組外を相続する。寛政5（1793）年に留守居番頭、同9（1797）年に扈従番頭役並びに御書方並合となり、享和3（1803）年に大番頭役並びに御書跡兼勤する。文化元（1804）年に格式中老仕置添役、手前抱足軽2人を拝命し17年間勤めた。

　文化3（1806）年に杵築大社（出雲大社）修復御用懸、同10（1813）年に近習頭兼勤、同11（1814）年に日光坊外修復御用副奉行を勤め多忙を極める。

　藩主斉恒の寵臣となり参勤、帰国の御供を6回にわたり勤める。文政元（1818）年、大圓庵（不昧公）の遺物、脇差一腰並びに時代菊桐小箱、菊黒蒔絵中棗一を拝戴する。不昧公の形見分けは、代々家老にも見られず異例である。

第3部　家老並仕置役・家老仕置役を勤めた30家と名家老　245

文政3（1820）年、多忙な旅役に対し加増2百石を得て千石となる。同年、家老仕置役、手前抱足軽5人に抜擢され23年間勤めた。仕置役勤務23年間は、松江藩の歴代家老並・家老の中で11位である。文政5（1822）年月譚院の遺物、白鞘一腰を拝領する。同8（1825）年、9代藩主松平斉貴の御結納初祝に下帯を差し上げる。

文政8（1825）年、9代藩主松平斉貴御目見の儀に随行、11代将軍徳川家斉並びに内府家慶に拝謁して太刀、銀、馬代を献上した。藩主斉貴のお成りが6回に及び、その都度拝領物を賜る。

文政12（1829）年、関東川々普請御用惣奉行を勤め、褒美として江戸城本丸檜の間に於いて水野出羽守より白銀3拾枚、時服三、羽織一、及び藩主斉貴からも小袖二、裃一具並びに紗綾一巻を頂戴した。

天保8（1837）年に老年多病により仕置役を辞するも許されず、役料2百俵を拝領する。

天保13（1842）年、ようやく御役御免となり、隠居が許され隠居料2百俵を拝戴し、隠居号足矣と称した。天保13（1842）年11月1日、出雲に於いて没した。

今村家まとめ

今村家は、元祖今村六左衛門に始まる。本国参河国で生国は近江国である。寛永5（1628）年に越前国大野藩主松平直政に2百石で採用され、本名田村を今村に替えている。名字を替えたところを見ると、藩主直政から他藩より所望（スカウト）された可能性が考えられる。

今村家で特に活躍したのが、2代今村左大夫、4代今村美濃、8代今村修禮である。その中で一番の功労者は、2代今村左大夫である。初代藩主松平直政、2代藩主松平綱隆に重用され、2百石から家老仕置役千5百石に昇進し、今村家の盤石な基礎を確立した。

4代今村美濃は、5代藩主松平宣維の寵愛を受け、家老仕置役千5百石、与力知5百石、手前抱足軽5人を拝戴し初めて与力知が与えられ、大抜擢の厚遇を受ける。藩主宣維より御字「澄」及び「維」を頂くも遠慮して使用せず、改めて美濃を頂戴する。「藩主お馴染みのもの」の扱いを受けた。

8代今村修禮は、中老仕置添役並びに近習頭を17年間兼勤する。その間、8代藩主松平斉恒の参勤交代の御供を度々勤め、若殿並びに万喜姫のお宮参り御用や幾千姫の婚礼御用等に尽力した。

出精が認められ2百石の加増を得て千石となり、文政3（1820）年には家老仕置役に抜擢され23年間の長きにわたり勤め、8代藩主松平斉恒及び9代藩主松平斉貴の信任が厚かった。他に活躍したのが、家老3代今村平馬及び家老仕置役を勤めた10代今村修禮秀徳である。3代今村平馬は、家老並びに守頭を勤め、5代藩主松平宣維の家督御礼の儀に随行し、5代将軍徳川綱吉並びに大納言家宣に拝謁した。

10代今村修禮秀徳は、格式中老仕置添役を7年勤めた後、認められ家老並仕置役となり、最後は家老に昇進し長州征伐では城固めを拝命し活躍した。10代藩主松平定安のお成りが2回あった。幕末松江藩の存亡を左右する難しい時期に家老仕置役を任せられ、松江藩の重責を担った。

歴代藩主のお成りは、5代藩主宣維1回、9代藩主斉貴6回、10代藩主定安2回の合計9回である。

8．小田家

小田家の名家老

元祖小田伊織　家老仕置役　千5百石
2代藩主松平綱隆の寵臣　3代藩主松平綱近の大老職を勤める
【在任期間　正保2（1645）年〜貞享元（1684）年　通算40年】
（本国常陸国、生国武蔵国）

　父小田彦太郎は、結城秀康に仕え千石を賜る越前北庄藩の上級武士であった。

　慶長年中（1596〜1615年）に秀康の命により側室月照院の妹千代（上之橋）と結婚する。

　何故、秀康は千代を千石取りの彦太郎の妻にしたのか定かでないが、想像を逞しくすれば、千代が彦太郎に一目ぼれしたか、或いは二人は恋仲であったかが考えられる。新婚生活も順調に進み千代は男子を懐妊する。しかし、喜びもつかの間、慶長15（1610）年に彦太郎が急逝し、死後6日目に嫡子伊織が誕生する。伊織は、父遺跡千石を相続するも、千代（上之橋）は、伊織があまりにも幼少であることから願い出て暇を貰い家を出る。

　伊織は、母千代の許で文武両道に励み、正保2（1645）年、36歳の時に初代藩主松平直政に合力米3百俵、浪人分で招聘される。その後2百俵を加増され5百俵となる。小田伊織は、実に初代藩主松平直政の従弟に当たる。慶安元（1648）年に新知千石、組外を授かり、同3年に大番頭となり18年間黙々と勤める。寛文7（1667）年、2代藩主綱隆にも重用され、城代家老、加増5百石合計千5百石となり足軽を預かる。同10年に城代並びに仕置役兼勤を拝命した。延宝3（1675）年、3代藩主綱近が襲封する。翌4年に伊織は老衰により仕置役を退任するも大老を仰せつけられ、没するまで勤めた。貞享元（1684）年10月5日、出雲に於いて没した。

7代小田要人　家老仕置役　千石
9代藩主松平斉貴のブレーン
【在任期間　享和2（1802）年〜嘉永3（1850）年　通算49年】
（實・5代塩見小兵衛二男　小十郎⇒要人）

　7代小田要人（實・5代塩見小兵衛二男小十郎）は、享和2（1802）年〜嘉永3（1850）年、没する迄の49年間の長きにわたり、7代藩主松平治郷に5年間、8代藩主斉恒に17年間、9代藩主松平斉貴に29年間仕えた。

　享和2（1802）年に養父遺跡千石、格式組外を相続する。文化2（1805）年に扈従番頭役並びに御書方外並合、同10（1813）年に格式中老仕置添役、手前抱足軽2人を拝命し24年間勤める。

　文政3（1820）年、7代藩主治郷の四女幾千姫（謙映院）が下総国佐倉藩主堀田正愛に嫁ぐ際、婚礼御用懸並びに結納祝儀答礼の使者を務める。天保7（1836）年に9代藩主松平斉貴に認められ、家老仕置役、手前抱足軽5人に抜擢された。同13（1842）年、嫡子隼人が中老仕置添役、米百俵、銀3拾枚を拝命し、親子で松江藩の政治の中枢を担う。藩主斉貴のお成りが2回あり、品々の拝領物を頂戴した。その後、要人は政務に励み、精勤に対し役料4百俵を拝領す

第3部　家老並仕置役・家老仕置役を勤めた30家と名家老　247

る。晩年は老齢に付き5度も辞職願を出すも、三の丸御殿へ杖を突いて登城しても構わぬと決して許しが出なかった。余人をもって代え難く、9代藩主松平斉貴の信任が如何に厚かったかが窺える。

嘉永3（1850）年7月11日、出雲に於いて没した。

9代小田均一郎豊雅　家老仕置役　千石
10代藩主松平定安のブレーン
【在任期間　安政4（1857）年～明治2（1869）年　通算13年】
（六太郎⇒均一郎）

9代小田均一郎豊雅は、安政4（1857）年～明治2（1869）年、版籍奉還間迄の13年間にわたり10代藩主松平定安に仕えた。

均一郎豊雅は、安政4（1857）年に父遺跡千石、格式中老を相続する。同年、仕置添役見習を経て仕置添役、手前抱足軽2人を拝命する。文久3（1863）年に海陸軍用引受、元治元（1864）年に長州征伐旗本備武者奉行を拝命するも、同年、遊軍備士大将となり家老大橋筑後安幾の留守中は、一之先備士大将を命じられる。同年11月、出雲郡直江村へ出陣し翌年正月に帰陣した。

慶応2（1866）年に軍艦八雲丸二番士大将となる。第二次長州征伐、石州浜田内村の戦いでは後方支援の恩賞として白鞘御脇差一腰を賜る。慶応2（1866）年に家老仕置役、手前抱足軽5人に抜擢され併せて一之先士大将を拝命する。慶応4（1868）年2月に因州への使者、5月には京都への御用を勤める等多忙を極める。均一郎は、第一次長州征伐・第二次長州征伐では、家老大橋筑後と行動を共にし、幕末の動乱期に家老仕置役の重役を担い10代藩主松平定安を支えた。

小田家まとめ

小田家の栄光は、元祖小田伊織の父彦太郎が結城秀康の命により、松平直政の叔母千代と結婚したことに始まる。小田家は一躍、松江松平家と縁戚関係となり歴代藩主の寵愛を受け親類として重用された。しかし、小田家は、三谷家と同様に縁戚で重用されただけではなく、歴代の中には家老仕置役を勤め、松江藩の中心的重役を担った。

列挙してみると元祖小田伊織、7代小田要人、8代小田隼人、9代小田均一郎の4人である。この内、特に活躍したのが元祖小田伊織、7代小田要人、9代小田均一郎の3人である。

元祖小田伊織は、家老となり城代や仕置役を勤め最後は大老となった。7代小田要人は、家老塩見家から養子として迎えられ、格式中老仕置添役を24年間勤めた後、家老仕置役を15年間と通算38年間の長きにわたり松江藩の政治、軍事の中枢を担い、9代藩主松平斉貴のブレーンの一人として活躍した。9代小田均一郎は、幕末に活躍した名家老8代大橋筑後安幾の補佐役として行動を共にし、活躍した一人である。軍事方の責任者海陸軍用引受を拝命し、第一次長州征伐では遊軍備士大将、第二次長州征伐では松江藩軍艦八雲丸二番士大将となり、幕府の援軍として石州口へ藩士並びに食料の輸送を行い、海上から長州軍を牽制した。このように9代小田均一郎は、幕末から明治維新にかけて松江藩の軍政改革の一翼を担い、家老仕置役を勤めた名家老である。

歴代藩主のお成りは、9代藩主斉貴の2回である。

9．黒川家

黒川家の名家老

元祖黒川又左衛門　大名分　千石
【在任期間　慶安元（1648）年～元禄15（1702）年　通算55年】
（本国肥前国、生国武蔵国）

　元祖黒川又左衛門は、本国は肥前国で生国は武蔵国である。

　慶安元（1648）年～元禄15（1702）年、没する迄の55年間の長きにわたり、初代藩主松平直政に19年間、2代藩主松平綱隆に10年間、3代藩主松平綱近に28年間仕えた。

　慶安元（1648）年に初代藩主松平直政に採用され、江戸に於いて久松丸（後の2代藩主松平綱隆）の扈従に召し出され17年間勤める。明暦元（1655）年、若殿久松丸の元服の御供方を勤め、万治2（1659）年に腰物番となり、寛文2（1662）年に腰物奉行に昇進し新知百石を授かった。

　寛文6（1666）年に徒頭となり加増百石を得て合計2百石となる。同年、初代藩主松平直政の逝去に伴い久松丸が2代藩主を襲封する。又左衛門にチャンスが訪れる。厚遇を受けて加増百石、万助（後の3代藩主松平綱近）の近習並びに用人役に付けられる。延宝3（1675）年、藩主綱隆の急逝により万助が3代藩主を襲封する。貞享4（1687）年に江戸定詰めとなり扈従番頭加増2百石、元禄5（1692）年に加増百石を得て合計6百石の大名分となった。同7（1694）年に宅へ3代藩主松平綱近のお成りがあり加増2百石並びに小袖他品々を拝領する。千石未満の大名分宅へのお成りは、異例のことである。藩主綱近の寵愛ぶりが窺える。元禄10（1697）年に幕府からの公役北御丸普請手伝の副奉行を勤め、江戸城本丸檜の間に於いて小笠原佐渡守より白銀2拾枚、時服三、羽織一を拝戴した。元禄12（1699）年に加増2百石を得て、遂に千石となり大台に乗った。

　松江藩で一扈従から大名分までトントン拍子で出世した事例は、希少である。

　2代藩主松平綱隆及び3代藩主松平綱近の時代は、家老同士の権力闘争があり、権限を笠に贅沢や放蕩を重ねた重臣が一掃され、若手が抜擢された。その一人が黒川又左衛門である。

　元禄14（1701）年、3代藩主松平綱近のお成りがあり、御手自にて小袖一、袴一具、妻子にも品々を拝領する。元禄15（1702）年8月11日、武蔵に於いて没した。

3代黒川監物　家老仕置役　千石
6代藩主松平宗衍のブレーン　後見役同然を勤める
【在任期間　享保16（1731）年～延享3（1746）年　通算16年】
（實・4代有澤土佐弟左膳　多門⇒左膳⇒一学⇒弥税⇒監物）

　3代黒川監物は、2代黒川弥税に嗣子が無く、4代有澤土佐の弟左膳が養子として迎えられる。幼名を多門と称し左膳・一学・弥税・監物と改める。享保16（1731）年～延享3（1746）年、没する迄の16年間にわたり6代藩主松平宗衍に仕えた。

　黒川監物は、享保16（1731）年に養父遺跡9百石、格式中老を相続する。同年に仕置添役、手前抱足軽2人を拝命し若き藩主の守頭を兼勤する。同年、養父死去に伴い隠居料百石を返し下

され千石となる。同21（1736）年に格式家老仕置役、手前抱足軽5人を拝命する。黒川家で初めて家老仕置役に抜擢される。

元文2（1737）年、藩主宗衍の後見役同然4代三谷半大夫の病気に伴い、後任を仰せつかる。翌3（1738）年に病に倒れ役職を辞し、願い出て8ヶ年の逼塞が許され国許に帰り療養する。延享2（1745）年に仕置役に復帰するも、病気が再発し藩主より御番医師を昼夜付けられるも、延享3（1746）年9月29日、病状が急変し没する。藩主宗衍の願いもむなしく臨終となった。

黒川家まとめ

黒川家は、元祖黒川又左衛門が初代藩主松平直政の晩年に採用され、次期藩主松平綱隆の扈従に付けられる。松平綱隆が2代藩主を襲封するや重用され加増を重ね3百石となる。続く3代藩主松平綱近の近習並びに用人役を勤め、扈従番頭を経て千石の大名分までに出世し、黒川家の基礎を確立した。2代黒川弥税は、妻が次期藩主松平宗衍の乳母となり好運を掴み、黒川家の栄光が始まる。3代黒川監物は、6代藩主松平宗衍の寵臣となり黒川家悲願の家老となった。

4代黒川弥税は、中老千石を家督相続後仕置添役に抜擢され、明和6（1769）年に西御丸大奥向普請手伝・普請副奉行を拝命する。無事完成させ7代藩主松平治郷より御前に於いて御意を蒙る。後に4代黒川弥税は家老となった。5代黒川弥税は家老並仕置役、6代黒川左膳は中老仕置添役の後に家老並となった。7代黒川又左衛門正應は中老から家老並となり、山陰道鎮撫使入松の際に藩主定安の代役となり、米子に赴き山陰道鎮撫使総督西園寺公望に藩主定安の歓迎を言上する大役を果たした。精勤が認められ幕末を家老で終えた。また嫡子卓郎は、家老並仕置役（執政）を拝命し活躍した。

歴代優秀な人材に恵まれ、幕末に至る迄、中老から家老を勤め、松江藩に尽くした家と言える。

歴代藩主のお成りは、3代藩主綱近1回、7代藩主治郷2回、8代藩主斉恒3回、10代藩主定安4回である。歴代の平均勤務年数32.4年は、家老並・家老家の中で4位である。また黒川家は、代々家老大橋家、三谷家、神谷家、家老有澤家、仙石家、中老三谷半大夫家と婚姻を結び縁戚を広めた。2代、3代、4代、6代、7代が養子で迎えられ、養子で栄えた家と言える。

コラム 2代黒川弥税の妻が幸千代（6代藩主松平宗衍）の乳母となる

幸千代（後の6代藩主松平宗衍）は、父が5代藩主松平宣維、母は京都の伏見宮家から降嫁した岩宮（天岳院）である。「御乳初」の儀式は、2代黒川弥税の妻が御乳を差し上げ乳母となる。古来、我が国の大名家では、世継ぎが誕生すると慣例により生母の母乳ではなく、乳母が選ばれ御乳を差し上げた。

乳を差し上げると乳母となり、将来藩主ともなれば、乳母の主人や息子が厚遇を受け、出世の糸口となった。徳川幕府で有名なのが、3代将軍徳川家光の乳母春日局である。

因みに初代藩主松平直政の乳母は、元祖山口七郎衛門の母と元祖神谷兵庫富次の母東局が勤め、3代藩主松平綱近の乳母は元祖熊谷主殿近知の母、5代藩主松平宣維の乳母は元祖大野舎人の妻、6代藩主松平宗衍の乳母は2代黒川弥税の妻が勤めた。

10. 平賀家

平賀家の名家老

元祖平賀半助 右筆　百俵拾人扶持
【在任期間　寛永15（1638）年〜寛永19（1642）年　通算5年】
（本国上野国、生国摂津国）

　元祖平賀半助は、本国上野国（現在の群馬県）で生国は摂津国（現在の大阪府西部と兵庫県東部）である。寛永15（1638）年、松平直政が出雲国松江に入国した際に、右筆として百俵拾人扶持で採用される。同19（1642）年に病気となり、療養のため大坂で治療するも摂津に於いて没した。

　半助の女養法院は、容姿端麗で書や和歌にも優れ藩内では才女の誉れが高く、やがて2代藩主松平綱隆の御聴に達する処となり側室となった。あまりの美しさに御国御前と呼ばれたと言う。

　松平綱隆と側室養法院との間に生まれたのが幸松丸（後の4代藩主松平吉透）である。

　平賀家は、一躍表舞台に登場する。

　平賀半助の嫡子2代平賀縫殿隆顕は、11歳の時に松平直政に扈従として金7両と銀3百目5人扶持で採用される。次期藩主綱隆に付けられ、御字「隆」を頂き「隆顕」と改めた。

　承応3（1654）年に新知3百石、綱隆の部屋御用併せ表方御用取次を31年間の長きにわたり勤める。伯娣養法院が藩主綱隆の御内所（側室）となり、平賀家の処遇が一変する。

　寛文2（1662）年に加増百石、同6（1666）年に加増6百石を得て合計千石となる。格式家老、御次支配表方御用取次兼勤となる。同9（1669）年に加増千石を得て合計2千石となり、厚遇を受けた。

　延宝3（1675）年、3代藩主松平綱近の家督御礼の節、藩主に随行し4代将軍徳川家綱に拝謁する。同8（1680）年に藩主綱近の帰国御礼の御使者を勤め、将軍より時服を拝戴した。

　貞享元（1684）年、6ヶ年の逼塞が認められ経費節減に努め、この間文武両道に励む。

　貞享3（1686）年、逼塞中召し出され仕置役に抜擢されるも、元禄2（1689）年に3代村松将監静賢と松江天神川の川違え工事のことで論争に及び公儀にも聞こえが悪く、藩主綱近は喧嘩両成敗で村松将監静賢には暇を、平賀縫殿隆顕には蟄居を命じ、二人とも失脚した。

　平賀縫殿隆顕は、格式家老仕置役を剥奪され松江城の郊外島根郡本庄村（現在の松江市本庄町）に蟄居を命ぜられ、百人扶持、普請料銀百枚及び木材多数を賜り居を移し隠棲した。

　平賀家は、続く3代平賀蔵人が両眼を煩うも、宝永4（1707）年に父遺跡百人扶持を授けられ継承する。その後、松江城下端住居が御免となる。正徳4（1714）に5代藩主松平宣維の御目見が許され、ご懇意を蒙る。

4代平賀筑後　家老仕置役　千石
6代藩主松平宗衍のブレーン
【在任期間　正徳4（1714）年〜延享3（1746）年　通算33年】
（勝弥⇒綿理⇒主水⇒蔵人⇒筑後）

　4代平賀筑後は、正徳4（1714）年〜延享3（1746）年、没する迄の33年間の長きにわたり、5代藩主松平宣維に18年間、6代藩主松平宗衍に16年間仕えた。

　4代平賀筑後は、正徳4（1714）年に父遺跡百人扶持、奥取次を相続する。享保2（1717）年に留守居番役を経て、扈従番頭・役料百俵を拝戴する。同4（1719）年に新知5百石・役料百俵、格式扈従番頭の上座を拝命する。同6（1721）年に中老となり、同9（1724）年に仕置添役及び軍用方を勤めた。

　享保11（1726）年に役職を辞し、逼塞が認められ経費節減に努める。その間、勉強不足を痛感しひたすら文武両道に励む。同17（1732）年に奉公を再開し、仕置添役兼軍用方を経て、享保19（1734）年に役料百俵、隠岐国御用受口を拝命する。4代平賀筑後は、祖父2代平賀縫殿隆顕失脚後の失地を回復すべく努力を重ね、元文3（1738）年に家老仕置役に抜擢され、加恩5百石、手前抱足軽5人、合計千石となり、遂に平賀家の中興を果たした。

　元文5（1740）年に6代藩主松平宗衍の家督御礼の節、8代将軍徳川吉宗並びに大納言家重に拝謁し太刀、銀、馬代を献上した。延享2（1745）年に御役御免となる。

　延享3（1746）年正月28日、出雲に於いて没した。

5代平賀縫殿　家老仕置役　千石
7代藩主松平治郷のブレーン
【在任期間　延享3（1746）年〜寛政3（1791）年　通算46年】

　5代平賀縫殿は、延享3（1746）年〜寛政3（1791）年、没する迄の46年間の長きにわたり、6代藩主松平宗衍に22年間、7代藩主松平治郷に25年間仕えた。

　延享3（1746）年に父遺跡千石、格式中老を相続する。宝暦10（1760）年に仕置添役及び軍用方受口、同年勝手方地方請口を拝命する。同13（1763）年に連三郎（定静）、袴召初に付き裃を差し上げる。同14（1764）年、将軍宣下祝儀御客の節、御用懸を勤める。

　明和4（1767）年に家老仕置役、手前抱足軽5人に抜擢され25年間の長きにわたり勤めた。

　仕置役勤務年数25年間は、松江藩の歴代家老並・家老の中で8位である。この明和4（1767）年は、前6代藩主松平宗衍が病状悪化により隠退し、7代藩主松平治郷が襲封した年である。松江藩の歴史の中で藩財政が一番困窮した時期である。

　藩主になった松平治郷は、家老仕置役5代朝日丹波郷保と二人三脚で藩政改革「御立派改革」を実施する。やがて藩政改革は、朝日丹波郷保の強権により9年目には軌道に乗り成功する。

　この「御立派改革」を陰で支えたのが5代塩見小兵衛・3代大野舎人・5代平賀縫殿・5代有澤能登・5代三谷権太大長逵・6代朝日丹波恒重・6代村松伊賀である。

　5代平賀縫殿は、藩主松平治郷のお成りが9回にも及んだ。また、藩主帰国の節には、度々安来まで出迎えを仰せ付けられた。

　恐らくこの頃、屋敷替えがあり殿町三の丸御殿の御鷹部屋・御金蔵前、家老高木佐五左衛門の

隣に移転したと考えられる。

　寛政３（1791）年２月10日、出雲に於いて没した。

平賀家まとめ

　元祖平賀半助は、松平直政が信濃国松本から出雲国松江に栄封された際に右筆、百俵拾人扶持
で採用されたものであるが、養法院が２代藩主松平綱隆のお目にとまり御内所（側室）となり、
４代藩主松平吉透を出生するや、平賀家は松江松平家と縁戚となり処遇が一変する。

　２代平賀縫殿隆顕は、３代藩主松平綱近に重用され家老仕置役に抜擢されるも、３代村松将監
静賢と天神川の川違い工事で論争に及び、公儀にも聞こえが悪く藩主綱近は、喧嘩両成敗で厳罰
に処し、二人とも失脚した。

　その後、平賀家の失地を回復したのが４代平賀筑後である。筑後はひたすら勉学に励み、中老
仕置添役を経て家老仕置役、千石に抜擢され、松江藩の混迷した藩財政を支えた。平賀家の中興
の祖である。更に５代平賀縫殿は、藩政改革「御立派改革」を家老仕置役として心血を注ぎ、藩
政改革成功の陰の立役者と言っても過言ではない。

　平賀家で特に活躍したのが、この中興の祖４代平賀筑後と５代平賀縫殿である。

　他に活躍したのが、中老仕置添役を勤めた６代平賀主税、家老仕置役を勤めた７代平賀筑後と
９代平賀縫殿信順である。

　６代平賀主税は、中老仕置添役を拝命した後、寛政６（1794）年に幕府の公役関東筋川々普
請手伝で普請副奉行を勤め、滞りなく済ませ、江戸城本丸檜の間に於いて松平伊豆守より白銀２
拾枚、時服三、羽織一を拝戴した。

　７代平賀筑後は、名家老６代朝日丹波恒重の二男 袴田男也で養子として迎えられ、中老仕置添
役を18年間、家老仕置役を９年間勤めた。また、９代平賀縫殿信順は、家老並仕置役となり幕
末の尊王攘夷の風が吹き荒れる松江藩の存亡を左右する難しい時期に政務を執り、版籍奉還まで
藩主を支えた。

　平賀家の主な縁戚関係は、２代縫殿隆顕の二男平四郎が２代石原九左衛門の養子、６代朝日丹
波恒重の二男袴田男也が智養子となり７代平賀筑後を襲名、７代仙石城之助弟卯之助が婿養子と
なり８代縫殿を襲名、８代縫殿の二男繁三郎が７代松原五郎太夫正義の婿養子、同三男鈴之助（勝
三郎）が10代乙部九郎兵衛可時の婿養子となる。このように平賀家は、松江松平家の縁戚とし
て、引く手あまたで縁戚関係を広めた。

　歴代藩主のお成りは、２代藩主綱隆１回、７代藩主治郷９回、９代藩主斉貴２回、10代藩主
３回の合計15回である。

11．高田家

高田家の名家老

元祖高田次郎右衛門　3百石
【在任期間　年号不明～慶安3（1650）年】
（本国摂津国、生国不明）

　父高田小左衛門は、豊臣秀吉の五奉行の一人、大和郡山城主増田右衛門尉長盛に仕え、家老知行高1万石の高禄で召し抱えられていた。小左衛門は、徳川家康と関ヶ原の合戦以前より度々御目見しご懇意を得ていた。しかし、慶長5（1600）年の関ヶ原の戦いで主君増田右衛門尉長盛は、西軍石田治部少輔三成に加勢し敗北する。関ヶ原の戦い後、増田右衛門尉長盛は、高野山へ助命されることになり、小左衛門は徳川家康の命により主君を高野山へ送り届け、大和国郡山城の引き渡し役も担った。その後、徳川幕府の執権本多佐渡守忠勝、井伊兵部少輔直政の指示により、慶長8（1603）年正月、越前北庄藩主松平秀康に付けられ新知2千石を賜る。寛永2（1625）年3月、加増千5百石を得て、合計3千5百石となる。奏者役、寺社奉行を勤める。徳川家康より太刀（一文字）と黄金を拝領した。

　小左衛門の子元祖高田次郎右衛門は、本国は摂津国（現在の大阪府西部と兵庫県東部）である。初め松平秀康の扈従として仕えていたが、慶長12（1607）年に秀康逝去に伴い越前を退くところ、松平直政に召し出され、新知3百石で採用される。

　慶安3（1650）年10月2日、出雲に於いて没した。

3代高田宮内近仲　家老仕置役　千石
5代藩主松平宣維のブレーン
【在任期間　貞享3（1686）年～宝永5（1708）年　通算23年】
（實・元祖高木左次兵衛二男沢右衛門　沢右衛門⇒宮内）

　3代高田宮内近仲は、貞享3（1686）年～宝永5（1708）年、没する迄の23年間にわたり、3代藩主松平綱近に19年間、4代藩主松平吉透に2年間、5代藩主松平宣維に4年間仕えた。

　宮内近仲は、延宝元（1673）年に3代藩主松平綱近の扈従として仕えた後、奥取次役を経て3代藩主松平綱近の眼鏡にかない命により、貞享3（1686）年に高田家の養子となり遺跡3百石を相続する。元禄2（1689）年に目付役徒頭、同5（1692）年に者頭役併せ鷹方支配、同7（1694）年に加増百石を得て、同9（1696）年に旗奉行となる。同13（1700）年に扈従番頭を拝命し、百石の加増を得て格式番頭となり松江藩の並士から上士に昇格する。同15（1702）年に大名分となり表御用取次に出世し加増2百石、合計7百石となり手前抱足軽2人を拝戴する。宝永元（1704）年に賄方御用を経て隠居様（3代藩主松平綱近）付けとなり、同3（1706）年に再び表御用取次役を兼勤する。

　宝永4（1707）年に5代藩主松平宣維の寵臣となり家老仕置役、加増3百石、手前抱足軽5人に抜擢され、合計千石となる。隠居様より御字「近」を頂き「近仲」と称した。正にホップ、ステップ、ジャンプの異例の出世を遂げ、高田家の揺るぎない基礎を確立した。

宝永5（1708）年2月21日、出雲に於いて没した。

4代高田極人定英　家老仕置役　千石
6代藩主松平宗衍の後見役同然を勤める
【在任期間　宝永5（1708）年〜寛保4（1744）年　通算37年】
（定英⇒極人）

　4代高田極人定英は、宝永5（1708）年〜寛保4（1744）年、没する迄の37年間の長きにわたり、5代藩主松平宣維に24年間、6代藩主松平宗衍に14年間仕えた。

　宝永5（1708）年に父遺跡千石、格式大名分、職制奥取次役を相続する。正徳5（1715）年に仕置添役を拝命し5年間勤める。享保4（1719）年に5代藩主松平宣維に認められ、家老仕置役に抜擢され9年間勤めるも御免となる。享保16（1731）年に5代藩主松平宣維が34歳の若さで急逝し、3歳の幸千代（松平宗衍）が6代藩主を襲封する。極人定英は、仕置役に再登用され14年間勤めた。仕置役勤務年数23年間は、松江藩の歴代家老並・家老の中で11位である。

　徳川幕府は、藩主が幼少であることから、越前福井藩主松平宗矩、陸奥白河藩主松平明矩、播磨明石藩主松平直常、出雲母里藩主松平直員、出雲広瀬藩主松平近明の親類大名を後見させ合議して行わせた。享保18（1733）年に親類大名は、松江藩家老仕置役5代乙部九郎兵衛可豊と4代高田極人定英の二人を後見役同然とし、藩主宗衍が入国するまではその一人を江戸に置いて補佐させた。このように極人定英は、後見役同然を拝命し役料3百俵を賜り、没する寛保4（1744）年迄の14年間勤める。元文5（1740）年に藩主宗衍は12歳となり、遅れていた家督御礼の儀を挙行し、8代将軍徳川吉宗並びに大納言家重に拝謁する。極人定英は、藩主に随行し太刀、銀、馬代を献上した。

　因みに極人定英が没した翌延享2（1745）年に6代藩主松平宗衍は、17歳で初入国した。極人定英が夢にまで見た殿の初入国には間に合わなかった。

　極人定英が仕えた期間は、松江藩230余年の中で最も財政が逼迫した時期である。列挙すると外国船の出没による軍事費用や伏見家からの奥方輿入れ費用の捻出、享保の大飢饉、蝗害、大津波、大暴風、江戸赤坂上屋敷の火災等災害が連続して発生し財政は破綻状態となる。このような困窮した時代に藩主を支え続けた極人定英は、名家老の一人に加えてよいだろう。

　寛保4（1744）年正月元旦に危篤状態になり、6代藩主松平宗衍は、深造院で祈祷を行わせ、名医数原通玄老を付けたが願いもむなしく、正月6日に武蔵に於いて没した。

　家老が危篤状態となり病気治癒のため祈祷を行わせたのは、記録の上では6代藩主松平宗衍が初めてである。藩主宗衍にとって4代高田極人定英は如何に重要な寵臣であったかが窺える。

　藩主宗衍の落胆ぶりは計り知れないものがあった。

　寛保4（1744）年正月6日、武蔵に於いて没した。

高田家まとめ

　高田家の先祖高田小左衛門は、大和郡山城主増田右衛門尉長盛に仕えていたが、度々徳川家康に御目見が許され御懇意を受けていた。関ヶ原の戦い後、増田右衛門尉長盛が高野山に幽閉されると、徳川家康の招聘を受け入れ、越前中納言秀康の家臣となった。息子元祖高田次郎右衛門

は、松平直政に仕え、高田家の基礎を確立した。

　高田家で特に活躍したのは、高田家の中興の祖3代高田宮内近仲と6代藩主松平宗衍の後見役同然を勤めた4代高田極人である。

　特筆すべきは、3代高田宮内近仲の活躍である。養父遺跡3百石を相続した後、家老仕置役、千石に取り立てられ、高田家悲願の家老となった。3代藩主松平綱近のブレーンの一人として3代柳多主計近一、4代柳多四郎兵衛近章、3代團丹下近均等と共に藩主に仕えた。

　他に家老仕置役を勤めたのが7代高田極人と8代高田直人である。

　7代高田極人は、文化3（1806）年〜文化6（1809）年にかけて杵築大社（出雲大社）の修復御用懸を勤め、藩主斉恒より小袖一、裃一具を頂戴した。文化11（1814）年には、日光御宮本坊其の外修復御用副奉行を拝命し無事済ませ、江戸城本丸檜の間に於いて青山下野守より白銀2拾枚、時服三、羽織一を拝戴した。藩主斉恒より御意を成し下される。また、文政4（1821）年に関東筋川々普請御用惣奉行を拝命し滞りなく済ませ、江戸城本丸檜の間に於いて水野出羽守より白銀3拾枚、時服三、羽織一及び藩主斉恒より小袖二、裃一具を拝戴した。これらの精勤に対し8代藩主斉恒のお成りが2回あった。高田家で藩主のお成りがあったのは、唯一7代高田極人のみである。

　8代高田直人は、9代藩主松平斉貴の婚礼御用懸を勤め尽力した。

12. 團家

團家の名家老

元祖團弥一右衛門　千石
【在任期間　寛永元（1624）年〜寛文10（1670）年　通算47年】
（本国武蔵、生国不明　弥一右衛門）

　元祖團弥一右衛門は、本国は武蔵国で生国は不明である。

　寛永元（1624）年に越前大野藩主松平直政に知行高2百石で採用される。その後、度々加増を得て合計千石となった。番頭役を拝命するも病気となり辞して、寛文10（1670）年に隠居が許され、隠居料2百石を拝戴する。隠居号意休と称した。

　延宝5（1677）年7月26日、出雲に於いて没した。

3代團丹下近均　家老仕置役　千3百石
5代藩主松平宣維のブレーン　三権（仕置役・城代・軍事役）を任せられる
【在任期間　貞享2（1685）年〜正徳3（1713）年　通算29年】
（實・2代山口七郎右衛門二男類之助　類之助⇒三左衛門⇒弥一右衛門⇒伊織⇒丹下）

　3代團丹下近均（實・2代山口七郎右衛門二男類之助）は、貞享2（1685）年〜正徳3（1713）年、没する迄の29年間にわたり、3代藩主松平綱近に20年間、4代藩主松平吉透に2年間、5

代藩主松平宣維に9年間仕えた。

　丹下近均は、幼少より3代藩主松平綱近の児扈従として仕え、天和元（1681）年に元服すると扈従近習支配・奥取次役に抜擢され、翌年に組外、奥取次役を拝命し出世する。

　貞享元（1684）年に團家に嗣子が無く娘の智養子として迎えられる。

　貞享2（1685）年に養父遺跡千石を相続するも、翌貞享3（1686）年に8年間の逼塞願いが許され、ひたすら経費節減にこれ勤める。この間、浅学を恥じ文武両道に励む。元禄5（1692）年に奉公を再開し、近習支配にて格式扈従番頭の次座を拝命した。

　元禄7（1694）年に大名分、同9（1696）年に表御用取次役、手前抱足軽2人を命ぜられ、近習支配を兼勤する。同10（1697）年、幕府の公役江戸城北御丸普請手伝の副奉行を拝命、完成させて江戸城本丸檜の間に於いて小笠原佐渡守より白銀2拾枚、時服三、羽織一を拝戴した。

　元禄15（1702）年に家老並となり加増3百石を得て、合計千3百石となる。宝永元（1704）年に隠居様（元3代藩主松平綱近）付けとなり、同3（1706）年に家老仕置役、手前抱足軽5人を拝命し、團家悲願の家老となった。隠居様の御字「近」を頂き「近均」と称した。

　3代藩主松平綱近、4代藩主松平吉透、5代藩主松平宣維の歴代藩主の信任が厚く、正徳2（1712）年、5代藩主松平宣維より仕置役、軍用方、城代と松江藩の三権を任せられた。

　丹下近均は、政治への大きな志と理念を持ち3代藩主に仕えた。

　3代小田切備中尚足は、『報国』の中で團丹下近均の名を挙げ称えている。

　正徳3（1713）年8月2日、出雲に於いて没した。

5代團仲　家老仕置役　千3百石
6代藩主松平宗衍のブレーン
【在任期間　享保19（1734）年〜安永5（1776）年　通算43年】
（實・3代大橋茂右衛門正備二男正敏　正敏⇒仲）

　3代大橋茂右衛門正備の次男正敏は、16歳の時に團家に嗣子が無く、名字相続として智養子に迎えられ5代團仲を襲名する。

　團仲は、享保19（1734）年〜安永5（1776）年、没する迄の43年間の長きにわたり、6代藩主松平宗衍に34年間、7代藩主松平治郷に10年間仕えた。

　享保19（1734）年に遺跡千3百石、格式中老を相続する。延享4（1747）年に仕置添役、手前抱足軽2人並びに軍用方受口を拝命し14年間勤める。江戸勤番となり、藩主からの多種多様な御用命をこなした。列挙してみると、①若殿の宮参り代参、②大橋架け替え御用懸、③江戸留守居詰、④婚礼御用懸、⑤奥御殿普請御用、⑥婚礼入輿の節、貝桶請取役、⑦宝暦8年に家老並仕置役塩見小兵衛が病気となり一人にて出精相勤む、⑧任官祝儀御用請口、⑨国許人数不足により差し返る。團仲は、頭脳明晰で与えられた仕事をテキパキと処理し、藩主の期待に応えた。

　宝暦10（1760）年に家老仕置役、手前抱足軽5人に抜擢される。同12（1762）年に幕府からの難問公役、江州山門修復工事では、家老朝日丹波郷保、小田切備中尚足、有澤能登等を側面より支え滞りなく完了させた。明和8（1771）年に仕置役を退き、安永4（1775）年に城代となる。その間、7代藩主松平治郷のお成りが4回あった。

　安永5（1776）年11月10日、出雲に於いて没した。

團家まとめ

團家は、元祖團弥一右衛門が越前大野藩主松平直政に採用されたのが始まりである。

越前大野で採用された同期は、朝日丹波重政、三谷権太夫長玄、棚橋勝助、今村六左衛門と錚々たるメンバーであるが、後の時代に朝日家と三谷家は代々家老となり、他の家も家老として重用された。團家は、3代、5代、9代、10代が養子である。実家先は、3代が山口家、5代が大橋家、9代が乙部家、10代が神谷家である。何れも名門から養子を迎え、養子で栄えた家と言える。

團家で特に活躍したのが、3代團丹下近均と5代團仲である。何れも養子である。

特に3代團丹下近均は、政治への大きな志と理念を持ち、3代藩主松平綱近、4代藩主松平吉透、5代藩主松平宣維の信任が厚く、正徳2（1712）年に5代藩主松平宣維より仕置役、軍用方、城代と松江藩の三権の重責を任せられ活躍した。また5代團仲は、6代藩主松平宗衍、7代藩主松平治郷に43年間の長きにわたり仕え、藩政改革「延享の改革」及び「御立派改革」を側面から支え成功させた。温厚な性格で仕事ぶりも地味であるが、コツコツと与えられた仕事をこなし、藩主の期待に応えた。他に家老仕置役で活躍したのが4代團弥一右衛門である。中老仕置添役を勤めた後、6代藩主松平宗衍に抜擢され家老仕置役となった。

歴代藩主のお成りは、隠居様（3代藩主綱近）1回、7代藩主治郷4回である。

13. 小田切家

小田切家の名家老

> **元祖榊原極**　大名分　千石
> 【在任期間　寛文2（1662）年～元禄9（1696）年　通算35年】
> （本国信濃、生国武蔵　本名小田切）

元祖榊原極の曽祖父は、徳川幕府の旗本小田切美作守で従五位に叙せられ諡定光院と称した。極は、囲碁の席上口論となり刃傷沙汰に及び相手を討ち伏せ一躍名を馳せた。

諸藩その高名を聞き、争って家臣に招こうとした。極は、松平直政の懇望により、寛文2（1662）年に合力米3百俵で採用され、後に大名分、千石の厚遇を受けた。松江奥谷村西原に広大な屋敷地を拝領する。元禄9（1696）年12月6日、出雲に於いて没した。

> **3代小田切備中尚足**　家老仕置役　千7百石
> 藩政改革「延享の改革」を行い6代藩主松平宗衍を補佐　7代藩主松平治郷後見役
> 【在任期間　享保11（1726）年～明和7（1770）年　通算45年】
> （備中⇒隠居号古備中⇒隠居号故備中）

3代小田切備中尚足は、享保11（1726）年～明和7（1770）年、隠居する迄の45年間の長きにわたり、5代藩主松平宣維に6年間、6代藩主松平宗衍に37年間、7代藩主松平治郷に4年間

仕えた。享保11（1726）年に父遺跡8百石、格式組外を相続する。

　備中尚足は、頭脳明晰で与えられた仕事を悉(ことごと)く達成し、6代藩主松平宗衍より称美され羽織や小袖を拝領する。享保15（1730）年に者頭を経て扈従番頭役並びに御書方列士録御用、奏者、先番を兼勤する。同18（1733）年に年譜書継御用受口、同21（1736）年に大番頭役並びに御書方御用を勤める。元文3（1738）年に格式中老仕置添役、手前抱足軽2人を拝命し、更に軍用方受口、隠岐国御用請口、杵築大社（出雲大社）造営成就遷宮役の柳多四郎兵衛の添役となり遷宮を無事済ませる。続いて勝手方郷方御用大頭取本役を拝命し多忙を極める。延享3（1746）年には、藩主宗衍に認められ家老仕置役、手前抱足軽5人、加増2百石を得て合計千石となり、小田切家悲願の家老となった。

藩政改革「延享の改革」

　延享4（1747）年に6代藩主松平宗衍は、八方塞(はっぽうふさ)がりの藩政を打開すべく、藩主自ら政治を行う親政「御直捌」藩政改革「延享の改革」を断行した。老臣の家老仕置役を一掃し、理財に長けた3代小田切備中尚足を一人残して補佐させた。家臣の中から身分の上下にかかわらず才覚、才能、発案に優れた人材を登用し「趣向方」という新官僚群を抜擢した。

　当時としては、画期的な人事異動を行い閉塞感の打開を図った。その中枢に据えたのが小田切備中尚足である。同年（1747）年6月、備中尚足は、藩主の命を受け、藩主より拝領した烏帽(えぼ)子並びに直垂(ひたたれ)に身を包み、杵築日御碕神社へ代参する。

　「延享の改革」の成功を祈願し、御願書を神前に捧げた。

　小田切備中尚足は、6代藩主松平宗衍の片腕となる。

小田切備中尚足が行った改革改善策

小田切備中尚足の中屋敷跡（松江市城北公民館敷地内）

小田切家累代の墓（桐岳寺）

　藩政改革「延享の改革」を託された家老仕置役3代小田切備中尚足は、発想の転換を図り、今までの考えを一掃し、40項目に及ぶ改革を行った。

　備中尚足が行った改革は、大きく分けて四つを挙げる事が出来る。

　その一つは、当面の手元不如意(てもとふにょい)による資金繰りの改善であった。先ず資金調達部署「泉府方」、「義田方」、「新田方」を設置し資金を集め、延滞していた借金の返済に充てた。備中尚足自身も度々京都・大坂に出かけ資金を集めた。

泉府方は、富商や地主から出資を募り、預かった資金を一般に貸し付け、その利息を藩と出資者で分けるという仕組みである。義田方は、前納租税で多額な年貢米金を前納させ、引き換えに永久もしくは一定期間の租税を免除する特典を与えた。新田方は、優遇されていた新田の年貢率の見直しを行い、増税を図り資金を集めた。他に、改革前より銀札の通用を再開し、更に「新井三斗俵」と言う、これまでの四斗入り一俵を三斗入り一俵に改め、資金繰り改善に努めた。

　二つ目は、集めた余剰資金で、これまでの農政一本の藩収入から脱却し、米穀収入に依存しない殖産興業を目指した。殖産興業では木蝋生産「木実方」、鍋、釜、農具類を製造した「釜甑方」、材木を有効活用するための「山林方」の三役所を藩営として設置した。

　他に薬用人参の栽培を試みたが成功に至らず、7代藩主松平治郷の時代に苦節の末、栽培に成功する。8代藩主松平斉恒の時代に古志原に「人参方」を設置し、幕府の許可を得て国外への販売を開始する。9代藩主松平斉貴の時代に長崎役所で中国向けの受注が増大し、莫大な利益をもたらすに至った。

　三つ目は、藩主並びに藩士の生活救済と寺社の救済を行った。藩財政の困窮により藩士の知行高は半減し、藩主も家臣も借り入れで賄い、借金は増大する一方であったが、備中尚足は資金を集めてこれらを救済した。

　四つ目は、不正の横行を糺した。貧しいがゆえに不正が横行した。正に悪代官が登場した時代である。

　このように藩士の士気は衰えやる気はなく、不正が蔓延し役所に於いても未処理の文書や裁判が滞り、備中尚足は藩士の救済を行い、やる気をおこし当面の難問を悉く解決した。

　これらの改善には、全て資金が必要となり、備中尚足は現代の銀行のような仕組みで巧みに資金を集め、悉く解決して藩主や藩士を喜ばせた。

　「延享の改革」は、一定の成果は上がったが、小田切備中尚足はその重責と直面する難題に忙殺され、家老一人では勤まらず家老仕置役の増員願いを延享5（1748）年正月から寛延4（1751）年6月までの足かけ4年間に4回も提出するも、その都度一人にて補佐するよう命ぜられた。この間、如何に激務であったかが想像できる。

　寛延4（1751）年2月14日、若殿（後の7代藩主松平治郷）が誕生し、七日の夜に行われる松江藩松平氏伝来の「鳴弦蟇目」の儀式では、指名され弓弦を鳴らして祝った。

　藩主宗衍は、備中尚足の願いを聞き入れ、宝暦2（1752）年正月、4代塩見小兵衛を家老並江戸仕置役に登用し、同年5月、前年より備中尚足の補佐役をしていた家老並4代斎藤丹下を家老仕置役に抜擢し、備中尚足を補佐させた。

　藩主宗衍は、同2（1752）年5月、遂に「御当難を凌がれ」という理由により、「御直捌」を停止させ、備中尚足の「御手伝の名目」を除き「仕置役の名目」で勤めるよう命じ、恩賞として2百石の加増を行った。

　「御直捌」が停止されたのは、名目上は藩政改革が一段落したという事であったが、宗衍は元来病弱で宝暦元（1751）年の約4ヶ月の帰国後は、京都上使で上洛した以外は病気を理由に江戸に留まり、同7（1757）年まで帰国しなかった。従って、幕府への義務である参勤交代が出来なくなり、また、藩主不在では改革は頓挫し「御直捌」を停止せざるを得なかったのである。

　備中尚足は、宝暦3（1753）年4月28日付で病気にて退役願が許され御免となり、代わりに

3代高木佐五左衛門が家老仕置役に抜擢された。「御直捌」は停止されたが藩政改革は、家老並仕置役4代塩見小兵衛・家老仕置役4代斎藤丹下・3代高木佐五左衛門・6代柳多四郎兵衛等により継続されていた。一方、藩学の文教政策「文明館」の設置による人材育成や殖産興業の木実方、釜甑方等は軌道に乗りつつあり希望の灯は残された。

しかし、宝暦10（1760）年に幕府からの多額の公役、江州比叡山山門普請の厳命が下る。

資金がなく公役負担が出来ない状況下で、備中尚足は再び資金繰り担当として仕置役に再登用される。郷方、町方や大坂商人等の協力を得て資金確保し、家老仕置役5代朝日丹波郷保と5代有澤能登等と協力して無事難問を解決し、恩賞として加増5百石を拝戴した。

藩主宗衍は、この難題を処理した頃から癪痛・浮腫の病状が悪化し、江戸城への登城が困難となった。

最早、藩政改革の継続は困難となり、遂にかつて更迭した老臣5代朝日丹波郷保に改革を託し、嫡子松平治郷に藩主の座を譲った。

明和4（1767）年11月に若殿（後の7代藩主松平治郷）の後見役となり、同年12月、7代藩主松平治郷の家督御礼の節に随行し、10代将軍徳川家治に拝謁して太刀、銀、馬代を献上した。

顧みると備中尚足は、藩主宗衍の寵臣となり藩主を支えた。その恩賞として知行高が8百石から9百石の加増を得て合計千7百石の家老に昇進した。松江藩の歴史の中で一番の苦難な時代に5代朝日丹波郷保と共に藩主を支えた名家老である。明和7（1770）年、老衰につき隠居が許され、隠居号古備中、後に故備中と改めた。安永8（1779）年正月15日、出雲に於いて没した。

小田切家まとめ

小田切氏は滋野王の末裔で、代々信濃国（現在の長野県）小田切村に住み、姓を小田切と称した。鎌倉時代には、将軍源頼朝に従い弓術をもって東海地方に名を馳せた海野幸氏の子孫である。

曽祖父須猶・諱松猶・小田切美作守は、徳川幕府の旗本で従五位で諡定光院と称した。

元祖榊原極（本名小田切）は、松平直政の晩年に大名分千石で招聘され、松江奥谷村西原に広大な敷地を拝領したのが始まりである。本来、榊原極が本家小田切家を継ぐべきであったが、故有、氏名を榊原に変え松江藩に仕えた。その後、本家から再々後継者の懇願があり、元禄12（1699）年に3代藩主綱近の御聴に達する処となり、三男林之助を本家の養子とした。松江藩小田切家は、2代小田切左富の時代に榊原を本名小田切に改名した。

さて、小田切家で特に活躍したのは、3代小田切備中尚足一人である。

3代小田切備中尚足は、大きな理念と志を持ち、あらゆる難問をものともせず「松江藩列士録」からは迸る情熱が窺える。

5代藩主松平宣維、6代藩主松平宗衍、7代藩主松平治郷の3代藩主に重用され、父遺跡8百石、格式組外を相続した後に努力を重ね、家老千7百石までに昇進した。その間、6代藩主松平宗衍が直接政治を行った「御直捌」藩政改革「延享の改革」では家老仕置役として藩主を一人で補佐し一定の成果を上げ、続く「御立派改革」の先駆けとなる。

また、千家・北島両国造家で争われた八雲山論争裁決及び幕府からの超難問公役、江州比叡山山門修復を5代朝日丹波郷保と協力して見事に解決した。

松江藩の歴代家老仕置役の中で判断力や問題解決能力に優れた3代小田切備中尚足と5代朝日

丹波郷保は、松江藩の代表的な名家老である。この二人は、破綻状態の松江藩を救ったと言っても過言ではない。

歴代藩主のお成りは、7代藩主治郷1回と松江藩に貢献した割には少ない。また、屋敷も家老屋敷の一角、有澤家上屋敷の隣でもよかったのではないかと思うのは筆者の浅慮であろうか。

小田切家は、3代小田切備中尚足の活躍後、4代半三郎が中老千7百石、5代主膳が中老千4百石、6代半三郎が組外千石、7代主膳が中老千石、8代内記が中老千石、9代半三郎は新先手組頭千石で明治維新を迎えた。

14. 仙石家

仙石家の名家老

元祖仙石猪右衛門　大番頭支配　千石
【在任期間　慶長7 (1602) 年～承応2 (1653) 年　通算52年】
(本国、生国共に伊勢)

元祖仙石猪右衛門は、本国、生国共に伊勢国（現在の三重県北部並びに中部）である。

慶長7 (1602) 年、越前福井に於いて、結城秀康より松平直政が2歳の時に人始めとして付けられる。慶長19 (1614) 年10月、徳川家康と豊臣氏が戦った大坂冬の陣が始まる。

出陣を前に松平直政の母月照院から戦場に赴く武士の嗜みとして、伽羅（香木）を詰めた香合を拝領する。時に初陣松平直政は14歳。猪右衛門は家長として越前北庄藩主松平忠直への使者を勤め、陣中では家康、秀忠に拝謁した。家康大いに喜びお召の陣羽織を賜る。この陣羽織は家宝として伝え、後年、5代藩主松平宣維が初めてお国入りした節に献上した。

大坂陣では、馬前に於いて敵の首級を二つ取る手柄を上げ、直政より御字「政」を頂き「政吉」と称した。譜代の寵臣で、大坂陣で大活躍するも、訳有で千石、大番頭支配で終わる。

承応2 (1653) 年7月11日、出雲に於いて没した。

仙石家累代の墓（誓願寺）

2代仙石猪右衛門　家老仕置役　千石
3代藩主松平綱近の重臣
【在任期間　承応2（1653）年〜宝永7（1710）年　通算58年】
（猪右衛門⇒隠居号無人）

　2代仙石猪右衛門は、承応2（1653）年〜宝永7（1710）年、隠居する迄の58年間の長きにわたり、初代松平直政に14年間、2代藩主松平綱隆に10年間、3代藩主綱近に30年間、4代藩主松平吉透に2年間、5代藩主宣維に6年間仕える。実に5代藩主に仕えた。

　永年勤続年数58年間は、歴代家老並・家老の中で7位である。

　承応2（1653）年に父遺跡千石を相続する。万治元（1658）年に寄合組番頭役、寛文4（1664）年に扈従番頭役並びに書方御用を兼勤する。天和元（1681）年に家老軍用方頭取を拝命する。

　先代が果たせなかった仙石家悲願の家老となった。貞享元（1684）年に城代となり足軽30人を預かる。同2（1685）年に家老仕置役に抜擢されるも、元禄元（1688）年に病気となり御免となる。

　宝永元（1704）年に4代藩主松平吉透の家督御礼の節、5代将軍徳川綱吉に拝謁した。

　同3（1706）年、2代藩主松平綱隆の正室天称院の病気見舞いに、隠居様（3代藩主松平綱近）の名代で江戸へ遣わされる。同5（1708）年、老齢により三の丸御殿への登城の節、殿中での杖が許され、御手自にて杖を頂戴する。隠居様のご来宅が数度あり、その都度品々を頂戴した。

　同7（1710）年、隠居が許され隠居料5百石を拝戴し、隠居号無人と称した。

　正徳3（1713）年4月24日、出雲に於いて没した。

仙石家まとめ

　仙石家は、元祖仙石猪右衛門が、慶長7（1602）年に結城秀康より松平直政が2歳の時、人始めとして元祖柳多四郎兵衛長弘と共に付けられたのが始まりである。

　その後、慶長19（1614）年10月、徳川家康が豊臣氏の本城を攻めた大坂冬の陣が始まる。

　初陣松平直政は時に14歳、家長として従ったのが氏家五右衛門政次、仙石猪右衛門政吉、神谷兵庫富次、柳多四郎兵衛長弘の4人である。

　この中で寵臣仙石猪右衛門政吉の活躍は、目覚ましいものであった。戦陣に於いて徳川家康並びに秀忠に拝謁し、主君直政の出陣の許しを得て、家康お召の陣羽織を賜り、戦陣では直政の馬前に於いて兜首を二つ取る等の活躍をした。

　後にこの四家の内、柳多・神谷両家は代々家老に昇進し、知行高も2千石以上で与力が与えられたが、仙石家は千5百石から千石、中老又は家老で終わり代々家老にはなれなかった。その要因の一つが遺恨討ちの助太刀と考えるのは、筆者の浅慮であろうか。

　その後、仙石家は2代以降の努力により、2代仙石猪右衛門、4代仙石猪右衛門、7代仙石猪右衛門が家老となり、6代仙石猪右衛門と8代仙石猪右衛門は家老並を賜った。また2代仙石猪右衛門と6代仙石猪右衛門、7代仙石猪右衛門は、仕置役を勤め松江藩の政治の中枢を担った。

　歴代平均勤務年数30.7年は、家老並・家老家の中で9位である。

歴代藩主のお成りは、隠居様（３代藩主綱近）が数度、７代藩主治郷３回、９代藩主斉貴１回である。

　顧みると仙石家は、代々家老にはなれなかったが、中老から家老を勤め松江藩の政治並びに軍事を陰から支えた家柄である。

コラム　元祖仙石猪右衛門、遺恨討ち事件に加担、家老になれず

　元祖仙石猪右衛門は、結城秀康から松平直政の人始めとして付けられた譜代の家臣で、大坂陣の大活躍からすれば、家老に推挙されるのは当然の成り行きであったが、家老にはなれなかった。その要因は、松江藩の謎とされていたが、『松江藩列士録』には克明に記されているので紹介しよう。

　『仙石猪右衛門の妻は、徳川家康の扈従を勤める都築宗九郎の妹である。また、都築宗九郎の妻は、家康の譜代家臣「鬼作左」の異名で知られる本多作左衛門重次の娘である。

　事の起こりは、都築宗九郎の家臣と伊達政宗の家来とが口論に及び家臣が打擲され遺恨討ちとなる。都築家の一族郎党が徒党を組み、伊達家に乗り込み家臣を斬り殺す事件が発生した。

　事件は、仲裁により落着したが、後に仙石猪右衛門が事件に荷担したことが発覚し、松平直政は公儀を憚り、猪右衛門を家老に推挙出来なくなった。』

　直政は、猪右衛門を呼び家老に出来ない理由を述べ、千石、大番頭支配を授けた。

　譜代の側近で同僚の神谷兵庫富次と柳多四郎兵衛、氏家五衛門は家老となったが、仙石猪右衛門は家老にはなれなかった。その要因の一つが、遺恨討ちと言われている。

---

15. 村松家

村松家の名家老

元祖村松将監直賢　家老仕置役　６千石（内与力、手前抱足軽30人）
初代松平直政と２代松平綱隆のブレーン
【在任期間　元和２（1616）～延宝６（1678）年　通算63年】
（本国駿河、生国武蔵　内記⇒内膳⇒将監）

　元祖村松将監直賢は、本国駿河で生国武蔵国（現在の埼玉県・東京都・神奈川県東部）である。元和２（1616）年～延宝６（1678）年、没する迄の63年間の長きにわたり、初代藩主松平直政に51年間、２代藩主松平綱隆に10年間、３代藩主松平綱近に４年間仕えた。永年勤続年数63年は、歴代家老並・家老の中で３位に入る。

　将監直賢は、先主皆川山城守広照の家臣であったが、元和２（1616）年、14歳の時に越前福井に於いて松平直政の扈従として拾３石で採用された。

元和2年といえば大坂の陣が終わり直政は、その活躍により長兄越前北庄藩主松平忠直より1万石を分与された年である。将来を見据えた家臣が必要となり、2歳年下の村松将監直賢が採用されたものと考えられる。その後、松平直政は、元和5（1619）年に上総国姉崎1万石、寛永元（1624）年に越前大野5万石、寛永10（1633）年に信濃国松本7万石、寛永15（1638）年に出雲国松江18万6千石を拝領し出世する。

　その後、将監直賢は、藩主直政の知恵袋として重用され異例の速さで出世する。大野時代に4百石を知行、藩主直政が松江に栄封された寛永15（1638）年には千6百石の加増を得て2千石となり、寛永年中に藩主直政の御字「直」を頂き「直賢」と称し、併せて腰物（大和志津）を拝領した。

　同18（1641）年に元祖朝日丹波重政が没すると、朝日丹波重政が拝領していた山屋敷並びに田地を相添え千石及び与力10騎を賜る。正保4（1647）年に仕置役を拝命し23年間勤めた。仕置役勤務23年間は、松江藩歴代家老並・家老の中で11位である。

　慶安元（1648）年に鷹と鷹場を拝領する。鷹場が与えられ鷹狩が許されたのは、大橋、乙部、村松の三家老のみであった。同2（1649）年、幕府の公役西御丸普請手伝大奉行を仰せつかる。

　明暦3（1657）年に加増千石、手前抱足軽30人、寛文4（1664）年に2千石の加増を得て合計6千石となり、この時点で松江藩内での知行高は2代大橋茂右衛門を抜いて一番となった。

　松平直政は、出雲国松江に入国した翌年、家老以下諸役人に国務の要領六箇条を示し、また職制や軍役を定めて松江藩の基礎を確立した。この初期基盤づくりを陰で支えたのが村松将監直賢である。

　将監直賢は、松平直政の補佐役を勤め、藩主の知恵袋として松江藩の方向性を示した。

　寛文6（1666）年、松平直政死去後は、家老仕置役及び御意見番として2代藩主松平綱隆を支え、家督御礼の節は随行し、4代将軍徳川家綱に拝謁した。

　また嫡子民部（2代村松将監隆次）は、明暦元（1655）年に次期藩主綱隆の部屋住みとなり、寛文2（1662）年に家老、新知千石を賜り、寛文9（1669）年に家老仕置役に抜擢された。延宝3（1675）年に3代藩主松平綱近の家督御礼の節に随行し、4代将軍徳川家綱に拝謁した。

　この頃、親子で松江藩の重職を勤め、村松家が一番輝き、隆盛を極めた時代である。

　元祖村松将監直賢は、延宝6（1678）年2月14日、出雲に於いて没した。

元祖村松将監直賢の墓
（洞光寺）

| コラム | 村松将監直賢の栄光 |

　寛永13（1636）年に３代将軍徳川家光が日光山へ参詣した時、信濃国松本藩主松平直政は、幕府の重臣井伊掃部頭直孝と共に先導役を勤めた。この道中こともあろうに「輪淵」という馬が暴れ出し大騒動となったが、将監直賢が尾を取り押さえ何事もなく済み、直政は大いに喜び、褒美に父結城秀康が豊臣秀吉より拝領した唐冠の兜と直政が大阪の陣で着用した月照院手縫いの具足下肌着を授けた。

　将軍の参詣行列で馬の取り放し、喧嘩あるいは自火の発生は、その主人は取り潰しとされていたので、成り行き次第ではお家断絶も考えられた。松平直政は、大いに胸を撫で下ろし、大切にしていた家宝を与え称美した。

３代村松将監静賢の失脚

　３代村松将監静賢は、権力を笠に横暴な振る舞いや贅沢が多く、向かいに住む譜代家臣大番頭兼代官役の佐藤平兵衛と犬や庭木のことで喧嘩となり平兵衛を死罪に追い込み、その上平兵衛の幼児も死罪にした。家老２代大橋茂右衛門とも意見が合わず、また元禄２（1689）年には洪水の放水路として松江天神川の川違えを行うにあたり２代平賀縫殿隆顕と論争に及んだ。

　公儀にも聞こえが悪く３代藩主松平綱近は、喧嘩両成敗で村松将監静賢には暇を、平賀縫殿隆顕には蟄居を命じ、二人とも失脚した。

４代村松伊賀　家老仕置役　千２百石
６代藩主松平宗衍のブレーン　後見役同然を勤める
【在任期間　宝永７（1710）年〜延享４（1747）年　通算38年】
（久弥⇒左部⇒内膳⇒伊賀）

　４代村松伊賀は、宝永７（1710）年〜延享４（1747）年、隠居する迄の38年間の長きにわたり、５代藩主松平宣維に22年間、６代藩主松平宗衍に17年間仕えた。

　宝永７（1710）年に５代藩主松平宣維に出仕し、百人扶持を賜る。享保３（1718）年に扈従番頭、同年に列士録旅役帳改、同11（1726）年に中老仕置添役を拝命する。同年、列士録御用頭取、享保13（1728）年に家老仕置役に抜擢され、役料高に結び加増５百石、その上加増５百石を合わせて千石となり、村松家の失地を回復し再興した。村松家の中興の祖である。

　享保16（1731）年にお叱りを蒙り役職を解かれるも、同19（1734）年に仕置帰役となり江戸勤番を命ぜられる。享保20（1735）年、桜町天皇の即位大礼が行われ、伊賀は松江藩を代表して使者を努め、天皇に儀刀一鞘、馬銀２百両並びに上皇に儀刀一鞘、馬銀百両を奉納した。元文２（1737）年、４代三谷半大夫に代わり若き６代藩主松平宗衍の後見役同然を拝命し、藩主宗衍の下帯召初の御用懸を勤める。元文５（1740）年、藩主宗衍の家督御礼の節に随行し、８代将軍徳川吉宗並びに大納言家重に拝謁し太刀、銀、馬代を献上した。

　同年、役料米３百俵を拝領する。

　寛保２（1742）年３月、６代藩主松平宗衍の具足召初の節に御用懸となり御手自にて小袖併せ

千疋を拝戴する。同年5月5日に元祖村松将監直賢が初代藩主松平直政より拝領の家宝「直政公、大坂夏の陣で着用の月照院手縫いの具足下の肌着」を祝儀として差し上げる。延享2（1745）年に加増2百石、合計千2百石を賜る。

延享2（1745）年6月5日、病気がちとなり願い出て役職を辞し、同4年に隠居が許された。

延享4（1747）年6月9日、出雲に於いて没した。

村松家まとめ

村松家は、元祖村松将監直賢が初代藩主松平直政の絶大なる信頼を得て、三大家老（大橋、乙部、村松）に名を連ね寵臣となる。村松家の詳しい出自は定かではないが、歴代順調に行けば間違いなく代々家老に選ばれた家柄である。

2代将監隆次は、初代藩主松平直政に嘱望され嫡子時代に家老千石を賜る。続く2代藩主綱隆の寵臣となり家老仕置役に抜擢され、3代藩主綱近の家督御礼の儀に父に代わり随行し4代将軍徳川家綱に拝謁し、太刀、銀、馬代を献上した。2代までは、順風満帆である。

しかし、3代村松将監静賢は、権勢を笠に横暴な振る舞いが多く、同僚との確執等により失脚する。この失地を回復したのが4代村松伊賀である。中老仕置添役を経て家老仕置役に抜擢され、千石を拝領する。6代藩主松平宗衍の後見役同然となり、藩主宗衍の家督御礼の儀に随行し8代将軍徳川吉宗に拝謁した。4代村松伊賀は、百人扶持から加増を得て家老千2百石となり、村松家を再興させた中興の祖である。

他に活躍したのが6代村松伊賀である。家老仕置役を15年間にわたり勤めた。

また7代村松伊賀は、中老仕置添役時代の文化3（1806）年に、杵築大社（出雲大社）修復惣奉行を拝命し完成させ、公儀牧野備前守より時服三、別途8代藩主斉恒より小袖二、裃一具を拝戴した。同6年に大遷宮を行っている。

歴代藩主のお成りは、2代藩主綱隆1回、3代藩主綱近2回、7代藩主治郷4回、8代藩主斉恒5回の合計12回である。

16. 垂水家

垂水家の名家老

元祖垂水十郎右衛門　番頭　6百石
【在任期間　寛永20（1643）年〜延宝3（1675）年　通算33年】
（本国摂津、生国播磨）

元祖垂水十郎右衛門は、本国は摂津国で生国は播磨国（現在の兵庫県中・東部）である。

寛永20（1643）年、出雲国松江で松平直政に知行高5百石で採用される。

寛永20（1643）年〜延宝3（1675）年、没する迄の33年間の長きにわたり、初代藩主松平直政に24年間、2代藩主松平綱隆に10年間仕えた。

正保4（1647）年に使番役を拝命し13年間勤めた後、万治2（1659）年に寺社町奉行を14年間勤める。寛文12（1672）年に留守居番頭役、加増百石を得て、合計6百石となる。

垂水家の基礎を確立し、延宝3（1675）年8月20日、出雲に於いて没した。

8代垂水伊織　家老仕置役　千石
10代藩主松平定安の重臣
【在任期間　天保4（1833）年～万延元（1860）年　通算28年】
（伊織⇒隠居号衆山）

8代垂水伊織は、天保4（1833）年～万延元（1860）年、隠居する迄の28年間にわたり、9代藩主松平斉貴に21年間、10代藩主松平定安に8年間仕えた。

天保4（1833）年に父家督7百石を相続する。同6（1835）年に留守居番頭役、同8（1837）年に扈従番頭役、同14（1843）年に大番頭役を勤める。弘化2（1845）年に9代藩主松平斉貴に嘱望され格式中老仕置添役となり、嘉永5（1852）年に格式家老並仕置役に抜擢される。続く10代藩主松平定安に仕え、嘉永6（1853）年12月1日、藩主定安の家督相続御礼の儀に随行、13代将軍徳川家定に拝謁して太刀、銀、馬代を献上した。安政3（1856）年に禁裏御所方普請惣奉行の重責を任せられ無事に完成させる。同4（1857）年に垂水家悲願の家老仕置役となり加増3百石を得て合計千石となった。

万延元（1860）年に病気がちとなり願い出て隠居が許され、隠居号衆山と称した。

8代垂水伊織の墓（万寿寺）

文久4（1864）年2月17日、出雲に於いて没した。松江奥谷町万寿寺に眠る。院号は瑞雲院と称す。

垂水家まとめ

垂水家歴代の中で活躍したのは、垂水家の基礎を確立した元祖垂水十郎右衛門、中老仕置添役を勤め4百石の加増を得た4代垂水伊織、7代藩主松平治郷の寵愛を受け中老仕置添役兼勤近習頭役を経て家老並に昇格した6代垂水伊織、垂水家悲願の家老仕置役に抜擢された8代垂水伊織を挙げることができる。

特に6代垂水伊織は、7代藩主松平治郷の信任が厚く、藩主の参勤交代、帰国の節に26回も御供した。この頃、藩主自ら政治を行う親政「御直捌」経費節減策が断行され、国中に倹約令が発布された。大名行列も家老や者頭が御供から削減され、全て6代垂水伊織の双肩にかかった。従って、大名行列中、藩主治郷は伊織を片時も離さず、伊織は多忙を極める。

その一端を『松江藩列士録』の一部を紹介しよう。寛政8（1796）年10月15日「去年、御自身御取捌以来、格別打ち込めり出精相勤め、御倹約の儀も取り計り、仰せ付けられるの処、相筋立ての段は精々骨折り故と思召される旨、猶又江戸表御〆り合いの儀も心配り相勤めるべき旨、

これを仰せ渡される。」

「藩主お馴染みのもの」に付き、毎年銀百枚充てを頂戴する。文化4（1807）年7月6日に没し、法事の節に8代藩主松平斉恒並びに不昧公より香典が届けられた。

垂水家への歴代藩主のお成りは、一度もなかった。その要因は、8代伊織が家老仕置役を勤めた期間が、安政4（1857）年から万延元（1860）年までの足かけ4年と短く、10代藩主定安も多忙を極めた時期であり、ご来宅が無かったものと考えられる。

垂水家は、元祖垂水十郎右衛門が留守居番頭6百石、2代十郎衛門が用人役4百石、3代十郎衛門が奥取次役4百石、4代伊織が中老仕置添役7百石、5代轉が組外7百石、6代伊織が家老並7百石、7代伊織が中老7百石、8代伊織が家老仕置役千石、9代左部が中老千石、10代左部が組外8百石で版籍奉還を迎え終焉となった。

垂水家は、番頭役から中老、家老を勤めた家柄である。

17. 松原家

松原家の名家老

元祖松原五郎大夫　格式不明　2百5拾石
【在任期間　寛永年（1633〜1638年）〜万治元（1658）年　通算不明】
（本国、生国共に不明）

元祖松原五郎大夫は、本国、生国共に不明である。

寛永年（1633年〜1638年）に信濃国松本藩主松平直政に新知2百石で採用される。

その後、5拾石の加増を得て2百5拾石となる。

万治元（1658）年12月25日、出雲に於いて没した。

3代松原定右衛門　家老仕置役　千石
5代藩主松平宣維の重臣
【在任期間　元禄3（1690）年〜享保19（1734）年　通算45年】

3代松原定右衛門は、元禄3（1690）〜享保19（1734）年、隠居する迄の45年間の長きにわたり、3代藩主松平綱近に15年間、4代藩主松平吉透に2年間、5代藩主松平宣維に27年間、6代藩主松平宗衍に4年間仕える。藩主4代にわたり仕えた。

元禄3（1690）に父家督百石を相続し、大番組へ組入となる。元禄4（1691）年に大番組筆頭役、翌5（1692）年に新貸方奉行・役料2拾俵、同8（1695）年に使番役、加増百石と着々と昇進し頭角を現す。同13（1700）年に者頭鷹方支配を拝命し加増百石、同16（1703）年に奥取次役を兼勤する。宝永元（1704）年に隠居様（3代藩主松平綱近）に付けられ奥取次役、同3（1706）年に新御殿用人役、同6（1709）年に加増百石を得て、同7（1710）年に者頭帰役、正徳元（1711）年に用人役帰役となり16年間勤める。

第3部　家老並仕置役・家老仕置役を勤めた30家と名家老 | 269

享保 7 （1722）年に格式留守居番頭、職制用人役となり松江藩上士となる。同11（1726）年に嫡子丈左衛門に百石分知する。同年、隠岐国御用兼勤、格式中老仕置添役並びに軍用方兼勤に抜擢され、松江藩の政治、軍事を司る仕置所勤務となる。同14（1729）年に加増百石を得て、享保16（1731）年に家老仕置役に抜擢される。嫡子丈左衛門の分知百石を返し下され、加増 5 百石を得て千石となり、松原家悲願の家老となった。

この時期、松江藩の財政は破綻状態で 5 百石の加増が如何に価値あるものかが分かる。

その後、仕置役を 3 年勤め、享保19（1734）年に隠居が許された。

享保21（1736）年正月20日、出雲に於いて没した。

松原家まとめ

松原家は、松江市民にとってあまり馴染みがないが、幕末格式中老、8 百石の家柄である。

松原家は、出自も定かではなく、強力な縁故者もいない百石取りの松江藩並士の家柄であるが、突如彗星の如く現れたのが 3 代松原定右衛門である。大番組百石を家督相続した後に、一歩一歩地道に努力を重ね、上司及び歴代の藩主に認められ着実に昇格した。正にホップ、ステップ、ジャンプの出世を果たした。

特に 5 代藩主松平宣維に嘱望され、努力を重ねて家老仕置役、千石までに上り詰めた。

松江藩の歴史の中で、一介の並士から家老までに昇進した事例は、あまり例がない。

勤続45年間の長きにわたり 4 代藩主に仕え、松原家の地位と名誉を築いた。松原家を語るとき、3 代松原定右衛門を除しては語れない。

他に松原家で活躍したのが、中老仕置添役を勤めた 5 代松原杢や長州征伐で城下固一番備士大将を勤め幕末を駆け抜けた 7 代松原五郎太夫正義である。

因みに、7 代松原五郎太夫正義の智養子松原操（実・8 代平賀縫殿二男繁三郎）は、格式者頭海軍副将分知 2 百石並びに第一八雲丸の軍艦奉行に任命され活躍し、幕末には番頭上席仕置添役（参政）格に抜擢された。

松原家への歴代藩主のお成りは、一度もなかった。

松原家は、元祖五郎大夫 2 百 5 拾石、2 代定右衛門が代官役百 3 拾石、3 代定右衛門が家老仕置役千石、4 代定右衛門が中老千石、5 代杢が中老仕置添役 8 百石、6 代五郎人夫が中老 8 百石、7 代五郎大夫が中老 6 百石で幕末を迎えた。

3 代以降、歴代安定した勤め振りにより格式中老を継承し、松江藩に貢献した家柄と言える。

18. 石原家

石原家の名家老

元祖石原九左衛門 　番頭　5百石
【在任期間　慶長19（1614）年～寛永17（1640）年　通算27年】
（本国、生国共に下野国）

　元祖石原九左衛門重友は、本国、生国共に下野国（現在の栃木県）である。

　父平左衛門は、結城秀康に仕える。兄又右衛門は、2代越前北庄藩主松平忠直に仕えるも、故有り越前を退く。

　元祖石原九左衛門は、慶長19（1614）～寛永17（1640）年、没する迄の27年間にわたり、初代藩主松平直政に仕えた。越前時代からの譜代家臣である。

　慶長19（1614）年、越前福井に於いて松平直政に採用され、大坂両陣では馬廻りで出陣し、首級を撃ち取る戦功を挙げ、度々称美を蒙る。元和2（1616）年に越前福井にて新知百3拾石を賜り、越前大野で目付役となり足軽30人を預かる。その後、病気となり役職を退く。寛永2（1625）年、越前大野で加増百2拾石、同13（1636）年に信濃国松本で加増百石、寛永15（1638）年に出雲国松江で加増百5拾石を得て合計5百石となる。同年に留守居番頭役を拝命し、松江藩の上士となる。藩主松平直政の栄進と共に知行高も増加し、石原家の基礎を確立した。

　寛永17（1640）年11月16日、出雲に於いて没した。

2代石原九左衛門 　家老仕置役　千5百石
2代藩主松平綱隆の寵臣
【在任期間　寛永17（1640）年～元禄3（1690）年　通算51年】
（千松⇒九左衛門）

　2代石原九左衛門は、寛永17（1640）年～元禄3（1690）年、没する迄の51年間の長きにわたり、初代藩主松平直政に27年間、2代藩主松平綱隆に10年間、3代藩主松平綱近に16年間仕える。3代藩主に仕えた。

　寛永17（1640）年、14歳の時に父遺跡3百石、大番組を相続する。承応元（1652）年に者頭役、同3（1654）年に加増3百石、寛文2（1662）年に加増2百石、同5（1665）年に加増2百石を得て合計千石となる。初代藩主松平直政の寵愛を受け、先代を相続してから26年間で7百石の加増を得て千石となり、表方用人役且つ御次御用兼勤に取り立てられた。

　更に2代石原九左衛門を著名にしたのは、寛文6（1666）年に初代藩主松平直政が逝去すると、遺言により出雲国へ奉送の上、月照寺に葬られることになった。九左衛門は、霊柩に随行するよう命ぜられるも、願い出て江戸に残り手廻り御用等を滞りなく済ませ、喪に服して剃髪した。

　2代藩主松平綱隆は、痛く感服し御前に召して、先代の「格別お馴染みのもの」、生前の忠節に謝辞を述べ、引き続き尽くす様に申し渡した。その後、藩主綱隆にも重用され、寛文10（1670）年に大目付役を拝命し、併せて仕置所・御次勤・軍用方御書所兼勤を命ぜられる。寛文12（1672）年に格式家老仕置役、加増5百石を得て合計千5百石となり、石原家悲願の家老となった。

仕置役を 7 年間勤めるも病気となり、延宝 6 （1678）年に仕置役を退役する。 9 年間の逼塞が許され、経費節減並びに病気治療に専念し、心身の充実を図り学問に励む。元禄元（1688）年、仕置役に再登用され没する迄勤める。

元禄 3 （1690）年10月31日、出雲に於いて没した。法事執行の節、養法院から香典が届けられた。

石原家まとめ

元祖石原九左衛門は、越前福井時代からの譜代家臣である。

慶長19（1614）年に松平直政が14歳の時に採用され、大坂両陣では、馬廻り役で出陣した。その後、藩主松平直政の栄進に伴い知行高も 5 百石と加増する。松江藩の上士となり、石原家の基礎を確立する。

2 代石原九左衛門は、松平直政の晩年に仕え、「格別お馴染みの者」として重用され 3 百石から千石に取り立てられ、トントン拍子で出世する。

松平直政が晩年に特に重用したのが元祖村松将監直賢、元祖有澤織部直玄と 2 代石原九左衛門の三人である。九左衛門は、松平直政が逝去した際に江戸に残り手廻り御用等を滞りなく済ませ、剃髪して先代に忠義を尽くした。

続く 2 代藩主松平綱隆にも重用され、家老仕置役に抜擢され加増 5 百石を得て合計千 5 百石となり、石原家悲願の家老となった。以後、石原家は、格式家老から中老を勤める家柄となるが、この 2 代九左衛門の奮功に負うところが大きい。松江藩の名家老と言っても過言ではない。

6 代石原九左衛門は、本人の努力もさることながら、それ以上に父定形の藩への忠節が大きい。

定形は、普段より節約にこれ努め、度々藩へ寸志を申し出、藩主より称美を蒙り、藩士の鑑として加増百 5 拾石を賜った。

また隠居の身分で藩主へ茶碗の寄贈を申し出たり、コツコツ貯めた青銅 1 万貫を月照寺の仏殿資金に奉納し、藩主より懇ろの御意の言葉を頂いた。父定形の善意が石原家の名声を高め、父の支援もあり 6 代石原九左衛門は、家老並仕置役に抜擢された。忠節を尽くした定形は、正しく二宮尊徳の松江版と言える。

8 代石原九左衛門は、体が頑健で55年間の長きにわたり勤めた。嘉永 7 （1854）年、10代藩主定安の入国御礼の使者として、10代将軍徳川家定に拝謁し太刀、銀、馬代を献上した。

藩主定安は、老臣石原九左衛門を家老仕置役に帰役させ、知恵袋として側近とした。

石原家は、幕末、10代石原主馬徳郷が番頭 7 百石で明治維新を迎えた。

歴代藩主のお成りは、10代藩主定安の 4 回である。

19. 斎藤家

斎藤家の名家老

元祖斎藤彦右衛門　番頭　6百石（足軽32人預）
【在任期間　元和6（1620）年～万治元（1658）年　通算39年】
（本国、生国共に上総国）

元祖斎藤彦右衛門は、本国、生国共に上総国（現在の千葉県中部）である。

松平直政は、元和5（1619）年に上総国姉崎藩主となる。この姉崎時代に採用された家臣で、後の時代に松江藩の重臣に取り立てられたのが、代々家老乙部家と家老斎藤家である。

斎藤彦右衛門は、元和6（1620）年に上総国姉崎にて採用され、郡代を勤める。寛永元（1624）年、越前大野で新知2百石を授かり、同9（1632）年に町奉行となる。寛永15（1638）年に出雲国松江で留守居番頭並びに寺社町奉行となり加増3百石、足軽32人を預かる。同19（1642）年に加増百石、合計6百石となった。

万治元（1658）年正月27日、出雲に於いて没した。

4代斎藤丹下　家老仕置役　千石
6代藩主松平宗衍の寵臣　藩政改革「延享の改革」を陰で支える
【在任期間　享保5（1720）年～宝暦10（1760）年　通算41年】
（實・4代平賀筑後の弟小源次　小源次⇒平太⇒久米⇒丹下）

4代斎藤丹下（實・4代平賀筑後弟小源次）は、享保5（1720）年～宝暦10（1760）年、没する迄の41年間の長きにわたり、5代藩主松平宣維に12年間、6代藩主松平宗衍に30年間仕えた。

幼少より5代藩主松平宣維の扈従として2拾石5人扶持で仕えた後、奥取次役、参勤交代の用人役を勤める。享保5（1720）年に養父家督5百石を相続する。享保13（1728）年に加増百石を得て合計6百石となる。

奥方岩宮の出産御用取次を拝命し、若殿（後の6代藩主松平宗衍）の誕生後は、神社参拝の御供、御色直しや箸揃えを勤める。享保15（1730）年に留守居番頭役上座となり、同年に伏見兵部卿宮へ使者として遣わされ、伏見宮家より縮緬、羽織を拝戴する。同16（1831）年に格式中老仕置添役、手前抱足軽2人、併せて取次役を拝命した。

丹下は、歴代藩主の奥方にも重用され、清寿院（4代藩主松平吉透の正室）や天岳院（5代藩主松平宣維の継室）の形見分けを拝領する。奥方の形見分けは、代々家老でも例がない。丹下が如何に奥御殿で寵愛されていたかが分かる。

延享元（1744）年に家督祝儀の御用懸を勤め、同2（1745）年に加増百石、寛延2（1749）年にも加増百石を得て合計8百石となる。同4（1751）年に若殿（後の7代藩主松平治郷）が誕生し、七日目に行われる松平家傳「蠡目の儀式」の介添え役を仰せ付けられる。

同年に家老並となり、宝暦2（1752）年に家老仕置役に抜擢され、手前抱足軽5人、加増2百石を得て合計千石となり、斎藤家悲願の家老となった。同9（1759）年に仕置役を辞するも、同年再帰役となる。が、翌年病気となり医師をつけられる。役職を辞退するも決して許されな

かった。

　宝暦10年（1760）年6月29日、出雲に於いて没した。

斎藤家まとめ

　元祖斎藤彦右衛門は、松平直政が初めて藩主となった上総国姉崎時代に採用された側近である。斎藤家歴代の中で家老仕置役を勤め活躍したのが、4代斎藤丹下と5代斎藤丹下である。

　特に4代斎藤丹下は、5代藩主松平宣維の命により、4代藩主松平吉透の母の実家平賀家より智養子として斎藤家に迎えられる。養父の家督を相続した後、者頭、奥取次役等絶えず藩主の側に仕え、享保16（1731）年に松平宗衍が3歳で6代藩主を襲封するや、格式中老仕置添役に抜擢された。

　延享4（1747）年に藩主宗衍は、行き詰まった藩財政を打開するため、自ら政治を行う「御直捌」藩政改革「延享の改革」を断行する。老臣家老仕置役を一掃し、小田切備中尚足を一人残して補佐させた。この時、家老仕置役小田切備中尚足を側面から支えたのが4代斎藤丹下である。

　その勤功に対し度々加増を得て、寛延4（1751）年に家老並となり、宝暦2（1752）年に格式家老仕置役となる。斎藤家を一躍、家老家に昇格させ、揺るぎない基盤を確立した。

　5代斎藤丹下は、父遺跡千石、格式中老を相続する。明和4（1767）年に7代藩主松平治郷並びに家老5代朝日丹波郷保は、藩政改革「御立派改革」を実施する。5代斎藤丹下は、明和4年6月に仕置添役となり、同年11月に家老となる。7代藩主松平治郷の家督御礼の節に、10代将軍徳川家治に拝謁し太刀、銀、馬代を献上した。

　安永6（1777）年に仕置役となり松江藩の政治軍事の中枢を担い藩主を支え、改革を成功させた。

　安永8（1779）年、幕府の公役日光諸堂社其の外修復手伝の普請惣奉行を命ぜられ完成させ、江戸城本丸檜の間に於いて松平右京太夫より白銀3拾枚、時服三、羽織一を拝戴する。別途、7代藩主治郷より刀一腰を頂戴する。藩主治郷のお成りが6回もあった。

　外に活躍したのが、大番頭（後に中老）3代斎藤彦右衛門豊仙は、宝永2（1705）年に藩儒黒澤三右衛門長顕と共に3代藩主松平綱近の命により、国中の寺社古跡を調べたが藩主綱近の逝去に伴い中断する。

　但し斎藤家は、6代勘助が中老千石を家督相続後、享和元（1801）年に故有、重きお呵りを蒙り隠居尚且つ籠居を申し付けられ失脚する。籠居により断絶も考えられたが、4代以降の旧功により憐憫な仕置となり、7代中は組外5百石を賜る。その後、努力を重ね加増百石、格式中老仕置添役となる。8代修一郎豊敬は格式中老仕置添役6百石で明治維新を迎えた。

　斎藤家は、歴代の平均勤務年数32.1年は、家老並・家老家の中で5位に入る。

　元祖が留守居番頭・寺社奉行、2代が大番頭、3代・7代・8代が中老、4代と5代が家老を勤めた家柄である。

　歴代藩主のお成りは、7代藩主治郷6回である。

20. 太田家

太田家の名家老

元祖太田伴右衛門　大目附役　7百石
【在任期間　慶安2（1649）年〜延宝2（1674）年　通算26年】
（本国下野国、生国美濃国）

　元祖太田伴右衛門は、本国下野国で生国は美濃国である。

　慶安2（1649）年に出雲国松江に於いて久松丸（後の2代藩主松平綱隆）の部屋住みとなり、2拾石5人扶持で採用される。その後、目付役となり、明暦3（1657）年に新知百5拾石、徒頭、裏判役と順調に出世し加増3百5拾石、合計5百石となる。続く2代藩主松平綱隆にも重用され、寛文10（1670）年に大目付役となり加増2百石を得て合計7百石となった。幸松丸（後の4代藩主松平吉透）の「髪置」の祝儀には白髪を差し上げ、「袴着」の祝儀では肩衣袴を差し上げる。延宝2（1674）年に病気見舞いに2代藩主松平綱隆のお成りがあり、帰還の際に羽織を頂く。家老以下の家臣の病気見舞いで、藩主自らのお成りがあるのはあまり例がない。

　延宝2（1674）年7月26日、出雲に於いて没した。

2代太田勘解由　家老仕置役　千石
5代藩主松平宣維の寵臣
【在任期間　延宝2（1674）年〜享保10（1725）年　通算52年】
（吉五郎⇒伴右衛門⇒勘解由）

　2代太田勘解由は、延宝2（1674）年〜享保10（1725）年、没する迄の52年間の長きにわたり、2代藩主松平綱隆に2年間、3代藩主松平綱近に30年間、4代藩主松平吉透に2年間、5代藩主松平宣維に21年間仕える。4代藩主に仕えた。

　延宝2（1674）年に父遺跡7百石を相続する。近習見習いから大番組となり、天和2（1682）年に大番組筆頭役、貞享3（1686）年に扈従番組筆頭役、宝永元（1704）年に大名分表御用取次となり加増百石、手前抱足軽2人を拝領し合計8百石となる。更に正徳3（1713）年に家老仕置役となり加増2百石、合計千石と大抜擢され、太田家悲願の家老となった。

　5代藩主松平宣維の信任が厚く、その後、病気がちとなるも余人をもって代え難く、決して隠居が許されなかった。藩主の命により伴右衛門を勘解由に改号する。

　享保10（1725）年正月2日、出雲に於いて没した。

太田家まとめ

　太田家は、元祖太田伴右衛門が2拾石5人扶持から努力を重ね、初代藩主松平直政と2代藩主松平綱隆に重用され、大目附役7百石までに出世し太田家の基礎を確立した。更に2代勘解由は、5代藩主松平宣維に認められ家老仕置役に抜擢され、千石までに昇進した。しかし、以後、後継者が幼少だったり、5代と6代が短命だったりと活躍の場がなく、代を追うごとに知行高は減少し、最後の8代伴右衛門経紀は、格式中老3百3拾石で幕末を終えた。藩主のお成りは、無かった。

21. 氏家家

氏家家の名家老

元祖氏家五右衛門政次　家老　4百石
【在任期間　福井時代・慶長年（1601〜1614）〜寛永11（1634）年　通算不明】
（本国讃岐国、生国越前国）

　元祖氏家五右衛門の母は、松江藩初代藩主松平直政の祖母香西志摩（松光院）の妹である。松江松平家とは縁戚筋に当たる。同母弟に香西茂左衛門守清がいる。

　元祖氏家五右衛門には、嗣子が無く、元祖香西太郎右衛門の伯父を養子として迎える。

　氏家家は、景行天皇に遡る名門である。松江藩家老三谷権太夫家、神谷家、柳多家、棚橋家、小田家、三谷半大夫家、香西茂左衛門守清家、香西太郎右衛門家等と縁戚になる。

　慶長年（1601〜1614）、越前福井に於いて松平直政に仕える。大坂両陣では初陣松平直政の盾となり馬前に於いて首級を撃ち取る戦功を挙げる。戦功により元和2（1616）年に家老となり新知4百石を賜った。その後、姉崎、大野、松本と藩主直政に従い仕える。

　寛永11（1634）年、松本で隠居が許され、寛永20（1643）年5月9日、出雲にて没した。

3代氏家一学　家老仕置役　千石
3代藩主松平綱近、4代藩主松平吉透、5代藩主松平宣維の寵臣
5代藩主松平宣維の時代に三権（仕置役・城代・軍事方）を任せられる
【在任期間　寛文10（1670）年〜正徳2（1712）年　通算43年】

　3代氏家一学は、寛文10（1670）年〜正徳2（1712）年、没する迄の43年間の長きにわたり、2代藩主松平綱隆に6年間、3代藩主松平綱近に30年間、4代藩主松平吉透に2年間、5代藩主松平宣維に8年間仕えた。

　寛文10（1670）年に父遺跡8百石を相続する。延宝6（1678）年、屓従番頭役を拝命し13年間勤める。翌7（1679）年に書方を兼勤する。元禄元（1688）年に大番頭役、同3（1690）年に表御用取次を拝命し順調に昇格する。同7（1694）年に精勤が認められ加増2百石、合計千石となる。元禄9（1696）年に家老仕置役、手前抱足軽5人に抜擢され17年間勤め、3代藩主松平綱近の寵臣となった。

　宝永元（1704）年、4代藩主松平吉透の家督御礼の節に随行し、5代将軍徳川綱吉に拝謁した。宝永7（1710）年、5代藩主松平宣維に認められ別途役料3百俵を拝戴し、同年、仕置役・城代・軍用方の三権を任せられ、没する迄の3年間勤める。

　正徳2年（1712）年5月23日、出雲に於いて没した。

氏家家まとめ

　氏家家は、讃岐を本国とし、母方の香西家は景行天皇に遡る名門である。松江松平家とは、縁戚筋にあたり、歴代格式家老から中老、番頭を勤めた家柄である。

　元祖氏家五右衛門は、越前時代から松平直政に付けられた譜代家臣である。四家長（氏家五右

衛門、仙石猪右衛門政吉、神谷兵庫富次、柳多四郎兵衛長弘）の一人として共に大坂両陣では、初陣直政を守護し、馬前に於いて首級を挙げる等の戦功を挙げた。

氏家家歴代の中で特に活躍したのが、３代氏家一学である。歴代藩主に重用され、特に５代藩主松平宣維の寵臣となり、家老仕置役・城代・軍用方の三権を任せられた名家老である。

氏家家は、元祖氏家五右衛門が家老４百石、２代頼母（実元祖香西太郎右衛門の伯父）が養父家督２百石を相続の後に６百石の加増を得て寄合組番頭役８百石に昇進する。３代一学は上述の如く５代藩主松平宣維の寵臣となり家老三権（仕置役・城代・軍事役）を任せられた。４代外衛は中老千石、５代一学は弟吉弥に２百石を分知して組外８百石を家督相続後、中老仕置添役を11年間勤め家老並となる。６代一学は中老８百石、７代一学は中老６百石、８代頼母は番頭６百石を授かる。９代外衛は組外５百５拾石を相続後中老となるも出雲に於いて乱心自滅する。乱心自滅によりお家断絶のところ、思し召しにより名跡は継承され、10代一学は組外８拾人扶持を賜る。その後、努力が認められ格式奥列を拝命し失地を回復する。11代保は、養父家督組外８拾人扶持を相続し、幕末の慶応４（1868）年に者頭役となり明治維新を迎えた。歴代藩主のお成りは、残念ながら無かった。

22. 熊谷家

熊谷家の名家老

元祖熊谷主殿近知　家老仕置役　千石
　　３代藩主松平綱近の寵臣
　　　　【在任期間　寛文５（1665）年〜享保10（1725）年　通算61年】
　　　　（本国上野国、生国武蔵国　幼名猪兵衛⇒斉⇒主殿）

万治２（1659）年に万助（後の３代藩主松平綱近）は、父２代藩主松平綱隆、母越前福井藩主松平忠昌の女天称院の四男として誕生する。慣例により熊谷猪兵衛（後の元祖熊谷主殿近知）の母が乳母に選ばれ、拾両３人扶持で召し出される。これが好機となり猪兵衛は、寛文５（1665）年、14歳の時に採用され万助の部屋住みとなり４両と仕着銀３百目、５人扶持、扈従を賜った。

寛文11（1671）年に新知百石、奥取次格となる。延宝２（1674）年に２代藩主松平綱隆より加増百石を賜り、万助の片腕になるよう申し渡される。翌延宝３（1675）年、藩主綱隆の急逝により万助が３代藩主を襲封する。母が局となり合力金５拾両併せ百石分の雑用銀を拝領する。

猪兵衛にチャンスが訪れる。延宝４（1676）年に奥取次、同６（1678）年に者頭、天和２（1682）年に用人役併せ近習兼勤となり役料百俵を授かる。貞享３（1686）年に加増２百石を得て合計４百石となる。元禄元（1688）年に扈従番頭役となり加増百石、猪兵衛を斉に改号するよう命ぜられる。同３（1690）年に逼塞を願い出て許され、経費節減にこれ努め、浅学を恥じて文武両道に励む。

元禄５（1692）年逼塞中、格式大名分近習支配を命ぜられ奉公を再開する。同７（1694）年

に加増２百石を得て合計７百石と順調に出世する。翌８（1695）年に表御用取次役、手前抱足軽２人を拝命する。元禄９（1696）年、家老仕置役、加増３百石、手前抱足軽５人に抜擢され合計千石となった。

元禄16（1703）年に藩主綱近より御字「近」を頂き斉を「近知」と改める。

宝永元（1704）年、４代藩主松平吉透の家督御礼の節に随行し、５代将軍徳川綱吉並びに大納言家宣に拝謁した。同年、仕置役を辞し隠居様付けとなる。赤崎山屋敷へ数度お成りがあり、御立山焼秘蔵の茶入を拝戴する。

宝永６（1709）年、隠居様（３代藩主松平綱近）が卒去し、落髪して喪に服した。正徳５（1715）年に仕置帰役を拝命するも、享保２（1717）年に眼耳ともに衰え仕置役を辞する。

主殿近知は、初代藩主松平直政から５代藩主松平宣維に至る５代藩主に61年の長きにわたり仕えた。永年勤続年数61年は、歴代家老並・家老の中で５位である。

享保10（1725）年９月９日、出雲に於いて没した。

熊谷家まとめ

熊谷家は、初代藩主松平直政の晩年に採用される。事の起こりは、万治２（1659）年に２代藩主松平綱隆の四男万助が誕生する。慣例により母が万助の乳母に推挙された時に始まる。熊谷家の出自は定かでないが、乳母に推される程の家柄であるので名門ではなかったか。その後、母は局に抜擢された。

これが縁となり元祖熊谷主殿近知は、万助が３代藩主を襲封するやトントン拍子で出世街道を駆け上り、遂に元禄９（1696）年に家老仕置役までに昇格した。

主殿近知は、初代藩主松平直政から５代藩主松平宣維までの５代藩主に61年の長きにわたり仕え、特に３代藩主松平綱近の寵臣となり家老仕置役に抜擢され松江藩の政治の中枢を担った。

熊谷家は、元祖熊谷主殿近知が家老仕置役千石、２代主殿が中老千石、３代次郎が中老８百石と厚遇を受けるも、４代猪兵衛が組外６百石を拝領後、出雲に於いて乱心自殺する。松江藩では乱心した場合はお家断絶も考えられたが、思し召しにより名跡を立て５代主殿は組外５拾人扶持を賜る。その後、失地回復のため努力を重ね、文化４（1807）年に新知２百石、のち加増５拾石、文政元（1818）年に格式中老となる。６代熊谷主殿は先代同様精勤に励み、大番頭を勤め５拾石の加増を得て合計３百石となった。７代傳蔵知好は格式中老３百石、第二次長州征伐では、一之先大将６代大野虎之助基則隊に属し大番頭役を勤め出陣する。石州浜田内村の合戦では相手の陣地に大砲を撃ち込み戦功を挙げ、その恩賞として10代藩主松平定安より御手自にて白鞘脇差一腰を頂戴する。幕末まで一戦の大番頭として活躍した。

以上のように熊谷家は、元祖主殿近知が明けの明星の如く現れ、４代猪兵衛の時に衰退するも、その後の努力により７代傳蔵知好が幕末中老３百石、大番頭役で幕を閉じた。

歴代藩主のお成りは、３代藩主綱近２回、５代藩主宣維が赤崎山屋敷へ数度の訪問があった。

23. 分家・赤木家 (藩政改革「御立派改革」で活躍した３代赤木内蔵家の分家)

分家・赤木家の名家老

元祖赤木文左衛門　中老　５百石
【在任期間　元禄13（1700）年〜宝暦10（1760）年　通算61年】
(本国石見国、生国出雲国
實・本家元祖赤木文左衛門の二男左次郎　幼名左次郎⇒左文治⇒久治⇒左内⇒赤木文左衛門)

赤木家の分家元祖赤木文左衛門は、本家の同姓父赤木文左衛門の二男として誕生する。

幼名を左次郎といい、藩主の命により左文治、久治、左内、赤木文左衛門と改める。父と同姓同名は、襲名が多い江戸時代の武家では珍しくないが、本家と分家でしかも父と子の同姓同名は、珍しい。命名は、６代藩主松平宗衍の指示に従ったものである。

分家、赤木文左衛門は、元禄13（1700）年〜宝暦10（1760）年、隠居する迄の61年間の長きにわたり３代藩主松平綱近に５年間、４代藩主吉透に２年間、５代藩主松平宣維に27年間、６代藩主松平宗衍に30年間の４代藩主に仕えた。

文左衛門は、元禄９（1696）年正月５日、２代藩主松平綱隆の奥方天称院のお抱え女中をしていた伯母長坂の養子となる。同13（1700）年に御次勤めをした後、宝永元（1704）年に新御殿の奥勤めをし、同５（1708）年隠居様綱近の扈従２拾５石５人扶持を拝命し江戸詰めとなる。

正徳３（1713）年、将軍宣下祝儀御客方頭取、同４（1714）年に奥取次役となり新知百石、役料５拾俵を授かり10年間勤める。

５代藩主松平宣維に重用され、享保８（1723）年に目付御徒頭、役料百３拾俵を得て、同年軍用方を兼勤、同13（1728）年に目付役を解任されるも、同15（1730）年に寺社町奉行となり加増５拾石、役料百俵を賜り奥列に昇格する。

享保17（1732）年、中国地方は蝗害に見舞われ享保の大飢饉が発生する。８代将軍徳川吉宗は、大飢饉の鎮静化と国民の安穏並びに五穀豊穣を祈願するため、松江藩に杵築大社（出雲大社）での祈祷を命じ、文左衛門は祈祷御用懸を勤めた。

享保19（1734）年、用人役、役料百俵を拝命し12年間勤める。元文３（1738）年に役料高に結び加増５拾石を拝戴し江戸詰めとなる。その後、５回にわたり精勤に対し裃等拝領物を頂戴する。延享２（1745）年に近習頭、留守居番頭上座、加増百石、役料百俵、手前抱足軽２人を授かり上士となる。このように文左衛門は、努力を重ね、藩主より認められる。

寛延２（1749）年に６代藩主松平宗衍の長男千代松が誕生する。蟇目役並びに御産御用を勤め幃子、裃、白銀２枚を拝戴する。その後、千代松は早世し弟の鶴太郎が嫡子となり、後年７代藩主を襲封する。もし千代松が生きて藩主に赴いていたら、側近の中老仕置添役田口主馬と近習頭赤木文左衛門は、もっと出世したに違いない。

宝暦元（1751）年、努力が認められ加増５拾石、合計３百５拾石となり、同３（1753）年に中老に昇格する。同６（1756）年に加増百５拾石、合計５百石となった。

同７（1757）年、江戸へ御供中仕置添役並びに扈従番頭兼勤を拝命する。老齢にもかかわらず江戸に於いて、絶えず藩主松平宗衍の側にあり寵臣となった。

宝暦9（1759）年に願い出て近習頭を退役し、御手自にて刀（加賀清光、代金三枚）一腰、白銀五枚を拝領する。翌宝暦10（1760）年に隠居が許され、隠居料2百石を賜り、隠居号潜斉と称した。

安永8（1779）年10月21日、出雲に於いて没した。

5代赤木文左衛門章時　家老並仕置役　7百石及び役料2百俵
10代藩主松平定安の重臣
【在任期間　天保13（1842）年～明治2（1869）年　通算28年】
（實・5代大野舎人二男磯八）

　5代赤木文左衛門は、天保13（1842）年～明治2（1869）年、版籍奉還迄の28年間にわたり、9代藩主松平斉貴に12年間、10代藩主松平定安に17年間仕えた。

　天保13（1842）年に父家督相違なく6百石を相続する。嘉永3（1850）年、格式中老仕置添役、手前抱足軽2人を拝命する。同4（1851）年に江戸勤番となり、日光御宮修復御用副奉行同様を勤める。同5（1852）年、近習頭兼勤併せて地方受口並びに藩主定安の入代御用懸を命ぜられ、国許へ差し返される。安政3（1856）年、禁裏御所方普請御用副奉行同様を勤め、同5（1858）年に格別の出精に対し、役料を高に結び加増百石を授かり合計7百石となる。

　安政6（1859）年から文久2（1862）年までの4年間、参勤交代の御供を勤める。文久3（1863）年に格式家老並仕置役、手前抱足軽5人を賜った。

　慶応4（1868）年に老齢にもかかわらず京都詰めの出精に対し、役料2百俵を拝領する。

　文左衛門は、幕末の混迷期、絶えず藩主の側にあり家老並仕置役を勤め、藩主を支えた。

分家・赤木家まとめ

　松江藩の赤木家といえば、藩政改革「御立派改革」で活躍した本家中老仕置添役3代赤木内蔵が知られている。3代赤木内蔵は、3代脇坂十郎兵衛と共に江戸藩邸の莫大な経費節減に心血を注ぎ、江戸藩邸の人員整理や経費節減に成功した。藩政改革「御立派改革」成功の陰の立役者である。3代赤木内蔵は、藩政改革成功の恩賞として加増2百石を得て合計4百石、中老仕置添役となり昇格する。その後、4代は中老仕置添役5百石、5代は中老5百石を賜わった。

　一方、分家元祖赤木文左衛門は、誠実、質素、勤勉により6代藩主松平宗衍に努力が認められ、加増3百5拾石を得て格式中老に昇格し、分家赤木家の基礎を確立した。

　赤木文左衛門は、体が頑健で61年の長きを勤め、歴代藩主に尽くした忠誠と精勤は、唯々脱帽するのみである。

　他に分家赤木家で活躍したのが、3代赤木文左衛門と5代赤木文左衛門章時である。

　3代赤木文左衛門は、格式中老仕置添役兼近習頭を勤め加増百石、合計6百石となり、5代赤木文左衛門章時は、10代藩主松平定安に認められ、加増百石を得て合計7百石となる。格式家老並仕置役となり、赤木家悲願の家老格となる。藩主定安は、5代文左衛門章時の普段の精勤に対し役料として2百俵を与え称美した。また、嫡子真澄が慶応2（1866）年に仕置添役兼勤近習頭を拝命し、親子で松江藩の政治の中枢を担った。藩主定安の寵臣となり版籍奉還に至るまで松江藩に尽くした。

歴代の平均勤務年数34.8年は、家老並・家老家の中で２位である。

　分家赤木家は、家老並であるが、あえて名家老の一人に加えた。

　松江藩の家老家の中で本家より分家の格式が上となったのは、他に松江松平家の縁戚で香西茂左衛門家や棚橋玄蕃家があるが、何れも失脚しており、大成した事例は、赤木文左衛門家のみである。歴代藩主のお成りは、無かった。

24．棚橋家

元祖棚橋勝助　家老　2千石
【在任期間　寛永年（1624〜1633）〜寛永18（1641）年　通算不明】
（本国、生国共に美濃国）

　元祖棚橋勝助は、妻が松江藩初代藩主松平直政の母月照院の姉與女である。松平直政の立身出世の恩恵を受け、越前大野にて格式家老、知行高２千石で採用された。その後、信濃国松本を経て出雲国松江に藩主に従い入国した。

　松平直政は、軍事に明るい朝日丹波と経験豊富な棚橋勝助を指導的立場に置き、家老仕置役に乙部九郎兵衛・三谷権太夫・神谷内匠を任命し、城代家老に三谷半大夫を配置した。しかし、老臣である朝日丹波と棚橋勝助が共に入国して４年目に死去した。

　藩主直政は、頼りにしていた二人の寵臣を失い大きな衝撃を受けた。

　棚橋勝助は、寛永18（1641）年５月26日、出雲に於いて没した。この勝助の急死が棚橋家のその後の運命を狂わすことになる。

　２代棚橋将監は、寛永18（1641）年に父遺跡千５百石を相続、分知５百石を二人の弟猪兵衛に３百石、玄蕃に２百石を賜る。正保２（1645）年６月18日、出雲に於いて没した。

　３代棚橋将監は、正保２（1645）年に父遺跡千２百石を相続、分知３百石を弟武兵衛に授かる。しかし、３代棚橋将監には嗣子が無く、本家棚橋家は断絶した。

分家棚橋猪兵衛

　２代棚橋将監の弟猪兵衛は、度々加増を得て８百石、大番頭となるも嗣子なく断絶した。

分家棚橋玄蕃

　一方、２代棚橋将監の弟玄蕃は、３代藩主松平綱近に重用され、家老千３百石に昇進する。その嫡子２代棚橋玄蕃近正は、父遺跡千石を相続、分知３百石を弟半蔵（後に相馬）に授かる。

　玄蕃近正は、元禄２（1689）年に家老仕置役、手前抱足軽10人を授かり立身出世する。同５年に３代藩主松平綱近のお成りがあり、加増千石を得て合計２千石となった。

　ここまでは順風満帆であったが、元禄９（1696）年に罪を犯し、仁多郡岩屋寺に蟄居を命ぜられた。

　３代藩主松平綱近は、断絶させるのは忍び難く、玄蕃近正の弟相馬の倅権之助に家を継がせ千

石を与えた。その後、蟄居を命ぜられた玄蕃近正は、岩屋寺を抜け出し京都へ脱したが発覚し死罪となる。

死罪により相馬と権之助並びに一類３代棚橋将監の弟武平衛も願い出により知行召し上げとなった。

棚橋家まとめ

棚橋家は、松江藩松平氏と縁戚に当たる名門である。

藩主松平直政は、老臣棚橋勝助を朝日丹波と共に最も頼りにしていた。

それだけに、元祖棚橋勝助の急死が惜しまれた。もっと松江藩の初期基盤づくりに貢献していれば、棚橋家の運命も変わっていたと思われる。

その後、棚橋家は本家・分家に分かれ、棚橋七家と謳われ隆盛を極めたが、本家並びに分家棚橋猪兵衛家に嗣子がなく断絶した。

また、分家２代棚橋玄蕃近正の死罪により弟棚橋相馬並びに倅権之助及び３代棚橋将監の弟武平衛も願い出により暇を出され失脚した。

せっかく３代藩主松平綱近の配慮により、弟相馬の倅権之助に千石を賜り、家を再興させて貰ったのに全て水泡に帰した。

何故、２代棚橋玄蕃近正は、蟄居が辛抱出来なかったのか悔やまれる。

同様のケースで、後の時代に再興した家老家は、村松家と平賀家がある。

後悔先に立たず、忍耐すべきであった。

棚橋家は、他に元祖棚橋勝助の末子棚橋主税家があり、代々継承して最後の10代棚橋大像は父家督３百石を相続した後、若殿の御側役（家知事）を勤め明治維新を迎えた。

松江藩の玉手箱

松江藩は側室で栄えた

表13-1　歴代藩主の父母

歴代	歴代藩主	父	母
初代	松平直政	越前中納言秀康	◎側室駒（三谷氏・月照院）
2代	松平綱隆	松平直政	美濃大垣藩主松平忠良の女国姫（慶泰院）
3代	松平綱近	松平綱隆	越前福井藩主松平忠昌の女万姫（天称院）
4代	松平吉透	松平綱隆	◎側室（平賀氏・養法院）
5代	松平宣維	松平吉透	越前松岡藩主松平昌勝の女菅姫（清寿院）
6代	松平宗衍	松平宣維	伏見宮邦永親王の女岩宮（天岳院）
7代	松平治郷	松平宗衍	◎側室歌木（大森氏・本寿院）
8代	松平斉恒	松平治郷	◎側室愈喜（武井氏・心眼院）
9代	松平斉貴	松平斉恒	◎側室八百（浅尾氏・明相院）
10代	松平定安	津山藩主松平斉孝	◎側室知雄（雨森氏・法乗院）

（注）◎は側室名

　歴代藩主の内、正室の子が4人、側室の子が6人である。また名君4人の内3人が側室の子である。松江藩は、側室で栄えたと言ってよいだろう。

松江藩の四人の大老

　徳川幕府で大老と言えば、幕府の最高の格式で、将軍に直属する老中の上位にあり、老中が将軍に上申する事項を最後にチェックする寵臣である。将軍から全幅の信頼を得た人物で老中にも物申すご意見番である。松江藩は、幕府の制度を援用し、格式大老を選任したと考えられるが、3代藩主綱近のみが格式大老を選任している。

　列挙してみると①延宝4（1676）年、元祖小田伊織　②天和2（1682）年、3代乙部九郎兵衛可明　③貞享3（1686）、2代三谷権太夫長元　④元禄元（1688）年に2代大橋茂右衛門貞高の以上四人が格式大老として選任されている。

　他の藩主においては、格式大老を設けず、家老仕置役、軍事役、城代が上申する事項を上席家老並びに次席家老が決裁したと考えられる。

松江藩主の後見役・後見役同然

　歴代の藩主は、嫡子後継者が若い場合に後見役を付け補佐させた。
1．6代藩主宗衍の後見役同然・・4代高田極人、5代乙部九郎兵衛可豊の後任4代三谷半大夫
　　　　　　　　　　　　　　　　　～3代黒川監物・4代村松伊賀
2．7代藩主治郷の後見役・・・・3代小田切備中尚足、後任5代朝日丹波郷保
3．8代藩主斉恒の後見役・・・・6代朝日丹波恒重
4．9代藩主斉貴の後見役・・・・5代塩見小兵衛、後任7代朝日丹波貴邦

松江藩の三権（仕置役、軍事役、城代）を任せられた家老

松江藩の三権は、①藩政を司る仕置役、②軍事の最高責任者である軍事方、③藩主に代わって城を守る城代である。この全ての権限を任せられた家老がいた。

1．5代藩主宣維時代

　3代氏家一学・・・・・・宝永7（1710）年〜正徳2（1712）年の3ヶ年間

　3代團丹下近均・・・・・正徳2（1712）年〜正徳3（1713）年の2ヶ年間

　3代三谷権太夫長暢・・・正徳3（1713）年〜享保2（1717）年の5ヶ年間、

　　　　　　　　　　　　享保13（1728）年12月〜享保14（1729）年正月迄の2ヶ月間

2．6代藩主宗衍時代

　5代柳多四郎兵衛一斎・・元文5（1740）年〜延享2（1745）年の6ヶ年間

　　（注）　三権を任せた場合、藩主が参勤交代中に謀反の心配もあったが、松江藩の場合は上席家老並びに次席家老や表家老も控えていたので、その可能性は低かったと思われる。

松江藩一番の猛将はだれか

戦国時代、槍を駆使して戦場で名だたる敵将の首級をあげ、名を天下に馳せ、出世街道を突き進んだ猛将は天下に数多いるが、その中で二人を挙げるとすれば、徳川四天王の一人本多忠勝と虎退治で有名な熊本城主加藤清正である。

松江藩では戦場で一番強かったのは誰か、戦歴で見ればやはり元祖朝日丹波重政である。武田軍団の武将を次々と討ち取り、徳川家康を大いに喜ばせ、結城秀康の所望により家臣となる。槍一つで出世街道を突き進んだと言ってよいだろう。

『歴史人』、KKベストセラーズ発行の猛将ランキング20の中に朝日丹波重政の名がないが、恐らく関ヶ原の戦い以前の戦功が多く、それ以後の戦では目立った活躍がなかった事が要因と考えられる。

表13－2　松江藩の猛将五選

順位	家老名	戦歴
1位	元祖朝日丹波重政	武田勝頼方との一戦で数々の首級をあげる。
2位	元祖乙部九郎兵衛可正	大坂の陣で、越前藩主松平忠直に従い59人を討ち取る。
3位	元祖大橋茂右衛門政貞	福島軍団の一員、関ヶ原の前哨戦岐阜城の戦いで勲功あり。
4位	元祖神谷兵庫富次	大坂の陣で甲首二つあげる。松平直政より刀を拝領する。
5位	元祖柳多四郎兵衛長弘	大坂の陣で甲首二つあげる。松平直政より刀を拝領する。
5位	元祖仙石猪右衛門政吉	大坂の陣で甲首二つあげる。徳川家康より陣羽織を賜る。

藩主の乳母となり出世の糸口を掴む

　乳母と言えば、3代将軍家光の乳母春日局があまりにも有名であるが、松江藩でも春日局に劣らぬ乳母がいた。「御乳初」で乳を差し上げると、乳母の嫡子は藩主と乳兄弟となり、肉親同様の待遇を受けた。記録に残る五人の乳母を紹介しよう。

初代藩主松平直政の乳母と局を勤めた元祖山口七郎右衛門の母佐原木氏

　初代藩主松平直政は、慶長6（1601）年8月5日、父結城秀康の三男として誕生する。

　「御乳初」の儀式で乳を差し上げたのが、元祖山口七郎右衛門の母佐原木氏である。その後、佐原木氏は局に選ばれている。その嫡子山口七郎衛門は、4歳で採用される。大坂両陣では首級を挙げる等の活躍で加増を重ね、厚遇を受けて格式番頭8百石を拝領する。その後、山口家は代々松江藩の中老を勤め、6百石から7百石を賜り恩恵を受けた。

松平直政の乳母と局を勤めた元祖神谷兵庫富次の母東局

　松江藩初代藩主松平直政の乳母は、二人おり、一人は「御乳初」の儀式で乳を差し上げ、後に局となった元祖山口七郎右衛門の母佐原木氏で、もう一人が元祖神谷兵庫富次の母東局である。信長の姪に当たり結城秀康に仕え、東局を任せられた肝っ玉母さんで強くて逞しく、困ったときには頼りに成る女丈夫な女性であったようだ。

　3代将軍家光の乳母春日局と類似点も多い。

　①武将の娘、②乳母、③藩主を守り名君に育て上げた、④息子を主君の側近に付け大成させた、⑤気性が激しく屋敷に侵入した盗賊を手討ちにした。

　以上、類似点を上げたが東局は、春日局の松江藩版と言ってよい。

　東局は、安藤甚左衛門の女で織田信長の姪に当たり、夫は徳川家康の旗本で神谷権右衛門と言った。結城秀康が越前北の荘に転封した時、家康の命により結城秀康に付けられた。

　結城秀康は、神谷権右衛門の妻を三男松平直政の乳母に抜擢、東局を委ねた。

　藩儒桃節山は、『出雲私史』の中で直政の乳母也と記している。

3代藩主松平綱近の乳母を勤めた元祖熊谷主殿近知の母

　3代藩主綱近は、万治2（1659）年9月29日、2代藩主松平綱隆の四男として誕生する。

　幼名を万助という。元祖熊谷主殿の母が乳母に選任され、万助の身の回りの世話を行い、苦楽を共にする。この恩恵にあずかり嫡子主殿は、寛文5（1665）年、14歳で扈従として採用される。延宝3（1675）年、万助（後の松平綱近）が3代藩主を踏襲すると、母は局を預かる。

　これを機会に元祖熊谷主殿近知は、綱近より御字を賜り家老仕置役千石に抜擢された。

5代藩主松平宣維の乳母を勤めた元祖大野舎人の妻良久

　元祖大野舎人の妻良久は、庄五郎（後の5代藩主宣維）の「御乳初」の儀式に任命され乳母となる。これが転機となり大野舎人は、庄五郎の「御産髪執」、「御社参」、「御喰初」、「御髪置」、「御袴初召」を勤め寵臣となる。宝永元（1704）年に2百石の加増を得て6百石となり大名分に昇進する。正徳4（1714）年に2百石、更に享保8（1723）年に2百石の加増を得て合計千石

となり遂に家老となった。同10年に仕置役に抜擢され、城代も勤めた。

6代藩主松平宗衍の乳母を勤めた2代黒川弥税の妻

6代藩主松平宗衍は、幼名幸千代といい、乳母は2代目黒川弥税の妻である。

2代黒川弥税は、5代藩主宣維の奥方岩宮の寵愛を受け、幸千代が誕生すると墓目役を拝命する。更に弥税の妻が幸千代に初めて乳を差し上げ乳母となる。5代藩主宣維が急逝すると幸千代は3歳で跡目を継ぎ6代藩主宗衍を襲名する。黒川弥税は、格式番頭から家老並に抜擢され昇進する。その後、嫡子3代黒川監物は、藩主の寵臣となり家老仕置役千石に抜擢され、一時期幕府より6代藩主松平宗衍の守頭を命じられ、後見役同然を拝命し仕えた。

6代藩主松平宗衍が家老高田極人の病気治癒のために行った祈祷

6代藩主松平宗衍は、寛保4（1744）年正月元旦、後見役同然4代高田極人が危篤状態となり、深造院で祈祷を行わせ、名医数原通玄老を付けたが願いむなしく、正月6日に武蔵に於いて没した。

因みに、家老が危篤状態となり病気平癒のため祈祷を行わせたのは、記録の上では6代藩主松平宗衍一人である。藩主宗衍にとって4代高田極人が如何に重要な寵臣であったかが窺える。

高田極人の訃報に接した、藩主宗衍の落胆ぶりは、計り知れないものがあった。

永年勤続の家臣たち

表13-3　家老並・家老永年勤続年数

順位	家老名	勤続年数(年)
1	5代朝日丹波郷保	71
2	元祖大野舎人	68
3	元祖村松将監直賢	63
4	5代大野舎人	62
5	元祖熊谷主殿近知	61
6	8代今村修禮	59
7	4代塩見小兵衛	58
7	2代仙石猪右衛門	58
9	元祖神谷兵庫富次	57
10	5代塩見小兵衛	56

(注) 元祖の勤続期間は、採用から隠居又は死亡までとし、2代以降は遺跡相続から隠居又は死亡までとした。（この表は、家老並・家老仕置役家を対象とし、松江藩以前も加算して算出した。）

人生50年の時代に平均寿命より長く勤めた家老がいた。一番長かったのは5代朝日丹波郷保で71年の長きにわたり仕えた。藩政改革「御立派改革」を成功させ、何度も隠居願いを出すも聞き入れられず、御禮日御茶の節、間に合わずも苦しからず、三の丸御殿も杖をついても構わぬと中々隠居の許しが出なかった。この永年勤続家老は、体が頑強で藩主の信任が厚く、長らく松江藩に尽くしたと言える。勿論、上記10名は松江藩の名家老である。

表13-4　家老並・家老仕置役家の歴代平均勤務年数

順位	家老家名	代数	勤務年数(年)
1	大野	6	35.2
2	赤木(分家)	5	34.8
3	塩見	7	34.3
4	黒川	7	32.4
5	斎藤	8	32.1
6	三谷(権)	8	31.5
7	脇坂	7	31.4
8	高木	7	31.0
9	仙石	9	30.7
10	有澤	8	30.3
11	大橋	8	29.9

(注)　元祖の勤続年数は、採用から隠居又は死亡までとし、2代以降は遺跡相続から隠居又は死亡までとした。歴代の数え年数を加算平均して算出した。(松江藩以前も加算した)

　代々家老家は、格式と知行高が保障されたが、他の家老並・家老仕置役家は歴代優秀な人材で継承する事が重要である。格式や家禄に見合う仕事ができなかったり、何代か短命であったりすると格式、知行高が瞬く間に下げられた。従って、上記の家老並・家老仕置役家は、安定して松江藩に貢献したと言える。

表13-5　家老並・家老仕置役の勤務年数

順位	家老名	仕置役・勤務年数
1	6代朝日丹波恒重	35
1	5代大野舎人	35
3	5代三谷権太夫長逵	34
4	6代三谷権太夫長熙	33
5	7代朝日丹波貴邦	32
6	5代塩見小兵衛	30
7	3代大野舎人	27
8	7代大橋豊後基孚	25
8	8代柳多四郎兵衛一眞	25
8	5代平賀縫殿	25
11	元祖神谷兵庫富次	23
11	8代今村修禮	23
11	元祖村松将監直賢	23
11	4代高田極人定英	23

(注)　勤務年数は数え年数とし、帰役した場合も同様として合算した。

　家老並・家老仕置役は、過酷な職務である。大半が5年以内でギブアップするが、23年以上の長きを勤めた家老並・家老仕置役は、体力と能力を兼ね備えた優秀な家老である。

松江藩の二宮尊徳、6代石原九左衛門の父定形

6代石原九左衛門は、家老並に出世するが、本人の努力もさることながら、それ以上に父定形の藩への忠節が助けとなったと考えられる。父定形は、普段より節約にこれ務め、度々藩へ寸志を申し出で、藩主より称美を蒙り、藩士の鑑として加増百5拾石を拝領する。

また隠居の身分で藩主へ茶碗の寄贈を申し出たり、コツコツ貯めた青銅1万貫を月照寺の仏殿建造資金に奉納し、藩主より懇の御意を蒙る。父定形の善意が石原家の名声を高め、6代石原九左衛門は、家老並仕置役に抜擢された。忠節を尽くした定形は、松江藩の二宮尊徳と言っても過言ではない。

松江藩の刃傷沙汰

寛永年間（1624〜1644）年、江戸藩邸に於いて羽田虎之助と三上治右衛門が喧嘩に及び虎之助が治右衛門を討ち殺し、式台の処で元祖村松将監直賢が虎之助を討ち果たした。

清寿院と天岳院の形見分けを拝領した4代斎藤丹下

4代斎藤丹下は、4代藩主松平吉透の奥方清寿院並びに5代藩主松平宣維の奥方天岳院に寵愛され、奥方遺物の形見分けを頂戴している。奥方の形見分けは、代々家老でもあまり例がなく、丹下が如何に奥御殿で寵愛されていたかが窺える。

大名と同姓同名で名を変える

元祖栂半左衛門は、譜代の家臣で松平直政の扈従を勤め、大坂の陣ではお供をして首級を討ち取り、出雲国松江入国の際には8百石を授かる程の豪の者であるが、作州城主森内記と同姓同名であったことから、藩主松平直政より改名を命ぜられ、栂内記と改め、後に半左衛門と改める。

養子で栄えた家老團家

家老團家は、3代丹下近均、5代仲、9代仲、10代仲正順が養子である。養子の実家先は、3代が中老山口家、5代が代々家老大橋家、9代が代々家老三谷家後に代々家老乙部家、10代が代々家老神谷家である。何れも名門から養子を迎え、養子で栄えた家と言える。

團家で特に活躍したのが、3代團丹下近均と5代團仲である。何れも養子である。

松江藩の玉手箱 | 289

嫡子時代に家老仕置役を拝命した三人

松江藩10代230余年の中で、家老の嫡子が家老仕置役に抜擢され、重責を任された秀才が三人いた。

一人目は、2代藩主松平綱隆時代に元祖村松将監直賢の嫡子村松民部が家老仕置役に抜擢され活躍した。3代藩主松平綱近の家督御礼の節に随行し、4代将軍徳川家綱に拝謁した。

二人目は、7代藩主松平治郷の晩年に6代朝日丹波恒重の嫡子千助（後の7代朝日丹波貴邦）が父の補佐役として家老仕置役に任命され、分知5百石、役料米4百俵を拝領し、親子共々家老仕置役を勤めた。8代藩主松平斉恒の家督御礼の節に随行し、11代将軍徳川家斉並びに大納言家慶に拝謁した。

三人目は、幕末10代藩主松平定安に10代乙部九郎兵衛可時の嫡子勝三郎（實・8代平賀縫殿の三男）が家老仕置役に抜擢され、役料毎年米5百俵を拝領し活躍した。

家老嫡子の中で中老仕置添役を拝命した者は多いが、家老仕置役に抜擢された者は少ない。

茶器や道具類の虫干し

6代小倉源左衛門は、天保4年より嘉永6年の21年間にわたり、年末に茶器や道具類の虫干しを命ぜられた。弘化3年には褒美として役料増50俵を頂戴している。

新年を迎える準備として虫干しをしたのか分からないが、高価な茶器、道具類の虫干しは神経を使い、責任も重かったと思われる。その都度、労いとして2百疋を頂戴した。

御鷹部屋で鷹を飼っていた

松江藩で鷹狩が好きだった藩主は、初代藩主松平直政や7代藩主松平治郷、9代藩主松平斉貴が知られているが、鷹匠を約20人抱え、鷹匠町に住まわせ厚遇したと言われている。

中でも9代藩主松平斉貴は、鷹殿様と言われるほど鷹に嵩じ、鷹の書物を900冊余りも収集し、自らも鷹狩の作法等を著書にしている。良い鷹には金に糸目をつけず分不相応に集めた。

御鷹部屋は三の丸御殿の南側にあり、殺生方に属し者頭格の奉行や組士、鷹匠等が勤め、主に藩主が使用する鷹が飼われていた。鷹一羽にかかる費用は、およそ30石（磯田方式で換算すると約1千万円）。歴代藩主の中には、将軍が鷹狩で獲った「鷹之鶴」を下賜された記録が残されている。

歴代藩主の法要中は、月照寺界隈の警護は厳重に行った

文化15（1818）年に大円庵（故7代藩主松平治郷）の法要があり、7代山口七郎右衛門は、月照寺近辺の火の元や猥な輩のなきように警護に当たった。

7代藩主松平治郷の参勤交代のお供をした6代垂水伊織

7代藩主松平治郷は、明和4（1767）年に藩主となり、松江への初入国は明和6（1769）年と記録されている。藩主治郷が行った大名行列は、入国1回、参勤18回、帰国17回、合計36回である。松江～江戸間は、中山道廻りで25日間、東海道廻りで23日間かかる行程であった。松江藩は格式は高く、「譜代大名」・「国持大名」に数えられ大名行列も華やかで、藩主治郷が行った36回の行列費用も膨大な費用がかかっている。

藩主治郷は、「天明の大飢饉」後の寛政8（1796）年に御立派の政治も幾分綻びを見せ、倹約政策「御直捌」を断行する。大名行列費用の節減にもこれ努め、随行する家老や者頭の人数を減らし、近習頭6代垂水伊織に代役を勤めさせている。垂水伊織は、絶えず藩主治郷の側にあり、大名行列36回中26回もお供をし、行列の経費節減に努めた。

（注）若殿時代及び隠居後は、参勤、帰国合計から除外した。

おもしろい名字と名前

『松江藩列士録』の中で面白い名字と名前を抜粋してみたい。武士の氏名は、名字・通称名（受領名）、名（諱）の三つからなっている。例えば有澤織部直玄は、名字が有澤、通称名が織部、名が直玄である。日常、藩主並びに同僚等から呼称されるのは、通称名が多かったようである。従って、通称名は同僚と同名にならないように配慮してつけたと考えられる。

初代藩主松平直政は、採用する時に名字を替える事例がみられた。列挙すると木俣を有澤織部に、森内記は作州城主と同姓同名であることから栂内記・後に半左衛門に変えている。

鏡文字の姓名で面白いのは、明和7（1770）年に7代藩主松平治郷が命名した「佐々佐佐」である。茶目っ気たっぷりの姓名であるが、佐々は藩主治郷から寵愛を受け、留守居番組から番頭に昇格し6代、7代も同姓で明治維新を迎えた。外には3代「平井井平」がいる。

通称名では、鬼平こと平野鬼平、篠塚九十九、望月兎毛、諏訪部兎毛、丹羽無理兵衛等、名字では三日月、吹雪、早苗、葎部、南保等である。

松江藩の玉手箱 ｜ 291

初代藩主松平直政が愛した側室寿林様

　松平直政の側室は、長谷川氏（養源院）、篠塚氏（和光院）、加藤氏（寿林）の三人である。その一人寿林様は屋敷が与えられ、父加藤又衛門は万治3（1660）年に無役にて合力米2百俵を賜る。更に嫡子加藤平四郎は、直政より名字篠塚丹右衛門を授かり、新知4百石を拝戴している。因みに延宝4（1676）年に2代柳多四郎兵衛一道は、寿林様の跡屋敷を拝領した。

初代藩主松平直政は、亡くなる前年まで子作りに励んだ

　松平直政は、正室久姫他側室を三人置き子作りに励み、四男五女の子宝に恵まれる。直政は、亡くなる寛文6（1666）年の前年まで子作りに励み、最後の男子直丘（なおたか）が誕生している。因みに正室松平忠良の女久姫・慶泰院は、世継ぎ綱隆を含め四人を出産しているが、五人目からは側室の子である。

初代藩主松平直政は、3代将軍徳川家光の遺命により世子家綱の委託を受ける

　松平直政は、3代将軍徳川家光の信任厚く、正保4（1647）年に次期将軍候補・世子家綱の委託を受け、加賀中納言前田利常・越後中将高田藩主松平光長と松平直政の三人が努めている。

松江藩第一八雲丸、14代将軍徳川家茂の上洛のお供をする

　幕府より松江藩軍艦第一八雲丸は、14代将軍徳川家茂上洛の随行艦船に選ばれる。将軍は、幕府軍艦翔鶴丸（しょうかくまる）に乗船し、品川湾を各藩の随行艦船を随え出港する。艦隊が遠州沖に差しかかると、将軍家茂は士気高揚を図るため座興で軍艦レースを思い付き、各艦に競争を命じた。

　松江藩第一八雲丸は、薩摩藩セーラ号と一番を争い先着し、将軍より親しく褒詞（ほうし）を蒙る。

　因みに本艦翔鶴丸に随行したのは、幕府所有の五隻、加賀国金沢藩一隻、越前国福井藩一隻、薩摩国薩摩藩一隻、出雲国松江藩一隻の十隻であった。各艦船は、文久4（1864）年正月8日、大坂天保山沖に無事到着し大役を果たす。

　幕府は、随行艦船の功を賞し、乗員一同に酒肴を授け、老中酒井雅楽頭忠道と軍艦奉行勝麟太郎（かつりんたろう）より乗組員一同に金若干を賜る。松江藩軍艦第一八雲丸軍艦奉行松原操は、幕府より銀十枚、将軍より裃一具、銀二枚を拝戴する。御用掛荒川扇平は銀七枚、運用方間瀬梅之助、藤田林平、長尾順之助、長崎順之助、武藤右馬之助、勝田繁太、比企傳太郎は銀七枚、外乗組員に夫々銀を頂戴した。

松江藩の盗賊改役

　池波正太郎の鬼平犯科帳「火附盗賊改」長官こと長谷川平蔵が有名であるが、松江藩で盗賊改役が初めて登場するのは、元禄元（1688）年11月、3代藩主松平綱近より2代瀬田与右衛門が拝命し就任している。翌元禄2年に3代梅源太左衛門が盗賊奉行に、同3年に3代川崎六郎左衛門、同6年に2代土屋儀太夫、同7年に3代増田杢右衛門が拝命している。他に辞令年月日は不明であるが2代乙部藤馬が任命され、同11年迄勤めている。松江藩の盗賊改役は、元禄11年で終了している。

　松江藩の市中取締りは、末次・白潟の寺社町奉行が行い、藩士の監視や武家居住区内の取り締まりは、目付役が担当した。

　盗賊改役の権限は不明であるが、何れも中老格が任命されており、寺社町奉行や目付役より上位の役職ではなかったか。この頃、火災時の窃盗団の被害があり、臨時的に盗賊改役を選任したと考えられる。その後、『松江藩列士録』には、盗賊改役は登場しない。

三の丸御殿内で杖が許された家老

　安永8（1779）年、5代朝日丹波郷保は、藩政改革「御立派改革」を成功させた立役者であるが、晩年は老齢となり隠居願いを11年間に6度も出したが許されず、出仕は勝手次第、禮日の御茶の節、登城が遅れても苦しからず、三の丸御殿内は自由に杖をついても構わぬと、杖の使用が許された。また好物の干飯飩一箱を頂戴し、御殿内は寒いからと藩主から綿入れと下召しを贈られ厚遇を受けた。

　嘉永6（1853）年、5代大野舎人は9代藩主松平斉貴の信頼が厚く、中老仕置添役から家老仕置役に抜擢され、7代朝日丹波貴邦と共に藩主斉貴の知恵袋として活躍したが、朝日丹波貴邦の没後は、責任重大で病気がちとなり4回の辞職願いを出すも、病気の節は出仕に及ばず、三の丸御殿内では杖をついても構わぬと、杖の使用が許可された。

　また5代塩見小兵衛は、8代藩主斉恒の信任が殊の外厚く、三度も辞表を提出するも余人をもって代え難く、三の丸御殿内では自由に杖をついても苦しからず、重き御用向の外は出仕に及ばず、自宅で保養しながら何時までも相勤める様仰せ付けられる。他に三の丸御殿内で杖を許されたのが、8代今村修禮、7代小田要人である。何れも、長年の藩への貢献度が高く、老齢と雖も名前だけで、存在感があったと考えられる。

7代藩主松平治郷が津田御馬場の帰りに家老宅で夜食した

　寛政6（1794）年、7代藩主松平治郷は津田御馬場で乗馬を楽しみ帰りに、7代柳多四郎兵衛一顕の屋敷を訪問し、同席一統相伴を許し夜食を一緒にしている。『松江藩列士録』で記録に残る殿と家老の夜食は、他に例がなく、藩主治郷の飾り気のない性格が窺える。

松江藩の玉手箱　293

将軍から御字(諱)を賜った松江藩主

表13－6

将軍名	藩主名	
4代将軍家綱	2代藩主綱隆	御字「綱」
4代将軍家綱	3代藩主綱近	御字「綱」
5代将軍綱吉	4代藩主吉透	御字「吉」
6代将軍家宣	5代藩主宣維	御字「宣」
8代将軍吉宗	6代藩主宗衍	御字「宗」
10代将軍家治	7代藩主治郷	御字「治」
11代将軍家斉	8代藩主斉恒	御字「斉」
11代将軍家斉	9代藩主斉貴	御字「斉」
13代将軍家定	10代藩主定安	御字「定」

（『月照寺宝物殿拝領書』参照）

　歴代の将軍は、大名が家督を襲封した際に、祝儀並びに将軍に対し忠節を尽くすよう御字(諱)を与えた。『月照寺宝物殿拝領書』には、3代藩主綱近の諱の拝領書がないが、当時の慣習として将軍の諱は、賜らないかぎり恐れ多くて使用しないのが通例であり、綱近は延宝3（1675）年、3代藩主を襲封した際に4代将軍徳川家綱の諱「綱」を賜ったと思われる。

歴代の松江藩主から御字(諱)を賜った重臣

表13－7

藩主名	重臣名
初代藩主直政	大橋茂右衛門政貞、仙石猪右衛門政吉、氏家五右衛門政次、乙部勘解由直令、有澤織部直玄、村松将監直賢
2代藩主綱隆	香西茂左衛門隆清、村松将監隆次、平賀縫殿隆顕
3代藩主綱近	柳多主計近一、棚橋玄蕃近正、柳多四郎兵衛近章、高田宮内近仲、團丹下近均、熊谷主殿近知
5代藩主宣維	神谷備後維寿
7代藩主治郷	朝日丹波郷保
8代藩主斉恒	朝日丹波恒重
9代藩主斉貴	朝日丹波貴邦
10代藩主定安	大橋筑後安幾

（『松江藩祖直政公事蹟』、『松江市誌』、『松江藩列士録』）

（注）　氏家五右衛門政次及び柳多主計近一の御字（諱）拝戴は、参考引用文献に見られないが、柳多主計近一は柳多家の系図に御諱賜ると記録されている。一方、氏家五右衛門政次は、譜代の家臣で藩主松平直政とは縁戚筋に当たり且つ重臣で、御字を賜ったものと思われる。当時の慣習として藩主の諱は、恐れ多くて使用しないのが通例であった。一例を挙げると、乙部九郎兵衛可正は、主君直政に憚り、「政」を「正」に改め敬意を表している。

　歴代の藩主は、家臣の精勤に対し褒美として、①格式の昇格及び知行高の加増、②役料として俵や疋を与える、③裃、袷、小袖等を与える、④称美の言葉を述べる、⑤御字（諱）や通称名を与える。この中でお金がかからず喜ばれたのが御字である。

あ　と　が　き

　平成23年8月に『松江藩を支えた代々家老六家』を出版しましたところ、島根県内外の多くの方々からお電話や手紙を頂戴しました。

　その反響の大きさに、唯々驚くばかりでしたが、それだけに松江藩松平氏の代々家老が、地元歴史愛好家の皆様にとって、如何に身近な存在であるかを知ることが出来ました。

　頂戴しましたお手紙の内、二通を紹介させて頂きます。

　その一通は、松江藩代々家老三谷権太夫の出身地、高松市の岡伸吾氏からの手紙です。

　岡伸吾氏は、讃岐系譜研究会を発足させ、香川県に伝わる景行天皇推定系図を纏め、出版されている系図の大家です。

　手紙によりますと高松市三谷町は、松江藩家老三谷権太夫の故郷で、町には三谷氏の居城跡王佐山や三谷三郎池、三谷神社、墓石等が点在し、系図や歴史資料も残されているとの内容でした。

　その後、岡氏との交流は深まり、送られてきた膨大な系図資料は新発見も多く、三谷氏を研鑽する上で貴重な史料となり、本書でも取り上げさせて頂きました。

　また、平成26年10月に松江藩家老三谷氏の末裔三谷健司氏に同行し、岡氏の案内で三谷居城跡、供養塔や高松市の三谷氏の末流、引田三谷氏や高松三谷氏、東かがわ市茶菓子和三盆で有名な三谷製糖さぬき本舗の末裔とお会いすることが出来、有意義な時間を過ごすことが出来ました。

　二通目は、松江藩次席家老乙部九郎兵衛の縁戚に当たる林大助氏の手紙です。

　手紙によりますと林家は、歴代阿波藩の藩士で、その祖は乙部兵庫頭政直に遡り、松江藩次席家老乙部家とは縁戚関係に当たると言うものでした。

　また、元祖乙部九郎兵衛可正の祖父乙部兵庫介藤政の居城・渋見城跡や藤政の落城顛末、父乙部掃部介勝政のその後の足取りに付いての史料を同封して頂き、分からなかった藤政と勝政の顛末が判明し喜びました。

　このように皆様のご助力により、一つ一つの史実が解明され、内容の充実が図られました事は、歴史研究家にとりましてこの上の喜びはありません。

　この度は、島根県民・松江市民の悲願でした松江城天守が国宝となりました。

　その国宝松江城で政務を執り、歴代の藩主から重用された家老仕置役にスポットを当て、65名の名家老を抽出し、その活躍ぶりを振り返ってみました。

　松江藩の一級資料『松江藩列士録』の読み下し並びに編集は、元松江郷土館館長安部登氏、松江市歴史まちづくり部まちづくり文化財課史料編纂室主任編纂官内田文恵氏、島根県立図書館図書館支援課長三田憲昭氏にご指導とご協力を頂きました。

　最後にこの名家老仕置役の出版に当たり、参考引用をさせて頂いた文献の出版社並びに著者の方々に厚くお礼と感謝を申し上げます。また松江市、松江商工会議所、島根県立図書館郷土資料室を始め多くの関係機関の皆様にも紙上をお借りしてお礼を申し上げます。

【参考引用文献】

『松江市誌』　著者：野津静一郎・上野富太郎　発行：松江市　1941

『松江藩列士録』　島根県立図書館蔵

『島根県史』　発行者：中村定孝　発行：㈱著出版　印刷：同朋舎

『新修島根県史　年表篇』　発行：島根県　1967

『松平家家譜并御給帳写』　島根県立図書館蔵

『松江市史　通史編3　近世Ⅰ』　編集：松江市史編集委員会　発行：松江市　2019

『松江市史　通史編5　近世Ⅰ』　編集：松江市史編集委員会　発行：松江市　2011

『松江市史　史料編7　近世Ⅲ』　編集：松江市史編集委員会　発行：松江市　2015

『雲州松平家　家伝年譜　付帯文書　紙本系譜（雲州家系）』　島根県立図書館蔵

『徳川諸家系譜第一・第二・第四』　発行：㈱続群書類従完成会　印刷：㈱平文社　1982・1982・1984

『三百藩藩主人名事典第一巻・第二巻・第三巻・第四巻』　編集：藩主名事典編纂委員会　発行者：菅英志
　　発行：㈱廣済堂　1986・1986・1987・1986

『寛政重修諸家譜』　発行者：太田善麿　発行：㈱続群書類従完成会　1964

『徳川幕府事典』　編集：竹内誠　発行：㈱東京堂出版　2003

『徳川・松平一族の事典』　編集：工藤寛正　発行者：松林孝至　発行：㈱東京堂出版

『家紋の事典』　監修：千鹿野茂　著者：高澤等　発行：東京堂　2008

『国史大辞典　第四巻・第十三巻』　編集：国史大辞典編集委員会　発行：吉川弘文館

『日本史諸家系図人名辞典』　監修：小和田哲男　発行：㈱講談社　2003

『藩史大事典』　編集：木村礎・藤野保・村上直　発行者：長坂一雄　発行：雄山閣出版㈱

『日本近世人名辞典』　編集：竹内誠・深井雅海　発行者：林英夫　発行：吉川弘文館　2005

『松平定安公傳』　著者兼発行者：松平直亮　印刷者：石原勘一郎　1934

『出雲鍬』　島根県立図書館蔵

『治国大本』『治国譜』『治国譜考証』　島根県立図書館蔵

『松江藩改革に捧げた情熱　小田切備中「報国」の伝えるもの』　松本敏雄　2006

『松江観光文化テキスト』　発行：松江商工会議所　2007

『旧藩事蹟』（雲州松平家文書）　国文学研究資料館蔵

『松江藩祖直政公事蹟』　校訂者：谷口為次　印刷者：三島蔵市　1916

『出雲私史　上・中・下』　著者：桃好裕　発行兼印刷者：桃敏行・福田英太郎　1892

『雲藩職制』　著者：正井儀之丞・早川仲　発行：歴史図書社　1979

『香西頼山子行状傳聞略』　著者：松原基　島根県立図書館蔵

『七種宝納記　香西頼山遺書　篠崎浮浪山・霊山寺蔵』島根県立図書館

「松江藩のお殿様」　著者：古津康隆　『松江文化情報誌湖都松江』第10号

「松江藩を支えた家老たち」　著者：内田文恵　『松江文化情報誌湖都松江』第14号

「シリーズ・文化財をめぐる」　著者：原守中　『松江文化情報誌湖都松江』第14号

『松江藩の財政危機を救え　二つの藩政改革とその後の松江藩』　著者：乾隆明　松江市教育委員会

『松江藩の時代　松江開府400年』　著者：乾隆明　発行：山陰中央新報　2008

『松江藩格式と職制』　著者：中原健次　発行：松江今井書店　1997

『松江藩家臣団の崩壊』　著者：中原健次　発行：㈲オフィスなかむら　2004

『格式と伝統　出雲の御本陣』　著者：藤間享　発行：出雲市　2009

『松江藩の時代　奥羽戦争への出兵』　著者：吉野薫人　発行：山陰中央新報　2008

『雲藩遺聞』　著者：妹尾豊三郎　発行：能義郡広瀬町役場　1975

『神と語って夢ならず』　著者：松本侑子　発行者：駒井稔　発行：光文社　2013

『松江掃苔録』　著者：青山侑市　発行：松江市教育委員会　2012

『米子城物語』　著者：廣澤虔一郎　発行：編集工房遊　2012

『世紀別歴史資料　島根版』　発行：とうほう東京法令出版㈱

『福島正則』　著者：福尾猛市郎・藤本篤　発行：中央公論新社　1999

『歴史に学ぶ地域再生』　編集：社団法人中国地方総合研究センター　発行：吉備人出版　2008

『別冊太陽No.28　江戸家老百人』　編集：高橋洋二　発行：㈱平凡社　1979

『京極忠高の出雲国・松江』　著者：西島太郎　発行：松江市教育委員会　2010

『堀尾吉晴』　著者：島田成矩　発行：松江今井書店　1998

『関ヶ原合戦全史』　著者：渡邊大門　発行：草思社　2021

『音訓引き古文書辞典』　監修者：林英夫　発行：柏書房　2004

『月刊茶道誌淡交』　発行：淡交社　三月号　2009

『武士の家計簿』　著者：磯田道史　発行：㈱新潮社　2003

『新発見の結城秀康印判状』　著者：佐々木倫朗　2008

『親鸞聖人伝説集』　著者：菊藤明道　発行：㈱法藏館　2011

『花々の系譜・浅井三姉妹物語』　著者：畑裕子　発行：サンライズ出版　2009

『大坂の陣・なるほど人物伝』　著者：加賀康之　発行者：江口克彦　発行：PHP研究所　2006

『大坂の陣名将列伝』　著者：永岡慶之助　発行者：太田雅男　発行所：学習研究社　2000

『福井県の不思議事典』　編集：松原信之　発行：新人物往来社　2000

『福井県の歴史散歩』　編集：福井県の歴史散歩編集委員会　発行：山川出版社　2010

『長野県の歴史散歩』　編集：長野県の歴史散歩編集委員会　発行：山川出版社　2006

『出雲平野の開拓・三木与兵衛の偉業』　編集・発行：小山町郷土史研究会　1992

『松江誕生物語』　発行：山陰中央新報社　2010

『松江創世記　堀尾氏三代の国づくり』編集・発行：松江歴史館　2011

『新松平定安公傳』　著者：寺井敏夫　発行：山陰文藝協会　2019

『親子で学ぶ　国宝松江城のお殿様②』　著者：宍道正年　発行：山陰中央新報社　2018

『国宝松江城　美しき天守』　監修：西尾克己　発行：山陰中央新報社　2018

『雲州松平家の大名行列』　編集・発行：松江歴史館　2012

『戦国はるかなれど　堀尾吉晴の生涯』　著者：中村彰彦　発行：光文社　2015

『古今讃岐名勝図絵』　著者：梶原藍水　発行：歴史図書社　香川県立図書館蔵　1976

『讃岐氏一族推定図稿』　著者：宗全裔（岡伸吾）　発行：讃岐系譜研究会　香川県立図書館蔵　2012

『増補三代物語』　著者：坂口友太郎　発行：三代物語刊行会　香川県立図書館蔵　1992

松浦文庫『三谷宣三旧記』　著者：三谷宣三　瀬戸内海歴史民俗資料館蔵

『三谷の由来』　著者：三谷修平・内田芳一　発行：三谷修平　香川県立図書館蔵　1973

【松江藩松平家家系図】
『松江市史　史料編7　近世Ⅲ』　編集：松江市史編集委員会　発行：松江市　2015
『雲州松平家　家伝年譜　付帯文書　紙本系譜（雲州家系）』　島根県立図書館蔵
『徳川諸家系譜第一・第二・第四』　発行：㈱続群書類従完成会　印刷：㈱平文社　1967・1974・1984
『三百藩藩主人名事典第一巻・第二巻・第三巻・第四巻』　発行者：菅英志　編集：藩主名事典編纂委員会
　　発行：㈱廣済堂　1986・1986・1987・1986

【代々家老家系図】
『特別展　大橋文書（源三右衛門家文書）の世界』　発行：津島市教育委員会　2005
『大橋家霊記副本』（仲春改修）、『大橋家系図』（内田文恵氏作成）　島根県立図書館蔵
『松江藩列士録』　島根県立図書館蔵
『乙部氏系図』　乙部正人氏蔵、『乙部氏家譜』　乙部明宏氏蔵
『朝日家系図　富谷氏蔵本・第1786号』　島根県立図書館蔵
『三谷氏系図』　三谷健司氏蔵、『三谷氏系図・香西氏系図』　岡伸吾氏蔵
『神谷家系図』　神谷敏明氏蔵
『柳多家系圖畧』　村田雅彦氏蔵
『松江藩家老・乙部家幕末明治―絵画コレクション〈解体〉の背景―』　著者：村角紀子　2022

『大橋家老』『乙部家老』『朝日家老』『三谷家老』『神谷家老』『柳多家老』
　著者：玉木勲　表紙製本：田渕穰　2009・2011

【神谷家ご提供資料】
『仰誓編妙好人伝・第二』　親鸞聖人霊瑞編
『松江藩家老神谷兵庫家について』　逢坂正矩
『神谷家文書』　松本敏雄

【ご協力者】（順不同）※肩書は当時のもの
島根県　松江市　松江商工会議所　島根県教育委員会　松江市教育委員会　松江観光協会　松江歴史館
松江市文化協会　松江市まちづくり文化財課　島根県立図書館　松江市立中央図書館　山陰中央新報社
津島市教育委員会　雑賀まちづくり推進協議会・松江先人記念館・雑賀教育資料館　出雲市　安来市
海士町　西ノ島町　隠岐の島町　福井市　結城市　大野市　松本市　市原市　大津市　浜松市　三島市
津島市　大口町　春光院　清龍寺　月照寺　天倫寺　誓願寺　慈雲寺　法眼寺　順光寺　万寿寺　桐岳寺
善導寺　円成寺　洞光寺　安国寺　岩倉寺　西光寺　松江神社　推恵神社　明々庵　菅田庵　佐太神社
平田本陣記念館　霊山寺
松江市まちづくり部まちづくり文化財課長稲田信氏
松江市まちづくり部まちづくり文化財課史料編纂室主任編纂官内田文恵氏　元松江郷土館館長安部登氏
島根県立図書館（館長新谷伊子氏　総務課長吾郷隆史氏　図書館支援課長三田憲昭氏
資料情報課係長大野浩氏　司書藤田儒聖氏　資料情報課寺本和子氏　赤木薫氏）
松江歴史館（館長藤岡大拙氏　事務局長落合年美氏　学芸員新庄正典氏　専門官宍道正年氏）
松平直壽氏　乙部正人氏　朝日重保氏　三谷健司氏　神谷昭孝氏　神谷敏明氏　村田雅彦氏　浅野陽子氏
乙部明宏氏　須佐建紀氏　岡伸吾氏　林大助氏　藤間享氏　藤間寛氏　乾隆明氏　吉野蕃人氏
池橋達雄氏　樋野俊晴氏　北村久美子氏　小山祥子氏　村角紀子氏　田中暢子氏　仁田玲江氏
大矢幸雄氏　永岡章典氏　原守中氏　安部吉弘氏　森山俊男氏　松本敏雄氏　藤原行正氏　小池直子氏
中村博行氏　谷口房男氏　吉岡弘行氏　岡﨑雄二郎氏　佐々木武男氏　佐々木和子氏　内村豊氏
山田忠行氏　田渕穰氏　島谷幸吉氏　田中寿美夫氏

著者略歴

玉木　勲 （たまき　いさお）

島根県松江市に生まれる
島根県立松江商業高等学校卒業
島根銀行に入行後、支店長、部長を歴任、
松江リース取締役を経て退職

雑賀まちづくり推進協議会・松江先人記念館・雑賀教育資料館
主任専門員

〔著書〕
横浜町今昔（自費出版）
松江藩を支えた代々家老六家（自費出版）
松江藩甌釜方（自費出版）
天才彫刻家荒川亀斎翁伝（松江先人記念館発行）
松江市名誉市民岡﨑運兵衛翁伝（松江先人記念館発行）

松江藩松平家　藩主と家老
―家老仕置役30家と名家老65人―

2024年12月13日　初版発行

編　著　玉木　勲
編集協力　内田文恵・安部　登
発行者　谷口博則
発行所　ハーベスト出版

編　集　福田衆一・永島千恵子（ハーベスト出版）
写真ＣＤ作製　村田雅彦

落丁本・乱丁本はお取替えいたします。
Printed in japan　ISBN978-4-86456-542-4